[図版0-1] 明治3年1月の一庭啓二。前年2年10月に二番丸船長の辞令を受け、火船商社を運営していた時期にあたる(ガラス乾板、一庭―写真―3、本文8ページ)。

[図版0-3] 2016年4月大津の泉福寺門前に建てられた一庭啓二碑(本文11ページ)。

＊この口絵のカラー図版は、本文に載せた図版から選んだものである。図版番号は本文のそれと対応している。またキャプション中の「一庭－写真－3」といった分類および番号は、巻末に附した「一庭啓二文書目録」に振った文書番号である。詳しくは192pの「分類と記号」を参照のこと。

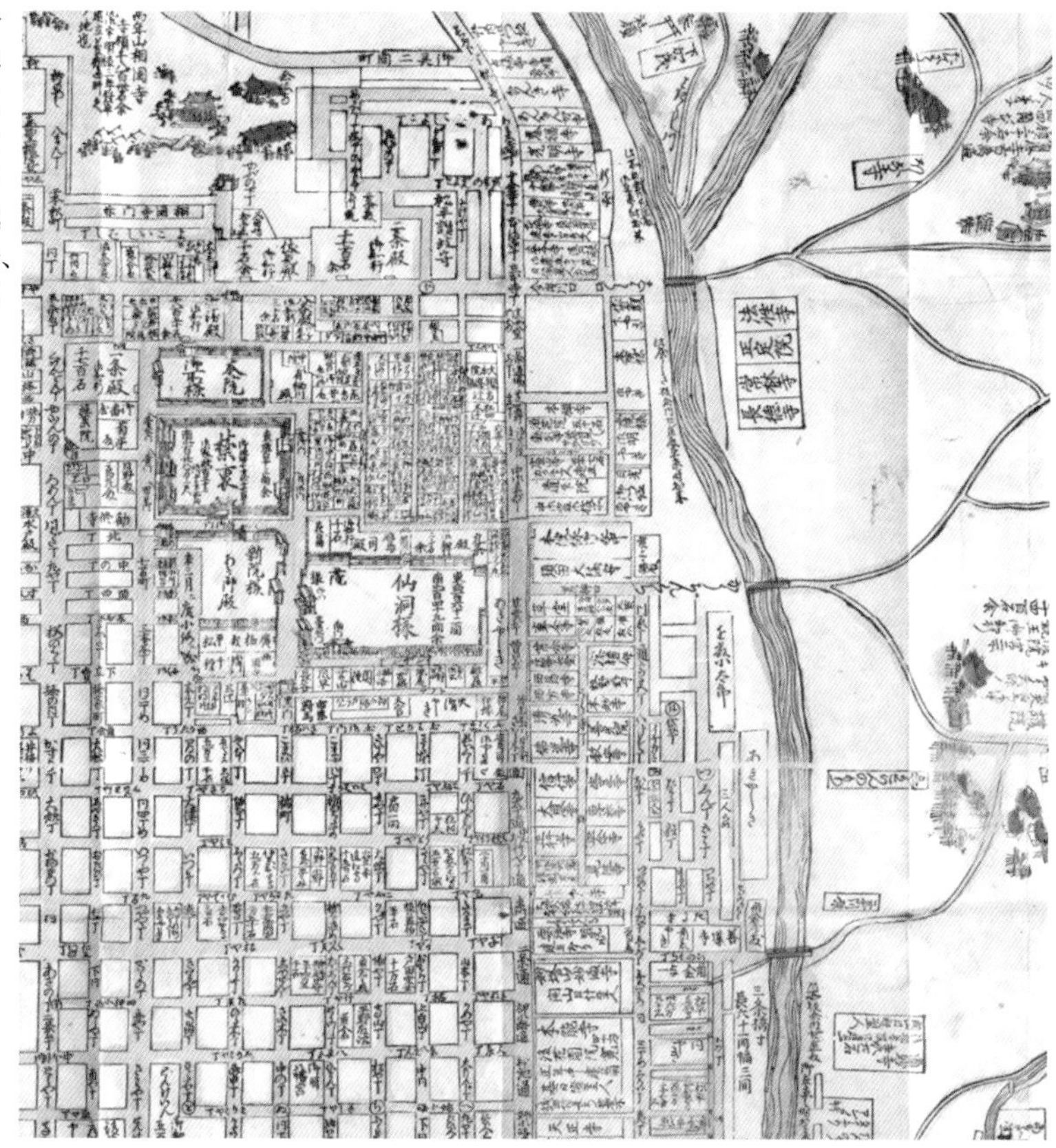

[図版0-4]『京大繪圖 新撰増補』元禄9(1696)年刊。御所北東の寺町今出川に「立本寺」とある。このあたりで一庭は生まれた(国際日本文化研究センター蔵地図データベースより部分、2020年7月1日申請、本文12ページ)。

[図版2-1] 黒船来航瓦版。御所近くで生まれた一庭も少年期にこうした瓦版を目にすることがあったろう(石川県立歴史博物館蔵、2020年4月3日出版掲載許諾、本文29ページ)。

[図版2-2] 一庭と実姉の品。品は六歳年長、大津百艘船の船屋太郎兵衛に嫁したが子どもがなく一庭を養子に迎えた(ガラス乾板、一庭―写真―8、本文29ページ)。

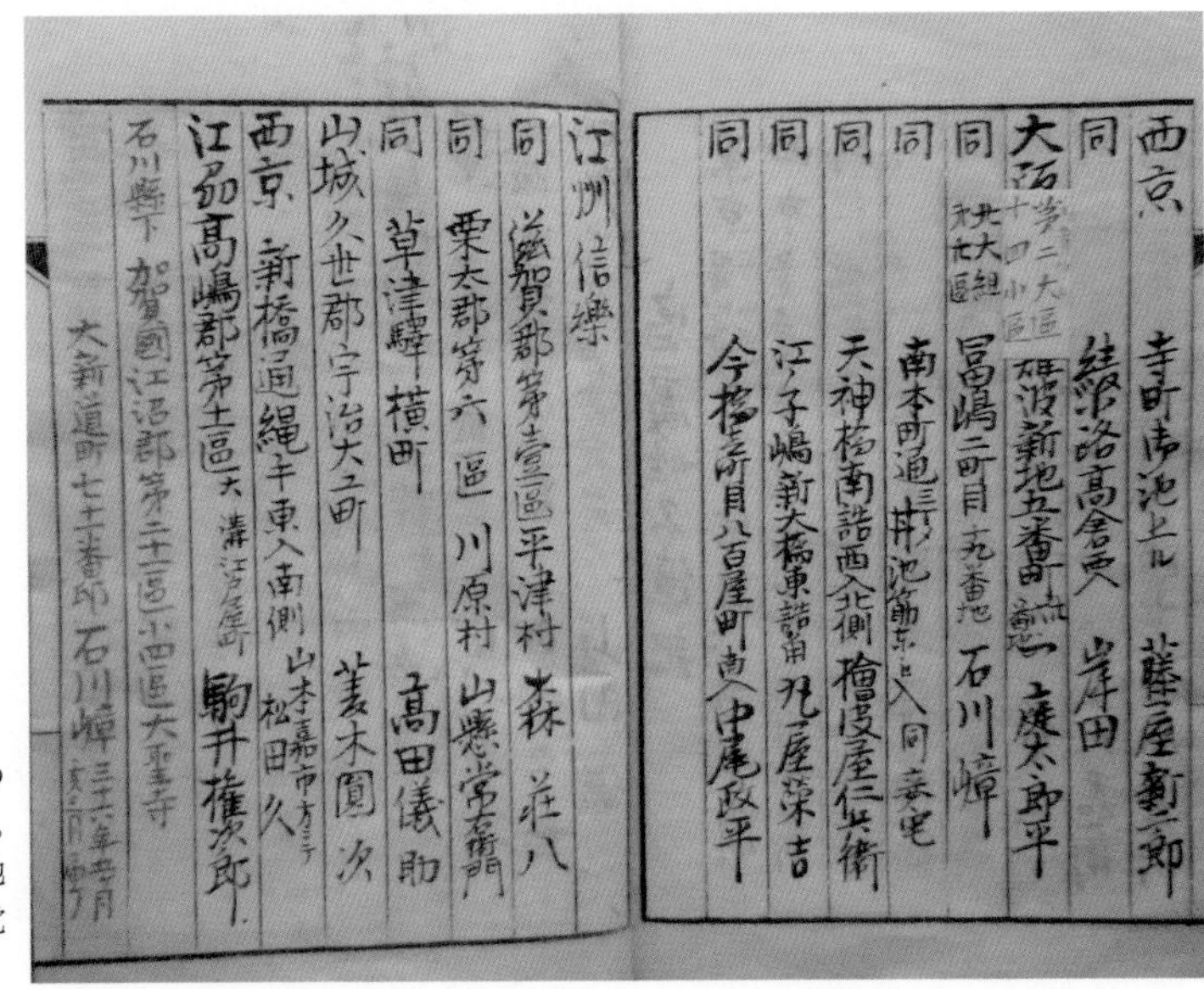

西京 寺町声池上ル 藤屋新三郎
同 綾小路高倉東入 岸田
大阪 第二大区十四小区 難波新地五番町 一庭太郎平
同 廿大組九七区 冨嶋二丁目九番地 石川嶂
同 南本町通三丁目井池筋東ヘ入 同喜七
同 天神橋南詰西入北側 檜皮屋仁兵衛
同 江戸子嶋新大橋東詰南 丸屋栄吉
同 今橋二丁目八百屋町東入 中尾政平
江州信楽
同 滋賀郡第壹区平津村 森荘八
同 栗太郡第六区 川原村 山懸常右衛門
同 草津駅 横町 高田儀助
山城久世郡宇治大工町 姜木圓次
西京 新橋通縄手東入南側 山本嘉市方ニテ 松田久
江州高嶋郡第十区大溝江戸屋町 駒井権次郎
石川縣下 加賀国江沼郡第二十二区小四区大聖寺
大新道町七十三番邸 石川嶂

[図版2-9] 明治8年頃の一庭の備忘録に記載の「宿處姓名億記」。ここに大阪時代の石川嶂の居住地冨嶋二丁目が記される(一庭―覚書―18、本文43ページ)。

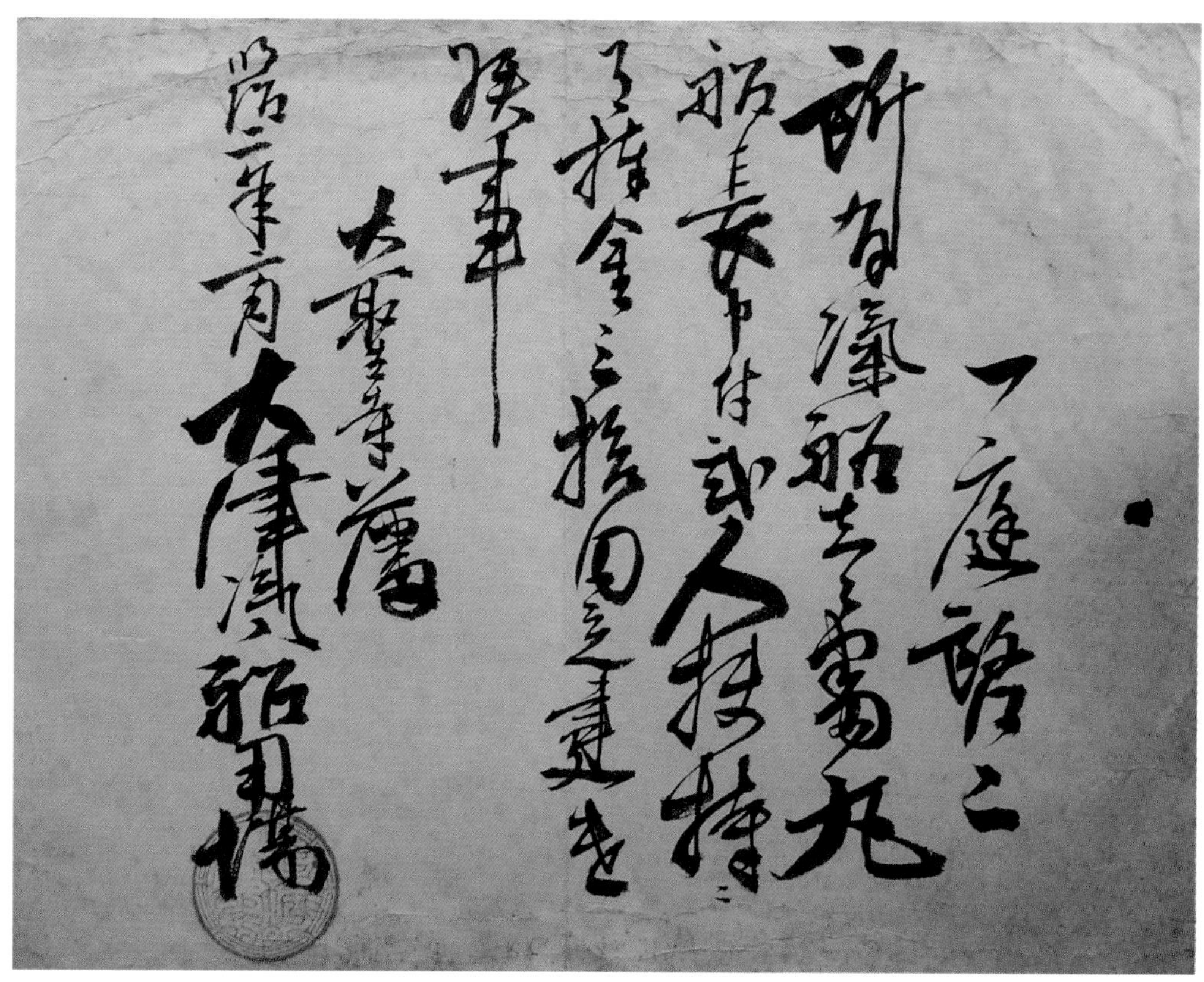

[図版2-11] 明治2年2月 一番丸船長辞令（一庭─汽船─54、本文45ページ）

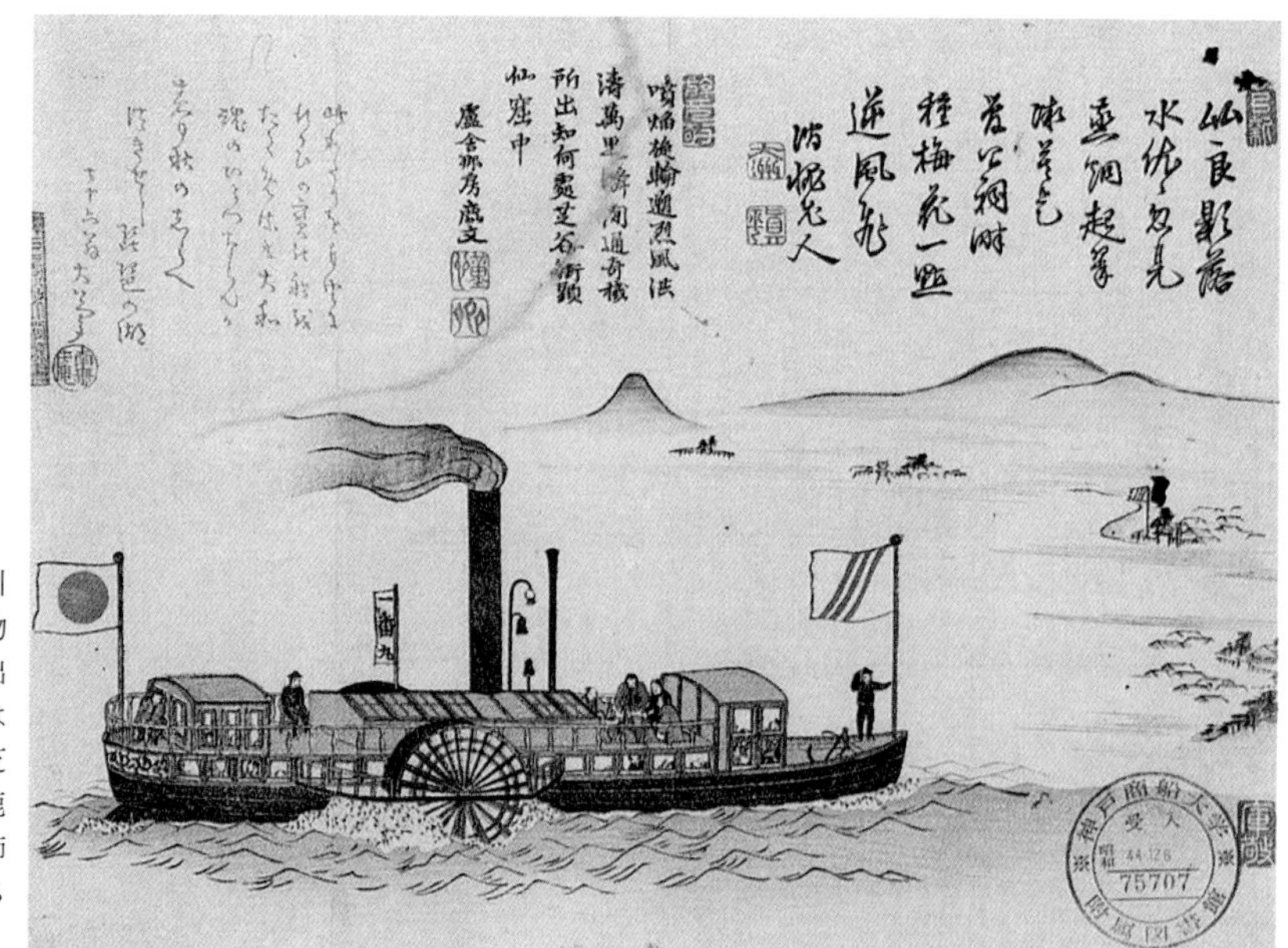

[図版2-12] 一番丸引札（神戸大学海事博物館蔵、2020年4月1日出版掲載許諾）。絵には大聖寺藩の儒者東方芝山、加賀藩の洋学者鹿田文平、金沢の俳諧師直山大夢の賛が寄せられる（本文46ページ）。

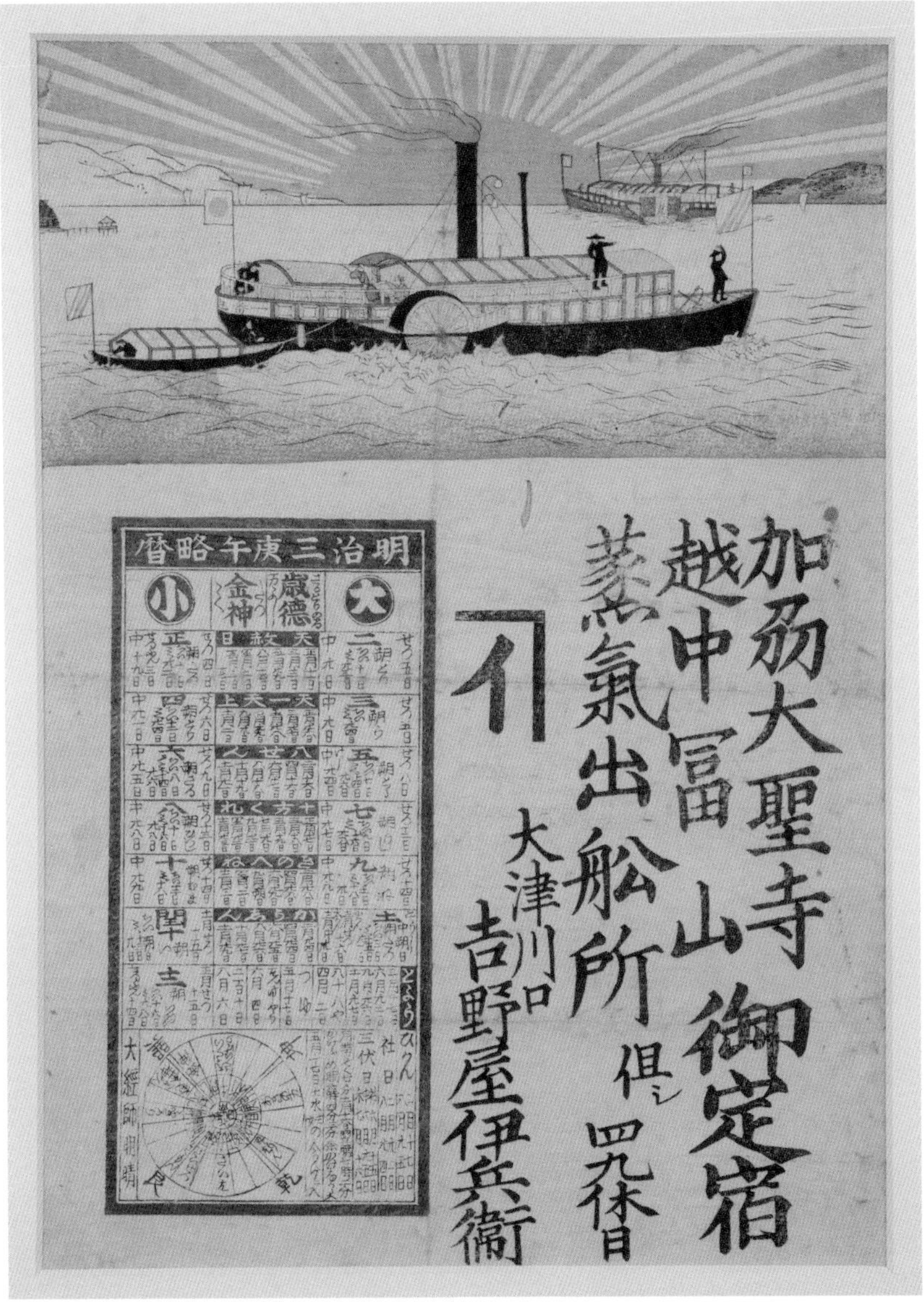

明治三庚午略暦

加劢大聖寺
越中冨山 御定宿
蒸氣出船所 但シ 四九日
大津川口
吉野屋伊兵衛
行

[図版2-13] 汽船一番丸引札 加劢大聖寺 越中冨山 御定宿。大津川口の定宿吉野屋は吉野屋伊兵衛で了息市之助はのちに第一江州丸の副船長を務めた（石川県立歴史博物館蔵大鋸コレクション、2020年3月30日出版掲載許諾、本文47ページ）。

[図版2-14] 汽船一番丸模型、丸子船を曳航している（石川県立歴史博物館蔵、2020年3月30日出版掲載許諾、本文47ページ）。

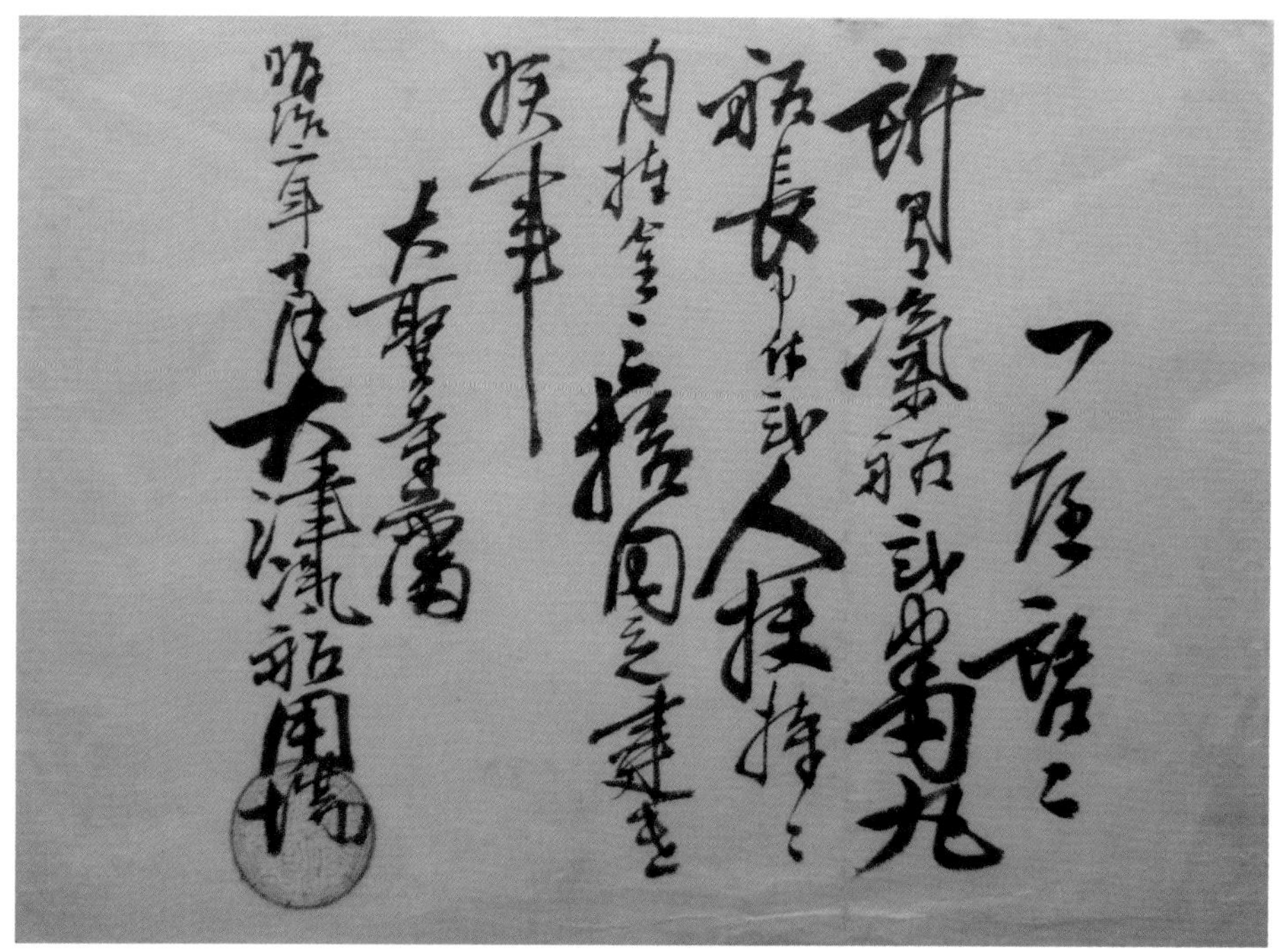

［図版2-15］明治2年10月の二番丸船長辞令（一庭―汽船―55、本文49ページ）。

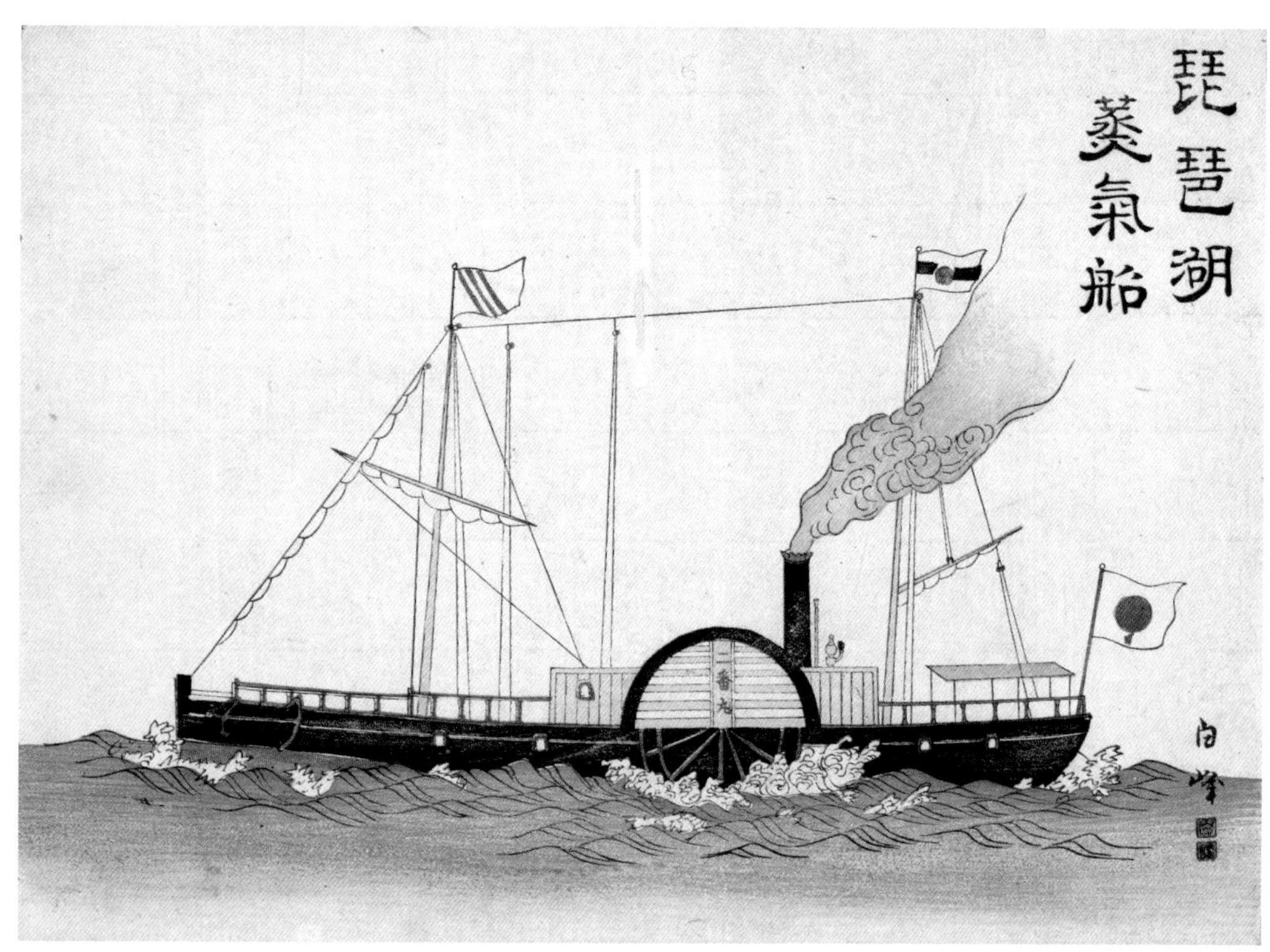

［図版2-16］二番丸錦絵（滋賀県立琵琶湖博物館蔵、2020年4月17日出版掲載許諾、本文50ページ）。

[図版2-17] 一庭啓二肖像写真(ガラス乾板)。箱書に「于時明治大四季未臘月中日寫眞 於摂陽神戸港 一庭直昭 二十七歳像」とある(一庭―写真―4、本文51ページ)。

[図版3-2] 明治5年頃の一庭啓二肖像写真(ガラス乾板)。箱書朱書に「明治五年壬申十一月 於阪府南地写之 一庭啓二 二十八年像」とある(一庭―写真―5、本文56ページ)。

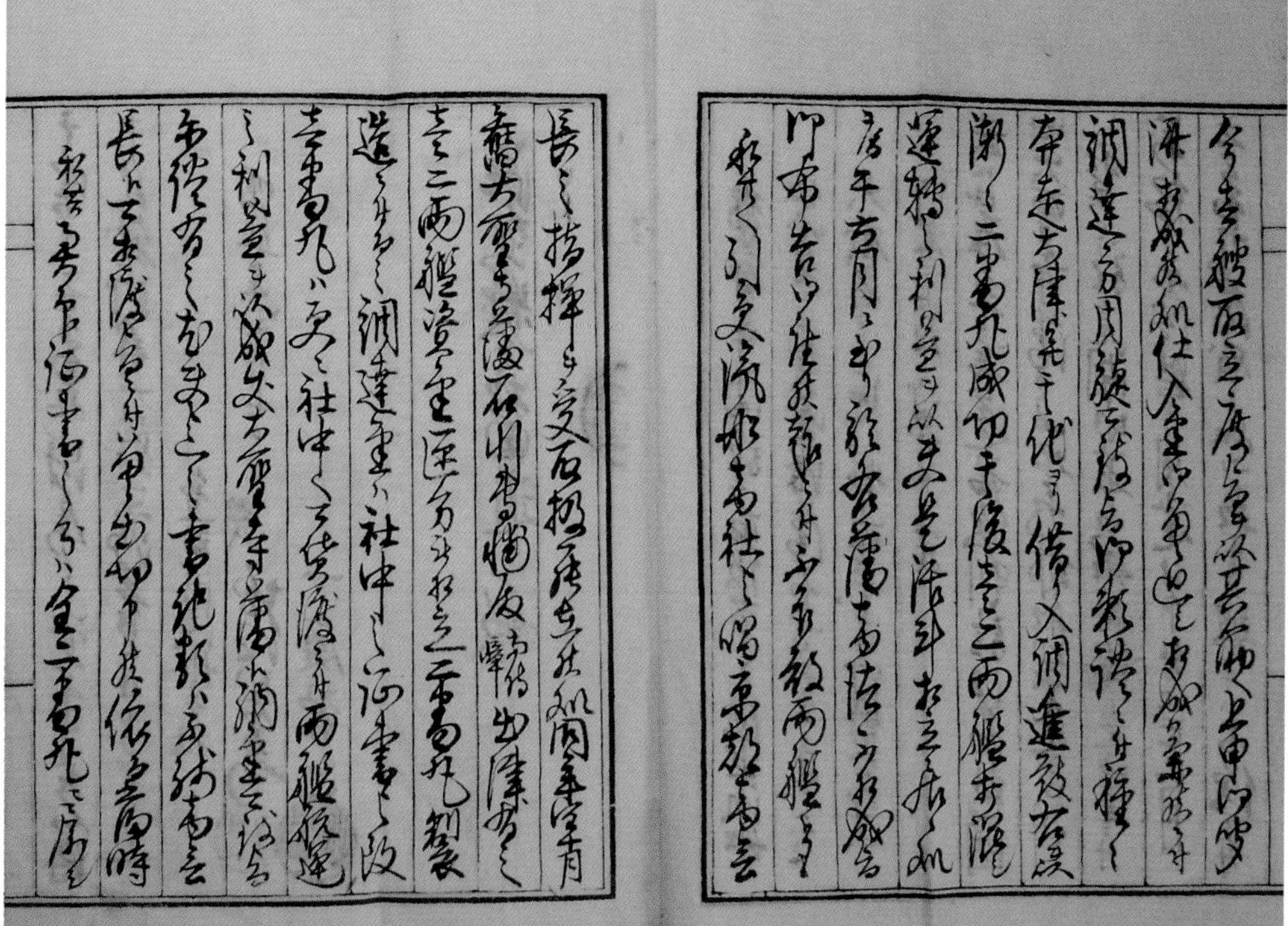

[図版3-4] 明治7年3月27日「旧大聖寺藩製造 汽船仕入金之事件御答書」の部分。第一琵湖汽船会社 堀江八右衛門 一庭啓二から滋賀県庁宛(一庭—汽船—38、本文68ページ)。

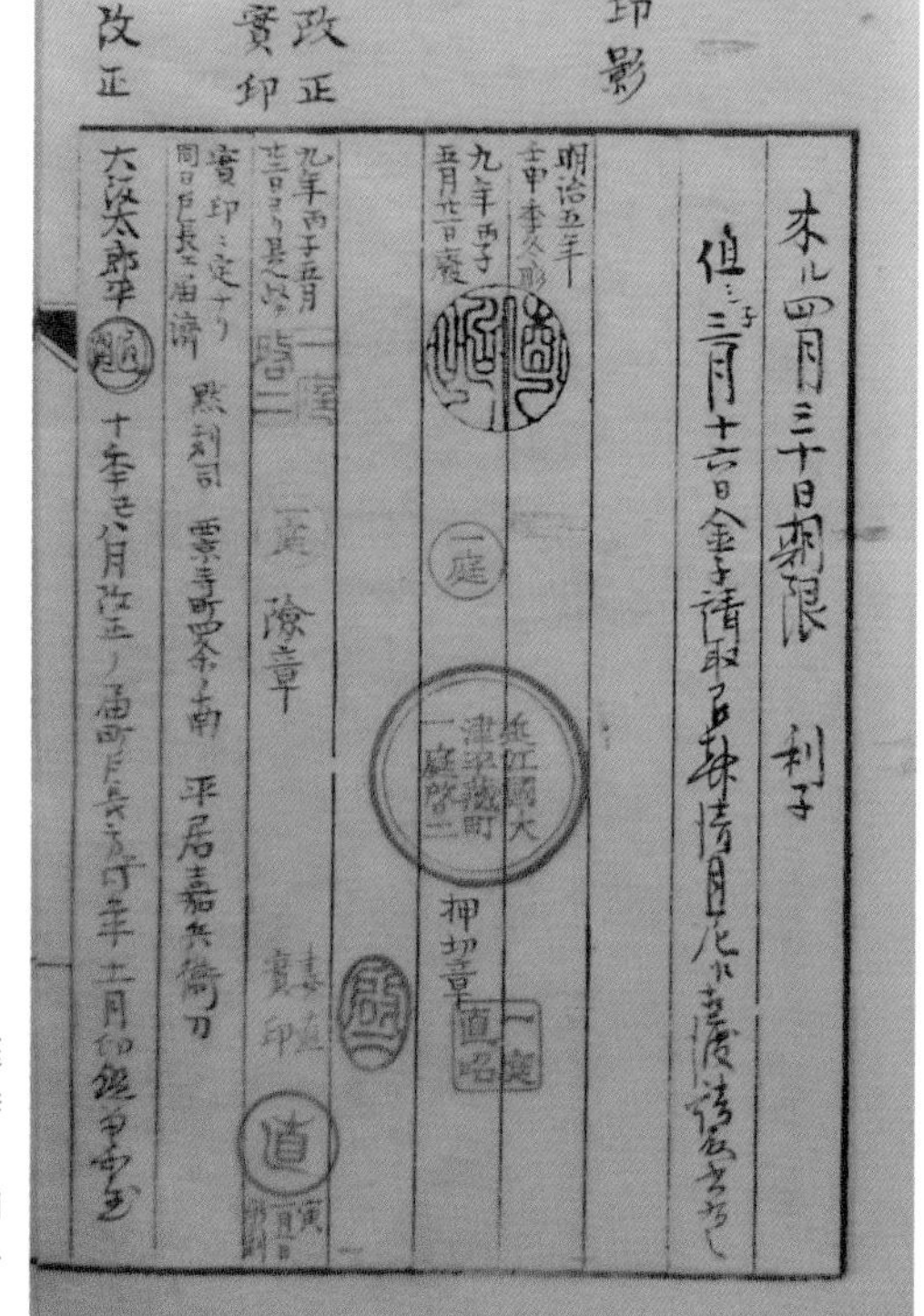

[図版3-5]「覚書」に載る一庭啓二の印影。「明治五年壬申季冬彫 九年丙子五月廿一日廢」とあることから汽船会社経営時期の印章であることがわかる(一庭—覚書—15、本文71ページ)

［図版4-1］ 金亀丸錦絵（船の科学館蔵、2020年4月3日出版掲載許諾、本文76ページ）。

［図版4-2］ 渉湖丸錦絵（大津市歴史博物館蔵、2020年4月9日出版掲載許諾、本文77ページ）。

［図版4-5］湖東丸の錦絵（長浜城歴史博物館蔵、2020年3月27日出版掲載許諾、本文84ページ）。

［図版5-2］大津丸錦絵（船の科学館蔵、2020年4月3日出版掲載許諾、本文89ページ）。

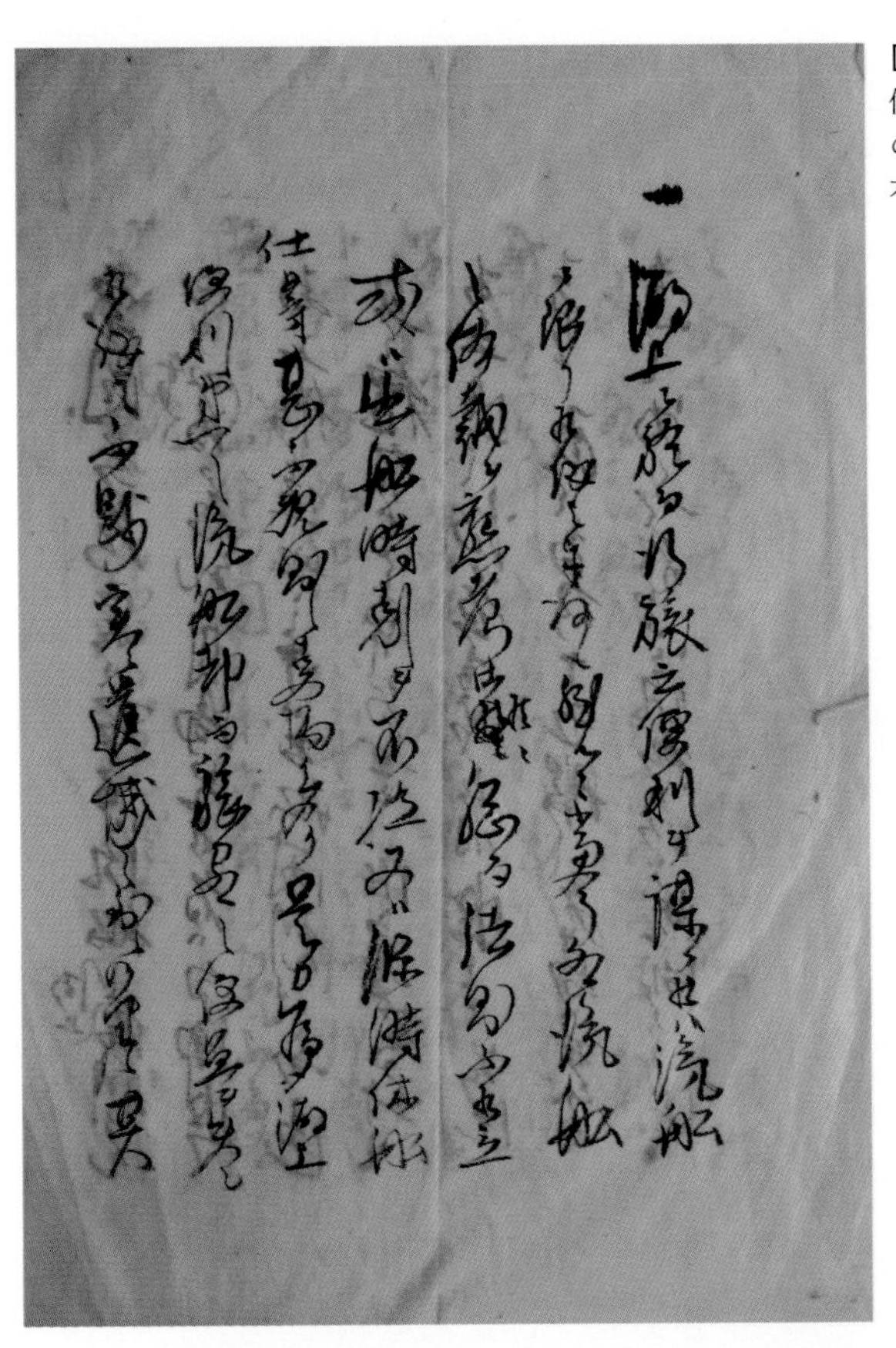

［図版5-4］「湖上ニ於而行旅便利ヲ謀り」から始まる一庭の建議草稿（一庭―汽船―41、本文93ページ）。

［図版6-14］明治23年5月30日付「鋉舩改造事務掛」の辞令。包みに「第一太湖丸改造事務掛辞令書 明治二十三年五月三十日」とある（一庭―汽船―70、本文115ページ）。

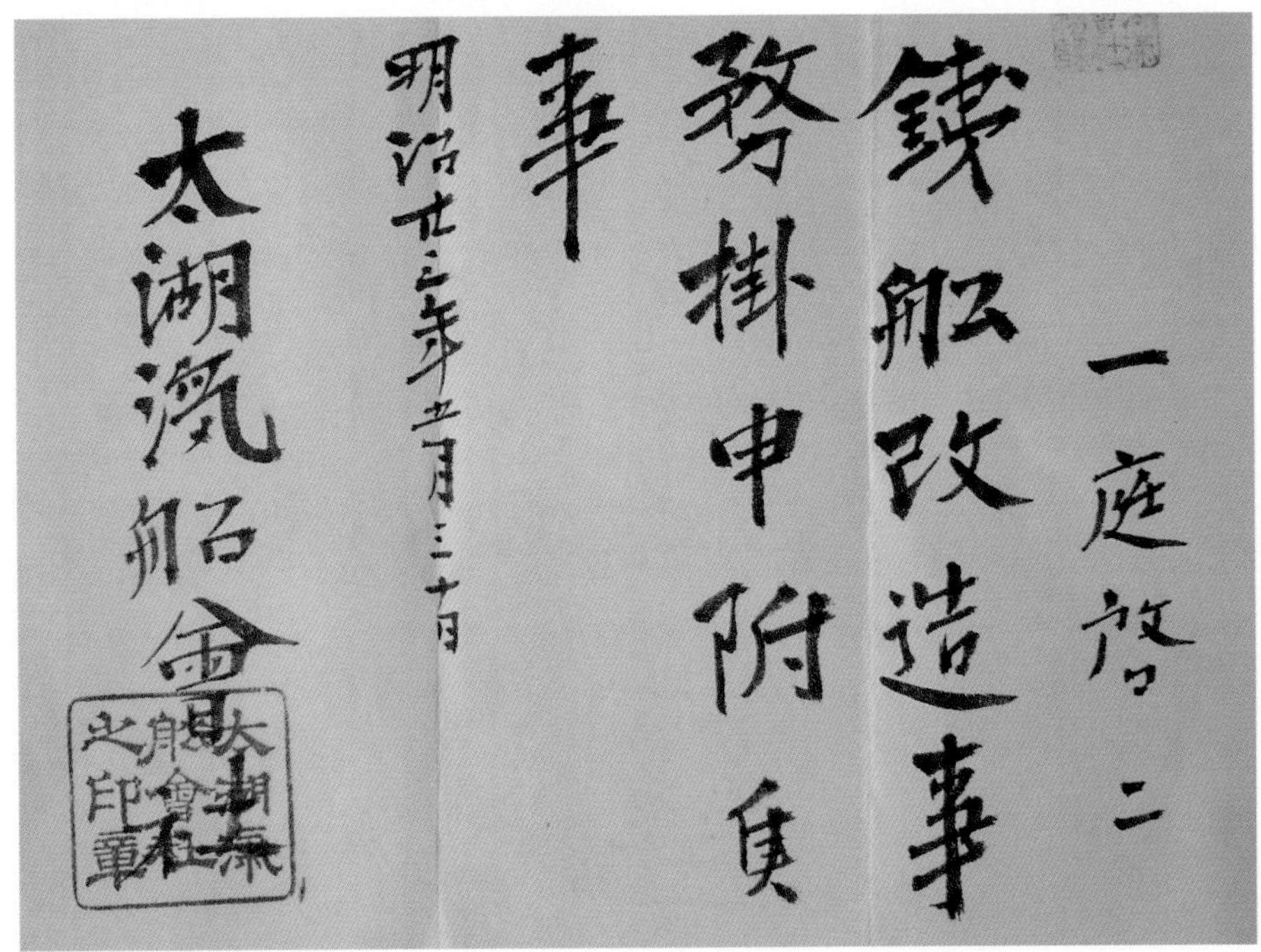

一庭啓二

鋉舩改造事務掛申附候事

明治廿三年五月三十日

太湖汽船會社

太湖汽船會社之印章

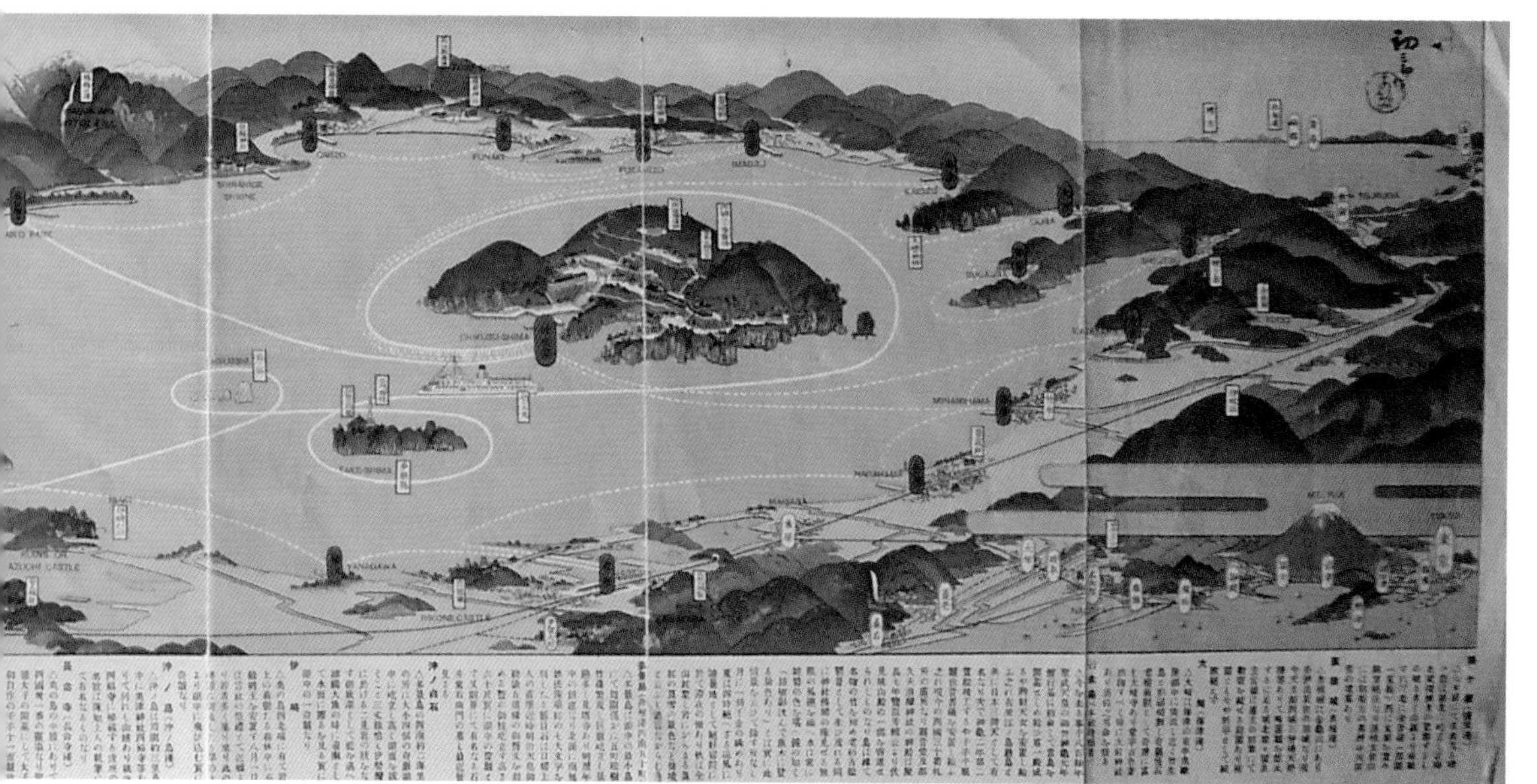

[図版6-25] 明治22年10月2日、手賀安吉の送別会を佃舎で開いた時のもの(一庭—写真—31、本文122ページ)。

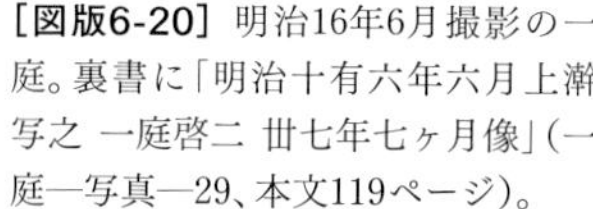

[図版6-20] 明治16年6月撮影の一庭。裏書に「明治十有六年六月上澣写之 一庭啓二 廿七年七ヶ月像」(一庭—写真—29、本文119ページ)。

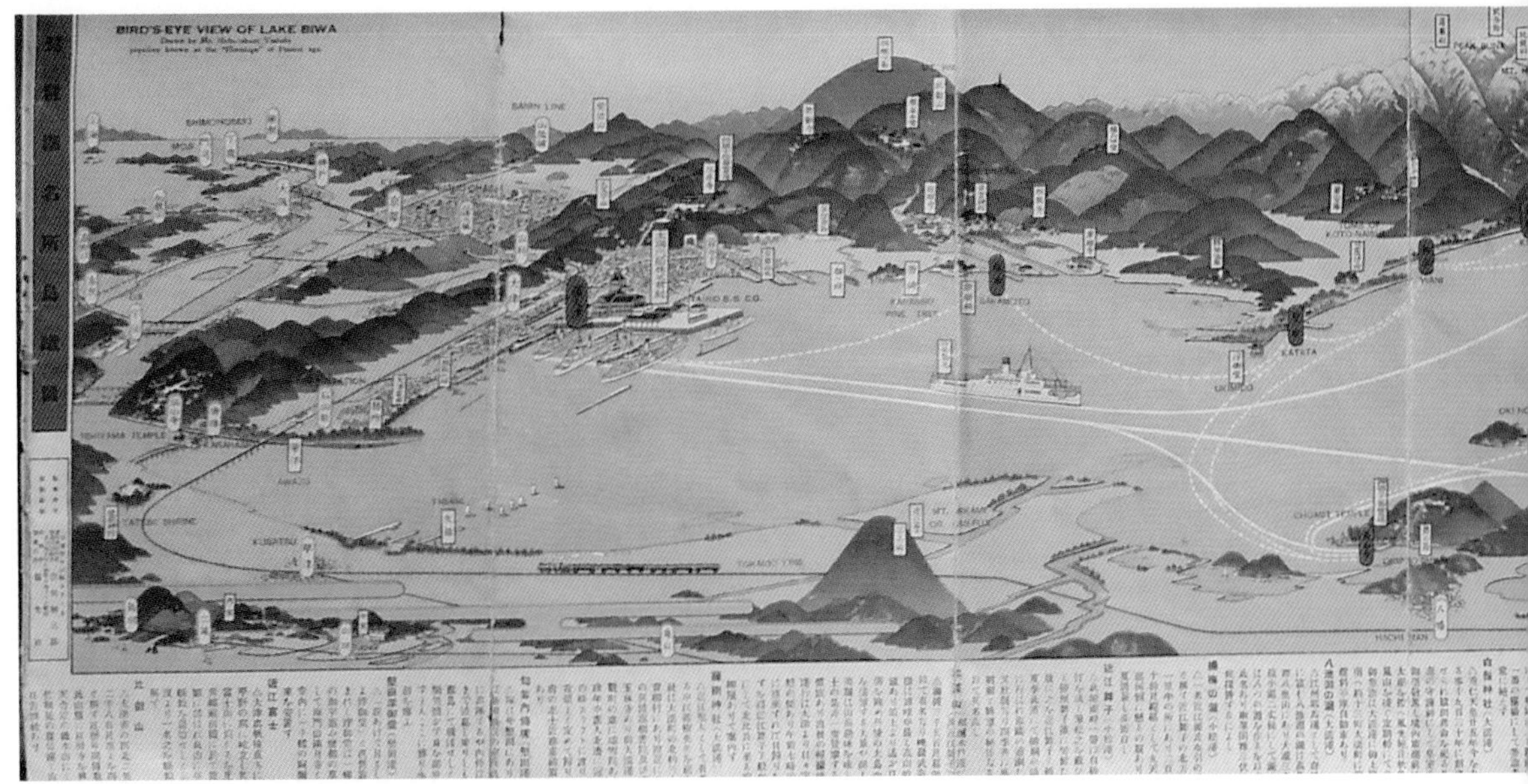

[図版6-30] 吉田初三郎『琵琶湖遊覧御案内』大正15年 太湖汽船株式会社（琵琶博―冊子―1、本文125ページ）

[図版7-9] 市場太郎兵衛のスケッチ。慶応三年三月「さらさら日記」と同じ覚書帖に載る(一庭―覚書―17、本文136ページ)。

[図版8-5] 明治28年1月11日撮影の一庭、裏書に「父 啓二 在東京美𡌛子へ送ル」とある。美𡌛子は次女幹である（一庭―写真―183、本文141ページ）。

[図版8-7] 解傭辞令 明治35年7月25日（一庭―汽船―76、本文142ページ）。

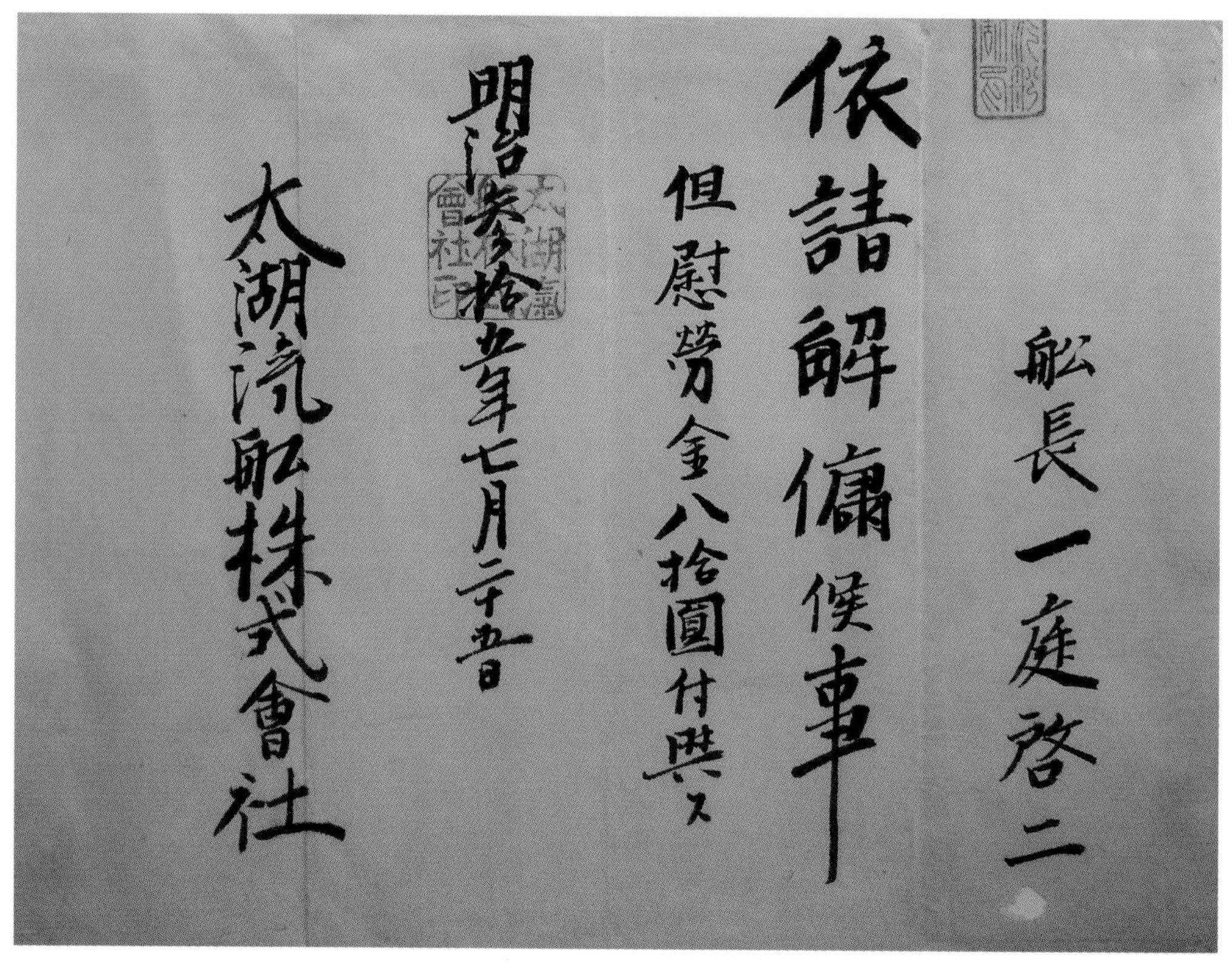

船長 一庭啓二

依請解傭候事

但慰勞金八拾圓付與ス

明治参拾五年七月二十五日

太湖汽船株式會社

[図版8-18] 對龍山荘集合写真。裏書に「明治四十一年五月八日佛事相営たる日、於庭園撮影」とあり、市田彌一郎・弥五郎・弥三郎らが写る（一庭—写真—304、本文153ページ）。

[図版8-9] 對龍山荘の一庭啓二。台紙に「小川白楊」の朱印がある（一庭—写真—294、本文145ページ）。

[図版9-4] 一庭と妻の直、次女の幹。長女の文は生後一ヶ月後に亡くなった（ガラス乾板、一庭―写真―18、本文159ページ）。

[図版9-2] 大津月見坂の一庭啓二の墓石（2020年7月10日撮影、本文157ページ）。

琵琶湖にはじめて蒸気船を浮かべた一番丸船長一庭啓二の生涯

目　次

はじめに

一庭啓二のこと

一庭啓二は、大聖寺藩士石川嶂とともに琵琶湖ではじめて蒸気船を浮べた人物である。そして、文字通りの蒸気船「一番丸」船長を務めた。

一庭は、弘化二(一八四五)年一二月三日、京都寺町今出川上ルの質商加賀屋小川茂兵衛の三男として生まれた。茂兵衛の次女で一庭の姉の品が、大津百艘船仲間の船屋(舟屋とも)太郎兵衛(太郎平とも)のもとに嫁したが、太郎兵衛とのあいだに子どもがいなかったことから、一庭が太郎兵衛の養子に入り船屋の家業を継いだ。そんなことから太郎兵衛とは、実際には義兄にあたるが、法律上は親子の間柄になる。二人の年齢差は一〇歳であった。各種資料に、この二人を父子と書き、また時に兄弟と記述する場合があるが、それはこうした事情による。一庭が太郎兵衛の家督を相続したのは明治七(一八七四)年九月一五日のことであった。

一庭幼少の時期、嘉永六(一八五三)年に黒船が来航して以降、我が国は異国との交渉で慌ただしい時代を迎えていた。少年期の一庭は、こうした幕末の黒船来航に衝撃を受け、また欧米の近代的な蒸気船に大きく興味を持つようになった。そこには、進取の気性を持ち、また機械回りが好きという生来の気質もあったわけだが、養子に入った船屋の百艘船稼業がますます衰退するという事情もあった。つまり、琵琶湖水運を復興させることによりその家業を盛り立てようと考え、西洋の蒸気船に関心を寄せ、琵琶湖に蒸気船を浮べることで事態の打開を図りたいとの考えを持つに至ったのである。ただこうした考えは、まわりからは夢物語と言われ、誰に語っても相手にするものがいなかったという。

[図版0-1] 明治3年1月の一庭啓二。明治2年10月、大聖寺藩大津汽船用場から二番丸船長の辞令を受け、火船商社の運営を引き受けていた時期のもの。多くの資料にこの一庭像が載るが、原版はこのガラス乾板である(一庭一写真一3)。

そんな慶応三(一八六七)年の春、大聖寺藩から藩士石川嶂が大津にやってきた（『大津市史 中』ほか）。そこで二人は相知ることとなる。この次第はあとで詳しく述べることになるが、石川は、大聖寺藩の御所護衛の人員や物資の運搬のため、琵琶湖に蒸気船を走らせようと藩に建議を提出していた。しかしながらそれは受け入れられるところとならず、だがなおその実現の道を模索していた。そして翌慶応四（明治元）年秋、ふたたび

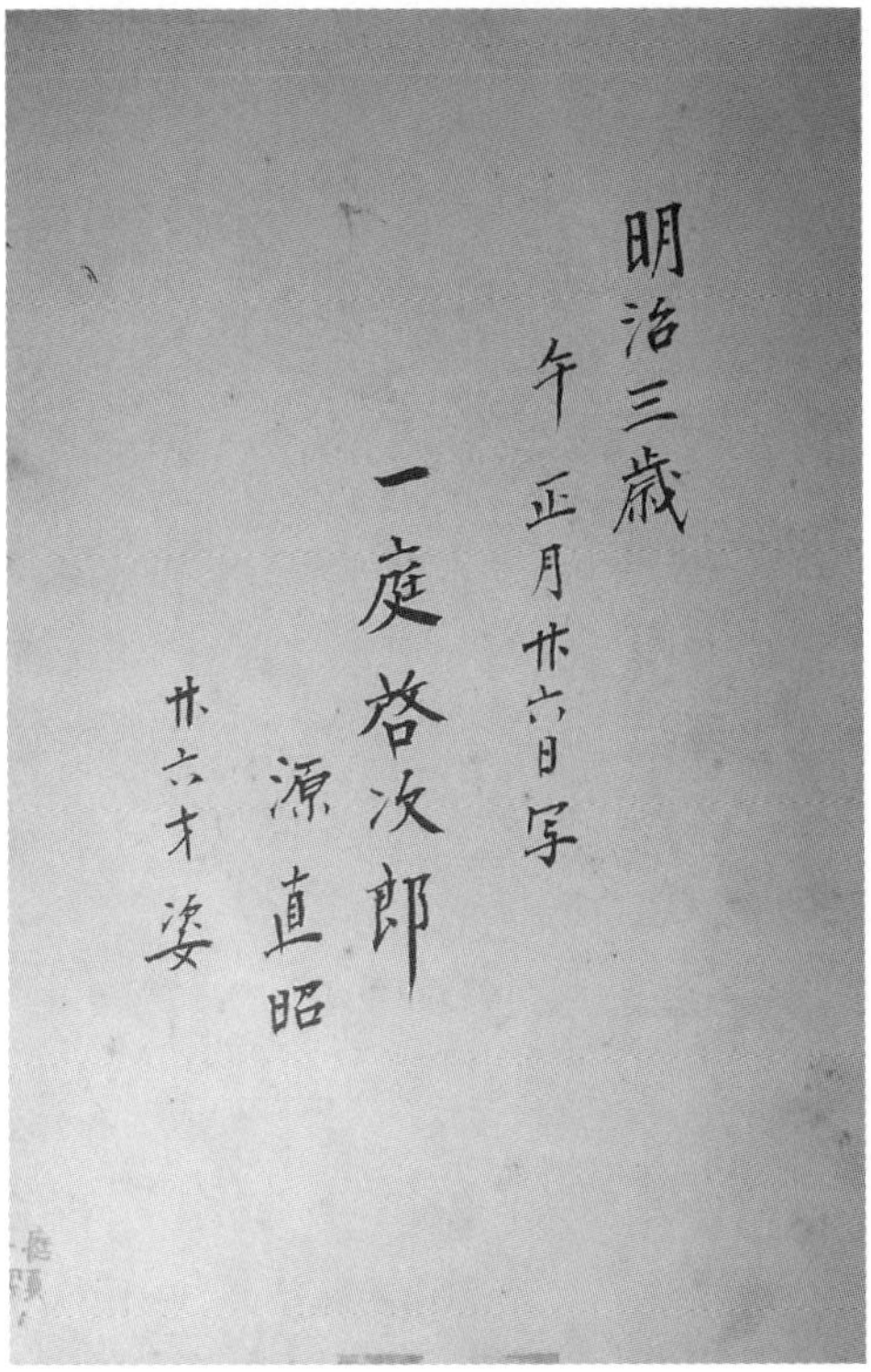

［図版0-2］ ガラス乾板を紙焼きした写真は２枚残されているが、そのうち1枚の裏書。「明治三歳午正月廿六日写 一庭啓次郎 源直昭」とある（一庭―写真―1）。もう一枚は紙焼大判の写真で同じ裏書がある（一庭―写真―2）。なおこの「直昭」は、文久３（1863）年11月に京都間之町夷川の韻学者白雲堂山口其覺から授けられた「実名」である。

一庭を訪ねるのである。

一庭もかねてより蒸気船の建造により百艘船稼業からの脱却を思案していたことから、二人の利害は一致し、一庭は石川とともに長崎に向かう。蒸気機関などの先進技術を長崎で学び、蒸気機関を入手して琵琶湖に蒸気船を浮かべようと考えたのである。そして石川は大聖寺藩からの出資も取り付けて、明治二（一八六九）年三月三日ついに蒸気船を完成させることができた。こうして、それまでは人力や風力による舟の行き来であった琵琶湖の交通も、蒸気船の動力による就航が可能となったのであった。この蒸気船は一番丸と名付けられ、一庭はこの一番丸の船長に就任する。

だいたいの道筋はこのようなものだが、実のところ、この石川との出会いのきっかけは明らかではない。石川の事績が語られるとき、石川は大聖寺藩に蒸気船建造の建議を提出したが受け入れられず、脱藩して長崎に向かったとされる。しかしながら、あとで検討するように、石川は、慶応四（明治元）年秋に一庭と会った時点では、すでに藩の重臣の内諾を取り付けていて、それをもって長崎に向かったという節がある。

明治六（一八七三）年九月三〇日付で一庭が書いた「旧大聖寺藩ゟ被有之湖上汽船仕入金始末物御尋ニ付御答之事」では、明治元年、長崎に向かう前の時期のことだが、大聖寺藩の蒸気船製造の打ち合わせのため、石川専輔（当時嶂）および古橋重七等が大津に出張したとあり、折から一庭らも湖水蒸気船の目論見を持っていたことから、一庭は蒸気船掛用達を申し付けら

れたとあるからである（一庭―汽船―参考―に）。

二人は明治元（慶応四）年の秋ごろには長崎に向かっており、長崎での蒸気機関購入と大津の大聖寺藩用場設置、汽船建造の伺書提出などの前後関係を考えてみると、石川は藩内部で何らかの内諾を得たうえで大津に出張し、一庭から汽船運航の内諾を取り付け、一庭は石川に誘われるかたちでともに長崎に向かったのではないかと考えるのが妥当であろう。

そのように考えるとき、一庭と石川との出会いは、まったくの偶然と考えるよりも、一庭の実家加賀屋が、その名称から、大聖寺藩また加賀藩と何らかの縁故があり、その二人が顔を合わせたという、例えば『大津市史』などの推測も、遠からずかもしれない。また何かのつながりから、百艘船仲間の一庭が蒸気船建造の計画を持っているとの消息を石川らが得ていたとも考えられよう。

生涯一船長として

一庭は生来、工作が好きで、新しい機械や器具を好んでさわったりしていた。そんな一庭は、石川とともに長崎に向かい、造船や航海術を学んで蒸気船を建造し、琵琶湖に浮べたわけである。長崎遊学においても、機械と汽船航法の学習は一庭が受け持ち、石川はもっぱら資金調達を担当したということなのであろう。

蒸気船を完成させて後、一庭は約束通りに、蒸気船の船長として、また大聖寺藩が経営する火船商社の代表として経営に携わった。ところがこの汽船商社も、明治六（一八七三）年、大聖寺県を併合して成立した石川県が、汽船経営からの撤退を決定する。そしてその後の明治八年には、汽船商社をともに運営していた堀江八郎兵衛らは、新たに蒸気船運航会社を設立することになるのである。しかしながら一庭はそれに加わらず、また自身の会社を創建することもしなかった。

つまり一庭は、明治二年に火船商社の代表として、一番丸および二番丸の船長に就任し、会社を運営したのだが、商社が潰えた後は、新たな会社を設立することなく、蒸気船の船長を務めているのである。堀江の大津丸社を含めた汽船各社が林立して激しい競争を繰り広げ、明治一五（一八八二）年に太湖汽船として統一されたあとも、一庭は船長としての職務を貫き、明治三五（一九〇二）年七月二五日太湖汽船を退職するに至る。一庭は現場に立つことにこだわり、三十数年にわたって蒸気船の操舵という、「生涯一船長」の道を歩んだのであった。

退職した後には、若いころから玄人はだしであった写真や骨董などを楽しみ、俳句を詠み、よく旅をして過ごした。明治四〇（一九〇七）年一〇月からの一時期、京都岡崎の對龍山荘に住まい、山荘主の市田彌一郎に仕え、小川治兵衛の長男白楊と交友したりもした。そして明治四四年四月一七日、佐々布（さそう）に嫁いだ東京の次女幹（みき）宅で急死したのである。享年六七歳であった。亡くなる二年前の明治四二年八月一七日から、東京行きの旅程が詳しく手帳に記されているが、一庭は晩年この東京巣鴨の佐々布家をよく訪ね、ここで荷を解いて孫たちと共に東京を見

［図版0-3］2016年4月大津泉福寺門前に建てられた一庭啓二石碑

物し、知人宅の訪問をしたりしていたのであった（一庭—覚書—21）。

一庭には、妻直とのあいだに三女あり、一庭の家督は三女の陸が継いだ。長女の文は生後すぐに亡くなり、次女幹は佐々布に嫁して東京に住んだ。陸は大津に住み西藤安兵衛とのあいだに菊枝をもうけたが、陸は一庭の家名を守ることに腐心し、一庭姓を名乗り、独身を貫いた。陸が亡くなった後は一人娘の菊枝が跡を継いだ。菊枝もこの一庭の姓を残すべきか思い悩んだ末のことだが、京都神楽岡の加藤武司に嫁した。菊枝は年若くから歌を詠み、太田青丘・四賀光子らの『潮音』に拠って歌の道に励み、歌人としての号を一庭菊枝とした。菊枝は武司との間に一男一女をもうけたが、これが当代に当たっている。

一庭家の菩提寺は、大津市長等の浄土真宗本願寺派泉福寺であった。実は一庭家の菩提寺は長く分からぬままであったのだが、平成二八（二〇一六）年四月、泉福寺の門前に一庭啓二の碑が建ったことが新聞報道され、それを教えられて菩提寺が判明した。

一庭の墓所は大津駅東の月見坂墓地にある。一庭啓二の墓碑と先祖代々市場氏との二基があり、この墓はここまでずっと当代の二人が守ってきた。

生い立ち

一庭啓二の生い立ちから述べていく。一庭は弘化二（一八四五）年一二月三日、京都寺町今出川上ルの立本寺前丁加賀屋小川茂

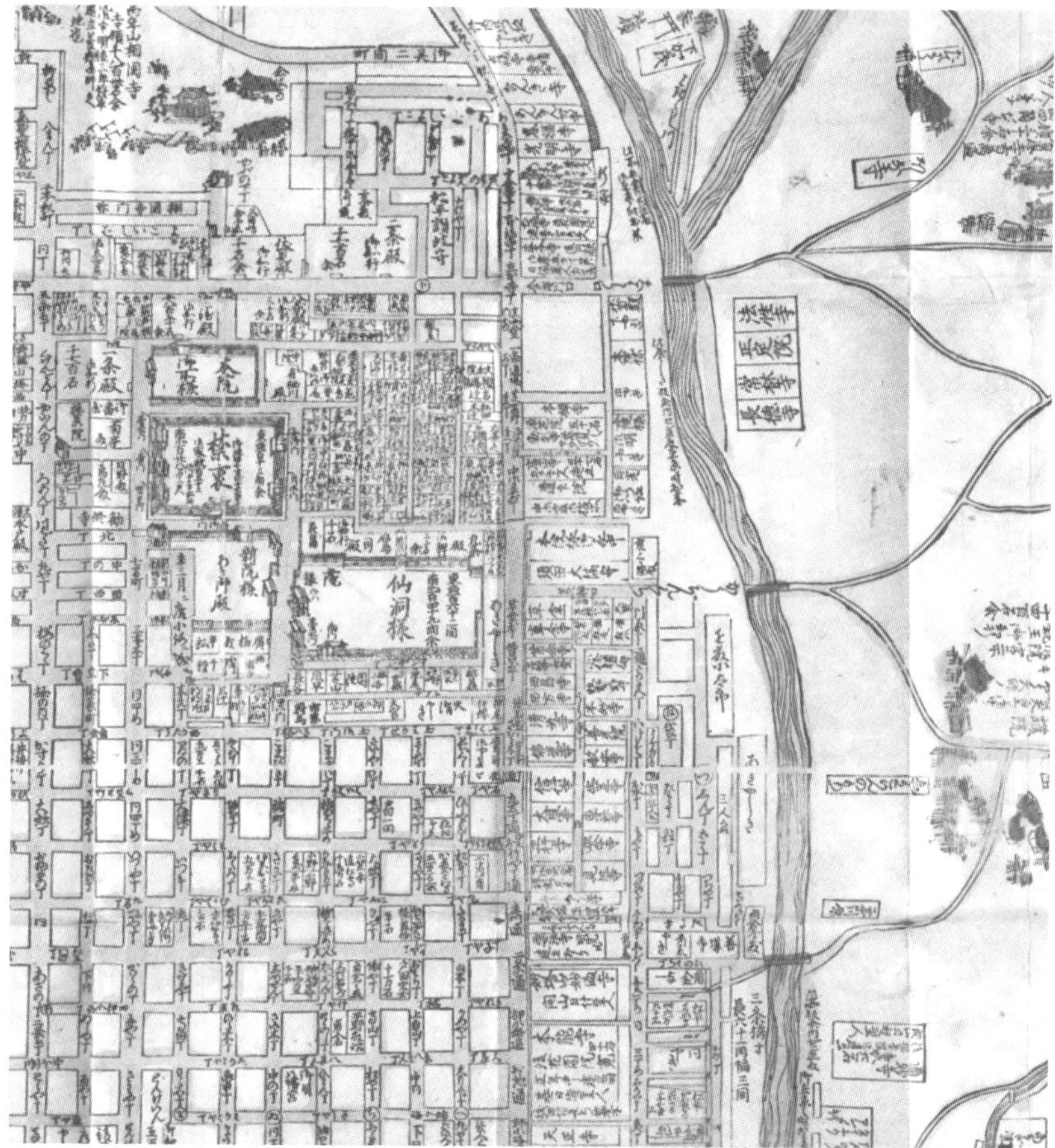

[図版0-4]『京大繪圖 新撰増補』(元禄9(1696)年)。御所北東の寺町今出川に「立本寺」がみえる(国際日本文化研究センター所蔵地図データベースより部分、2020年7月1日申請)。巻頭にカラー図版。

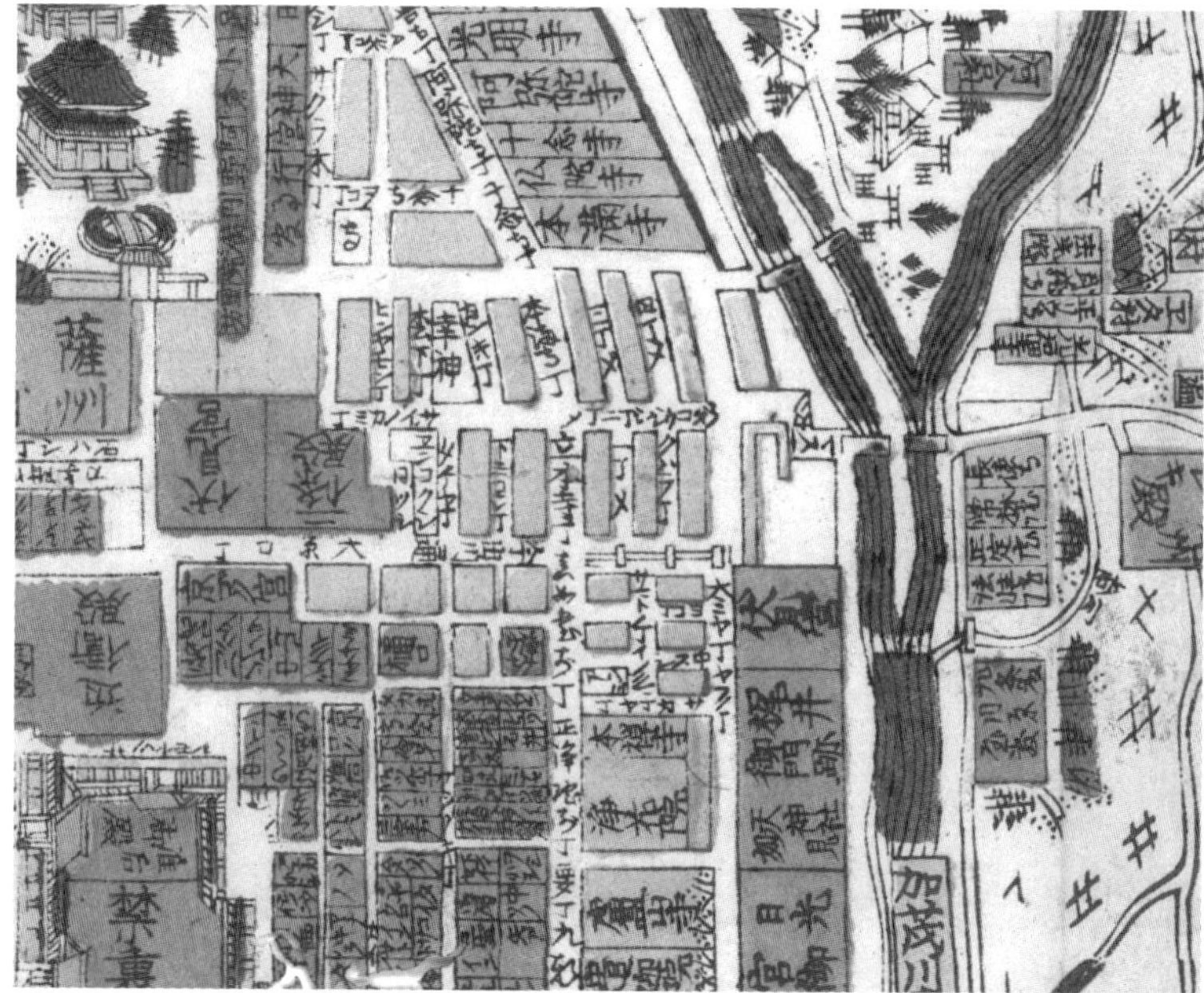

[図版0-5]『大成京細見繪圖 洛中洛外町々小名』(慶応4(1868)年)、寺町今出川上ルに「立本寺町」とある(国際日本文化研究センター所蔵地図データベースより部分、2020年7月1日申請)。

兵衛（戸籍の表記は茂平）の三男として生まれた。この立本寺というのは、豊臣秀吉の命により寺が集められて寺町がつくられたときに今出川に移転してきた寺である。その後の宝永五（一七〇八）年大火に遭い、上京区一番町へと移転している。したがってこの立本寺前丁という地名は、立本寺がもとあった地名の名残で、いわば「元立本寺前丁」というわけである。事実、元禄九（一六九六）年二月版行の『京大繪圖 新撰増補』には「立本寺丁」とあり、立本寺もこの地図には寺町今出川東北角に描かれてある（図版0―4）。『大成京細見繪圖 洛中洛外町々小名』（慶応四（一八六八）年改板）には「立本寺丁」と出るが立本寺はすでにない（図版0―5）。

この立本寺丁は、寺町今出川を少し上がった寺町通に東面する町である。この町は明治維新前には禁裏六丁町組に属し、その後分かれて立本寺前一町組に属した（『日本歴史地名大系 二七巻』平凡社）。なお一庭啓二の戸籍には、京都府上十一区立本寺前町と示される。

一庭啓二の実父小川茂兵衛は屋号を加賀屋と称する質商であった。店員も数名いたという。加賀屋のあった立本寺前町は、図版の地図からも読み取れるように、今出川通を隔てて御所の北東にあたっている。京の鬼門を守る御所東北隅の猿ケ辻と同じく、鬼門封じの幸神社（さいのかみのやしろ）にほど近い場所だ。

このように加賀屋は、御所のすぐ近くで商いをしており、まわりには多くの公家らが住んでいて、もっぱら公卿衆の家に出入りする質屋として商いをしていたのであった。そうしたこと

［図版0-7］寺町今出川交差点から寺町通北方の立本寺前町をのぞむ（2020年7月10日撮影）。

［図版0-6］寺町今出川に建つ大原口の道標。右端の木立が京都御所の東北隅である（2020年7月10日雨の日に撮影）。

覚書「小川」と「北川」

一庭の実父は、戸籍上でも小川茂平と記載されていて、「小川」姓は間違いのないところではあるが、一庭の婿入りと思われる結納の文書などに「北川茂兵衛」とあり、また実母妙についても写真裏書に「北川妙」と出ていて、このあたりいささか不安定である。この「北川茂兵衛」の住所も「寺町今出川上ル」とあり、住所も一致していることから、この「北川」が、本姓や通称という可能性もなくはない。戸籍には「小川」とあり、間違いはないので本稿ではそのように表記したが、この点を念のため注記しておきたいと思う。

［図版0-8］一庭の実母北川妙。明治21年3月撮影の写真で妙88歳。裏書に「新京極通三条下ル桜之町写真師岡崎により撮影」とある（一庭―写真―37）。

から幕末の激動期、さまざまな情報が入りやすい環境にあったといってよいだろう。

寺町今出川交差点の東北角には慶応四年（一八六八）四月と刻んだ「大原口道標」が建っている。大原口は京の七口のひとつで、御所の東北角にあたり、北は大原から若狭へ、東は白川越、南と西は京の街中へと通じる交通の要所である。この道標から北へ一丁ほど上ったところに加賀屋があった。このように加賀屋は、京の都の出入り口にあたる要所で店を構えていたわけである。

先に少しふれたように、一庭啓二には姉がいて名を品（志な）といった。小川茂兵衛の次女で天保一〇（一八三九）年四月晦日の生まれであるから一庭より六歳年長にあたる。品は、大津の百艘船仲間の船屋太郎兵衛方に嫁した。太郎兵衛は姓を市場、通称船太郎といい、天保六（一八三五）年八月二三日の生まれ、一庭とは一〇歳の歳の差がある。

この太郎兵衛と品とのあいだには子どもがなく、品の弟啓二を養子として迎えることとし、一庭が、大津百艘船仲間の船屋太郎兵衛方に養子としてはいることとなったのである。一庭はこうして琵琶湖海運の家業を継ぐこととなった。

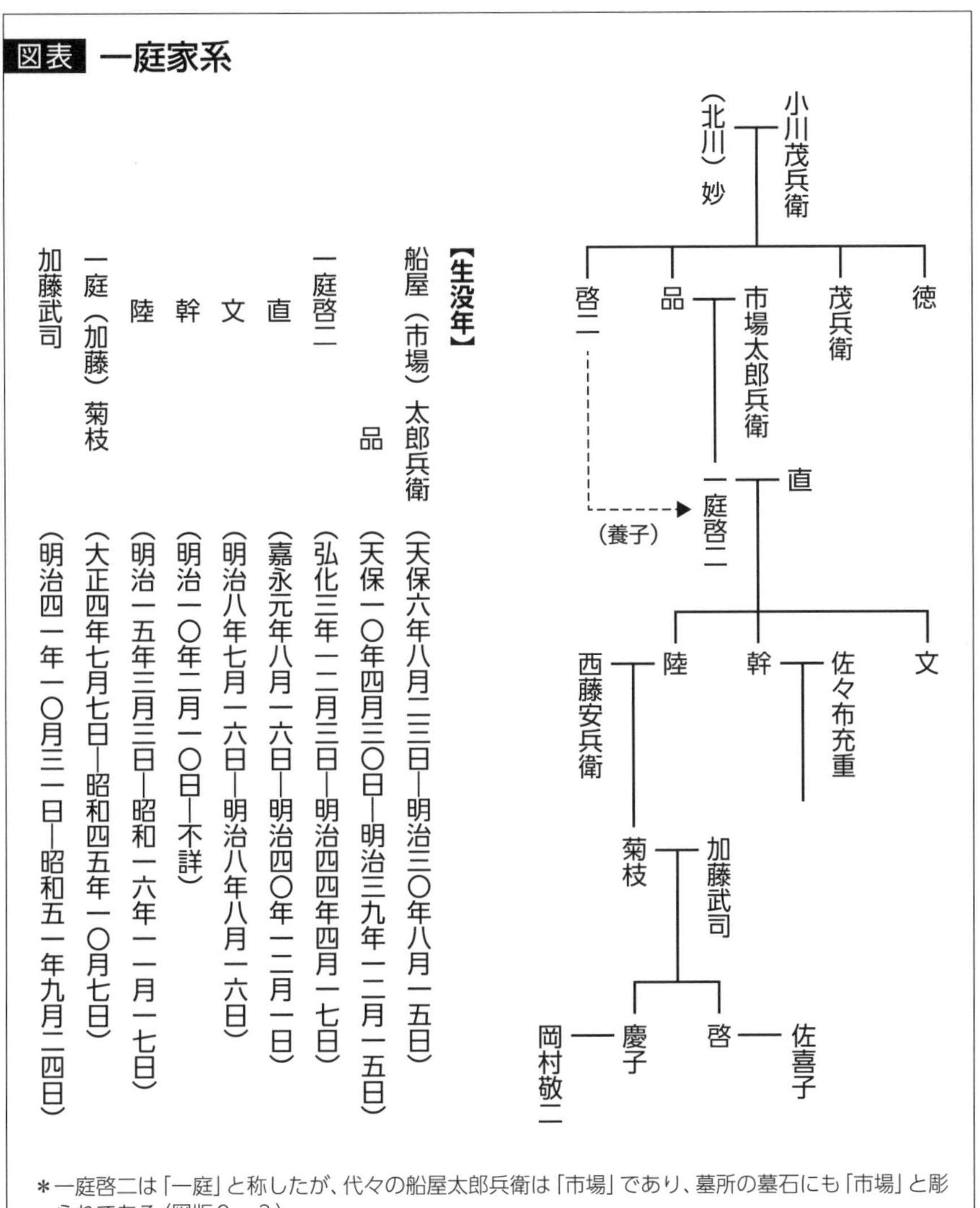

【生没年】

船屋（市場）太郎兵衛（天保六年八月二三日—明治三〇年八月一五日）
品（天保一〇年四月三〇日—明治三九年一二月一五日）
一庭啓二（弘化三年一一月三日—明治四四年四月一七日）
直（嘉永元年八月一六日—明治四〇年一二月一日）
文（明治八年七月一六日—明治八年八月一六日）
幹（明治一〇年二月一〇日—不詳）
陸（明治一五年三月三日—昭和一六年一一月一七日）
一庭（加藤）菊枝（大正四年七月七日—昭和四五年一〇月七日）
加藤武司（明治四一年一〇月三一日—昭和五一年九月二四日）

＊一庭啓二は「一庭」と称したが、代々の船屋太郎兵衛は「市場」であり、墓所の墓石にも「市場」と彫られてある（図版9—3）

第一章
大津百艘船

大津百艘船

この船屋太郎兵衛の家は、一庭の娘陸の回想によれば、豊臣秀吉の時代からの家柄で、琵琶湖上の舟運に特権を持つ大津百艘船の年寄役を務める家筋であった（やぶ椿（一庭陸）「湖上に汽船を浮べて七十年 亡き父を憶ふ（一）（二）」）。太郎兵衛が百艘船の年寄役に就いていたことは、一庭文書のなかでは、幕末の嘉永元（一八四八）年五月の小野儀八郎宛「乍恐奉申上候口上書」に、「百艘年寄與次兵衛 太郎兵衛」と名前があがっていることからもわかる（船屋―百艘―56）。ここではまずこの大津の百艘船について少し説明しておきたい。

早い時代から琵琶湖では、舟による年貢など物資の輸送や人びとの往来はあった。しかしながら、こうした湖上交通が一気に重要性を増していくのは戦国時代のことだ。戦国の世となり、湖上交通を制することが軍事面において死命を制する問題となって、兵士や物資の運搬が盛んに行われるようになったからである。大津の港は、京や大坂に向かう出入り口でもあり、文字通り「のど元」として交通の要衝を占めるにいたった。

戦国の世を制して天下人となった織田信長は、安土に本拠を置いて、通商の妨げとなる関所を廃し、楽市・楽座を実施するなどの経済政策をおこなった。そして軍事面においても琵琶湖海運の重要性をよく認識し、湖上の船についてその管理運営を天文一四（一五四五）年から早崎平蔵に、天正二（一五七四）年からは観音寺慶順に当たらせたのであった（『大津市史上』など）。

信長が本能寺に倒れたのち豊臣秀吉の世となる。秀吉も年貢や物資の輸送に琵琶湖の交通を重視した。小谷城から居を移し、湖畔の長浜に築城して住んだ秀吉は、琵琶湖の水運が、軍事的にも経済的にも重要であるということをよりいっそう実感したことであろう。

そんな秀吉は、天正のおわりに坂本城を廃城とし、浅野長吉（長政）に命じて新たに大津城を築かせる。この築城とともに、京や大坂への物資の集散地として大津の港は繁栄し、大津の町は発展していくことになる。そしてまた秀吉は、この琵琶湖での海上輸送について、軍事面においても経済面においても万全を期するため、輸送舟の管理を図り、長吉に命じてその舟数の確保に当たらせ、支配を十全なものにしようとした。それがこの大津百艘船である。

百艘船の特権

大津市歴史博物館企画展の図録『琵琶湖の船』に載る「大津百艘船由緒」によりその歴史を述べていけば、事の次第はつぎのとおりであった。

秀吉が伏見に城を構えて以降、琵琶湖上の行き来は、東国・北国大名の往来や物資の運搬などによりいっそう頻繁となる。そんなことから、その輸送にあっては、それまでの舟の数ではとうてい足らなくなってきた。そこで浅野長吉（長政）は、大津在住の舟持ち等を召喚して百艘の舟を配備するよう命じたのである。実は、「由緒」に挙げてある秀吉の伏見築城というのはこれより後のことで、これは「由緒」の思い違いなのだが、ただこの時期は大坂城の造営もあり、ともあれ舟の増設とその確保が必要となってきたことは確かなことであった。長吉の命を受けた大津の舟持ち等は、坂本や堅田の衆とも相談して百艘の舟を用意した。そして長吉からは、その働きに対して褒美とともに諸役御免、さらに大津浦からの旅人の乗船や荷物は独占的に輸送してよいとする特権が与えられたのである。この特権は代々相続され、百艘の舟は、滋賀・高島・浅井・伊香・蒲生・神崎・野洲・栗太の港へ特権的に出入りできたのであった。

この内容は天正一五（一五八七）年二月一六日に、浅野長吉名の制札五カ条として触れ出され、確固たるものとなった。その定めによると、大津港では他の港から来た舟には荷物や旅人を乗せないこと、百艘船である公用舟以外の舟には荷物や旅人を乗せさせないこと、百艘船が公用舟として使われる場合には必ず報告に及ぶこと、公用舟として徴用する場合には船頭だけでは荷物の上げ下ろしをおこなわないこと、浅野家中の者が御用として使おうとする場合はすぐさま照会に及ぶこと、という五カ条である。

このように、公用や軍用のために百艘の舟を確保し、非常時の使用を担保したうえで、運用にあたっては厳重厳格を事とすると定められ、公用以外の平常時の物資や旅人の運送にあっては、百艘船仲間に対し、格段の特権が与えられたというわけである。つまり、百艘船は課役が免除され、大津浦から出る荷物・船客を独占し、他浦の船には帰路の荷物積載を許可しないなどの特権が定められ、その権利は代々引き継がれたのであった。この百艘船に与えられた特権は、浅野長吉（長政）以降の、増田長盛・新庄直頼・京極高次らの時代においても追認され、折に触れて制札が掲出され継承されていった。

百艘船の公用

それではこの百艘船の公用とはどのようなものがあったろうか。秀吉の時代には、文禄・慶長の役の際に公用があり、「秀吉公唐入」「秀吉公朝鮮国御征伐」にあたって、百艘船は昼夜を限らず相勤めて大津御城へ御軍用米を運搬している。そして百艘船の加子（船夫）にあっては、唐入の徴発にあうという厳しい公用もあった。それは観音寺詮舜が船奉行を務めていた時代のことで、二〇〇人の加子のうち三五人が唐入の徴用にあった（「大津可相届米之事」「大津村加子二百人之事」『大津市志 上』、「大津百艘船」『図説大津の歴史 上巻』）。

さらに百艘船は、京極高次の時代、関ヶ原の合戦の折にも大きな働きをした。この戦いで京極勢は東軍側に味方し、大津城に籠城した。大津城は落城したのだが、その際八日間ほども西軍の東進をここでくい止め、その結果東軍を勝利に導くという大きな要因となった。この時、百艘船仲間が大きな働きをしたのである。大津城の北側が琵琶湖という地の利もあり、三〇艘を差し出して京極軍とともに籠城し、水軍として軍事力を生かし、その力量を十分に発揮した。ただ戦いの進行と共に籠城軍は劣勢となり、京極高次は高野山の僧木食応其（もくじきおうご）の説得を受けて大津城を開いた。自身は高野山に遁れて謹慎・剃髪のうえ、戦さで亡くなった家臣たちの菩提を祀ったという。この高次は、のちに関ヶ原の戦いの功労を認められ、加増のうえ小浜に転封したのだが、この折に百艘船に対して、一書および銀子三枚を贈ってその労をねぎらっている（『大津市志 上』、『大津市史 下 資料篇』）。

秀吉の世から徳川家康の時代となり、大津城は廃されて新たに膳所城が築かれた。そして大津の浦は幕府直轄の地となり、大津奉行の所管となった。だがこの百艘船の特権はそのまま認められ、元和三（一六一七）年の定書には堅田も加えられ、それまでと変わらぬ保護が与えられた。この元和三年の定めを出したのは大津代官小野宗左衛門貞則で、これまでの艫折（ともおり）廻船制度を認め、大津・堅田・八幡（近江八幡）の三浦が琵琶湖の海運を担っていくことになった。この艫折廻船制度というのは、船の後部にあたる艫を先に着岸させた船が優先的に船積を行なうという制度で、琵琶湖の場合その制度を運用できる浜が大津港など三浜であったということになる（『新修大津市史 三』）。

太平の世となった徳川の時代、非常時に備えての軍事上の予備的配置を別にすれば、いわゆる公用というのは、将軍上洛時の移動や所司代・奉行の巡検、日吉神社の祭礼、蔵入地から上がって来る年貢米の輸送、瀬田橋架け替え時の渡船など臨時の輸送に限られた。百艘船仲間は、これらの負担を担保することにより、日常的にはその代償として特権が与えられたのである。

このように特権が付与されることで大津百艘船は発展していった。百艘船仲間の家には船持ちの従業員の加子がいて船に乗り込み、また周辺には船大工も働いていた。船大工はのちの安永八（一七七九）年に船大工仲間を結成、また他にも荷問屋や米屋仲間なども組織された。大津の町には、藩の蔵屋敷や町人の家屋敷が立ち並んで、百艘船仲間の繁栄とともに大津も栄えていったのである（『大津市史 上』）。

船屋の家系

さて一庭啓二が養子に入った船屋太郎兵衛であるが、享保一二（一七二七）年八月の「大津浦百艘船持共由緒」にその名前がみえる（『大津市史 下』）。ここには大津浦の丸船は往古一六艘であったことが記され、この一六艘船株を持つ船持ちの名前が挙がっていて「太良兵衛」の名前が書き出される。これが一庭啓二の養子に入った太郎兵衛の家筋にあたっている。ここでこの一六艘船持ち株の名をあげておくと、彌吉・孫右衛門・清兵衛・三九郎・長右衛門・庄三郎・三治・善右衛門・太良兵衛・平左衛門・市兵衛・藤三郎・助兵衛・喜三郎・次良助・忠兵衛の面々であった。

なおこの書き上げは、役所の命によるものではなく心覚えのためのものであるとの留保が付されており、これら一六艘の子孫は今に至るまで、つまり享保一二（一七二七）年八月に至るまで、船を所持し、毎年御運上銀帳面にも名前が挙げられると述べる。

そしてさらに、太閤秀吉の時代の天正一五（一五八七）年二

図表　代々の太郎兵衛

一庭の文書に、「享和元年（1801）辛酉年迄 代々年回忌年数之覺」があり、そこに、「名跡次（ママ）候分」と「枝彿」とが記されている（船屋－家計－37）。ここに書き出された代々太郎兵衛と、市場家菩提寺の泉福寺ご住職竺文彦師の御教示とを合わせて、代々の船屋太郎兵衛およびその妻の法名と没年月日とを作成してみた。なお泉福寺は、慶長五（一六〇〇）年関ヶ原の合戦の前哨戦「大津城の戦い」で大津城下が全焼したのちに現在地に移っている。そうしたことから、寺に遺された記録はそれ以降のものであるとのことである。

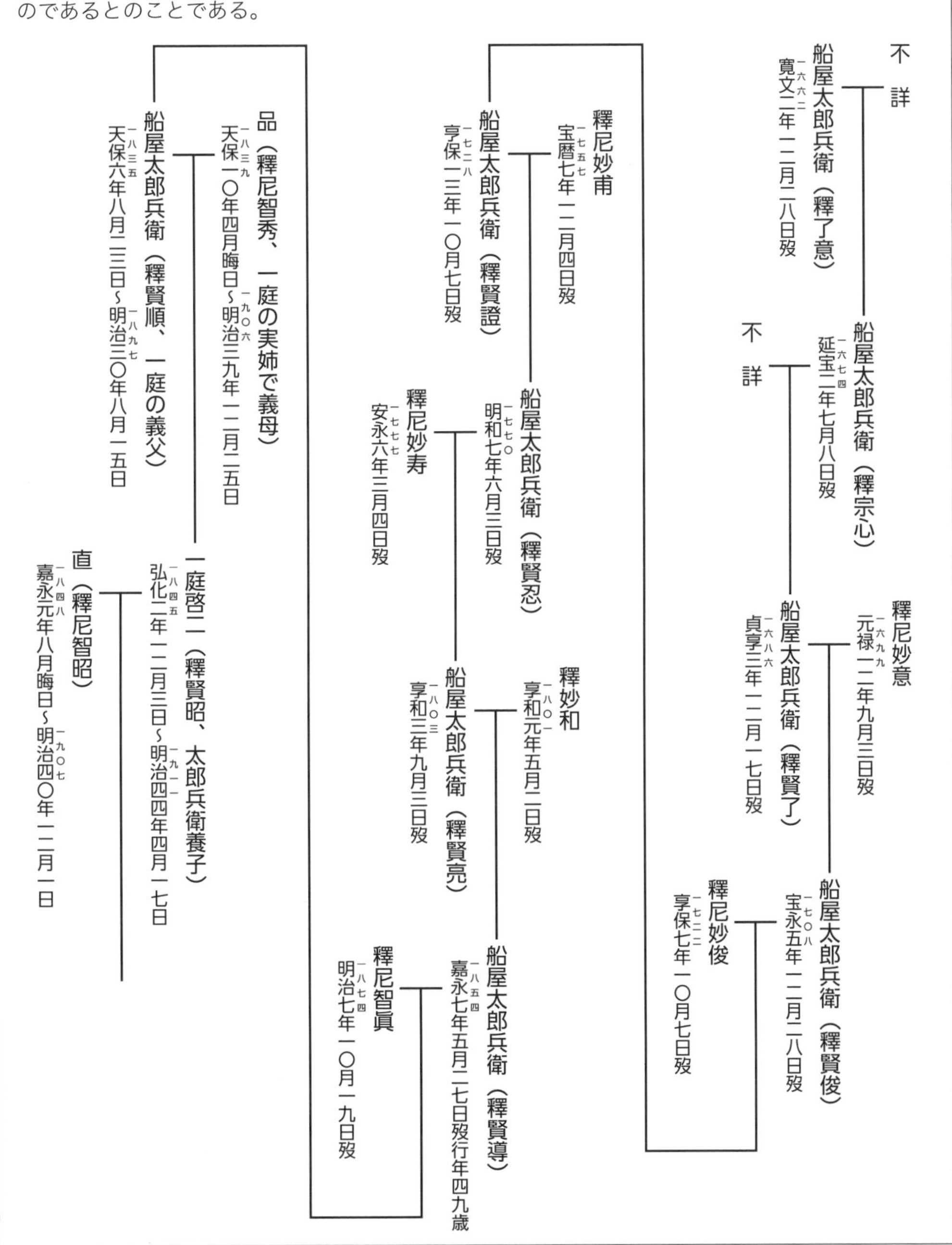

月一六日の浅野長吉（長政）の制札により百艘の船持が定められて、大津宿夫役御免となった旨も書かれる。この制札の内容は、先に述べたように、後の増田・新庄・京極の各氏に引き継がれ、徳川の時代以降も継承されたのだが、その実績を制札の年月および大津代官らの名前を列記することにより再確認するという内容になっているのである（『大津市史 下』史料）。

また天明七（一七八七）年九月の代官差出し印鑑簿には当時の船持二二名が記載され、文化年中には二一軒とあって、そこに「平蔵町 舟屋太郎兵衛」が筆頭に出ている。かなり下って嘉永三（一八五〇）年の書き上げでは一七軒に減少したことが見てとれるが、ここでも太郎兵衛は筆頭に出ている。

ちなみにこの、明治維新にほど近い嘉永三年の一七軒の船持ちの名を参考までにあげておくと、平蔵町舟屋太郎兵衛・平蔵町太郎兵衛預舟屋忠助・下堅田町伊勢屋預舟屋重兵衛・下堅田町永原屋與次兵衛・猟師町舟屋瀬次郎・境川町菱伊預舟屋市松・上京町近江屋壽平・八町亀屋甚右衛門預舟屋庄兵衛・船頭町舟屋吉蔵・船頭町吉蔵預舟屋治兵衛・船頭町舟屋忠兵衛・船頭町忠兵衛預舟屋久吉・北保町舟屋七兵衛・北保町舟屋長三郎であった（『大津市志 上』）。

特権をめぐって

百艘船は以上のような特権を持ち、時の権力に守られるかたちで発展を遂げてきた。盛時には、大津・坂本・堅田・北の町の四組あり、各組には年寄三名、肝煎下役五名の役職を置いた。そして他の船持を平方と呼んだ。一八世紀前半の正徳の時代には、各組に年寄一名、肝煎二名、また天明以降には各一名となり、島ケ関・風呂屋関・川口の会所に朝八つ（午前二時）から輪番で出勤して積み荷を点検し船賃を徴収した。

仲間は毎年一月、帳固めと称する総会を開催して収支決算をおこない、正月・五月・九月には貴船講を開いて、水神高龗神（たかおかみのかみ）を祀る貴船神社に鳥目を奉納している。享保七（一七二二）年には、大津奉行の職務が統合されて京都町奉行所の管轄となったことから、それ以降は年始年末と寒暑ごとに、管轄の京都町奉行所へあいさつに出向いた。代官への礼のときは大津内の仲間の筆頭が、代官が交代の折には米屋・魚問屋・両替屋・質屋の仲間とあいさつに向かっている（『大津市志 上』）。

寛延四（一七五一）年九月の「湖水絵図竝びに浦々船株覚書」には、琵琶湖に一二〇箇所の浦が掲げられ、五八浦が合計九七三株を持っていたという。そのうち百艘船株を保持する大津が一五〇株で最多、以下は塩津一二〇株、今津九五株、海津八六株、舟木南浜と横江浜で計七五株、大浦七四株、八幡四二株、矢橋三二株と続く。そこにはどの浦でも自由に廻船ができた大津・堅田・八幡の三浦をはじめ、琵琶湖の主要な港が上がっており、当時の港の状況をよくうかがい知ることができる（『新修大津市史四 近世後期』）。

さて、商業の発展にともない琵琶湖の水運が盛んになってくれば、この特権を保持する百艘船に対して不満を抱くものが出てくるのは必定、この慣例を破るものも出現する。寛文八（一

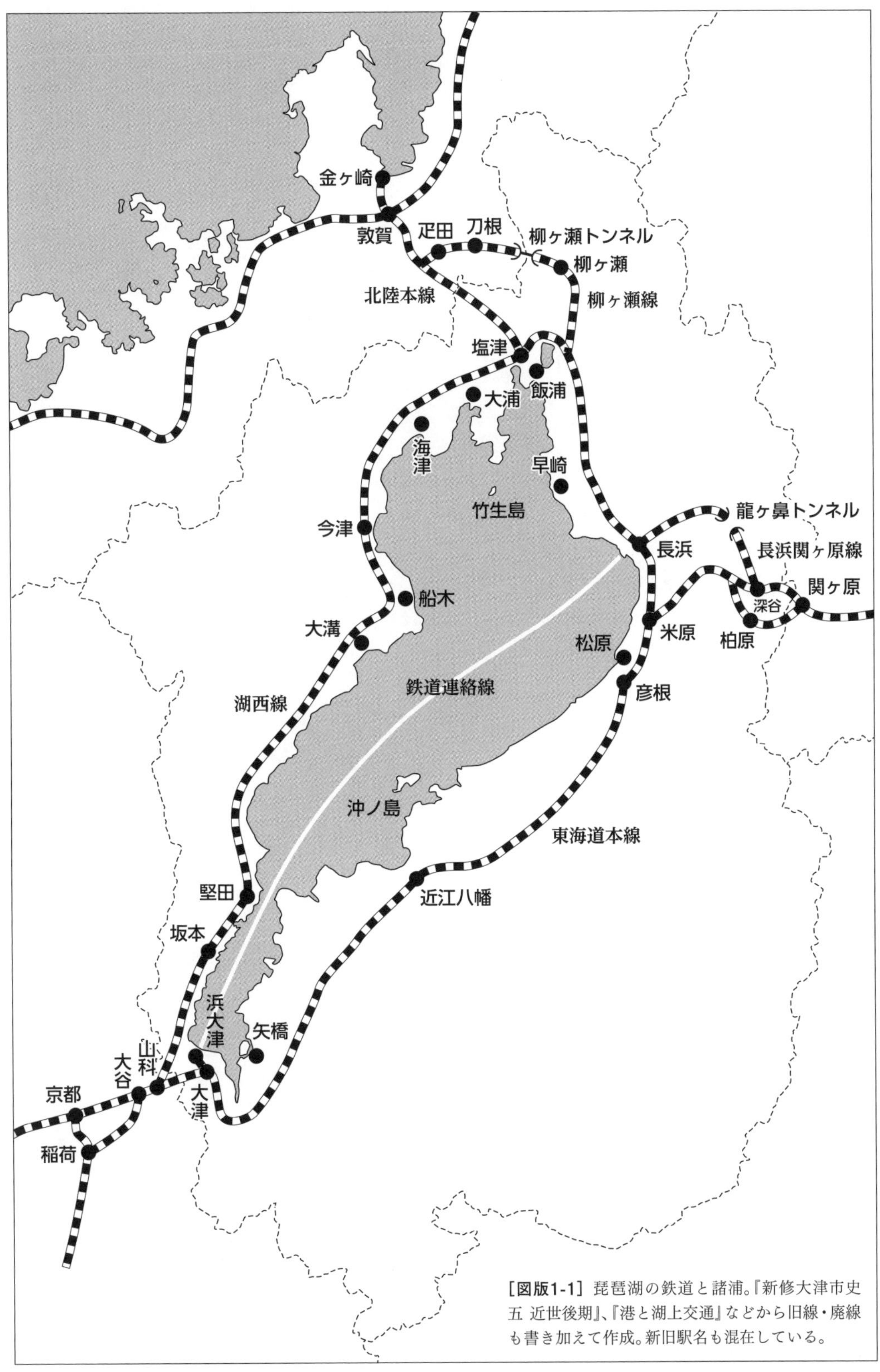

[図版1-1] 琵琶湖の鉄道と諸浦。『新修大津市史 五 近世後期』、『港と湖上交通』などから旧線・廃線も書き加えて作成。新旧駅名も混在している。

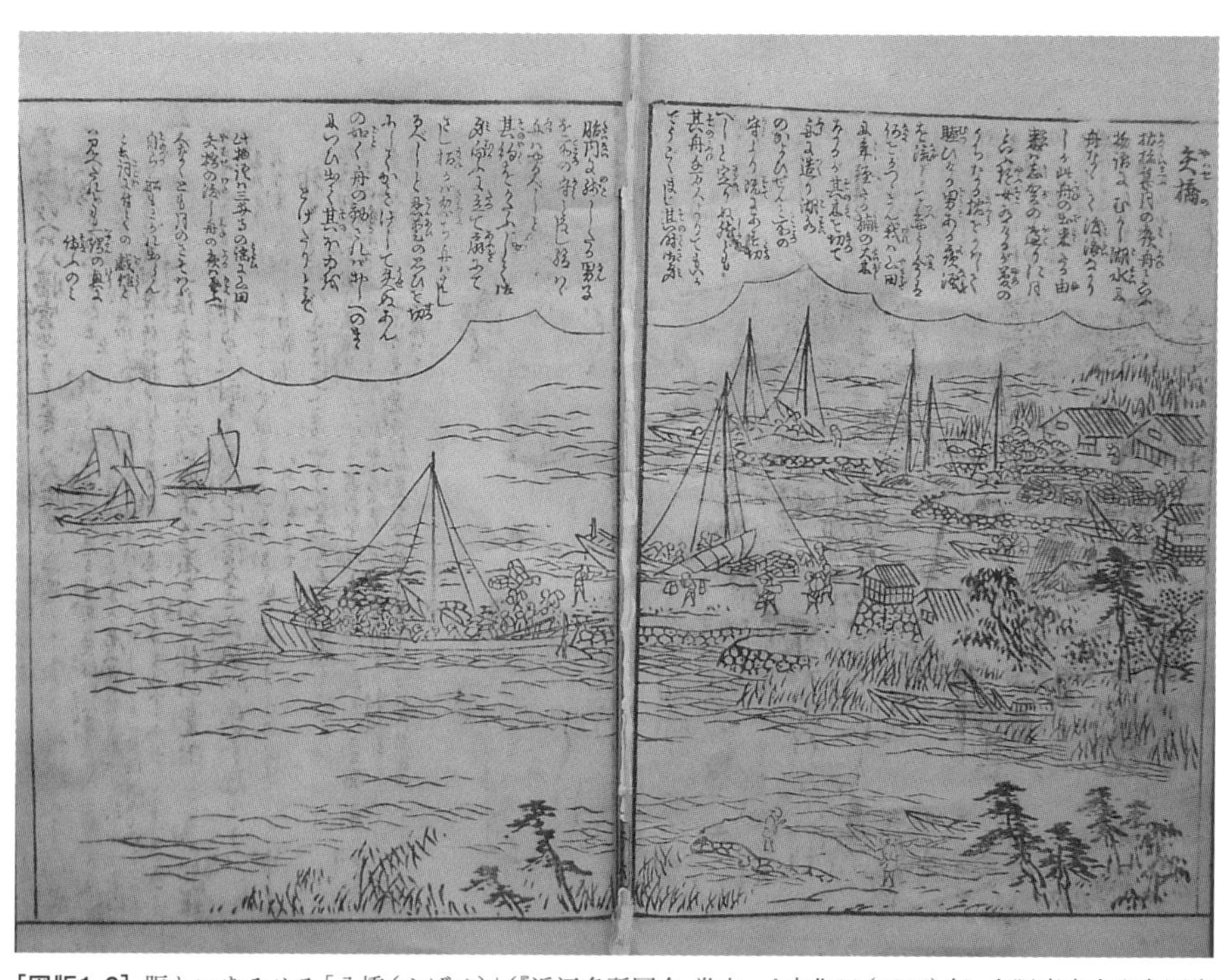

［図版1-2］賑わいをみせる「八橋（やばせ）」（『近江名所図会 巻之一』文化11（1814）年、大阪府立中之島図書館蔵、2020年7月9日出版掲載許諾）。

六六八）年には、大津の石場から草津の矢橋までを運搬する矢橋渡船と大津百艘船との間で争論が起こる。材木や米、瀬田橋修理のための材の積載や運搬をめぐっての争いであった。これは百艘船の勝訴に終わっている。

彦根他屋との争論

その後もいさかいは続く。そのなかで百艘船にとって大きな打撃となったのは、井伊彦根藩の権力を背後にもって登場した他屋といわれる商人らの存在である。かれらは藩米などを独占的に扱っていた。この他屋は、彦根藩が幕府から拝領した屋敷として、大津蔵屋敷廻りの長屋にも置かれてあった。このように他屋は、徳川権現様肝煎の雄藩彦根藩を後ろ盾として、百艘船の権益をおびやかしてきたというわけである。争いは早くも寛永八（一六三一）年あたりから始まる。この彦根藩の他屋による侵害に対しては、幾度かの訴えと裁定が繰り返され、そのたびに百艘船側の言い分が認められてきた。しかしながら他屋側の侵害は依然としてやまない。

万治元（一六五八）年の争論では、大津百艘船の訴えの結果、いったんは大津側の作法により運搬するとの内済で解決したのだが、その内容に大津側も承服せず、上方郡代に訴状を提出するに至る。つまり幕府にまで訴状が提出されたわけである。この訴状提出は、湖水奉行には無断であったとの理由で百艘船の年寄二名が牢舎を命じられたが、結果は、郡代への訴えはなかったことにされて解決をみている。ここでも大津側の主張は認められるところとなった。つまり大津百艘船の特権が確認されたのである。

ただこの内済は、大津浦から彦根他屋に至る、いわゆる下り舟の荷物についてその運搬の方法が定められるという一面も持っていた。それは百艘船と彦根側の船で半分ずつ積載し、合い判の上、相対で上米を支払って運搬するというものであり、百艘船の特権を追認したうえで、彦根藩領内の権益も認めるといった妥協的な内容であった。天正一五（一五八七）年二月の浅野長吉名の制札五カ条で認められた百艘船の排他的な特権が、井伊彦根藩を後ろ盾に持つ他屋の進出により、少しずつほころびはじめたということになる（『彦根市史 第二巻通史編 近世』など）。

彦根の他屋は、これ以降も藩内の問屋などを巻き込みながらさかんに活動を展開する。つまり大津からの帰還にあたっては百艘船を使わず、中山道の米原、北陸道への長浜、彦根城下の松原と、船を三湊に向け荷を載せて運搬した。こうした他屋の強硬な姿勢を前に百艘船の特権は弱体化していく。他屋だけでなく、湖上の水運同業者である三湊の仲間までも巻き込んで、百艘船との対立構造は厳しくなっていったのであった。この大津百艘船と彦根藩三湊との争いは、享保二（一七一七）年になって大きく動き、その後には思わぬ決着を見るに至る。

荷物の積みわけをめぐってまだまだ不満を持っていた彦根三湊側は、享保二年九月、大津奉行所宛に訴状を提出しその改善を要求した。しかしながら百艘船側は、これまで一貫して、いかなる荷物でも百艘が運送してきたと主張し、彦根側の要求を拒否する。裁定は翌享保三年一二月にくだされ、他屋着の荷物は残らず百艘が扱うこととされ、彦根側の敗訴に終わった。この裁定に承服しない彦根三湊は、今度は彦根藩を動かし、藩主から京都所司代の松平伊賀守へ直接訴えるに至った。伊賀守は江戸老中にお伺いを立ててこの案件は幕府内での交渉事項となったのである。

かくして享保五（一七二〇）年四月、京都所司代から裁許が下される。今回は一転して彦根側の勝訴となった。つまり彦根領と大津との間の物資輸送については、行きも帰りも百艘船ではなく三湊船を使って運搬すること、大津では直接大津蔵屋敷に着船させること、などの決定がなされたのである。この裁定に不服の大津百艘船は、幕府勘定所に提訴するが、しかしながらそれは受理されることはなかった。かくして天正の時代から大津百艘船が保持してきた特権がここに大きく崩れたのであった（『新修大津市史 三』、『彦根市史 中』など）。

西廻り航路による打撃

こうした争いは、もちろん百艘船仲間による排他的特権に由来するものであった。もともと軍事に備えて船舶を確保しておくという、非常時の担保と引き換えに付与された特権である。泰平の世となり、経済や商業の発展とともに、運輸・交通面が重視されるようになってくれば、その矛盾があらわになり、百艘船仲間の特権に対する風当たりが強くなるのも必定であったろう。

そしてまたその背景には、湖上輸送の総量減少という事態も大きく関係していた。西廻り航路が寛永の末年（一六四〇年代）ごろ開発されたからである。西廻り航路というのは、北陸の各港から日本海を通行し山陰の港を経て、下関から瀬戸内を通って大坂にいたる航路である。大坂の天満八軒屋から淀川上り船による京の伏見港までの運搬手段も整備されてきた。

もともと北陸地方は、京・大坂への農産物や漁業産物の供給元であった。これまでそれら産物は、敦賀や小浜から陸路を通って塩津・海津・今津の湊まで運ばれ、そこから百艘船により大津へ、さらに京へと運搬されていたわけである。ところが西廻り航路が大きく発展することで、琵琶湖経由の運搬ルートが衰退し、琵琶湖海運が陰りをみせはじめたのであった。

このように総量が減少していった琵琶湖経由の積み荷をめぐって、彦根藩の業者ともども、より一層激しい争奪戦が繰り返されることになったのである。従来は独占的に運搬していた積み荷を、彦根の三湊船が自由に積載して運搬できるという事態は、それでなくても運搬する荷物量が減少している折から、百艘船にとっては重大事であったのである。

こうした陸路と湖上の運輸という手間を解消するため、さまざまな手立てが検討される。寛文九（一六六九）年七月には敦賀と塩津を結ぶ運河の計画が京都の商人田中四郎左衛門から京都町奉行所に提出されている。さらに享保五（一七二〇）年一二月には、塗師蒔絵師触頭幸阿弥伊予ら五名により、敦賀・塩津間の通船水路を掘削し、水路が困難な地域は牛馬の運搬によるとの計画が出される。また幕末になってからだが、敦賀から琵琶湖へと至る運河建設のための測量図を加賀藩が作成したりもしている。

しかしながら琵琶湖水運の再興をかけたこれらの運河計画は、ときに着手されることはあっても完成することなく終わった。そして、もはやとどめようもない琵琶湖水運の衰退を指し示すように、百艘船も順次その船数を減じていく。文久二（一八六二）年には二二艘となる。そして船仲間の数も減っていって嘉永三（一八五〇）年には一七軒にまで減少する。このように船株を売却する者も多くでてきたのである（『大津市史 上』、『新修大津市史 四』）。

第二章
一番丸の建造

ペリー来航と一庭

ここまで、百艘船仲間と特権、その後の争論や衰退に向かうさまを少し立ち入ってみてきた。このようにいささか詳しくみてきた理由のひとつは、代々の船屋太郎兵衛が、こうして百艘船仲間と運命を共にしながら船屋の家業を継続させて生きてきたこと、もうひとつは幕末期にかく衰退の道を辿りつつあった百艘船仲間の船屋太郎兵衛家へ一庭啓二が養子に入ったのだということ、このことを確認しておきたかったからである。つまり一庭は、三百年あまりの歴史を持つ百艘船の家筋に入り、その家業が衰退に向かうのを目の当たりにし、また幕末維新期という激動期に西洋の文化文明と接するなかで、琵琶湖の海運業にとっての打開の道を探ろうとした。一庭はまさに、そのとば口に立っていたということであった。

嘉永六（一八五三）年に、激動の時代が到来したと予感させる事件が起こる。ペリー率いる黒船の来航である。安政三（一八五六）年八月にはアメリカ駐日総領事ハリスが来航し、幕府はあわただしくその対応に追われることになった。黒船来航をはじめとするいわゆる異国情報は、すでに幕府御禁制の域を超え、かわら版などにより市井にも広まる時代状況となっていた。そして幕府にとどまらず各藩においても、異国の近代技術に無関心でいられるはずもなく、いくつかの藩ではその導入を模索し、非常時に備えはじめる。

京の御所近くで生まれ育った一庭啓二にとっても、この事件は大きな衝撃であったろう。黒船来航の嘉永六年、それは一庭八歳の時の出来事である。一庭の実家の加賀屋は公家の屋敷に出入りする質商で、公家らが多く住む御所近くの商家であってみれば、土地柄また仕事柄、こうした異国情報はいち早く伝わってきたことも想像できる。一庭は下田に現れた蒸気船のかわら版を目にして大きな衝撃をうけたのである。これらのかわら版は、「黒船来航かわら版」といわれるもので、蒸気船だけでなく、提督ペリーや他の乗組員の顔や姿も様々に描かれていて、その種類も多い（『図説黒船の時代』）。

ペリー来航の翌年嘉永七（一八五四）年三月には神奈川で日米和親条約が結ばれる。その結果、下田と箱館を開港し、下田に領事を置くことになった。こうして開国に至ったわが国には多くの外国人が居留し、西洋の科学や技術も押し寄せることとなる。徳川幕府の権威は地に落ち、外国の情報は地方に流布し、各藩も西洋から移入される近代技術を我先にと取り入れようとする、そんな時代となってきた。

琵琶湖百艘船の太郎兵衛のもとに養子として入った一庭だが、かわら版のあの異国蒸気船の威容が忘れられない。大きな琵琶湖を有しながら、いつまでも風力や人力に頼って湖上輸送する和船では、もはや時代に太刀打ちできないのではないか、今こそ蒸気船に転換して動力による琵琶湖の交通の便を計るべきではないか、と考えたのである。しかしながら、こうしたことを周囲の人びとに話をしても耳を貸す人はおらず、そのまま幾年かが経過した（やぶ椿（一庭陸）「湖上に汽船を浮べて七十年亡き父を

［図版2-1］黒船来航かわら版（石川県立歴史博物館蔵、2020年4月3日出版掲載許諾）。江戸時代も末期となり海外情報もこうしたかわら版を通して庶民にも知れ渡るようになった。御所近くで生まれた一庭も少年期にこうしたかわら版を目にすることがあったであろう。

憶ふ（一）（二）。

そんな一庭は、文久三（一八六三）年一一月、京都夷川間之町上ルの韻学者白雲堂山口其覚から、「実名直昭」を受けている。韻学とは、漢字の音韻を研究する中国の学問で、それが日本に伝わり大きく影響を与えた。山口其覚は慶応三（一八六七）年『平安人物志』の「韻学」の項に名前が載る人物で、この其覚から名を直昭、字は子應、號徯志堂、俳名の安止を拝受している。一庭一九歳の秋のことである。自分自身の道を見出すべく、というよりむしろ、己の進むべき道について思いを定めたうえで、その決意をいっそう固める覚悟をもって其覚の門をた

［図版2-2］一庭と実姉の品。品は六歳年長で船屋太郎兵衛に嫁したが子どもがなく一庭を養子に迎えた（ガラス乾板、一庭―写真―8）。

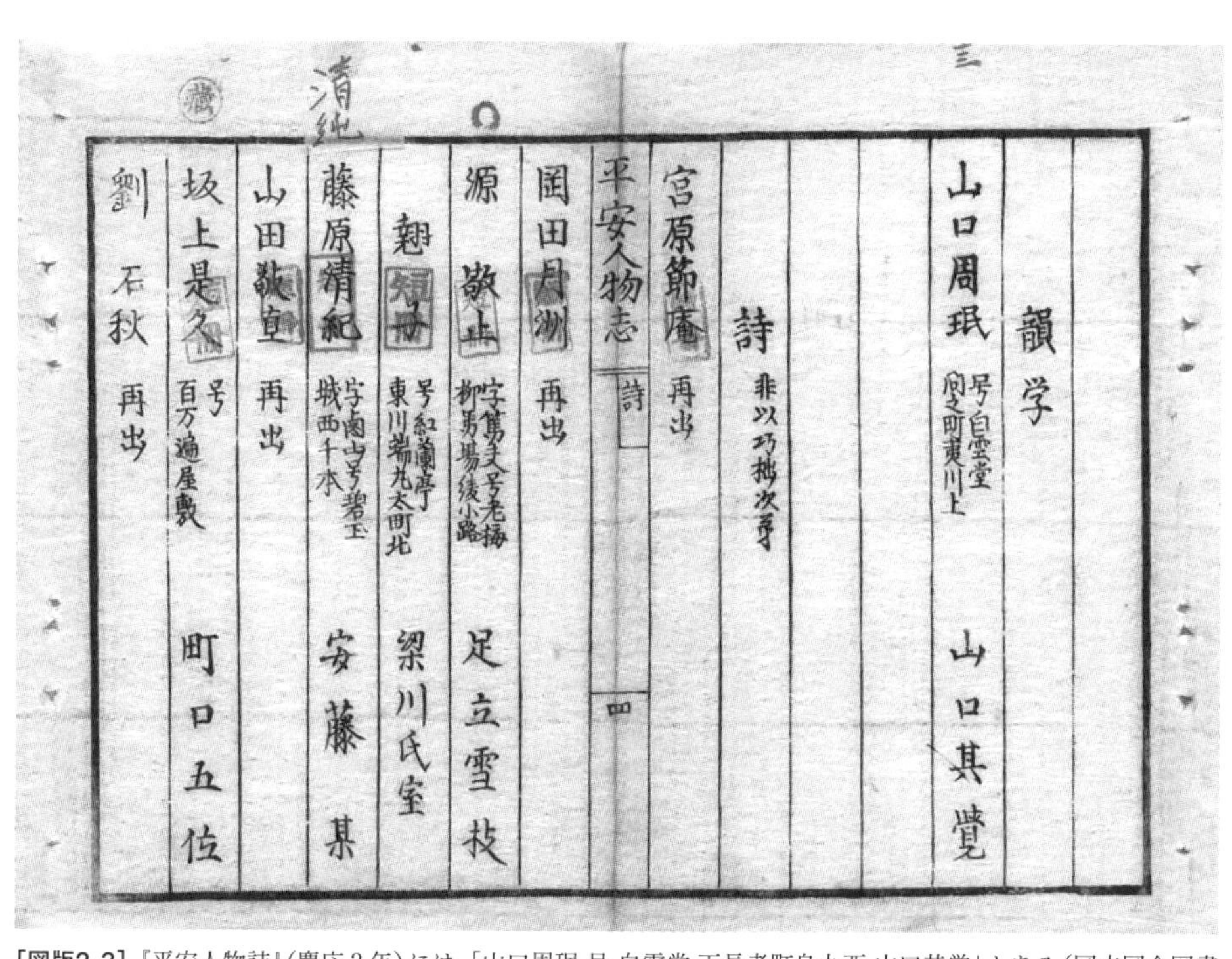

［図版2-3］『平安人物誌』（慶応３年）には、「山口周珉 号 白雲堂 下長者町烏丸西 山口其覚」とある（国立国会図書館蔵、インターネット公開 保護期間満了）

たき、実名を戴いたのであろう（一庭―家事―30）。

ちなみに同年初冬、義父太郎兵衛も「実名直興」を同じく其覚から授かっている。太郎兵衛が授かったのは、字が子政、號は先禮堂、俳名は一止であった。この太郎兵衛は、ここでは太良兵衛、苗字は市場とある。

こうして一庭は実名を戴き、行く末の思いを定め、この数年後に大聖寺藩士石川嶂と出会い、長崎に向かうこととなる。

石川嶂 大聖寺藩へ建言

黒船来航を機に国を開いた徳川幕府は、嘉永六（一八五三）年九月には「大船建造の禁」を解き、文久元（一八六一）年六月になると、各藩以外の一般人に対しても大船建造や外国船の購入を認めるに至る。加賀藩にあっても、イギリス製の鉄船など数隻を購入し、能登の七尾に壮猶館附属軍艦所を開設して鉄船を軍艦に改造し、守りを固めた。この軍艦所には艦船修理のための造船工場（七尾造船工場）が附設された。

加賀藩の支藩大聖寺藩にあっては、藩を開いた当初から、本藩である加賀藩の強い影響のもとに代を重ねてきた。それが、江戸時代後期になってようやく自立した藩政も行われ、また西洋軍学にも関心を示すようになる。藩の蔵書も公開されて、関心ある藩士にはその利用を許すなど、開明的な施策もとられてきた。そして漢学をはじめ洋学・近代兵学なども、藩校時習館で学ぶことができるといった環境も整ってきた（磯部彰「大聖寺藩における漢学受容の研究」）。

そんな大聖寺藩だが、幕末の慶応元（一八六五）年、京都禁裏の朔平御門警固を命じられ、五月にその任に就く（『石川県史第二編』）。そのため大聖寺藩は、藩士や物資をひんぱんに京へと輸送する必要がでてきた。激動の世を迎えた幕末のこの時期、こうした御役目以外でも、物資や人びとの輸送経路の確保は喫緊の問題であった。その後再度命じられた朔平門警衛の任は慶応三（一八六七）年十一月に免じられているのだが、藩はこの間も随時に京都各所の警衛を命じられ、その往還にはおおきな負担がともなっていた。

この時代、加賀藩や大聖寺藩から京の都への路線は三通りが考えられていた。第一は、藩の今庄から木ノ本・米原を経て京にいたる湖東の陸路、第二は、同じく木の芽峠・疋田を経由する湖西の陸路、第三は、加賀藩の飛び地である海津中村に向かい海津港から小舟で大津を経て京まで送るというものである。この輸送のうち第一の湖東の陸路は東海道を通ることになり、諸藩も頻繁に利用することから非常に混雑する。第二の湖西陸路は、宿駅もまだまだ発達せず人馬の調達に不便であった。第三の小舟による湖上運送は天候などに左右され、たいそう不安定な状態であった。

こんな状況にあって、その打開のため、石川嶂は蒸気船を建造して湖上輸送をする方策を藩に建言する。その内容は、「天下ノ形勢日に非ナリ、我三藩北陸ニ雄拠ス、一旦京師ニ警アルニ際リ勤皇ノ兵先駆ヲ他ニ譲ルベカラズ、今日予メ湖上ニ汽船ヲ浮カベ緩急ニ応ズベシ」というもので、湖上に蒸気船を浮べるべく、蒸気船の建造を提案したわけである（『太湖汽船の五十年』、『新修大津市史』）。加賀・越中・大聖寺の北陸三藩のうち、もっとも西に位置する大聖寺藩にあってみれば、蒸気船により琵琶湖の湖上輸送が実現すれば、日本海側諸藩のなかでも主導的な役割が確保できると考えたこともあろう。先駆の兵を他に譲るべからず、といった文言がそれをよく表現している。

石川との出会い

この石川の建言は、すぐには藩の受け入れるところとはならなかった。だが石川はその実現への道を模索する。そして京への「喉元」といわれた大津の地で、琵琶湖水運を担ってきた有力な百艘船仲間船屋太郎兵衛家に養子として入った一庭啓二と慶応三（一八六七）年春に出会うことになるのである。

一庭と石川が長崎に向かうのは慶応四年を改元した明治元年の九月ごろと考えられる。そのことから、石川が大津に来たのは、それより前のことである。この大聖寺藩士石川と百艘船仲間の一庭とが、それまでにお互い見知っていたとは考えにくく、おそらく石川は誰かから一庭を紹介されたのであろう。想像されることは、例えば一庭の実家の加賀屋小川茂兵衛が、その屋号から推測して加賀の出身者で、加賀の本藩・支藩と縁故があったという可能性である。また大聖寺藩が警固を担っていた朔平御門は今出川御門から入った禁裏の北門にあたっていて、寺町今出川上ルの加賀屋ともほど近い。そんなことから、石川ならずとも誰かが加賀屋と見知っていたのかもしれない。さらに石川は、ペリー来航のおりに外国に渡れぬかと考えて脱藩したことがあり、その後召還され病気を理由に京都にしばらく滞在したのだが、その時に交友した知友の延長上に、加賀屋や一庭がいた可能性もある。またもっと単純に、大津百艘船仲間の船持連中に当たりを付け、慶応三年春に資金集めも含めて交渉のため大津に出てきて一庭に会ったのかもしれない。

この石川の来津および長崎行きに関して、後藤松吉郎は、石川は建言を受け入れられなかったことから職を辞して大津に向かい、蒸気船建造を宣言、一庭（ママ）太郎兵衛・一庭啓次（ママ）はそれを支持して賛同者を募ったものの賛同するものはなく、石川は大いに憤慨して単身長崎に赴いたと記している。だがこの説には根拠はない。後藤はこれに続けて、石川が長崎で加賀藩軍艦奉行稲葉助五郎を訪問し、勝手に大聖寺藩留守居役の名を騙って保証を取り付け蒸気機関を購入したとも述べている（後藤松吉郎「琵琶湖の汽船並に川崎造船所の創業に関する談話」）。石川は確かに戦略家であったし、またときに策略も巡らしたことがあるやもしれぬ。だがこうした「物語」は、面白くはあるが歴史的事象としてはいかがなものであろうか。長崎に渡ったのは石川の単身ではないし、蒸気船建造はすでに藩の内諾を得ていたのである。このことはあとで詳しく述べる。

一庭の蒸気船建造の資金集めに関しては、一庭の三女陸の回想がある。これは慶応三年春に石川が来津した時のことであろう。一庭が、実家である質商加賀屋茂兵衛に蒸気船事業の相談をしたというものである。陸によると、一庭が琵琶湖の蒸気船建造のための資金援助を茂兵衛に頼んだ折、茂兵衛は、そのように危険な事業などせず、当方から店員を遣すから質屋をやったらどうかと転業を勧めたという。先行きが見えなくなった琵琶湖水運からの商売替えを、逆に提案されたのであった。

しかしながら一庭は転業を是とせず、陰りを見せてきた船屋太郎兵衛の家業を発展させるべく、蒸気船を浮かべるという夢を持ち続けた。陸の回想によれば、家蔵の紺紙金泥の法華経写経を担保として資金一万円を借財しようと各所を回ったが、このとっぴにもみえる構想に手を貸そうとするものはいなかったという。それどころか、逆に百艘船仲間の間からも建造に反対され、妨害までされる始末であったと述べられる（やぶ椿「湖上に汽船を浮べて七十年亡き父を憶ふ（一）（二）」）。

いずれにせよ、一庭は百艘船稼業からの転換を図ろうとし、石川は藩の事業展開としての汽船運航と、両者ともに、蒸気船を建造し琵琶湖に就航させたいという目的では一致していた。一庭と相知ることとなった石川は、立場もその動機も異にしていたものの、蒸気船建造と就航の必要性という共通の認識を持っていることを知り、意を強くしたに違いない。しかも一庭は機械工作を得手としており、西洋技術を取り入れることにも積極的な人物である。石川にとっては願ってもない相手に巡り合ったというべきであろう。

こうして二人は長崎に向かうわけだが、この前後の時期についてもうすこし詳細に検討しておきたいと思う。のちに、石川県（旧大聖寺藩）が琵琶湖海運から撤退するにあたり、その資金回収に動くことになるのだが、この時に一庭が書いた渾身の回答書が残されており、またそれに関する一庭資料もいくつかあって、これらを子細に検討してみることで、当時の大聖寺藩内の実情や、二人の長崎行き、さらには大聖寺藩用場の建設や、その後の火船商社運営の実態がいっそう明らかになると考えるからである。

蒸気船掛用達

弁駁書といってもいいその文書は、明治六（一八七三）年九月三〇日付文書「旧大聖寺藩ゟ被有之湖上汽船仕入金始末物御尋ニ付御答之事」である。このなかで一庭は、明治元年の石川との会見について次のように述べている。少し長いが重要なくだりなのでそのまま引用してみる（滋賀県文書『官省江伺書指令』明治う七、一庭―汽船―参考―に）。

去ル戊辰年爲逓送便利、於江州琵琶湖、旧大聖寺藩ゟ蒸気郵便船製造之刻、諸事爲御打合石川専輔当時嶂・古橋重七殿等大津表ェ御出張ニ相成候処、私共湖水蒸気船目論見罷在候折柄ニ付、万端御示談ニ與リ、終ニ右蒸気船掛用達被申付、大津川口町ニ大聖寺藩用場被取設、右製造方爲仕入金、追々ニ都合壱万千四百七拾六円壱分ト九百九円三朱ト御廻金ニ相成、翌巳二月壱番丸落成仕候（後略）

この文書によれば、戊辰の年つまり慶応四年（明治元年、一八六八）年、石川専輔（嶂）が古橋重七等と大津にやって来て、「蒸気郵便船製造」の件について一庭と協議したこと、私共（一庭ら）においても湖水蒸気船を目論んでいたことから、細部にわたって相談したところ、蒸気船掛用達を申し付けられ、大津川口町に大聖寺藩用場を設置、仕入金一万千四百七十六円一分と九百九円三朱の廻金をもって翌年二月に一番丸を建造した、と述べられてある。

この石川と古橋等の来津が戊辰の年の何月かは明確に記されてはいないが、この年の九月ごろ、石川は一庭と共に長崎に向かっており、この文書では、大津に大聖寺藩用場の設置が決まったことになっているから、長崎行きの九月前に石川らが大津に来たって、蒸気船の建造および藩用場の開設について詳しく相談し、一庭に話をつけたということなのだろう（杉山謙二郎「明治の企業家 杉山徳三郎の研究 創成期の大津造船所と兵庫製鉄所について」）。

さらにまた、この年の九月一日には、大聖寺藩家老佐分利環が、「大津駅海津駅迄之川蒸滊舩御元開キ御用」のため大阪に出向き、二日に弁事役所へと伺書を提出し一八日には用件を済ませ帰京したとの記述もある（「大聖寺藩士由緒帳」の「佐分利環」）。なお『大聖寺藩史』には「明治元年八月」とあるが『藩史』が論拠とする由緒帳では九月である。そのことから考えると、この一庭と石川との協議は、長崎行きの九月以前であり、汽船建造の内諾がすでにあったことは確実であろう。

石川の目論見

大聖寺藩用場の開設が前提になっているこの一庭の回答文書からも、また九月二日付の佐分利環の弁事役所への伺をみても、九月以前の時点で、すでに石川は、大聖寺藩の上役から資金拠出も含め、蒸気船の建造については内諾を得ていたことが読み取れるのである。一庭との会見が、石川の単独ではなく、古橋重七等が同道したものであったこともそれが藩の内命であったことをうかがわせる。一庭の「蒸気船掛用達」、「川口町ニ大聖寺藩用場」建設、そして後の火船商社の管理運営という実務面の内諾を得ることなく、長崎で蒸気機関の購入を敢行することなど考えられないからである。九月以前のどこかの時点で、大津川口町に大聖寺藩用場を設置するという計画が一庭側に示され、その経営を一庭らが担うという内諾の上で、ふたりは長崎に向かったということなのである（一番丸の建造が当初より大聖寺藩の資金により行われたことについては、杉山謙二郎「明治の企業家 杉山徳三郎の研究 創成期の大津造船所と兵庫製鉄所について」にも述べられてある）。

ところで石川は、朔平御門の警固が解けたこの時期にあっても、何故に、何を目的として蒸気船建造にこだわったのであろうか。

明治元（一八六八）年、正確には改元直前の慶応四年九月二日付弁事役所宛の伺書には、その事由として京都の警衛人や兵器とならんで産物の運送があげられてある。京都禁裏の警固は大義としてあげられてはいるが、すでに朔平御門警固の大役は御用済みになっている。そしてそれとともに、ここには大聖寺など北陸の産物の運搬も、その理由の大きな目的にあげられているのである。つまりこの蒸気船の建造というのは、警衛人や兵器の運搬だけではなく、通行人や諸国産物の輸送も射程に入れた、いわば大聖寺藩の商業活動、藩の財政収入のための事業展開の一環であったというわけなのだろう。そうした理由付けにより、石川の蒸気船建造が受け入れられたと考えてよい。

石川嶂は、幕末維新期の大聖寺藩にとって得がたい事業構想家であり、藩の中でも重要な位置を占めていた。あとでみるように、明治五、六年の時期、蒸気船事業からの撤退を決定して拠出資金の回収に動いた旧大聖寺藩の重役たちからは、蒸気船建造の当事者の石川が、その資金調達の詳細を把握しているはずであるにもかかわらず、さらには、これら資金の流れの記録書類を残さなかったことに対しても、いささかの遠慮をもって対応している様が見てとれる。それは石川が、幕末維新期の大聖寺藩にとって、その商法つまり事業展開にあたってはキーパーソンであり、その内実をよく見知っていたからであろう。

いささか煩雑な話となったが、いずれにしてもこうした藩の事業と財政の確立を目指していた石川にとっては、一庭との出会いは願ってもないことであった。一庭は代々の百艘船仲間の家柄であり、その百艘船の家業から転身を遂げたいと思念し、しかも機械操作が得意で近代技術にも多大な興味を抱いていた人物である。そんな一庭にとっても、琵琶湖での蒸気船運航は絶好の機会であり、新たな展望が開けると考えたことであろう。一庭は、石川が提案する「蒸気船掛用達」を引き受け、自身は蒸気船を運航する船長として火船商社を運営していくことを決意したのである。こうした一庭側の内諾を取り付けた上で、石川は一庭とともに長崎に向かったのであった。

長崎で一庭は、もっぱら蒸気機関を学びまた蒸気船操舵の技術を習得し、家業を火船商社経営へと変転させようと考えた。一方長崎での石川は、機械まわりは一庭にまかせて自らは資金調達に腐心し、その資金をもって蒸気船就航など藩の諸事業を展開しようと考えたのである。

長崎での学び

こうして石川と一庭は、明治元年九月ごろ、蒸気船の技術を学ぶため、そして資材を入手するために長崎へと赴く。幕府が開設した長崎製鉄所に向かったのである。長崎での滞在は三ヶ月という短い期間ではあったが、機械動作を機関方杉山徳三郎に、造船の基本を設計技師ボーゲルに学んだ。ここで一庭は、汽船についての構造や操作法など基礎的知識を習得し、技術を身につけたのであった。

杉山に師事したのは明治元年九月ごろか、またそれより少し後のことであった。杉山は製鉄所に所属しており、外国船を購入した各藩へ汽船を回漕する機関士の仕事もしていて、蒸気船の操舵術にたけた人物でもあった。また杉山は、製鉄所のいわば技術派遣員として各藩に指導のため出向いており、石川や一庭が長崎に滞在のあいだにも熊本藩に出張したりしていた。熊本から帰還したのは一二月五日で、その後大津行の発令がなされ、年末には大津に向かったとされる（杉山謙二郎「明治の企業家 杉山徳三郎の研究 創成期の大津造船所と兵庫製鉄所について」、杉山謙二郎『明治を築いた企業家 杉山徳三郎』）。

一庭らが赴いたこの長崎製鉄所というのは、安政四（一八五七）年一〇月に長崎飽の浦で造営に着手し、オランダ人H・ハルデスらを招いて「長崎鎔鐵所」の名称で創設されたものだ。その後「長崎製鐵所」と改められ、文久元（一八六一）年四月には製鉄所普請の出来栄え見分も済ませている（勝海舟「長崎製鐵所」『海軍歴史 巻之六』）。製鉄所とあるが実質は造船所であった。当時は鍛冶場・工作場・溶鉄

【図版2-4】明治初年ごろの長崎港および長崎製鉄所。右の建物が製鉄所である（『三菱造船株式会社史』に所載、図版の提供は三菱重工業株式会社、2020年7月20日出版掲載許諾）。

場の三つの工場を持ち、五〇馬力ほどの船用機関を製作するほか、船舶の小さな修理ができる程度のものであったという。この製鉄所（造船所）は、後に三菱が施設を買い受け、幾度か名称を変えて三菱合資会社三菱造船所となった（『三菱造船株式会社史』）。

当時、幕府をはじめ全国の雄藩は、オランダやアメリカに軍艦を発注するとともに、中古艦の購入もさかんに行っていた。ボーゲルは、元治元（一八六四）年に来日し、慶応二（一八六六）年には製鉄所を離れて出島で商売をするようになったというから、石川や一庭がボーゲルから教示を得たと言っても、正確には長崎製鉄所の職員としてではなく、個人の資格での教授であったということになる（杉山謙二郎「明治の企業家 杉山徳三郎の研究」）。なおボーゲルは長崎浜町に日本で最初の鉄製「銕橋（くろがねばし）」を設計した人物であり、この銕橋は本木昌造の指揮により長崎製鉄所に発注された（『来日西洋人名事典』）。

長崎の地で、石川は汽船建造のための資金調達に腐心した。おりしも長崎に出向いてきた加賀藩の海軍奉行稲葉助五郎と面談し、大聖寺藩や加賀藩にとって汽船建造がいかに重要な事業であるかを説明、藩の資金数千両を借りることに成功したという（『石川県史』、『琵琶湖汽船一〇〇年史』）。また資料によっては、石川が大聖寺藩の名義を使い、本藩加賀藩の資金を借用したものだと述べるものもある。そして石川は、その資金を内金として長崎で蒸気機関を購入し、その加賀藩からの借財の返済を、京都商会の佐分利政一に相談し、京都および大阪の商会から融資を得たとも述べられる。

いずれにしても、明治の御一新のあとのこの時点では、石川が当初建言した京師の警固のための湖上輸送という大義は薄まっており、この蒸気船の建造と就航は、石川の独断ではなく、大聖寺藩の商法、つまり商業活動の一環として藩の内諾を得ていたと考える方が道理に合う。つまり長崎の地で加賀藩海軍奉行の稲葉と面談して資金数千両を借りることができたというのも、また京摂（京都・大阪）の商社から融資を得たというのも、それは具体的な資金の流れ、調達に関するものであったろう。なぜなら、先にも述べたように、この九月二日、すでに大聖寺藩は、弁事役所に伺書を提出し、既定の路線として造船手続きを進めようとしていたからである。したがってこの石川の長崎での資金調達というのも、少なくとも大聖寺藩からの資金拠出確約のうえでの資金繰りであり、またもう一歩踏み込んで考えてみれば、このすぐ後に加賀藩との共同事業として展開することになる兵庫での製鉄所建設をも射程に入れたうえでの資金調達であった可能性が高い。

こうして石川と一庭は、「陸用汽鑵二組」（陸上蒸気機関）を購入し、鉄工員および造船匠を数人雇って大津へ帰還した。大津に戻った一庭らは、明治元年一二月三日、造船に取り掛かることになったのである。杉山も一二月下旬には来津し、機関の汽船への取り付けなど指導をした。

なお当時の長崎では、船舶用蒸気機関の製造も可能であったといい、かならずしも陸用の機関を入手したわけではないのではないかと杉山謙二郎は推測している（「明治の企業家 杉山徳三郎の研究」）。とはいえ、蒸気船の建造を急いでいた石川や一庭からすれば、一から製造して組み立てをするよりも、陸用かどうかは別として、すでにある機関を購入したほうがいっそう便利でよいだろうと考え、長崎で中古の機関を購入して大津に戻ったのであろう。いずれにしても、それら長崎で調達された機関などの一式は、大津川口町に設けられた造船所、つまり大聖寺藩用場に運ばれ、藩からの京摂間商会資金（勧業資金）一万二三八五両余をもって、琵琶湖で最初の蒸気船の建造に着手するに至ったのであった（『琵琶湖汽船一〇〇年史』、『加賀市史 通史 上巻』）。

蒸気船の建造

当初石川嶂の建言を受け入れなかったとされる大聖寺藩であるが、維新を迎え、藩の財政再建も喫緊の問題となっていた。そんなことから、石川のいわば近代事業展開の政策が受け入れられるところとなった。兵庫の造船所も大津用場の実用化や琵琶湖蒸気船の運航も、こうした一連の流れの中で考えると理解しやすい。

大聖寺藩は蒸気船建造の必要性を認め、資金を拠出して事務的な手続きを進めていく。先の海軍奉行稲葉助五郎の口添えもあったのであろう、京都警衛人や兵器ならびに農産物などの輸送を理由として、「川蒸気船」製造の伺書が明治元年九月二日付で弁事役所宛に提出されるに至ったことは先に述べた。

この「大津駅海津駅迄之川蒸瀛舩御元開キ御用」のために京都から大阪に出向いたのは佐分利環である。この佐分利姓は、九代廉平の時代に佐分から改姓したもので、環はその第一〇代にあたっている。慶応元（一八六五）年四月に寺社奉行、慶応三年正月には二百石の家老となった。慶応四（一八六八）年五月、御用人・簡略奉行を仰せつかって京都詰めとなり、九月一日に「川蒸瀛舩御元開キ御用」のため京都を出立して大阪まで出向き、一八日にその蒸気船開設手続きを済ませて帰京したのである（「大聖寺藩士由緒帳 十代佐分利環」）。

この伺に対して、太政官総裁局の弁事役所から七日付で、「勝手たるべし」との裁許がおりた。新政府から許可が下りたことで、大聖寺藩は続けて、一七日にその製造の届け出を大津県へ提出している。なおこの伺書書面の届人は「前田侍従家来佐分孫三」となっている（「子爵前田家文書」『加賀市史料七』、『大聖寺藩史』）。

先の佐分利環は京大阪の商会の管理もしており、この佐分利の大阪行きは、時期的には伺い書提出前後にあたり、大津県の届け出まで二週間ほどにわたっている。事態は急を告げており、書類の提出や認可の事務手続きと並行させて、長崎での機関の購入や操舵術の取得など実務の方も進めていたのであろう。この佐分利の大阪出張は、英国人から購入したこの「陸用汽鑵二組」など受領の実務を滞りなく進めるための資金準備もあったと考えられる。こうして蒸気船建造の資金も大聖寺藩の商会から拠出され、役所への手続きも完了して、蒸気船建造は、正式に大聖寺藩の事業として着手するに至ったのである。

兵庫製鉄所と大聖寺藩

この一番丸の造船にあたって、その装備類が兵庫製鉄所において製造されたとの記述もまま見受けられる。しかしながらこれは正確でない。兵庫製鉄所設置の次第はおおむね次の通りである。

一庭啓二とともに一番丸を建造した石川嶂は、藩自前の製造所の必要性も痛感していた。石川は、杉山徳三郎の大津滞在中に、明治元（一八六八）年五月から翌年四月まで兵庫県令を務めた伊藤博文を訪ねたとされる。そして石川は、明治二年四月、旧加賀藩の軍艦所軍艦棟取遠藤友治郎、同じく機械技術を担当した加賀藩関沢孝三郎らとともに、兵庫県庁宛に川崎浜での造船所用地の借用願いを提出した。ところがよい候補地が見当たらないということだったので、七月にあらためて出張軍務官に願書を提出した。それが八月一二日付をもってようやく、兵庫県川崎浜の兵部省海軍所属地の薩州石炭庫と北風別家喜多仁平所有の土蔵辺の用地借用が認められることとなった（「海運と造船業」『兵庫県史 第五巻』、後藤松吉郎「琵琶湖の汽船並に川崎造船所の創業に関する談話」、『加賀藩戦艦小史』）。

その後いくつか条件を交渉した後に、この製鉄所は正式に認可となり、仮工場において小汽船用の金具などの製作を始めたのである。金沢藩と大聖寺藩との共同事業である。これも石川による藩の事業展開の一方策であった。翌年明治三年五月には、加賀藩七尾造船工場の設備機械を兵庫に移設している（『兵庫県史 第五巻』）。こうした兵庫製鉄所創設の経緯を、先の一番丸建造の前後関係を突き合わせて考えてみると、一番丸は明治二年三月すでに完成しており、兵庫製鉄所で備品類が製造されたとするには時期が一致しない。もしこの製鉄所が何らかのことで琵琶湖の汽船建造に関わった可能性があったとしても、それは二番丸の建造に関してであったろう。

この兵庫製鉄所創設の中心となったのも石川嶂であった。兵庫製鉄所は、「製鉄商社」また「金澤縣商社」とも呼ばれていた。大津で一庭らが運営した汽船運営会社が、当初は大津火船商社と呼称されていたことからも、これらの事業が、藩の商法の一環であったことがうかがえる（諸藩の商法に関しては堀江保蔵「明治初年の諸藩の商社」など）。

兵庫製鉄所は、一般にその設置主体から、加州製鉄所とも呼ばれた。「製鉄所」と呼称されるが、それはいまのような規模の大きい製鉄業ではなく、実際は小規模な艇の製造や鉄工作をおこなうものであった。

この兵庫の工場については、長崎製鉄所に勤務経験のある杉山徳三郎の助力を得て、明治元年神戸に小鉄工所を開いたとの前史もあるようだが、はっきりした経緯はわからない。蒸気船の小さな備品などは兵庫で製造された可能性があるやもしれないし、また杉山はツレジン商会という鉄工場から船用の金具などを仕入れているから、そうした可能性もあるかもしれない。だがいずれにしても、一番丸の船本体は、大津川口町の大聖寺藩用場で建造されたとみていいだろう。

川崎浜の製鉄所に関しては、石川が再び長崎に赴き、杉山徳三郎と交渉して鉄工および船匠を雇い、遠藤は技師長、石川はもっぱら事務を担当し、加賀藩・大聖寺藩の名義でオランダ人から造船の機械購入代金五万数千円の契約を結んだともいわれる。これは瓜生外吉海軍大将の談話による、とあるのだが、実際のところはどうであろうか（『加賀藩艦船小史』）。瓜生は大聖寺藩士であったが、安政四（一八五七）年の生まれであり、この製鉄所創設のころは、十三、四歳で、これも伝聞によるものであったろう。後藤松吉郎の談話会などに拠ったものであったのではないかと推測される。

なお旧大聖寺藩は明治三年春にはこの兵庫製鉄所から撤退したが、その後の明治四年五月、製鉄所は暴風で破壊された。同年一二月には工部省の所管となり、いくつかの変遷を経て川崎造船所に継がれている（『川崎重工業株式会社社史』）。

石川嶂の事績

ここで石川嶂（たかし）についてまとめて述べておく。石川は天保一〇（一八三九）年一月、大聖寺藩士梅田専次の次男として鷹匠町で生まれた。同じ大聖寺藩士石川立助の養子となり石川姓を名乗った。幼名竹次郎、専輔また慎作といい、嶂は後年の名である。字は之高、号は淩雲、一庭啓二とは六歳ほど年上にあたる。藩の儒学者東方芝山（ひがしかたしざん）に入門、神道無念流を内山介輔に学んだ。この芝山は大聖寺藩第一四代藩主前田利鬯（としか）に重用された人物で、北前船にならい商業・軍事両面で船舶を活用するなどの富国強兵を説いたが、こうした思想が石川に大きく影響を与えたわけである（『三百藩家臣人名事典 第三巻』）。

なお石川には四歳年上の兄梅田五月がおり、五月が梅田家を継いだ。後年県会議員となり、明治二二（一八八九）年には大聖寺町初代町長を、二七年に衆議院議員を務めた（『梅田五月翁履歴書』）。明治一九年には江沼郡九谷画工組合社組合長にも就いているが、その前身江沼郡九谷陶画工同盟会の会長には、蒸気船関係で名前の出てくる飛鳥井清が就いている。

石川は、一七歳の安政三（一八五六）年、幕府が遣米使節を派遣するとのうわさを聞き及んで脱藩、古賀精里（せいり）の孫で洋学所頭取の古賀謹一郎に入門し渡米を図ろうとした。しかしながら使節は送られず、またそれが藩の知るところとなり召還されている。若くから近代西洋への志向を持っていたことがうかがえる事件である。

その後、京にも遊学したのだが、この時期に京や大坂・神戸の地で培った人脈が、のちの蒸気船建造にも大いに益することなる。そしてまた大聖寺藩のいわゆるパトロン事件（貨幣偽造事件）においても、この遊学時の人脈が大きく役立つこととなった。次に詳しく述べるが、パトロンとは紙製の薬莢（やっきょう）のことでミニネールパトロン、パトロン事件というのは、明治元年、藩の越後出兵の折に弾薬の製造を命じられた大聖寺藩が、その資金調達に苦しみ二分金を偽造し、翌年政府から摘発を受けた事件である。このミニネールパトロンおよび雷管二十万発は、明治元年七月に柏崎御本営まで差し出されている（『子爵前田家文書」『加賀市史料七』）。

さて、芝山の思想に大きく影響を受けた石川嶂の当時の職務は藩執政職の書役、いわば文書管理を担当する職にあったとされるのだが、慶応三（一八六七）年、蒸気船を建造して琵琶湖に就航させる旨の建議を藩におこなった。だがそれは当初受け入れられなかった。その後、大津に出向いて百艘船仲間の一庭啓二と協議をすることになるのだが、このことについてはすでに書いたとおりである。

大聖寺藩パトロン事件

ところで、先に少し触れたパトロン事件についてである。明治二年、藩の貨幣偽造事件が発覚した。「発覚」といっても、実はこうした偽造は、当時各藩でも行われていたことであった。事件となったというのも、小藩である大聖寺藩が、明治二年はじめに蒸気船を浮べることに成功し、またこの「大聖寺の小梅」といわれる偽造貨幣の「出来」が大変に良く、さかんに流通したことから、他藩が妬み、讒言されたのだともいわれる。

偽造が発覚したのち、大聖寺藩ではその処理にすばやく動いている。江守平太夫を謹慎、佐分孫三・大幸五郎八・柿沢権之進（のち理平）については糾問のうえ藩の京屋敷お預け、大聖寺藩の町人柿屋吉兵衛・京屋安兵衛・絹屋治助についても藩邸に預けられることとなった。そして、その「首謀者」とされた市橋波江に対しては、早や六月には切腹、遺骸を塩漬けにして政府の沙汰を待つこととした。

政府よりこの件に対しての沙汰がないことから、翌三年五月一五日にあらためて伺いを出したところ、二七日刑部省から京都府経由の通知で、函館戦争鎮圧を機とした「赦宥」により、佐分孫三・大幸五郎八・柿沢権之進・柿屋吉兵衛・京屋安兵衛・絹屋治助は赦免となった。切腹に処せられたままとなっていた市橋波江の亡骸に対しても適宜処分との沙汰が下り、身寄りのものに引き渡され、弔われた。また大聖寺藩限りの処分であったが佐分利環は参政軍務主事の職を免じられ、江守平太夫も同様の処置であったとされる（『大聖寺藩史』）。

なお藩の京屋敷お預けの処分を受けた佐分孫三は佐分家の第五代で、明治二年正月参政補・商会知事を拝命し京都に勤務している。後に、本家同様に佐分を改称して佐分利姓を名乗るようになった。先に述べた明治二年九月二日付弁事役所宛の蒸気船建造伺の名義人である（「大聖寺藩士由緒帳」）。

江守は明治二年正月参政補、京都の商会知事、二月には会計参事を務めた人物、一〇月に久太夫から平太、明治三年一一月には以一と改名した。大幸五郎八は明治元年改作奉行、七月京都へ御使、また同所会所奉行加人、一一月同所改作奉行。明治二年六月、大阪表で謹慎を申し付けられ、明治三年五月に赦免となった（『大聖寺藩士由緒帳』）。

このパトロン事件にあたって、その打開に動き、自らの人脈を活用して奔走したのは石川嶂であった。石川はかねてからの知り合いであった弾正台大忠の海江田信義（有村俊斎）と相談する。弾正台とは当時の警察機関で、のち司法省に合併された維新期の機関である（『司法沿革誌』）。海江田は薩摩藩士で、幕末期には西郷隆盛らと行動を共にし、戊辰戦争の折には東海道先鋒総督府参謀を務めた。明治二年七月二一日には弾正大忠となり翌年五月二二日まで務める。八月には留守弾正台である弾正支台が京都に置かれたが、海江田はその長官に命じられている（東郷尚武『海江田信義の幕末維新』）。海江田はのちに、大村益次郎と意見の対立をきたして職を辞することとなるのだが、いずれにせよ石川は、京の遊学の折などに、海江田ら有力な人物と知り合っていたことになる。

この貨幣偽造事件の始末を海江田らと相談した石川は、藩として、武具奉行の市橋波江に責任を負わせることとし、市橋を諭して遺書を書かせ、文字通り詰め腹を切らせる形で切腹させ、この事件を収めた（『大聖寺藩史』）。切腹にあたっては組頭井上唯輔らが立ち会い、遺骸を塩漬けにして政府の沙汰を待つといった念の入れようであった。明治二年六月、時に市橋波江五七歳。藩は波江の死後、子の誠一郎に対し三四〇石に加増して報いている。この誠一郎の手になる波江の由緒書には、「其節遺書差上置申候」とあり、確かに遺言が書かれたこともわかる（『大聖寺藩士由緒帳』）。

波江は金工細工に秀でていて、屋敷跡からは箪笥引手金具の鋳型が出土しており、自邸で金工細工の内職などをしていたとされる。パトロン事件の罪を一身に背負って無念にも果てた市橋波江は、大聖寺藩主前田家の菩提寺でもある曹洞宗金龍山実性院（じっしょういん）に葬られ眠っている（『大聖寺藩士由緒帳』、『大

[図版2-6] 市橋家の墓所は実性院にあり大聖寺藩主前田家代々の墓所に続く道筋に祀られる。市橋波江の墓石には、明治巳己（明治二年）六月十七日 義心院善翁道器居士と、工芸にすぐれていたことを示す戒名が彫られてある（2018年8月10日撮影）。

[図版2-5] 大聖寺城があった錦城山麓の貨幣贋造跡（2018年8月10日撮影）。

聖寺町史』、『三百藩家臣人名事典』)。

このように幕末期の御所警備や、維新期の北越戦争の弾薬供給などの大きな出費を強いられた大聖寺藩は、その資金調達のために貨幣偽造に走った。その顚末はいま見たとおりである。もちろん大聖寺藩は、財政を立て直すために、このような偽金作りだけに励んだわけではない。藩の商法として、蒸気船の建造・運航や兵庫の製鉄所創設といった事業にも取り組んだのであった。

いずれにせよ、これらパトロン事件も製鉄所の開設も蒸気船の運航も、その根っこには藩財政の安定的確立という共通の目的が存在していた。これらの事件や各種事業において、藩重臣の名前が幾名か重なって挙がっていることからもそれはよく理解できる。そしてこの藩(県)事業推進の中心には、開明派石川嶂が存在していた。パトロン事件の解決にあたって石川は、その存在感をいっそう高めたことであろう。一番丸建造前後の時期、京都や大阪での各藩藩士との交友、長崎や大津・神戸の地で培った人脈が大きく役立ち、陰に陽にと活動した石川は、藩の中でも一目置かれる存在となったのであった。

その後の石川嶂

旧加賀藩の遠藤友治郎らと願い出て、加賀藩との共同出資により設立した兵庫製鉄所も、明治三(一八七〇)年春には大聖寺藩は手を引く。石川は明治三年中に帰国して藩の司計局少属となった。ところが藩内保守派と意見があわず、辞職して兵庫の造船統監となる。明治四年七月になり廃藩置県、大聖寺藩は大聖寺県に、さらに一一月には金沢県と合併するに至る。その結果、これまでは旧大聖寺一藩の事業であった琵琶湖の海運事業も、大聖寺単独のものではなくなり、蒸気船事業は大聖寺県から金沢県の管轄となった。加賀藩は大聖寺藩にとっては本藩の関係にあったが、維新後には別々の地方組織として行政を行なってきた。それがここにきて、大きく金沢県のち石川県へと再編されるという事態に至ったのである。

旧大聖寺藩士の石川嶂にとって、この廃藩置県と県の再編によって、蒸気船の権利が旧大聖寺藩だけのものではなくなるという事態は重大な出来事であった。大聖寺藩が消滅したことにより、その蒸気船建造にかかった資金の清算事務が金沢県の手

[図版2-7] 石川嶂の肖像写真。石川から一庭に贈られたもの。石川は明治7年に大阪冨嶋二丁目一九番地に住んで大阪湾の浚渫工事に携わっていたのでこの頃の撮影であろうか。とすれば35歳の時の写真である(一庭—写真—182)。

に移り、その資金回収のための折衝が石川の肩にもかかってくることとなる。このことは後で詳しく述べることになるが、その折衝相手というのが、皮肉なことに、ともに蒸気船を建造した一庭啓二であった。一庭は、一番丸建造後も、船長を兼ねて大聖寺藩の汽船商社の運営にあたっていたからである。徳川の時代から明治の世へと、激動の時代の出来事であったとはいえ、このような折衝は石川にとっては辛いものであったろう。そし

［図版2-8］ 二枚あるうちもう一枚の写真裏書。「明治17年7月15日　謹呈 一庭君足下 石川嶂」とある。大阪高麗橋東中邨で撮影したもの。一庭はタフな交渉をおこなっていた明治５年の時点でも石川から『西洋事情』を借りて自身の書架に蔵していたが、この裏書により明治17年時点でも石川と交遊が続いていたことが知れる（一庭―写真―181）。

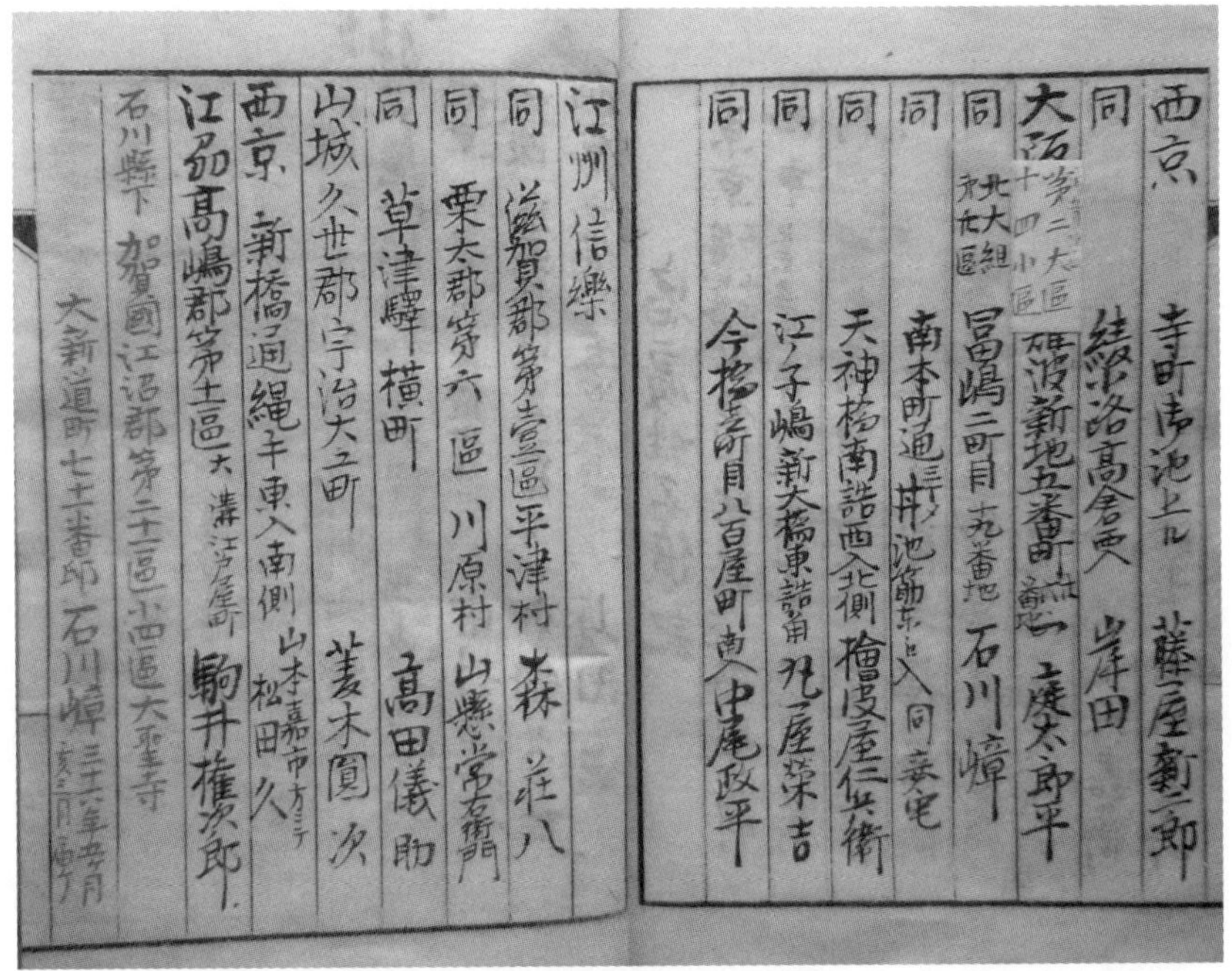
西京　寺町夷池上ル　藤屋彦二郎
同　綾小路高倉東入　岸田
大阪　第三大区十四小区　北大組十七区　堀江新地五番町　一庭太郎平
同　冨嶋二町目　五番地　石川嶂
同　南本町通井池筋東入　同　妾宅
同　天神橋南詰西入北側　檜皮屋仁兵衛
同　江戸堀新大橋東詰南　丸屋栄吉
同　今橋二丁目八百屋町東入　中尾政平
江州信楽
滋賀郡第十壹区　平津村　森荘八
同　栗太郡第六区　川原村　山懸常右衛門
同　草津驛横町　高田儀助
山城　久世郡宇治大工町　美木圓次
西京　新橋通縄手東入南側　山本嘉市方ニテ　松田久
江州高嶋郡第十五区大溝江戸屋町　駒井権次郎
石川縣下　加賀國江沼郡第二十二区小四区大聖寺　大新道町七十三番邸　石川嶂

［図版2-9］ 明治８年頃の一庭の備忘録に「宿處姓名億記」が載るが、ここに大阪時代の石川嶂の居住地冨嶋二丁目および井池筋の妾宅住所が記されている。また頁末には石川が大聖寺に戻った後の住所も朱書きで載る（一庭－覚書－18）。巻頭にカラー図版。

てそれは一庭とておなじく複雑な心境でもあった。

明治七年、石川は明治政府の官僚として工部省製作大属となる。しかしながら同僚と意見が合わず辞職、この年大阪湾で浚渫汽船四隻による浚渫工事にも携わっている。これより少し前に石川が関わった兵庫製鉄所において、杉山徳三郎は淀川中流で作業する二隻の船を建造したというが、石川はこの船を使って浚渫作業を行ったのかもしれない（瀬川光行編著『商海英傑傳』）。

明治八年ごろの一庭の備忘帖の「宿處姓名億記」には、「大阪北大組第廿區冨嶋二丁目十九番地石川嶂」の住所が記されてある。石川は淀川河口近くのこの地に住まわって仕事をしていたのであろう（一庭―覚書―18）。

しかしながら翌明治九年には再び官を辞して実業界に走り、東京で天蚕会社を設立、また静岡の第三十五国立銀行の顧問を務めた。明治一四年には、新たに創設された大聖寺商法会議所の会頭に就任している。さらに明治一五年には、富山の伏木港藤井能三の招聘を受け、伏木・直江津間の汽船航路就航にも力を注ぐ。藤井は廻船問屋能登屋を経営していた人物であった（牧野隆信「新時代を開いた石川嶂」）。

また石川は、石川新聞の総理なども務めた。その後の明治二一年には、神戸で海陸会社専務取締役として汽船建造の監督に携わったりしたが、明治二六年ごろから胃病を患い、大聖寺鷹匠町において隠居、静養しつつ書画骨董の鑑定などをおこなった。五四歳ごろのことである。それでものちには、福岡県の息子の事業に手を貸し、三井組の石炭の販売にも関わったりしている。

[図版2-10] 晩年の石川嶂。西川太治郎「琵琶湖汽船の恩人 石川嶂の遺勲」『ながらのさくら』に所載の写真（陸―架蔵―５）。明治45年5月の太湖汽船創業三十五年記念祝賀会に贈られたという詩文「志業要曾賭一生 白頭堪咲轉間情 茫々追想當年事 岳影湖光來懐明 七十四翁淩雲髯史 石川嶂」もあわせて載る。なお一庭はこの祝賀会の前年に亡くなっている。

先の一庭の備忘帖には、「石川縣下加賀國江沼郡第二十一區小四區大聖寺大新道七十一番地 石川嶂 三十六年五カ月亥三月届ケ」と朱で書かれていて、のちの大聖寺までの住居が示される。実性院の少し北方、いまの大聖寺の図書館横あたりであろうか。

このように石川は、官職を辞したあとは実業の世界に生きてきた。官吏の時代には大阪湾浚渫工事に関わり、また実業界に転じても、直江津への汽船の就航や、神戸での造船事業への関与など、造船や海運の仕事から離れることはなかったようである。

石川が亡くなったのは大正二（一九一三）年二月四日、福岡県の三池であった（「石川暐略年譜」、『加賀ふるさと人物事典』）。一庭が亡くなって三年後のことである。一庭啓二は明治四四（一九一一）年に次女幹の住む東京の地で亡くなっているから、二人とも郷里から遠く離れた土地で死去したことになる。

一番丸の進水

時代をもう一度明治初年の蒸気船建造に話を戻す。長崎で蒸気機関の構造や蒸気船の操舵について教えを請うた杉山徳三郎は、明治元（一八六八）年一二月五日付で、長崎製鉄所から大津出張の命を受け大津に向かった。一三日に着工、それからの約四ヶ月間、一庭や石川は、長崎で習得してきた知識や技術のすべてをつぎ込み、造船作業に取り組んだ。杉山も翌明治二年三月までのあいだ大津に滞在し、造船の指揮をとっている。蒸気船への機関の取り付けがなによりも重要な作業であったから、その指導に杉山があたったのであろう。

長崎製鉄所は、いくつかある業務のひとつに、各藩への指導というものもあり、杉山の大津への派遣はその一環であっ

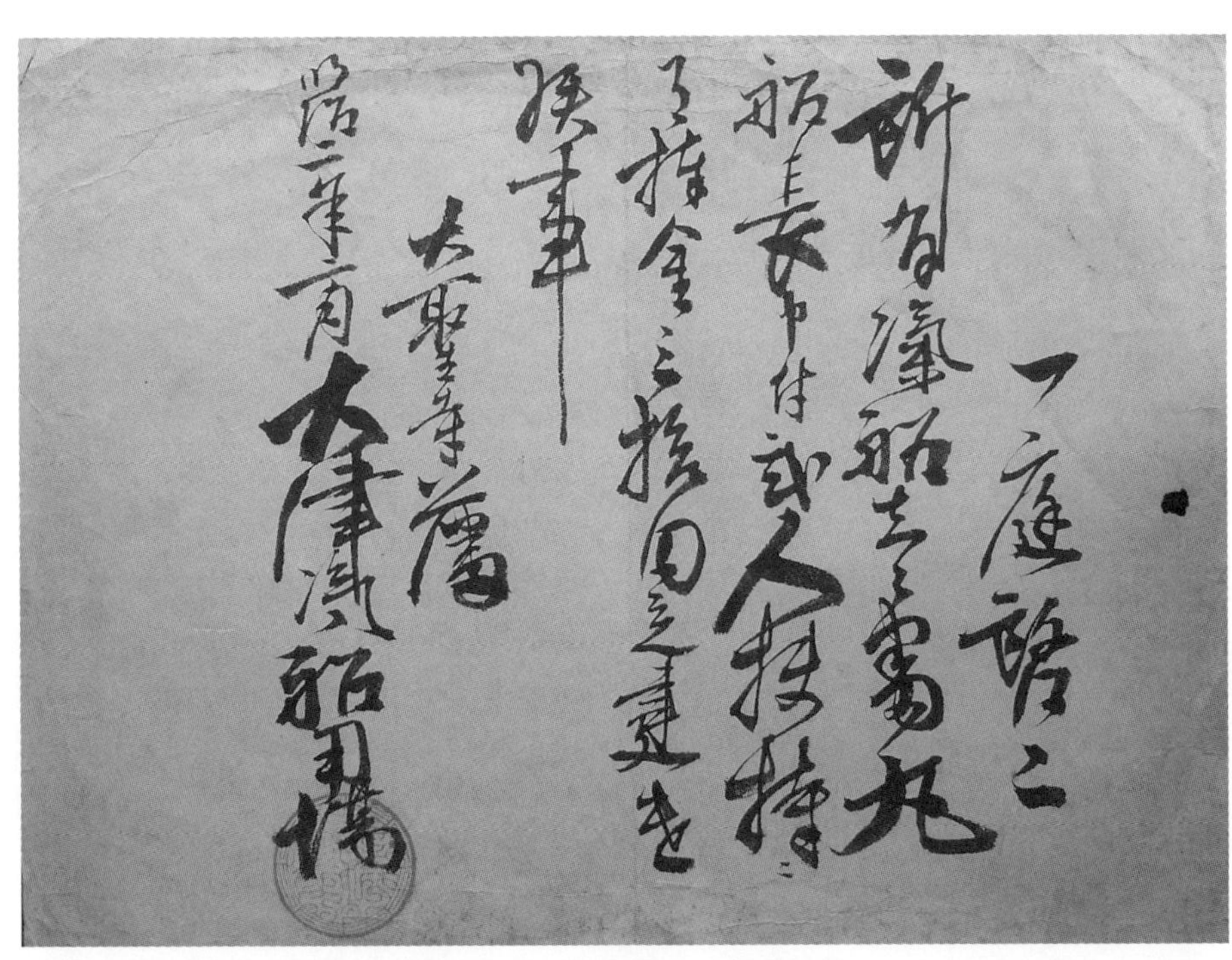

［図版2-11］ 明治2年2月付の一番丸船長辞令。「所管滊船壱番丸船長申付、弐人扶持ニ月俸金三拾円之建遣候事　明治二年二月　大聖寺藩津汽船用場（公印）」（一庭—汽船—54）。巻頭にカラー図版。

た。なおこの派遣についての原資料『長崎製鉄所文書科事務簿』には、「江州蒸気製造いたし度に付、暫時之間拝借之義、前田飛騨守内石川専輔より願出来三月中被配置候旨、御聞済相成候間…」とあり、この杉山の派遣は、大聖寺藩前田利鬯の要請を長崎製鉄所が認めたという事実関係を示している。こうして杉山徳三郎は、完成までの短い期間ではあったが、蒸気船造船のため、尽力を惜しまなかったのである（杉山謙二郎『明治を築いた企業家 杉山徳三郎』、杉山謙二郎「明治の企業家 杉山徳三郎の研究」、なお先の『長崎製鉄所文書科事務簿』の引用は杉山論文から）。

杉山の指導もあって、蒸気機関の取り付けを無事に終え、試運転もこなして、明治二年三月三日進水の運びとなる。この汽船は琵琶湖に初めて浮かぶ蒸気船ということで、文字通りの「一番丸」と名づけられた。この進水に先立ち一庭は、二月、船長に任命されている。辞令は大聖寺藩大津汽船用場からの発令で、そのときの俸給は「弐人扶持」「俸金三拾円」という待遇であった。

すでにみたように、一番丸の建造は大聖寺藩の資金によるものであり、その運航は、大聖寺藩の大津汽船用場の経営によるものであった。そんなことから、大津で経営を任された一庭に対する船長辞令は、大津汽船用場からの交付であったのである。

長崎に出向いて蒸気機関を入手する前に、石川は大津に来って、汽船造営後の火船商社運営の内諾を一庭から取り付けたわけだが、そのとき一庭は、蒸気船の船長に就任することも、合わせて承諾したのであろう。そしてそれはもちろん、一庭が一番丸の建造に直接関わり、長崎で蒸気船の構造や操舵術を学び、

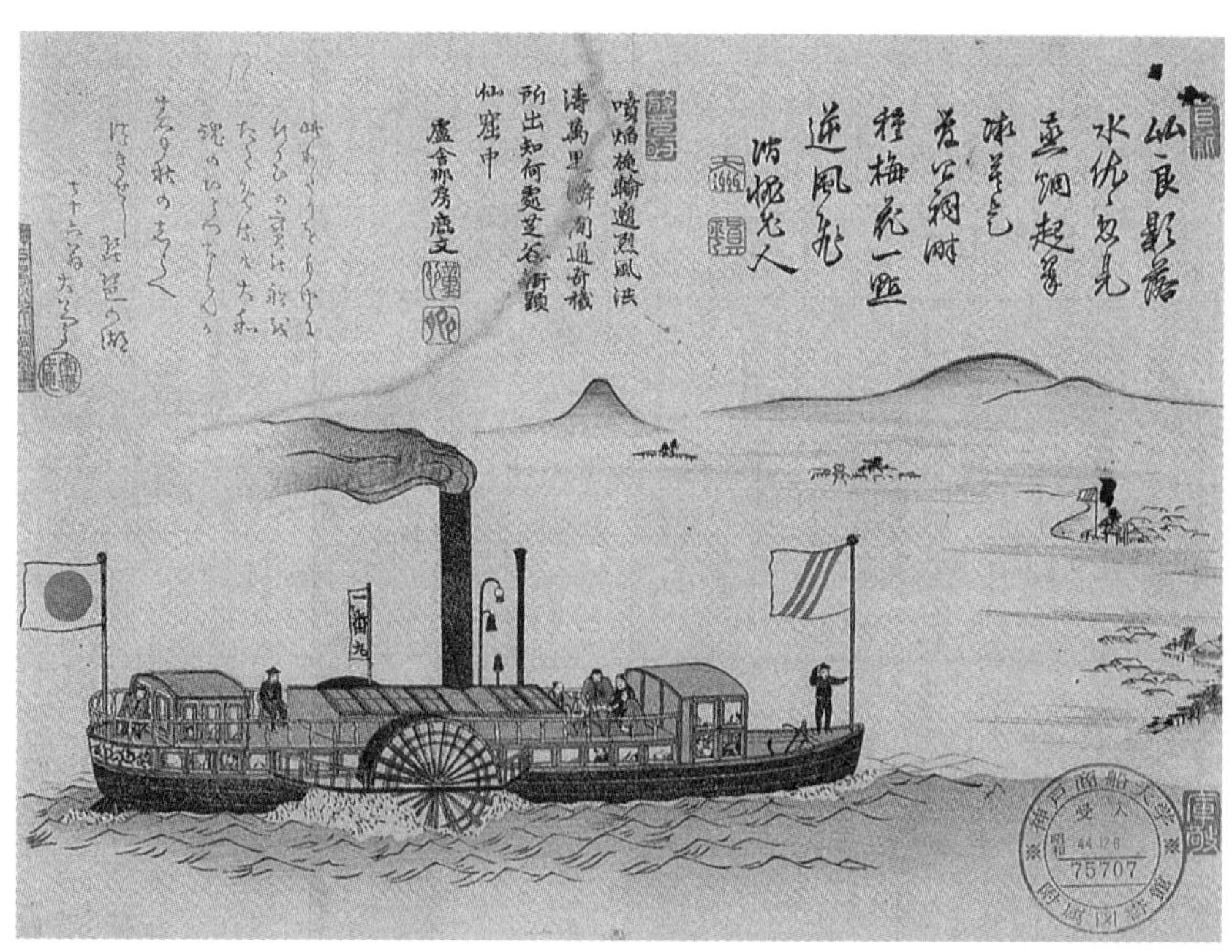

［図版2-12］ 一番丸引札（神戸大学海事博物館蔵、2020年4月1日出版掲載許諾）。大聖寺藩の儒者東方芝山、加賀藩の洋学者鹿田文平、金沢の俳諧師直山大夢の賛が寄せられる。東方芝山は石川の師、鹿田文平は慶応2（1866）年金沢の壮猶館および軍艦所御用を務めた人物、直山大夢は加賀藩の算用場に務めのち寺小屋をひらき俳諧をよくした。巻頭にカラー図版。

深い知識を習得したことから、船長に任じられたというわけである。

この一番丸は木造外車輪で、長さ五四尺、幅九尺、一四トン、一四馬力、速力四海里の性能を持っていた。大きくはないが、琵琶湖に初めて浮かべられた蒸気船である。一番丸の船体には大聖寺藩の棒梅鉢の紋章が掲げられていた。それをみて巷では、「皆さん〱お船の上にチラ〱するのは何ぞいな、あ

［図版2-13］ 汽船一番丸引札「加劦大聖寺 越中冨山 御定宿」（石川県立歴史博物蔵大鋸コレクション、2020年3月30日出版掲載許諾）。大津川口の定宿吉野屋は吉野屋伊兵衛、子息市之助はのちに第一江州丸の副船長を務めた（和田光生「明治初期、琵琶湖の蒸気船」）。巻頭にカラー図版。

［図版2-14］ 汽船一番丸模型、丸子船を曳航している（石川県立歴史博物館蔵、2020年3月30日出版掲載許諾）。巻頭にカラー図版。

れは梅鉢大聖寺さんの御紋を知らないか」と、トコトンヤレ節で歌われたという（後藤松吉郎「琵琶湖の汽船並に川崎造船所の創業に関する談話」）。

大津の地には加賀藩の藩邸があり、海津に加賀藩領の飛び地や藩邸もあった（『滋賀県の地名』）。そんなことから、この航路は、大津と海津港との往復運航となった。こうして一庭の一番丸は、海津と大津の間を毎日、パンパンパンと蒸気機関の音を響かせながら航行したのである。

一番丸の運賃は、上等客二分五百文、下等客一分二朱五百文で、荷物四十貫目も下等客と同等の値段であった。常時六〇石の丸船一隻を曳航しており、客や荷物の多い時には従来の和船二、三隻を曳いて運行した。この和船や丸船には下等の旅客と荷物とを乗せ、上等客は汽船に乗せて、天候に大きくは左右されることなく、大津と海津の間を運航した。そんな蒸気船が琵琶湖上を初めて航行するとあって、見物する人も多く、時速四海里、一〇キロに足らないほどではあったが、手漕ぎの舟と比してのその速度に驚いたのだという。旅客も予想を越えて多く、好評のうちに運航がなされた。このように、蒸気船の利便性と、そしてまたその物珍しさも手伝って一番丸は繁盛し、かくして二番丸の建造が急がれたのである（『大津市史』）。

このように、北陸から大津にいたる交通のうち、琵琶湖部分の海運がおおきく発展したことにより、加賀大聖寺藩の産物も大津へと容易に入るようになり、平蔵町の船屋太郎兵衛や船頭町の船屋八郎兵衛の店先では、こうした産物が販売されたりした（『滋賀県百年年表』）。船屋太郎兵衛は言うまでもなく一庭啓二の養子先、八郎兵衛は堀江八郎兵衛であり、ともに百艘船仲間であった。堀江は一庭と協力して汽船会社を経営した人物である。そんなことから、大聖寺藩の産物を店頭で販売する権利も持ったのである。

一番丸への非難と妨害

一番丸はこうして進水し、大津—海津間の六〇キロあまりを運航したのだが、この先進技術による文明開化の所産である蒸気船の琵琶湖就航に対しては、驚き賞賛の声と同時に、利害のからんだ琵琶湖沿岸の業種から反対の声もあがった。もちろんこれは十分に予想されたことではあった。各所の旅館、漁業者、そして当の百艘船仲間のなかからも反対の声が上がる。ときに、湖底に綱を張るといった妨害工作までもなされ、流言飛語も飛び交った。

なかでも百艘船仲間にとっては、この蒸気船の就航は大きな打撃であった。安土桃山の時代から保持してきた湖上通運の特権は、江戸時代後期に弱体化したとはいうものの、まだまだ保持されていた。しかしながら、明治の世となってみれば、こうした仲間による業種の独占経営というのは旧弊となってしまった。そんな旧来の百艘船仲間に対し、のちの明治五年の「告諭」であるが、滋賀県令の口からも、「百艘ト唱フル者等ノ如キ、亦湖邊ノ一害物ナリ」といった発言がでる始末である（一庭—汽船—25）。

とはいえ、大聖寺藩士石川嶂と長崎に出向いて蒸気船の建造や操舵技術を学び、琵琶湖に蒸気船を浮かべたのは、ほかならぬ百艘船仲間の家筋の一庭啓二であり、一庭の船屋太郎兵衛家は、百艘船の年寄役も務めた家柄であった。その一庭が、蒸気船を浮かべる当事者となったのである。賛同者もあったろうが、反発も大きかったものと予想される。

一庭は、こうした蒸気船の湖上運航により、特権を保持してきた百艘船仲間が打撃を受けて壊滅に追い込まれることをよく了解していた。それにもかかわらず、蒸気船の建造と運航を一庭に決意させたのは、一庭に外国技術など進取の気概が備わっていたこと、家業の百艘船による琵琶湖海運の行き詰まりを見据え、家業を大きく転回・発展させたいと考えていたことなどによるであろう。石川との出会いは一庭にとっても千載一遇のチャンスであった。そして一庭の予測通り、この特権を持ち続けてきた株仲間も、明治五年には解散となっている。一庭は時代の趨勢をよく認識し、将来を見越していたといえる。

二番丸の建造

一番丸の進水は明治二年三月三日のことであったが、その後すぐに二番丸の建造に取り掛かる。一番丸の評判が予想を上回ってよかったからである。民部省御役所宛の出願は、明治二年七月一四日付で出された。大聖寺藩公用人岩原立左衛門名で、「近江湖水蒸気船度々破損所出来不便利ニ付、今、一艘製造仕度」との伺いである。回答がなかなか出なかったことから、九月に

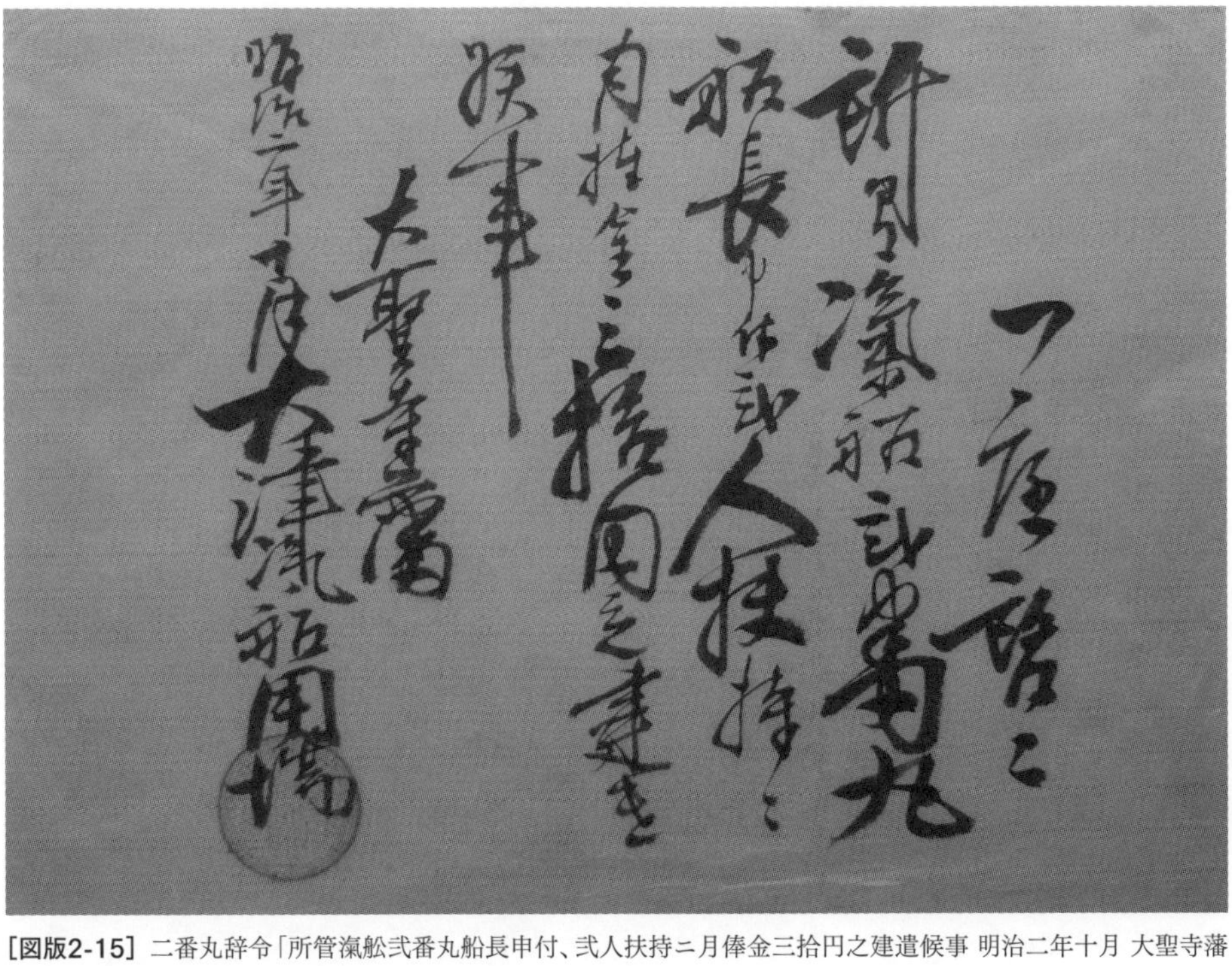

［図版2-15］二番丸辞令「所管瀛舩弐番丸船長申付、弐人扶持ニ月俸金三拾円之建遣候事 明治二年十月 大聖寺藩大津汽船用場（公印）」（一庭－汽船－55）。巻頭にカラー図版。

再出願して二四日許可を得ている（「子爵前田家文書」『加賀市史料七』）。二番丸は一四屯で一四馬力、八海里の速力で、進水したのは明治二年一〇月のことであった。一庭はこの一〇月に、大聖寺藩大津汽船用場から「弐番丸船長」を申し付けられ、一番丸同様二人扶持月給三拾円の辞令を受けている。

この二番丸の建造日数が短いことから勘案すると、裁許を見越してあらかじめ取り掛かっていたと考えられ、建造のための準備は万端整っていたことがうかがえよう。もちろんこの造船も、すでに一番丸の経験があり、作業も手慣れてきていて、工程も手の内に入っていたといってよい（『大聖寺藩史』）。

この二番丸建造の書類は、大聖寺藩から提出されたものだったが、その資金は、大聖寺藩によるものではなく、大津側の一庭や堀江らの調達によるものであった。この二番丸の資金調達は、後日に旧大聖寺藩が造船資金の回収に動いた折に、大きな争点となるのだが、それはあとで詳しく述べる。

民部省は、一番丸就航に対して、非難と妨害とがあったことをよく了解していたようだ。そのことは、一〇月大津県宛に提出された大聖寺藩の新船建造認可の文書をみればわかる。そこには、あらたな汽船運行に対して「差支筋云々申立之赴」はもっともなこともあるが、「開化ニ随ひ利益行ナハレ候時」に当たっており、小船の運行を稼業にしている人びとにとっても転職・改業などさまざまな道もあるであろうと述べて、二番丸の建造を認めているからである（滋賀県文書『県沿革書類』明治う一五一）。

このことからも、当時「差し支えの筋」から反対の声があっ

［図版2-16］二番丸錦絵（滋賀県立琵琶湖博物館蔵、2020年4月17日出版掲載許諾）。巻頭にカラー図版。

たこと、それが明治政府の耳にも入っていたことがうかがい知れる。民部省はこのことをよく認識した上で、にもかかわらず開化の世にあっては、文明の利器である蒸気船が大きな役割を果たすことになるであろうと強調しているわけだ。そして小舟運航の業者には転業の可能性もあると、廃業・転職にまでも踏み込んで言及している。

幕藩体制から明治の世へと移り行く過渡期にあって、こうした軋轢が数多く生じたであろうことは容易に推測できる。この文面からも、蒸気船運航に対して反対の訴えが、琵琶湖各所の海運関係者から出されていたことが読み取れるであろう。少し後の明治四年一〇月のことであるが、海津浦の船方役人から、大聖寺御目附尾崎爲蔵および大津の一庭太郎兵衛・堀江八右衛門に宛てた口上書を、一庭の娘陸が翻刻しているので、それにしたがい一例をあげておきたい。その概要は次のとおりである。

明治二年三月に大津の地で蒸気船が就航し、海津に着岸しているわけだが、当海津の船方においても、それを珍しくまた面白く見物している。とはいえ、この蒸気船の製造は軍務のためと聞いていたのだが、思いもよらず初運転時から品物や旅人も運搬しており、それも毎日就航ということで驚いている。堀江八右衛門氏と吉野氏が海津に来られた時にその詳細を尋ねた。（中略）このように客や荷物を運搬し毎日就航されると、当方の船方はやっていけなくなるので、乗客一人いくらか、また荷物一束につきいくらかの会釈銭を申し受けたい旨を堀江氏らに申し上げたところ、このたびの御一新により天朝から許可を得て蒸気船を建造し運航していることから、琵琶湖の港についても一銭も出さない、とのご返事、しかしながら乗客・荷物一束につき鑑札世話料として、一枚あて一五〇文支払うとのことであった。世話をする鑑札方や宿屋方はともかく、当方の船方にあっては北国兵乱にあたっては、お役目ばかりで船賃なども受

［図版2-17］一庭啓二肖像写真（ガラス乾板）。箱書に「于時明治大四季未臘月中日寫眞 於摂陽神戸港 一庭直昭 二十七歳像」とある。本書カバーに使ったのはこの写真である（一庭―写真―4）。

け取り兼ね、家業も難渋してお勤めもできない状況にあり、蒸気船が就航してますます疲弊してしまった云々（「明治四年未十月 乍恐以口上書奉願上候」、やぶ椿「湖上に汽船を浮べて七十年亡き父を憶ふ（二）一庭―汽船―参考―い」）。

これは、二番丸就航二年後の明治四年のことである。蒸気船就航により打撃を受けた海津の船方らが、蒸気船の運航をしていた大聖寺藩の御目附尾崎爲蔵と、大津の一庭太郎兵衛・堀江八右衛門に対し、善処を請うた文面になっている。そしてまた、船方らの弁では、蒸気船の建造は軍務のためと聞いていたのに、実際は就航当初から品物や旅人をもっぱら運搬している、と書いている。このこともたいそう興味を惹かれるところだ。まさにこれが、大聖寺藩の、軍務を大義とした商業活動の実際であったことが見て取れるからである。

この一件について、海津に出向いた堀江は、御一新により天朝よりお許しを得た事業であると、まずは大状況を前提事項として述べる。しかしながら、打撃を被っている鑑札方や宿屋方など、いわば「差し支えの筋」への一定の手当てもおこなうことが示され、過渡期の琵琶湖蒸気船運航についての実情がよく示された文書になっている。

なお先に図版2―13として掲げた「一番丸引札 加刕大聖寺越中冨山 御定宿」は、大津川口の宿屋の引札であるが、こうした宿屋が乗船鑑札を扱ったのであろう。引札の版元は吉野屋伊兵衛（永田伊兵衛）で、この永田伊兵衛の子息市之助は、のちに第一江州丸の副船長を務めた人物である（和田光生「明治初期、琵琶湖の蒸気船―明治十二年の江州丸社を中心として」）。この文書で、堀江八右衛門氏と海津に赴いたとある吉野氏とは、この吉野屋伊兵衛のことであろう。

陸が翻刻したこの明治四年一〇月の文書のあて先は、大聖寺藩の御目附尾崎（爲蔵）と市場多良兵衛（ママ）・堀江八右衛門らであった。このように、この時点での汽船の運航の責任者は、旧大聖寺藩側尾崎爲蔵、大津側では一庭啓二および堀江八右衛門であったのである。

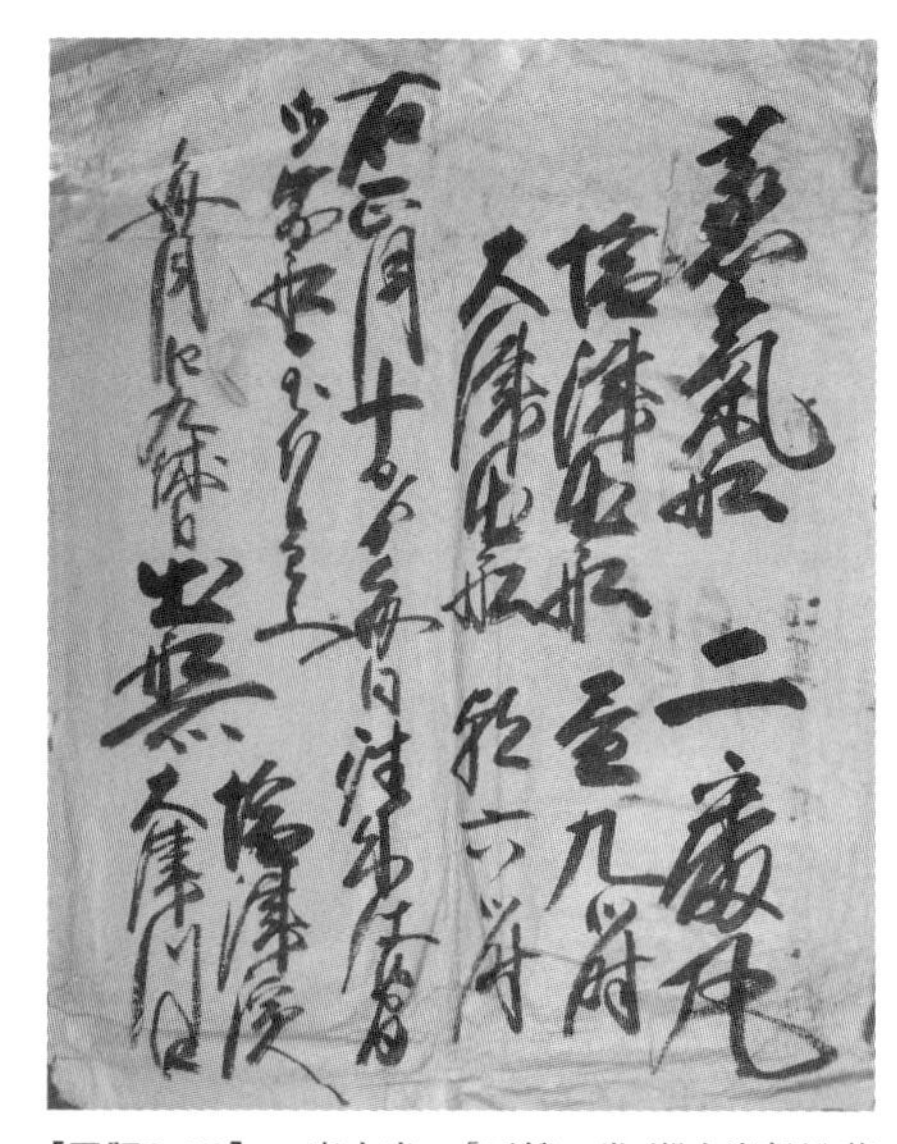

［図版2-18］一庭文書の「百艘一巻 湖上滊舩沿革書其他古書類」に使われた包みの裏面である。「蒸気舩二番丸 塩津出舩昼九ツ時 大津出舩夜六ツ時 右正月十日ゟ毎日往来仕候間、御乗舩可被下候、已上　毎月四九休日 出舩所 塩津湊 大津川口」とある。大津－海津を大津－塩津に変更した明治5年以降のものである（一庭－汽船－1）。

第三章
一番丸・二番丸の資金調達

蒸気船建造資金回収の動きから

一番丸および二番丸の資金調達について、少し後の文書になるが、その次第を検討してみる。

明治六（一八七三）年二月五日に石川県側の前田幹（もとき）・青地弥門から、汽船会社の一庭太郎兵衛・堀江八右衛門宛に文書が出された。汽船事業からの撤退の文書である。なお、ここにでる太郎兵衛は、船屋代々の名前で、汽船会社の実質的な責任者である一庭啓二のことである（一庭―汽船―27、やぶ椿「湖上に汽船を浮べて七十年亡き父を憶ふ（二）」にも翻刻）。

文書の差出人である前田幹は、初め右近と称した大聖寺藩の元家老で、明治元年九月に月当番家老から常時の家老に昇格、明治二年八月に幹と改名し、一一月には大聖寺藩大参事を務めた（『大聖寺藩士由緒帳』）。

青地弥門というのは同じ時期に副執政となった弥右衛門であろうか。そして石川県というのは、大聖寺県を包含した金沢県が、明治五年二月に改称した石川県である。つまり旧大聖寺藩の所有であった蒸気船一番丸も、大聖寺藩以外の地域を合併して成立した石川県が継承し、その処理に乗り出したということになる。この石川県が県の財政を見直した結果、旧大聖寺藩の汽船事業からの撤退を決定し、その旨を大津の汽船会社側に通告してきたという次第であった。

実はこれより少し前の明治五年三月、青地弥門・飛鳥井清から、当時兵庫の造船統監をしていた石川慎作（嶂）宛てに文書が出されている（図版3―1）。この文書が「兵庫出張製作寮」の用箋に書かれていることから、石川または下役が青地らからの文書を写して一庭に送ったものであろうか。それは大聖寺県を合併した石川県の参事内田政風の意向を受けて出されたもの

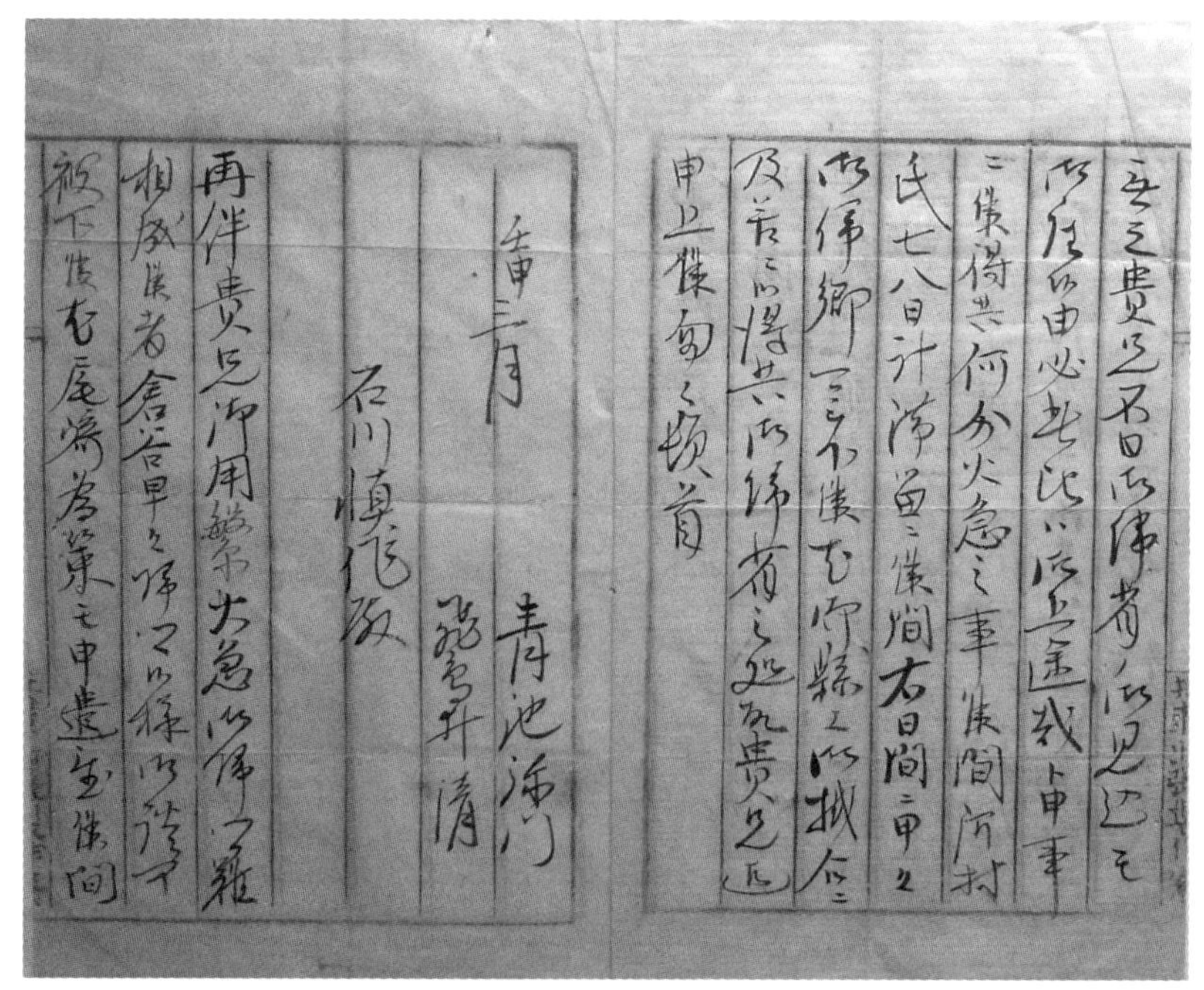

【図版3-1】青地弥門・飛鳥井清から石川慎作（嶂）宛明治5年3月の文書（写し）。石川は当時兵庫の造船統監をしていた。蒸気船や兵庫製鉄所の資金調達の一件が「公私混淆」で不明瞭であることから事情説明が要請された（一庭－汽船－12）。

で、大津の蒸気船や神戸製鉄所（兵庫製鉄所）の資金拠出の経緯を問うた文書であった。旧藩の貸附金などを新政府の大蔵省に申告するにあたって、一番丸・二番丸および兵庫製鉄所の資金調達の一件が「公私混淆」となっていて、事実関係が不明であることから、当時の詳細を知っている石川に、急ぎ石川県に戻り事情を説明せよという内容であった（一庭—汽船—12）。

この文書の追記には、石川が御用で忙しいようであれば倉谷に早々帰郷するようにと書かれ、またこの旨は大聖寺藩から汽船会社に派遣されていた尾崎爲蔵にも別途連絡してあると述べてある。倉谷は倉谷藤平で、明治二年八月大津蒸気船掛、九月兵庫製鉄掛を務めた、いずれの事業にも関係していた人物である（『大聖寺藩史』、『大聖寺藩士由緒帳』）。

この文面を見てみると、青地は石川の上役ながら、石川に対していささか歯切れの悪い物言いしているような印象を持たされる。石川は琵琶湖蒸気船や兵庫製鉄所の提案者で、それを実現するための資金調達に動いた人物である。そんな石川はもっとも資金の流れを見知っていたはずである。さらに言えば、石川は、資金調達やその使途について、証拠となるべき明確な書類を記録として残しておくべき責任者であった。この青地・飛鳥井の文面からは、明治維新以降に石川が、藩の事業の中心的な存在であり、藩から重用されてきたこと、さらにまたうがった見方をすれば、この蒸気船建造や製鉄所建設にあたっての資金調達・運用について、何か石川だけが、または石川を含め重臣の幾人かだけが知っている事実があるのではないかと、そんなことも思わせる。

一番丸・二番丸の建造資金

大聖寺藩が用立てたとされる一番丸の資金は、一万千四百七十六円一分および九百九円三朱である。これが当時の造船費用として高いのか安いのかの判断は難しいところだ。こころみに神谷大介『幕末の海軍—明治維新への航跡』に掲げられた「幕府・諸藩が購入した洋式艦船」のうち、木造外輪船で比較的購入価格が安いものをみてみる。幕府購入の「長崎」（文久三（一八六三）年二月　六〇馬力　一三八トン）が四万八千ドル、「行速」（慶應二（一八六六）年八月　長さ四九メートル　巾八メートル　二五〇馬力）が七万五千ドルである。また大洲藩が購入したいろは丸（アヴィゾ号）（一八六二年建造　一六五トン　長さ四七メートル　巾五．二・メートル）は四万メキシコパタカであった（岡美穂子「ポルトガル領事のみた幕末長崎」）。

幕末明治の時代のドルを両に換算するのは難しいのだが、仮に一両を一．三ドルとして計算してみると、それぞれおよそ三万六千九百両、五万七千七百両、三万七七〇両、また一両を四ドルで計算すると、およそ一万二千両、一万八千七五〇両、一万両となる。

一方の一番丸は、木造外輪で、長さ一六・四メートル　巾二・七メートル　一四トン　一四馬力、この資金は合わせて約一万二千三八五両である。トン数は「長崎」の約十分の一、「行速」の馬力の十八分の一、「アヴィゾ号」の十分の一以下のトン数である。

こうしてみると規模のはるかに小さい一番丸の購入・建造資金は、換算の誤差を見込んでみても、いささか高すぎる気がしないでもない。また一庭ら大津側が資金調達をして建造した二番丸も一万二百八十両ほどで、これも決して安くはない。二番丸の資金調達は大津側であったが、造船の届などは旧大聖寺藩側がおこなっているから、一番丸と同じような資金設定をおこなったのであろうか。

この建造資金が高いか安いかはひとまず措くとしても、石川がその資金調達と使途について、明確な文書を残さなかったという事実は、それが不明瞭な会計処理だったと勘ぐられても仕方のないところかもしれない。

明治五年三月の文書に名前のでる飛鳥井清は、慶応四年五月に御用人・勘略奉行を拝命、七月から一時京都詰となった重臣で、維新後の明治二年に権小参事、明治三年一一月には権大参事となった。飛鳥井は旧姓一色を改名したものである（『大聖寺藩士由緒帳』）。藩の財政に関わる勘略奉行を務め、京都に詰めていた重臣であり、蒸気船建造などの資金の動きについて知らないということはなかったはずである。

明治五年三月付青地弥門・飛鳥井清からの書簡を石川嶂から受けた一庭は、同じ三月に大津火船商社の差し出し名で、「石川縣御出張所」宛を消した「元大聖寺縣参事」宛の通知文を出している（一庭―汽船―13）。蒸気船一番丸に関しては、己巳六月つまり明治二年六月にはすでに大津火船商社へと引き渡されていること、それは口達つまり口頭の伝達であったという事実の確認である。今般大聖寺が廃藩となったことから、この点を念のため申し上げておきたいとの通知文書であった。石川県側の資金回収の動きに対して、一庭は一番丸の火船商社への引き渡しが明治二年六月であったと明言し、これについても書類は

［図版3-2］明治5年頃の一庭啓二写真（ガラス乾板）。朱色の箱書で「明治五年壬申十一月 於阪府南地写之 一庭啓二 二十八年像」とある。旧大聖寺藩を相手に蒸気船資金調達のタフな交渉をしていた時期の写真である（一庭―写真―5）。

なく、それは口頭でなされたということを改めて告げ知らせたわけである。

こうした石川県側（旧大聖寺藩側）と大津火船商社一庭啓二らとのやりとりがあり、石川県側では、この「口達」の内容を整理しようと、大聖寺から汽船商社に派遣されていた尾崎爲蔵に問い質しの文書を送る。明治六年九月九日付、飛鳥井清・前田幹からの書簡である（一庭―汽船―29）。尾崎は、明治四年一〇月の海津浦船方役人中の陳情書のなかに、「大聖寺御目附 尾崎殿」とあった人物で、早い時期から一庭や堀江とともに、大津での汽船商社の経営にあたっていた。

この文書の内容は、やはり石川が長崎で蒸気機関を購入するために調達したとされる京摂商会の資金の行方についてであった。長崎で資材購入のために用立てた資金は、「局用」つまり大聖寺汽船局のものであり、それが商社に移管されたのであれば、それは元々京摂商会から用立てた旧大聖寺藩ものであるというのが基本的な主張であった。大聖寺藩がその後に県となり、金沢県に吸収され、さらに石川県に併合されたことから、石川県がその資金つまり大津の藩用場で一番丸の造船のために使われた資金の内容を再確認しようとしたのである。

府藩県の商業活動制限

こうした一連の動きの前提には、府藩県の力を減殺し集権化しようという新政府の経済政策がその底流にあったことは見逃せない。ここでこの新政府の方針をまえもって理解しておきたいと思う。

明治二（一八六九）年二月二二日、太政官達により各地の開港所には通商司が設けられて貿易事務一切を管轄するとされた。また六月二二日の布達では、これまで府県や旧藩が商会所を設けて銘々が勝手に商業取引をおこなってきた実情を見直し、会計官中に通商司が設けられて「商律」が立てられ、今後はこのような府藩県の活動は「一切廃絶」という方針が示された。そして六月二四日には、その商律の具体事例が示され、両替や開港地の貿易さらには廻漕や諸商社の設置などがこの通商司の管轄とされた。これにより、「郵便商船ニ関スル事項」も政府の通商司の管轄とされ、従来の府藩県の活動は大きく制限されることとなったのであった（『法令全書』明治二年、『明治財政史 第一二巻』）。ただ各藩にあっては、藩士や用達町人により商社を設立して、商社の名称で運営を続けた藩も多かったとされる（堀江保蔵「明治初年の諸藩の商社」）。

こうした新政府の方針により、旧大聖寺藩にあっても、従来の藩の商法である大聖寺汽船局は廃止となり、先の一庭の報告文書でみたように、明治二年六月に一番丸は大津火船商社へと引き渡され、火船商社として運営されたのである。

そしてこれらの処置については、先に述べたように「口達」であった。大聖寺藩としては、旧藩の商法が禁止されたあとも汽船会社の経営権を保持したいと考え、一番丸の保有権・運営権を維持しようとしたのであろう。文書に残さず口達であったことが、あとになって大きな問題となってくる。

かくして一番丸は新たな火船商社のもとに移管され、火船商社は、大聖寺から派遣された尾崎爲蔵および大津の一庭・堀江らの手で運営されることとなる。こうした経緯もあって、石川県側が資金調達の債務を汽船商社側から回収しようと動き、汽船建造当事者の石川嶂、初期から大津用場で経営に携わってきた尾崎爲蔵、そして一庭啓二らに照会の文書が送られてきたという次第であった。そしてそれらに関しては、正式な書類が残されていなかったことから、汽船就航当初より大津の火船商社に派遣されていた尾崎爲蔵が幾度も問い質されたのであった。

これら石川県から旧大聖寺藩士へ通知された文書には、商社の運営を担っていた一庭や堀江へも知らせるようにと追記されている。先の書簡の文末に、堀江の腰痛についても様子を尋ねていることから、商社の債権債務のやり取りは、逐一、一庭や堀江の大津側にも伝えられていたことがわかる。

こうした飛鳥井らの文書に対して尾崎は返答した。そして明治六年九月一一日付尾崎への再度の書簡が出される。尾崎が書いたのが九月一〇日午後一〇時で受け取ったのが一一日午前二時と文面にあるが、いずれにしても至急の連絡であった。その内容は、これも尾崎が汽船就航の創業から関わってきたことによりその責任を問うたものである。そして、汽船就航が「全く石川殿之担擔ニ有之候間」ということになれば、石川と「書翰取計候より致方無之」とも述べられてある。石川に対してではなく、尾崎に対してこのように問い質しているのである。さらにこの追記には、尾崎の返答は了解しがたく、重大な事案になれば尾崎も進退を決断せねばならないだろうともあり、石川に対する物言いとは違って、尾崎にはいささか高圧的で厳しい文面にみえる（一庭―汽船―30）。

明治六年九月三〇日付返答書

こうしたやり取りがあったうえで、明治六年九月三〇日、第一琵琶湖汽船一庭啓二・堀江八右衛門の連名で、石川県参事桐山純孝宛に、事の次第についての詳細な返答書が提出される。それが、一庭と石川嶂の長崎行の項目でも引いた「旧大聖寺藩ゟ被有之湖上汽船仕入金始末物御尋ニ付御答之事」である。一庭が書いたものと思われるが、蒸気船建造とその資金調達、その後の運航などを詳細に記した渾身の返答書であり、これが一部始終であるといってよい。『大津市史 中』にも載るが、それは一部分であり、この文書を書いた時期が一庭にとって、その後の生き方に大きく影を落としているとも考えられることから、滋賀県文書の全文を巻末に掲げておいた（一庭―汽船―参考―に）。一庭は事の次第を次のように述べている。ここまでの論述と一部重複するが、重要な点であるので、あらためてその概略を書いておく。

戊辰の年、つまり明治元年であるが、琵琶湖に「蒸気郵船」を製造するにあたって、旧大聖寺藩から諸事打ち合わせのため、石川専輔（嶂）・古橋重七殿等が大津に出張してきた。この大聖寺藩の計画は、私ども一庭啓二・堀江八右衛門が目論んでいた湖水蒸気船の運航とも合致することから、その件について石川殿らと相談をしたうえ、蒸気船掛用達の役目を申しつかった。そして大津川口町に大聖寺藩用場を設置し、この蒸気船製造の仕入れ金として大聖寺藩から用立てられた計一万千四百七十六円一分および九百九円三朱をもって、翌明治二年二月に一番丸を完成させた。ただ、その後の二番丸の製造にあたっては、大聖寺藩からは藩の資金の拠出はできないから私ども堀江と一庭の方で資金の調達をするようにとの仰せであった。そのことにより、私どもは、大津やその他の地域から資金を調達して二番丸を無事完成させた。一番丸および二番丸はこうして湖上で運行したのだが、明治三年六月、「各藩ニおゐて商法等取設不相成旨」の布告により各旧藩において商法がなりがたくなったことから、この両汽船については、とりあえず私ども一庭と堀江が引き受けて「汽船商社」と称することに相談がまとまり運営を続けてきた。明治三年閏一〇月に石川嶂殿が再び大津に来られて、この汽船の運行利益をもって仕入れ金などを償却することが可能かどうか尋ねられた。そこでそれを一番丸二番丸それぞれに区別して細かく計算をし、検討してみたところ、当時の状況は、大変な損害があるわけでもなく、償却の見込みはあるのではないかと篤と相談した。ただ二番丸については、証書の名義がこれまで御用場となっているが、この調達金はすべて私ども一庭と堀江らのものであり、改めて私どもの名義の証書に変更した。一番丸の仕入金については当分のあいだ引き受けることとし、追々両汽船の運行利益を当てて、社中の返済金などをできるだけ大聖寺藩に納入する、そしてこれまでの資金に相応の利息と、冥加金に相当する三〇円、資本金が全納になるまで納入することとし、資本金が完済になれば、一番丸も一庭らの方に下し渡されるとした。ただ一番丸について、大破や非常の損壊などがあればその時に臨んで相談する約束となっている。またこの場合、当時この約定を、口頭での約束をもって申し上げ、別段の書面をもって取り交わすことをしなかったのは、今更ながら不都合であった。最前の当分引き受けの一番丸二番丸両艦の運航については、私共大津の汽船会社のみにては取り扱いが難しいことから、その「伝習」のため、尾崎爲蔵殿と石川嶂殿が再び大津に来られた。実はこの大津出張中の両名の旅の費用も、一番丸二番丸の就航利益からの出費と決めて相談に至った。辛未（明治四年）七月中頃までの償還が別紙のとおりである。しかしながら、湖上では各港でだんだんに船も建造されて客数も減少してきており、これに加えて両艦とも年々破損修復が多くなり、月々の損失が重なっている。利害得失から償還も、日用雑費も計上できない事態に立ち至ったことから、大聖寺藩への納金も困難となり、困り果てていたところであった。そんなとき、この一一月になり、旧大聖寺県から、今般大聖寺県を廃して石川県となるので、仕入資金の残高を、社中の借入金として証書に訂正するようにたびたび掛け合われた。しかしながら、この仕入資金は、先の約定のとおり、もともと私どもが資金を受け取ったわけでもなく、湖上の運行についても、利益が上り次第返済するという約束になっていた。当時の状況は損失が多くて利益はさしてなく、その利分も大半一番丸の償還にあてており、今後の償却の目処はまったく立たないことから、このような証書の提出はできかねる旨を申し上げたい。その後滋賀県庁からも証書を提出するようにと命令されたが、なに分ここに述べてきた次第であり、この証書の提出は、どうしても出来かねる旨を申し上げた。これまで、両艦航行による利益の大部分は一番丸の償還金に充てており、現在難渋している次第である。しかしながら、時代の変遷も是非ない次第であるので、一番丸については仕入金の方（形）として返上致したく、二番丸はこれまで通りとして借財の処置をするか、両艦とも官物として返上するか、社中一同で相談して、藩庁の指示に従うこととした。一番丸・二番丸両艦の処置がどのようになろうとも、当方には申し分はない、との概要であった。

　この一番丸・二番丸の状態は、この返答書と同時に提出された「（別紙）壱番丸御仕入金商社江引受已後納金計算書」に附された「壱番丸附属品調理書」「二番丸附属品調理書」にも報告されているが、それによれば一番丸は「ケイトル」に損傷ができて大津川口町の汽船会社裏に係留中であり、二番丸は、湖北飯浦に貸し渡し中であるが、こちらも破損して修覆中であるとの由である。実際、すでに両艦とも、満身創痍の状態であったわけである（一庭―汽船―参考―ほ）。

汽船仕入金始末

　ところでこの文書には、「庚午（明治三年）六月各藩ニオイテ商法等取設不相成旨御布告御座候趣ニ而、右両艦不取敢私共エ引受、汽船商社ト相唱候様示談之上、当分取扱罷在候処」とある。このあたりいささか込み入っているのだが、大聖寺藩から蒸気船が一庭らの火船商社に引き渡されたのは、次のような次第であったと思われる。

　まず新政府からの「布告」というのは、先に述べた明治二年六月二二日の商会所廃止の布令のことであろう（堀江保藏「明治初年の諸藩の商社」、勝田政治『廃藩置県』など）。この時点ですでに、一番丸は火船商社へと引き渡しになっている（一庭―汽船―13）。

　そして先にもふれたように、明治五年三月に出されたこの文書の宛先は、まず「石川縣御出張所」と書いてそれを消し、「元大聖寺縣参事御中」となっている。この訂正は、相手先の所管が幾度も変更になっていることから、ただ単に誤記したのかもしれない。だがもう少し読み込んで考えてみると、この訂正については、これまでの事情をよく見知っているのは、「石川縣御出張所」の担当者ではなく、「元大聖寺縣参事」であるはずだ、との一庭のいらだちも込められているのではないか。「石川縣御出張所」と書いたあと、思い直して「元大聖寺縣参事」と書き直したのではないかと、そんな気もしてくる。

　さてこの「庚午六月」、つまり明治三年六月のくだりだが、どのように考えたらよいであろうか。それは、その後に建造された二番丸ともども汽船商社に引き渡された時期のことではないだろうか。つまり、「庚午六月」になり、両艦ともに一庭らの商社が引き受ける結果となり、一番丸および二番丸の運航を、大津火船商社と称する汽船会社で運営をしたということではないかと考えるわけである。

もう一度一庭の九月三〇日付返答書にもどる。ここには、二番丸については、建造の届および汽船の名義は大聖寺藩であったが、資金はすべて一庭と堀江ら大津側単独の調達であり、大聖寺藩の資金ではなかったことが明確に述べられている。さらには、廃藩置県による旧大聖寺藩の県への再編の混乱の中で、話し合いはしたものの、それを明確な書類として残さなかった大聖寺藩の不首尾のすえ、その汽船の帰属確認と建造資金の回収交渉に動いてきたことが書かれている。つまり、旧大聖寺藩が調達して建造した一番丸のその資金の残高を、一庭ら大津側の社中の借入金、借金として証書に訂正するよう申し入れてきたわけである。

一庭らはそれをはっきりと拒否した。一番丸の資金は、一庭らが受け取ったものではなく、大聖寺側が調達したものであり、それを汽船の運航の利益により償還する、と約束したものであるからである。さらに一庭は、一番丸を仕入金の方（形）（カタ）として返上してもよいこと、または、二番丸ともども官物としてもよい、との心積りまでをも示している。そして近年蒸気船の建造も相次いできていて汽船運航の競争も激しく、利益が思うようにあがらないこと、一番丸二番丸の修復などにも費用が掛かっている現況が述べられ、一番丸資金の償還とあわせて、両艦の就航が負担になってきている状況がよく説明される。おまけに、汽船会社は、尾崎・石川の大津滞在中の費用までも支弁していたと明かしているのである。

この一連の資金問題について、一庭文書によりすこし補足をしておきたい。年号不明だが、明治四年と思われる嘉月（三月）一二日付一庭啓二宛の書簡には、秋山氏名代の舎弟が大津に来った折に、一庭が付き添って出庁した旨が記されている（一庭―汽船―5）。そして近々前田大参事が上津するとの連絡事項も書かれている。一庭と旧大聖寺藩は頻繁に連絡をとり合っていたこと、一庭が資金問題を含めて、汽船会社の運営に必要な書類などを大津県に提出するなど、事務的な処理にもあたっていたことが読み取れる。ついでながら、この手紙には、「二番舩」（二番丸）に少々損傷があることに対して、定めし御勉強もあり宜しく善処を乞うとしたうえで、帆木綿など近々送付するなども述べられており、汽船もこの大津の火船商社で修理しつつ運用していたことも了解できるのである。

そして明治四年五月五日には、大津県からも「湖上蒸気船発端願出之主意」について照会があり、これに対して一庭らは「大聖寺藩大津出張用場」の名前で、本藩つまり大聖寺藩が目下のところ「東西京」へと取り調べ中であり、今少し時間がかかる旨を大津県に連絡をしたりしている（一庭―汽船―6）。このことから、明治四年春の段階ですでに、湖上蒸気船建造の経緯および資金問題が問題化していたということもよく了解できるのである。

一庭の岐路と決断

これらの文書は、一庭が作成し筆記したと思われる。それは、蒸気船の建造を長崎で学び、構造や操舵術を実際に学んだ者が、そしてその後に一番丸・二番丸運航の当事者として会社を実際に運営してきた者だけが書くことのできる、筋のよく通った理の尽くされたものであった。その内容はまた、正直かつ誠実なもので、一庭渾身の弁駁文であったといってよい。

この返答書の別紙として付された「壱番丸御仕入金商社江引受已後納金計算書」には、大聖寺藩からの造船仕入金は一万千四百七十六両一分とある。またこの滋賀県文書とは別の一庭啓二文書のなかの、壬申（明治五年）九月二三日付琵琶湖第一汽船会社から元大聖寺縣御参事宛の報告文にも、蒸気船御仕入金は、「壱万千四百七拾六両壱歩」と出ている（一庭—汽船—22）。この文書では、そのうち前年までに、二千九百七拾六両壱歩を返還しており、差し引き残額が、八千五百両、ほかに税金として、三千百二十四両二歩一朱を収めたと報告している。このように、明治六年九月の正式な回答書より以前にも、記録文書の残らない不明瞭な一番丸・二番丸の仕入金や経費など、大聖寺藩から幾度も照会がなされ、その都度一庭らは、それに対応していたのであった。

そして、しかも、といってよいかと思うのだが、この債権回収の交渉には、一庭ともども蒸気船を浮かべることに尽力した石川嶂本人が派遣され、一庭と協議している。つまり、廃藩置県にともなう、事後処理ともいえる債権債務の金銭交渉が、蒸気船建造の当事者一庭啓二と石川嶂によって行われているということである。

もちろん、この二人が一番丸・二番丸の蒸気船建造の当事者であり、資金調達のいきさつも含め、事実経過をよく見知っている。交渉相手となったことは不思議なことではない。しかしながら、汽船事業の撤退によるこの「事後処理」の交渉は、二人にとってはあまり心地の良いものではなかったであろう。一番丸・二番丸建造の資金調達とその償還の話であり、しかも記録にも残されなかった、いわば不明瞭ともみえる事案の話なのである。旧大聖寺藩側は一庭ら大津の会社に対して、藩の調達金の残高を、会社中の「借入金」と訂正して証書に書き入れるよう交渉してきているのである。この交渉、何とも皮肉な巡りあわせとなったと言わざるを得ない。

石川嶂は、大聖寺藩の士分として、維新後は藩や県の事業を主導してきた。そして廃藩置県という激動のすえの、いわば後始末としての債権・債務問題を、かつて協力して蒸気船建造に力を尽くした一庭との交渉を余儀なくされたのである。石川の心中穏やかならざるものがあったと想像しないわけにはいかない。蒸気船建造の経費などを文書として残さなかった不首尾を指摘され、大津での滞在費までも、汽船会社の収益から支弁したと報告されているのだ。

もう一方の当事者であった一庭啓二、かれにしても、蒸気船建造のために労苦を共にした石川と相対して交渉し、言いたくもないであろう内容にまで言及せざるを得なかった。一庭にとって、この汽船会社の経営は、決して分のよい仕事ではなかった。一番丸の建造資金の償還は、一庭ら大津衆の資金調達で建造した二番丸の利益によっても行われることになっていたからである。

この交渉の中で、逡巡する気持ちはあったろうし、忸怩たる思いもあったろう。そんなことを考えあわせてみると、この蒸気船建造の顛末をめぐる石川との交渉は、それ以降の一庭の生き方を決断する契機にもなったのではないか、そしてまた、この時期、心に思い定める何ものかがあったのではないかと想像するのである。

二番丸の帰属

この一庭の返答書で明らかになった重要な点は、二番丸の造船について大聖寺藩側は、まったく出資をしていないということ、そしてこれら資金調達や使途については文書の記録を残さなかったという点である。二番丸の民部省御役所への出願では、名義は形式上大聖寺藩用場となっているものの、実際の資金調達は、一庭や堀江ら大津側の努力によるものだった。そうしてみると、明治二年六月の加州大聖寺藩大津汽船局の「汽船社組立仕法」も、実のところ、この一庭や堀江らが資金を調達するにあたっての出資方法とその運営に関わるものであったということになる（「汽船社組立仕法」『大津市志 上』『大津市史 中』）。

その「仕法」によると、一番丸の造船財源は八千七百二十両だが、二番丸は一万二百八十両で、合計で約一万九千両。この支弁のため、一口百両の出資を一般にもとめ、それを運営費として、予定される一ヶ月二千二百五十両の収入によって一口一両の配当をつける。そうすると、利息や税金など経費を差し引いても三百両の純益があり、年三千六百両分を償却できるとの目論見だ。名義上は加州大聖寺藩大津汽船局だが、実際は汽船会社つまり一庭や堀江らの大津火船商社（のちの大津汽船会社、第一琵湖汽船会社）が経営していたもので、この「汽船社組立仕法」は、一番丸の大聖寺藩への償還分と二番丸建造の資金調達の方策であったわけだ。

ただこの資金調達についての約定も、書面として取り交わすことはなかった。つまり記録文書として残さなかったのである。このことにより、ここまで詳細に見てきたように、その後の廃藩置県および県の再編が進行する最終局面で、旧大聖寺藩（金沢県、石川県）が資金を回収しようと、慌てて一庭ら大津側の汽船会社と交渉に及び、利分で償還してきた仕入資金の残高を、汽船会社の借入金に付け替えようとしたわけであった。

この二番丸の「汽船社組立仕法」に関する資金調達と思われる文書が残されているのでここで述べておく。年号がなく一〇月二六日付、伊香郡飯の浦港の寺の住職旭洞大隆から河内屋善兵衛あての「飯の浦ゟ來状之写」である（一庭―汽船―4）。内容から見て明治二年のものであろう。それによると、二番丸の作事が遅れて九月末となったこと、一〇月分五〇円を堀口（堀江か）に払い込んだことが示される。この旭洞大隆は一庭の友人だが、出資者かどうか不明であり、また河内屋が一庭や石川らとどんな関係か、また内密の書簡であることから一庭の変名かは不明だが、ここには、内々の事としたうえで、大聖寺側が二番丸を一庭側に引き渡す予定がないことが示されていて、まことに興味を惹かれる。

つまりこれは、この二番丸についての出資が、一庭ら大津側のものであったにもかかわらず、出願者が大聖寺藩で、また経営権も藩が握っていたことから、二番丸の帰属について、大聖寺藩はそれが大津の一庭側にあると認めようとしなかったこと、それが、内々のことと断ったうえで、書き記されているのである。

旧大聖寺藩は、石川嶂らの方策により、維新後の藩商法の一法として、蒸気船就航や兵庫製鉄所の建造を目論んできたことはここまで縷々述べてきた。この二番丸の帰属についても、その延長上の方策として考えられていたのであろう。

こうした、結果的には道理に合わない不明瞭な大聖寺藩のやり方が、明治四年一一月の金沢県、明治五年二月の石川県成立による旧大聖寺藩の債務整理に立ち至って、事を必要以上に複雑化させることとなったわけである。そして一庭は、この旧大聖寺藩の、理不尽でかつ面倒な交渉を強いられることとなった。

二番丸の建造にあたっても、一番丸と同様に、蒸気機関の知識があり技術的にも習熟していた一庭が大きな役割を果たしたことであろう。義父太郎兵衛もかなりの出資をしたと推測できる。また一番丸の建造に当初は難色を示したという京都の実家加賀屋小川茂兵衛の出資もあったかもしれない。ともあれこうして、一庭と堀江ら大津衆の資金調達により建造に取り掛かった二番丸は、一〇月に進水した。木造の外車輪で、長さ七二尺、幅一二尺、三二トン、速力三・五海里であった。

この明治二年一〇月一四日、一庭は一番丸船長を辞して二番丸船長を拝命している。新たに造船なった二番丸が、火船商社の主力蒸気船となったというわけだ。

一庭はこれ以降、明治七年四月三〇日まで二番丸の船長を務めることとなる（「試験願書草稿」一庭―汽船―50）。

この明治六年九月三〇日付の、一庭・堀江から石川県参事桐山純孝宛の弁明書が提出されたあと、それを受け明治六年一〇月七日には、石川

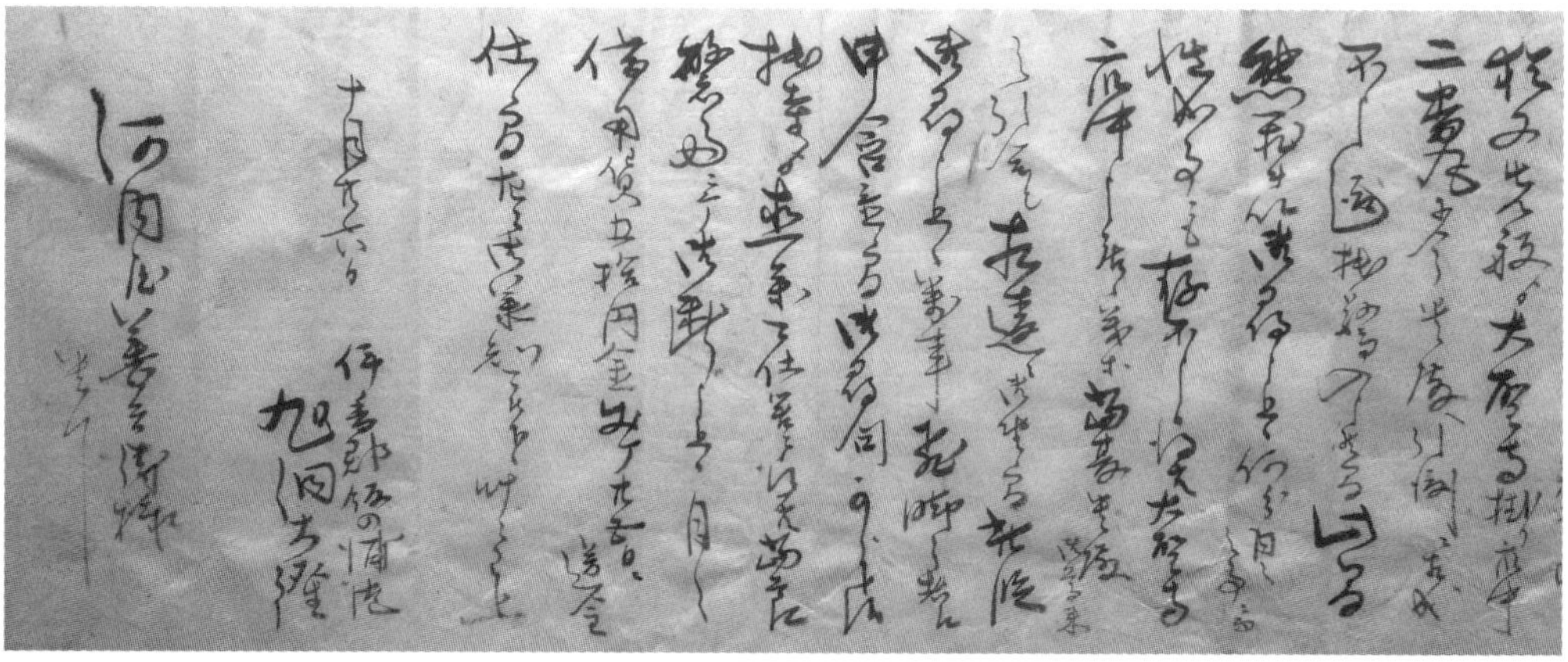

[図版3-3] 二番丸の「汽船社組立仕法」関連の文書。明治2年かと思われる。伊香郡飯の浦港の住職旭洞大隆から河内屋善兵衛あての書簡の後半部分（一庭―汽船―4）。

別表 一番丸・二番丸資金調達のまとめ

①慶応３年春、石川嶂が来津、一庭啓二と蒸気船建造資金調達を試みるも不調に終わる。明治元年、月は不明だが秋ごろ、大聖寺藩から石川嶂・古橋重七等が、蒸気船建造の計画を持って大津に来り、大津側一庭啓二らと協議した。

②一庭らも同様の目論見を持っていたことからそれを了解し、蒸気船掛の御用が申し付けられた。

③明治元年９月２日、佐分利環は「大津駅海津駅迄之川蒸滊船御元開キ御用」の伺書を弁事役所に提出、同月７日造船許可、17日大津県へも届け出。

④９月ごろ、一庭啓二は石川嶂とともに長崎製鉄所に赴き蒸気機関を購入。大津川口町に設けられた大聖寺用場で建造、明治２年３月に一番丸が完成する。

⑤汽船の仕入金は大聖寺藩の調達で、１万1476円１分と909円３朱。

⑥明治２年４月 加賀・大聖寺両藩、遠藤友治郎・関沢孝三郎・石川嶂らの建議をいれて兵庫製鉄所設置を決定。

⑦明治２年６月22日、大蔵省の達により、府県や旧藩の商会所の商業取引を禁止。大聖寺藩の大聖寺汽船局を廃止、

⑧明治２年６月、一番丸は火船商社に移管。二番丸建造については大聖寺藩の出資が困難と通告され、一庭らは汽船社組立仕法により大津衆を中心に資金を調達して10月に進水。

⑨明治３年春 加賀・大聖寺両藩の共同事業であった兵庫製鉄所から大聖寺藩が撤退。

⑩明治３年６月 一番丸・二番丸共一庭らが引受け、汽船商社と称した。

⑪明治３年７月、汽船商社の汽船運転方および出資金の件で大聖寺から来津、石川嶂も同道。

⑫明治３年10月、石川嶂と一庭啓二は大聖寺藩負債処理について協議。資金償還に関しては調達方法が異なることから一番丸および二番丸を区分して検討、一番丸の資金は一、二番丸の運航利益で償還する旨を確認。二番丸名義を藩御用場から汽船商社に書き換える。ただしこの間の約定は「口約」であった。

⑬明治４年５月、湖上蒸気船の開設経緯について大津県から大聖寺藩に照会。

⑭明治４年７月、廃藩置県により大聖寺県成立、11月に大聖寺県は金沢県に併合。この時期に一庭らは旧大聖寺藩側から造船仕入金の残高を借入金とした借用書提出を要請されるも拒否。また大津県からも一番丸の会社債務化の証書を提出するよう要請あるがそれも拒否。この少し前の時期から琵琶湖上各港では船舶が建造されて汽船商社の乗客は減少、また一、二番丸の修復費用もかさんで大聖寺側への納金も困難になる。

⑮明治４年12月金沢藩（旧加賀藩）経営の兵庫製鉄所、工部省へ買上げ出願。

⑯明治５年２月 金沢県は石川県となる。３月石川県参事内田政風、大津蒸気船および兵庫製鉄所につき、資金の公私混淆の疑いありとし事情聴取のために石川嶂へ出頭要請（青地弥門・飛鳥井清名の文書）。

⑰明治６年１月、一番丸を休航。２月石川県から前田幹・青地弥門名で、第一琶湖汽船会社宛に汽船経営から撤退決定の通知。

⑱明治６年９月９日飛鳥井清・前田幹より尾崎爲蔵宛に京摂商会の仕入金について照会、尾崎から返書。再び前田・青地から尾崎宛の文書。尾崎は創業から関与しているはずとされ、それを石川嶂の担当であるということならば石川と連絡して対処すると通告、尾崎の進退問題に言及。

⑲明治６年９月30日、第一琶湖汽船一庭啓二・堀江八右衛門名で石川県参事桐山純孝宛の返答書「旧大聖寺藩ゟ被有之湖上汽船仕入金始末物御尋ニ付御答之事」が出される。

⑳明治６年10月、石川県は負債処理のため一番丸を滋賀県に没官、仕入金9409円余は公費払い切りにて棄捐見消（みけつ）、二番丸は一庭らの所有と認め大蔵省に届出。

㉑明治６年11月14日 大隈重信大蔵卿からの指令で一番丸は石川県が引き継いだ官物として入札のうえ払い下げ、二番丸は一庭・堀江に引き渡す旨の通知。その旨は11月29日に一庭ら「近江國第一滊船会社」にも滋賀県から通知される。

㉒一番丸払下げが公示され、伊庭茂七だけが応募。

㉓明治７年３月、滋賀県は県令松田道之名で大蔵卿に伺いを出したうえで４月に即納400円で一番丸を伊庭茂七に払い下げ。

県参事桐山純孝から大蔵卿大隈重信宛に、旧大聖寺藩建造の一番丸・二番丸の資金調達および残高の処理について伺いが出される。「旧大聖寺藩ニ而取開キ候琵琶湖汽船仕入金差引残高等御処分方見込之義ニ付伺」がそれである（一庭―汽船―参考―へ）。

そして一一月一四日には大蔵卿大隈重信から滋賀県宛に通達がなされた。そこには、「其余弐番丸船之儀者、右ニ属シ候負債トモ都テ八右衛門外壱人ニ引渡、商社便宜ニ可任旨可申渡候」とあり、一庭らの主張が受け入れられたことがうかがえる（滋賀県文書『官省江伺書指令』明治う七、一庭―汽船―参考―と）。

一番丸仕入金の納金計算書

こうして一番丸・二番丸の資金問題については、明治六年九月三〇日付の、一庭啓二・堀江八右衛門から桐山純孝石川県参事宛の返答文書でひとまず片が付いた。この文書には、ここまでに幾度か参照した「壱番丸御仕入金商社江引受已後納金計算書」が別紙として付載されていた。一庭としては、面倒ながら、まことに周到な回答を作成したということになる（明治六年九月三〇日 滋賀県文書『官省江伺書指令』明治う七、一庭―汽船―参考―ほ）。

これによると、旧大聖寺藩が一番丸の造船にあたって拠出した資金は一万一四七六両一分で、明治三年閏一〇月の石川との会談時には、利益納金を差し引いた金額が一万五〇〇両であった。その後の汽船運行利益から、明治四年四月と五月に納入して、差し引き金額は八五〇〇両、さらに七月には五〇〇両を収めた。また長崎において汽船の付属品の購入および船工の雇用などに九〇九両三朱かかっている。一庭や堀江らの汽船商社は、このようにして、琵琶湖汽船の利益分を一番丸資金の償還に充当して納入してきた。しかしながらその後の運行においては利益も思うようにあがらず、修復費もかさんでできており、以降は償還納入をすることができない、という内容であった。

こうした造船から撤収までの一連の経過をみてみると、一庭啓二は、少なくとも明治六年一一月の時点までは大津側の第一琵琶湖汽船会社にあって、一番丸・二番丸の資金調達を巡り、大聖寺藩およびその後継の大聖寺県・金沢県・石川県、さらには会社所在地の大津県・滋賀県側からの、面倒な照会に繰り返し応えていたことがわかる。

御一新から、旧藩主を知藩事に任命する版籍奉還（明治二年六月一七日）、藩を廃し新たな府知事・県令を任命する廃藩置県（明治四年七月一四日）およびその後の再編と、所管が目まぐるしく変転した数年間、資金調達の正式記録文書も残されておらず、不明瞭な実態を役所から問い質され、一庭はその対応に苦慮した。就航当初の蒸気船の繁盛ぶりとはうらはらに、一庭の会社は、その利分の大半を一番丸の資金償還に充当し、資金繰りに追われてきた。一番丸・二番丸は疲弊していき、一方各港では汽船は新たに建造され、汽船会社間の競争も激しく収益はままならない。そしてその一番丸も明治六年一月にはついに休航、頼みの二番丸も修理に追われる日々となったのであった。

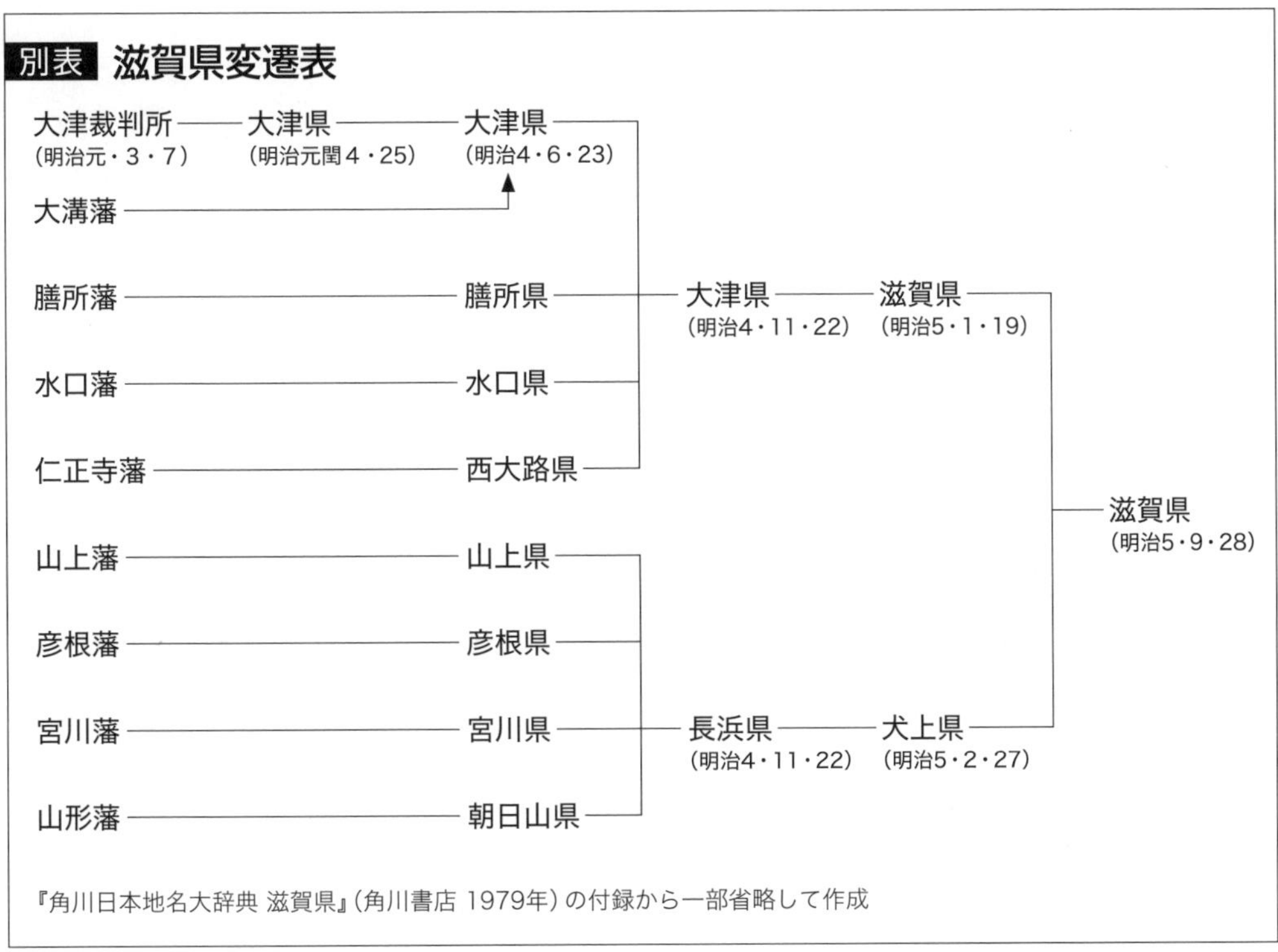
別表 滋賀県変遷表
大津裁判所
(明治元・3・7)
大津県
(明治元閏4・25)
大津県
(明治4・6・23)
大溝藩
膳所藩
膳所県
水口藩
水口県
仁正寺藩
西大路県
大津県
(明治4・11・22)
滋賀県
(明治5・1・19)
滋賀県
(明治5・9・28)
山上藩
山上県
彦根藩
彦根県
宮川藩
宮川県
山形藩
朝日山県
長浜県
(明治4・11・22)
犬上県
(明治5・2・27)
『角川日本地名大辞典 滋賀県』(角川書店 1979年)の付録から一部省略して作成

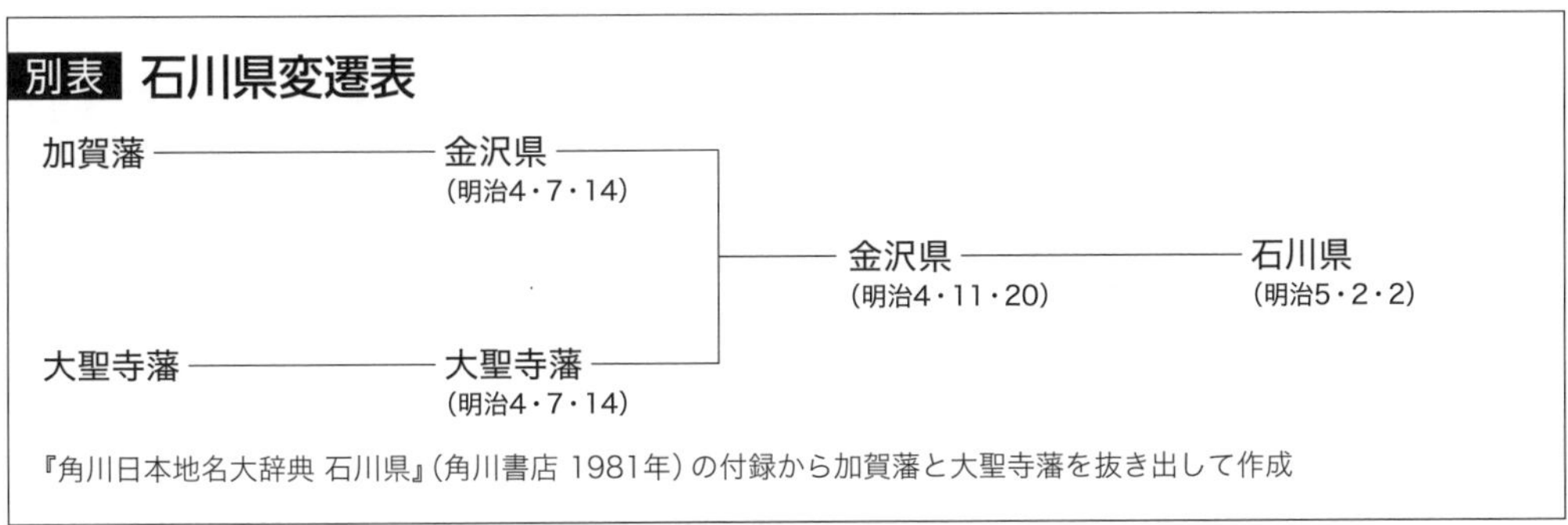
別表 石川県変遷表
加賀藩
金沢県
(明治4・7・14)
金沢県
(明治4・11・20)
石川県
(明治5・2・2)
大聖寺藩
大聖寺藩
(明治4・7・14)
『角川日本地名大辞典 石川県』(角川書店 1981年)の付録から加賀藩と大聖寺藩を抜き出して作成

［図版3-4］第一琶湖汽船会社 堀江八右衛門 一庭啓二から滋賀県庁宛 明治7年3月27日文書「旧大聖寺藩製造汽船仕入金之事件御答書」の一部分（一庭—汽船—38）。

一番丸の民間払い下げ

明治六年九月三〇日付の一庭らの返答書を受け、石川県側はその返答を妥当として一〇月七日、一番丸を負債処理のため没官のうえ仕入れ金は見消（みけつ）、二番丸は一庭らの所有とする旨を大蔵省に届け出た。つまり一番丸の仕入れ金についてはこれ以上問わないこととし、二番丸は、一庭や堀江ら汽船商社の所有としたのである（一庭—汽船—参考—へ）。

この届け出を受け大蔵卿大隈重信は、一一月一四日付の指令で、一番丸は旧大聖寺藩から引き継いだ石川県の官物として入札のうえ払い下げにすることと確定させた（滋賀県文書『官省江伺書指令』明治う七、一庭—汽船—参考—と）。そしてこの指令は、滋賀県経由で一庭ら「近江國第一瀛船会社」にも通知されている（一庭—汽船—32）。

一番丸払い下げの旨は、京都・大阪・兵庫・三重にも公示された。これに対し、大津元会所町の伊庭茂七だけが応募している。一番丸はすでに痛んだ箇所が多かったことから、払い下げ金額は、即金四百円、五年年賦六百円、一〇年年賦九百円の三様であった。払い下げが決まった伊庭は即金四百円を選び、滋賀県は明治七年三月付で大蔵卿に伺いを出し、翌四月に即納四百円で一番丸は伊庭茂七に払い下げとなった。

こうして一番丸は伊庭へ払い下げられた。ただそれを確定させる折に今少しの事務処理があったようなので、このことを一庭文書により述べておきたい。

その文書によれば、払い下げを前に、旧大聖寺藩の商会が用立てた汽船仕入金について、大蔵省側から改めて滋賀県側に照会があったのだという。この大蔵省からの照会を受けて、滋賀県は、第一琵湖汽船会社の一庭らに再び問い合わせをしたのであった。一庭文書に残されてあるのは、三月二七日付の滋賀県への回答文である（一庭—汽船—38）。

その内容は、明治六年九月三〇日付の文書と基本的には変わらない。一番丸は旧大聖寺藩の出資、二番丸は一庭ら大津衆が資金調達したというものである。ただ、この回答の文中には、旧藩の商法が禁止となり、明治三年六月には一番丸二番丸ともに一庭らが引き受けて「汽船商社」と唱え、京都商会長の指揮を受けて運営してきたと述べられてある。そのくだりは、「庚午六月ニ至リ、於右藩商法不相成旨御布告御座候趣ニ付、不取敢両艦とも私共へ引受、汽船商社と唱、京都商會長之指揮ヲ受、取扱罷在候処云々」というものだ。そして後半部分には、「尤夫迄之書記類ハ、不残商會長江可相渡旨ニ付、當出切申候」と、書類は残らず商会長に差し出すよう指示され、出し切りである旨まで書かれてあるのである。

この京都商会は、幕末の京摂商会を継承したものであろう。長崎で石川嶂は、加賀藩軍艦奉行稲葉助五郎を訪ねて資金融資を取り付け、その後にその融資の資金は京摂商会から調達されて支払われている。その時の責任者は、一番丸建造の届け出の手続きもおこなった佐分利環である。その資金を得て石川は、大津に藩の汽船用場を設けて一庭とともに汽船を建造し、その航行などの運営については一庭と堀江が担ってきた。

一庭のこの回答文によれば、明治三年六月ごろにあってもなお、汽船会社は、この「京都商會長」の指揮のもとに経営していたというのである。正式な名称はともかく、一庭らがこの時点でもなお、「京都商會長」の指導のもとに会社を運営してきたとの認識を持っていた事実は重要である。

そうしてみると、当初から大聖寺藩から派遣されて火船商社に関わった尾崎爲蔵も、この商会の「指揮」のもとにあったということになる。現地の火船商社で務めを果たしたという理由から、調達資金の流れを幾度も問われた尾崎爲蔵である。なんとも理不尽なことであった。

その後の資金回収にあたって、石川県側がたえず問題にしたのは、この大聖寺藩の京摂商会からの資金調達およびその運用であった。そして建造資金やその償還の条件などは書類に残されず、一庭が述べているように、約定などは口約をもってなされたという「今更ながらの不都合さ」であった。

こうしたやりとりのなかで、いつも見え隠れしていたのは、確かにこの「京摂商會」であった。そしてその資金の動きの不明瞭さが、石川県・滋賀県だけでなく、大蔵省までも引き込んで、問題視されたわけである。そうしてみると、その不明瞭さというのは、この琵琶湖の蒸気船建造だけでなく、兵庫製鉄所などもふくめた、旧大聖寺藩の商法全体の不明瞭さであったということになる。

一庭は明治七年三月二七日付の文書で先のように滋賀県に返

答したのだが、それに対して滋賀県側は、書面の内容には納得できない部分もあることから、二番丸に付属する負債の明細を明日九時までに提出するようにと朱書きで記入して返送している。明日の九時までにとは、いかにもお上らしい厳しいお達しであった。

これへの回答書は一庭の文書には見当たらない。いずれにせよこの次第は、同年四月に一番丸を伊庭へ払い下げるにあたって、今一度二番丸の債務関係を確認しておこうと考えたことによるものであったろう。

この回答から約一か月後の四月二五日、一庭らは滋賀県に対して、旧金沢県への負債(の形になっている)大聖寺藩汽船局三百円の返納方法について尋ねている。一時払いで納付する場合に減額になるか否かである。一番丸の償還金については公費払い切りにて決着がついており、さらに二番丸は琵湖汽船の所有であるはずで、この三百円の返納というのは、よくわからない。ただ、先にみた明治四年三月一二日付大聖寺側から一庭宛の書簡に、「二番船に少々損傷」があることに対し、帆木綿など近々送付する、とあるような、二番丸の修理や付属品の費用が一庭側の負債として計上されていたのかもしれない(一庭―汽船―5)。一庭側は納付を前提に支払方法を照会していることからみると、納得した上での納付であったろう(一庭―汽船―39)。

こうして、明治二年三月琵琶湖に初めて浮かんだ蒸気船一番丸は、その任務を終えて、ついに払い下げとなったのである。

廃藩置県と旧藩の債権債務問題

ここまで一番丸・二番丸の建造から、汽船会社の経営、調達資金の回収や一番丸の払い下げに至る一連の経緯をながめてきた。そうするとそこには、政治体制の変化が民間の人びとに及ぼした影響や余波が、思いのほかに大きかったということがよくわかる。そしてまた、明治の世に変わったといっても、お上が民間に取り続ける姿勢というのは、旧態依然であったことも見て取れる。

明治維新により四民平等の施策がとられたのだが、従来の支配層であった大名や武士らは相変わらずの支配層であった。版籍は奉還されたが旧藩藩主はそのまま知藩事として任命されていて、旧重臣らの支配構造も変わらない。大津の汽船御用場も依然として大聖寺藩の支配のもとにあった。一庭らへの一番丸・二番丸の調達資金に関する照会にあっても、変わらず大聖寺藩で財政や商業活動に関与した旧重臣や藩士の名前が見受けられる。

維新政府は、政策上版籍奉還後も藩を温存した。府と藩と県とを並立させ、旧来の藩主をそのまま知藩事とするという、いわゆる府藩県三治制度をとったのである。そして旧大聖寺藩は、藩の商法が廃絶となったのちもなお、その影響力を保持して汽船会社の経営をおこない、一庭らは、藩の委託を受ける形で汽船会社を運営してきた。

それが明治四(一八七一)年七月の、突然といってもいい廃藩置県である。地方政治の前提だった藩が突然廃止となり、新たな統治機関として県が置かれ、その後も他県と統合や再編がなされていった。この政治体制の変革により、旧大聖寺藩の経営であった火船商社（汽船会社）、そして蒸気船一番丸・二番丸の資金調達やその帰属の案件が表面化し、問題視されるに至ったのである。蒸気船建造の費用と帰属の問題は、もはや旧大聖寺藩のみの案件に留まることは許されなくなった。大聖寺県を併合した石川県の問題となったのである。

そしてその背後には、新政府の債務関係の処理政策が大きく関係していた。廃藩置県を断行するにあたって、新政府は諸藩が背負っていた負債および各藩が貸し付けていた「金穀」を継承すると宣言し、明治四年七月二四日と一二月一九日、各県に対し旧藩の貸附金などを大蔵省に申告するよう指令した。そして明治六（一八七三）年三月三日、「旧藩々ニ於テ従来諸方へ貸附金穀取立法則」が策定され、旧藩の債権債務の徴収方法が明確化される。これにより、天保以前の貸付は一切棄捐（破棄）、弘化元年から慶応三年までの分は三分の一棄捐、明治元年から廃藩までの貸付金は無利息ながら全額徴収することとなった。一番丸の債務はこのうちの三番目のケースにあたっている（『法令全書』明治六年、吉川秀造「幕府の貸附金 二」、近藤圭造編『金穀貸借心得 巻二』、ただ『金穀貸借心得』は「旧藩の貸附金穀取立法則」の布告を甲戌年と誤記している）。

このような、明治四年七月の各藩負債および貸付金の大蔵省への報告義務、明治六年三月の金穀取立方法の策定といった新政府の動きに同伴して、金沢県・石川県は、旧大聖寺藩の蒸気船事業に係わる債権債務関係を明確にする必要が生じたのである。

そして、蒸気船の建造資金を調達し、また兵庫製鉄所設置にも深く関与した旧大聖寺藩の石川嶂、それに当初から火船商社の運営を担当した尾崎爲蔵、さらには蒸気船建造の当事者で火

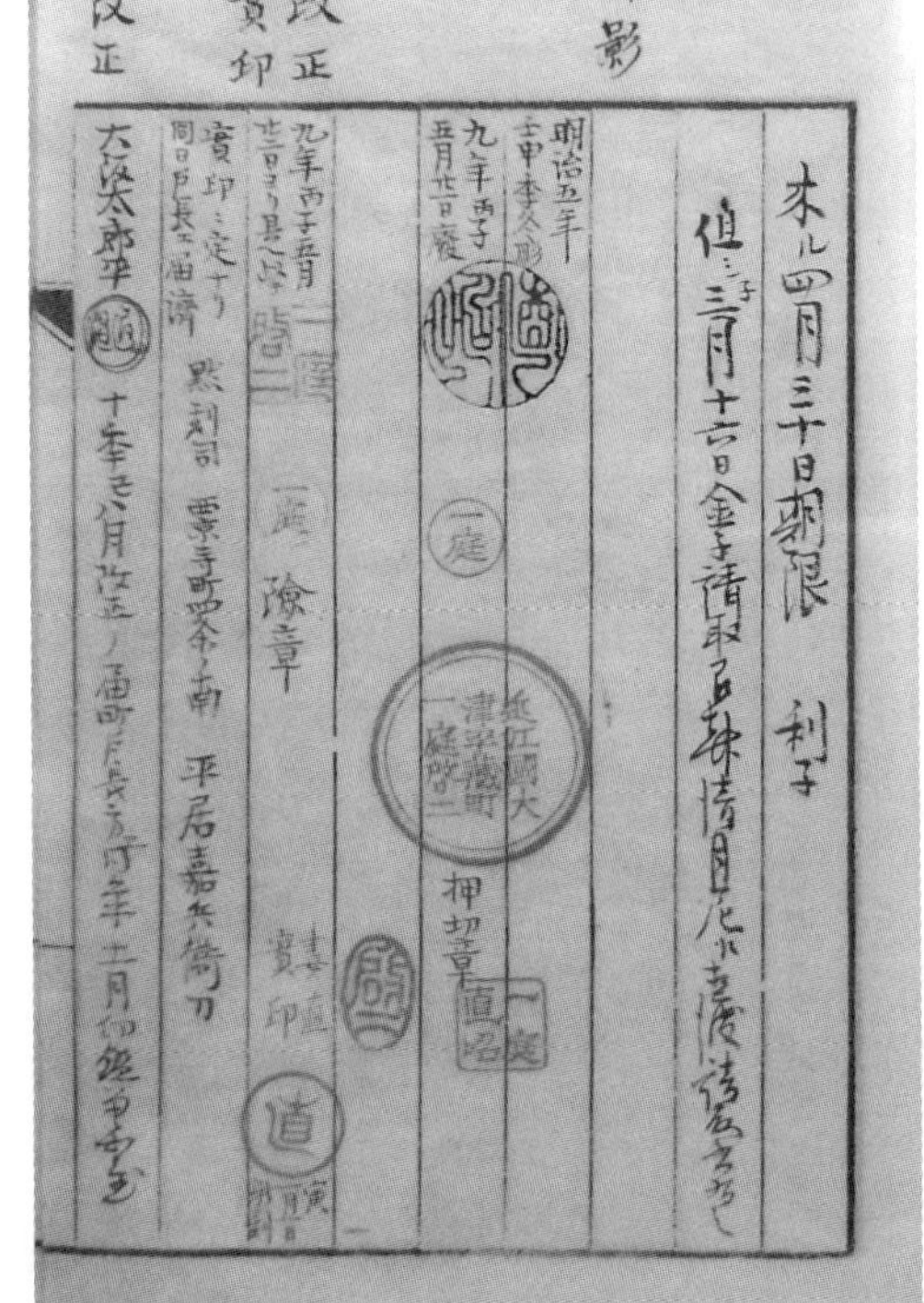

[図版3-5]「覚書」に載っている一庭啓二の印影。「明治五年壬申季冬影 九年丙子五月廿一日廢」とあるので、汽船会社の出資金をめぐる交渉をしていた時期に使われた印章である。それ以降は「一庭啓二」の角印を使用した（一庭－覚書－15）。巻頭にカラー図版。

船商社を実質的に運営してきた大津の一庭啓二や堀江八右衛門に対して、一番丸・二番丸の債権債務関係の照会がなされたというわけであった。

これにより、石川や尾崎へ経緯究明のための文書が出され、明治六年九月三〇日付の一庭による石川県参事桐山純孝あての弁明書の提出に至る。それが石川県に受け入れられ、一一月一四日の大蔵卿大隈重信の裁定、明治七年四月一番丸の払い下げと推移していったという次第であった。

ここまで見てきたこれらの通達は、新政府の管轄官庁から各県の県令へ、そして各県庁の所管部署から民間の関係者へと、ピラミッドの管理体制のもとに行われてきた。明治二年六月の旧藩などの商業活動について「一切廃絶」ののちも、名義上の旧藩の管理を受けながら、一庭や堀江ら民間の汽船会社はその事業を経営してきた。そして、資金調達の回収や払い下げにあたっての照会や通達などは、これまでに見てきた通りに、旧大聖寺藩・石川県・滋賀県もふくめすべてが、その時々の「お上」による上意下達であった。

このように政治体制の矛盾を含み持ちながら推移していった激動の時代のなかで、一庭はよくこの過程を耐え、精一杯戦ってきたと思う。琵琶湖に初めて蒸気船を浮かべ、初代蒸気船一番丸船長を務めた一庭の、その生涯にあって、この数年こそがもっとも凝縮された濃密な時期であったろうと想像される。

ところで、この一番丸の払い下げを受けた人物は伊庭茂七であるが、その人物については今のところ不明である。『大津市史』は、伊庭茂七が、その名前の類似から、一庭啓二の一族にあたるものと推察するが、このあたりも明確な根拠はない。ただ明治六年九月三〇日付の一庭の御届け書に、一番丸は返上したいとその希望を述べられ、また両艦とも官物として返上する可能性にまで言及していることから、一庭もしくは一庭の係累の者が、伊庭という名前で一番丸を手に入れた可能性はあるかもしれない。

一番丸は、一庭が石川嶂とともに琵琶湖に初めて浮べた蒸気船であり、また自身がその初代船長を務めた船である。一番丸がもはや使い物にならぬ廃物同様であったということを一庭はよく見知っていたはずである。しかしながらそのように、使い疲れしてしまった蒸気船一番丸への愛着が、一番丸を払い下げるという行動に突き動かしたと考えられなくもない。一庭はそうした人物であったからである。

第四章
競合する汽船会社

汽船会社名称の変遷

一番丸・二番丸の建造資金について述べようとすると、その典拠となる明治六（一八七三）年九月三〇日付一庭の返答書に触れざるを得ず、ついつい、明治七年の一番丸払い下げや、その後の一庭の行き方・生き方にまで筆が及んでしまった。ここではもう一度時間を戻して、その間の一庭らの大津火船商社、のちの琵湖汽船会社のことや、さらに他の汽船会社の設立と競合など、琵琶湖海上交通の推移について述べていくこととする。

明治二年六月二二日の商会所廃止の布令で旧藩の商法行為が行ない難くなった。大聖寺藩にあっても、大聖寺藩の大津汽船用場や藩汽船局の経営を直接には運営しにくくなったことから、藩汽船局は大津火船商社と改称し、一庭や堀江らが、実質的に琵琶湖の運航事業を担った。ただ大聖寺藩からは藩士の平田繋（けい）を派遣して、藩が汽船経営を担うという実態は依然として保持させていた。

平田は大聖寺の藩士で、明治元年に藩が北越戦争の弾薬製造を命じられた折に、越後本営へ製造弾薬を差し出す役目を担った人物である。例のパトロン事件の遠因にもなった北越戦争の弾薬である。のちに平田は、北陸道鎮撫副総督の四条隆平（たかとし）の依頼で庶務方頭、新政府の租税司判事頭取などを歴任し、明治二年八月には藩の商法主司、明治三年二月には権大属司計掛となっている（『大聖寺藩士由緒帳』）。平田は、明治二年四月石川嶂が川崎浜に造船所設置を計画した時にもその名前が出る。大津汽船会社関連の文書に大聖寺屋喜平の名前がでることがあるが、これが平田と同一人物かどうかは不明である（杉山謙二郎「明治の企業家 杉山徳三郎の研究」）。

明治四年七月の廃藩置県により、大聖寺藩は大聖寺県となり、一一月には合併して金沢県、翌年二月には石川県へと再編されることになる。この間に大聖寺藩大津汽船局は、大津火船商社、大聖寺汽船社、また大聖寺屋喜平、湖上蒸気船社など、通称を含めさまざまな名称で経営がなされてきた。

明治六年になりそれは滋賀県の指導で整理され、大津第一琵湖汽船会社と改称した。廃藩や県の再編・統合を機としてそれぞれに名前を変えてきたのである。ただその後も旧称を使ったり、略して使用したり、時には名前を使い分けたりしている可能性もあり、このあたりの汽船会社の名称は錯綜している。これまで幾度か引いてきた明治六年九月三〇日付桐山石川県参事宛文書には、第一琵湖汽船総代堀江八右衛門・一庭啓二とあがっていることから、一番丸・二番丸を運航したこの第一琵湖汽船会社は、いずれも、実質的には一庭と堀江とが経営した会社であった。文書のやり取りに、平田繋や大聖寺屋喜平の名前が表われることはあまりない。

明治五年後半と推測されるが、この会社の名称変更に関連する資料が一庭文書の中に残されている。火船社中 堀江八右衛門名の滋賀県庁宛願書の写しである（一庭—汽船—20）。滋賀県当局の指導による汽船会社の整理再編に伴うものと思われるが、従来の琵湖火船商社名を改称する旨を滋賀県庁へと届けたものである。そしてこの写しの末尾には、火船会社惣代の大聖寺屋喜平が退社し、石川県管下の石川祐太郎を惣代に立てたことが記されている。

汽船会社の創設ラッシュ

さて琵琶湖上では、一庭らの一番丸・二番丸による汽船事業の成功に刺激をうけて、明治三年ごろから琵琶湖畔各所の和船船主らが汽船建造事業に乗り出してくる。『大津市史 中』『琵琶湖汽船百年史』などに掲載される一覧表から、船名・製造年月・製造場所・航路・船主だけを抜き出して記してみると別表のとおりである。

江戸時代に大津百艘船の特権を突き崩そうと激しく争った彦根にあっても、明治三年一二月には彦根藩の援助を得た米原の宮川庄三郎が、彦根城ゆかりの名称を冠した金亀丸を製造して大津—米原間を運航した（『滋賀県史 第四巻』）。この金亀丸を建造した宮川家は、江戸時代より米原湊で代々船大工を家業としながら、多くの舟を所持していた家筋である。当主は代々正三郎を名乗った（岩崎奈緒子「史料紹介 宮川庄三郎文書」『滋賀大学経済学部附属史料館にゅうすSAM第12号』）。

この長浜では、宮川の金亀丸建造以前の明治三年二月七日、一庭らが実質的に運営していた大聖寺藩

別表　初期の蒸気船

船名	製造年月	製造・購入場所	航路	船主
一番丸	明治2年3月	大津で製造	大津－海津	大聖寺汽船局
二番丸（のち三光丸）	明治2年10月	大津で製造	大津－海津	大聖寺汽船局のち第一琶湖汽船
金亀丸	明治3年12月	彦根で製造	米原－大津	宮川庄三郎（米原村）
湖上丸	明治4年2月	海津で製造	大津－塩津	磯野源兵衛（海津町）
成程丸（盛大丸）	明治5年2月	大阪で購入	大津－大浦・今津	井上芳蔵（伊香郡飯之浦村）、のち櫻井清次郎（大津町）
湖龍丸	明治5年3月	西京山田利助から購入	長濱－大津	尾板六郎（坂田郡長濱村）
渉湖丸	明治5年9月	大津で製造	大津－塩津・飯之浦	池田春苗（大津町）
千令丸（無事丸）	明治5年	大津で製造	米原－大津	竹山彦次郎（八幡町）、のち宮川庄三郎
松寶丸（蟠松丸）	明治5年9月	松原で製造	松原－大津	高田文次郎（彦根町）、のち湖上会社（犬上郡松原村）
琵琶湖丸	明治6年4月	大津で製造	飯之浦－大津	内貴源右衛門（伊香郡飯之浦村）
長運丸	明治6年4月	長濱で製造	長濱・大津	尾板六郎（坂田郡長濱村）
小鷹丸	明治7年2月	飯之浦で製造	常楽寺一大津	第三船会社（蒲生郡船木村）
陽春丸	明治7年2月	飯之浦で製造	飯之浦一大津	内貴藤次郎（飯之浦村）
浪花丸	明治7年6月	船木で製造	塩津－飯之浦・大津	第三船会社（蒲生郡船木村）
満芽丸	明治7年9月	大津で製造	大津－飯浦・海津・船木・大溝	木村忠治郎（滋賀郡五別所村）

［図版4-1］金亀丸錦絵（船の科学館蔵、2020年4月3日出版掲載許諾）。巻頭にカラー図版。

大津汽船局に対して、二番丸の借用を彦根藩の船艦方経由で申し出ている。この申し出は大聖寺藩の認めるところとなり、四月には長浜の湊屋茂兵衛による月二〇〇両の出資をもって二番丸を借り受けることとなった。この貸借は彦根藩が借主となることが条件で、六月一九日から松原・長浜・米原の三湊と大津との間を航行したのだという（『長浜市史 第四巻』）。ただこうした藩と藩との契約も、明治二年六月の藩の商法禁止以降のことでもあり、また二番丸が主力船でもあることから、この契約通りに一庭らの汽船会社が二番丸を貸し出したかどうか、それを藩が恒常的に長浜―大津間を運航させたかどうかは定かではない。

明治四年に湖上丸を建造した海津の磯野源兵衛は、松前船で敦賀・北海道間の航路を経営していた人物である。さらに渉湖丸の長田長五郎は、大津との間で取引をしていた大阪の実業家で、池田春苗が海運の実務担当であった。

これ以外にも、彦根の松寶丸、長浜の湖龍丸、飯之浦に盛大丸、塩津の渉湖丸、明治六年には塩津に琵琶湖丸、明治七年には飯之浦に陽春丸、船木では浪花丸と、蒸気船は相次いで建造され就航している。このように湖上海運には、琵琶湖内外の実業家が手を伸ばし、各所で汽船を建造し、各港から数多くの汽船が行き来するようになった。そして当然のことながら、後発のこれらの汽船は、いずれも一庭や堀江ら一番丸・二番丸の汽船会社のライバルとなる。一庭が提出した明治六年九月三〇日付報告文にある「湖上各津追々数艘出来乗客相減」の実状はこ

［図版4-2］涉湖丸錦絵（大津市歴史博物館蔵、2020年4月9日出版掲載許諾）。巻頭にカラー図版。

のようなものだったのである。

こうして一庭らが経営していた最先発の汽船会社は激しい競争にさらされることになる。ただこのことは、湖上交通がそれだけ繁栄を見せていったということでもあった。

そんなか維新政府は、近代国家としての施策に合わせ、琵琶湖の交通政策も整備していく。それまで湖上交通の「通船規則」や「税則」は、各藩・各県のそれによってきたが、明治四年二月二九日の太政官布告九八・九九号により、通船の取締権限は大津県（明治五年一月に滋賀県）へと一元化される。ただ金沢藩管内で製造済の船についてはこれまで通りの運転をしてよいこととされた（「辛未年二月太政官ヨリ達シ左ノ通」『府県史料 滋賀県史 六 政治部三 勧業之四』、『法令全書 明治四年』）。

翌明治五年正月には、各駅伝馬所を廃止して陸運会社が設置されることとなったが、このようにして各業種でも近代化が進み、秀吉の時代以降に保持し続けてきた特権を大津百艘船仲間は完全に失うこととなった。これで琵琶湖は「天下の公道」となったわけである（『大津市志 上』）。

こうした動きに連動して、江戸時代に仲間として組織されていた船大工らも、明治五年一一月には船大工会社を設立して近代的な組織へと再編成されて造船事業を行う。このように大工の仲間が、近代的な会社へと円滑に転換することが可能であったのは、琵琶湖で働く大工らの技能がすぐれていたことの証左でもあった。この大工らも、蒸気船の建造技術の底上げに大きく寄与してきたわけである（『新修大津市史 五』）。

郵便物運送業務

明治維新により人びとの生活も変わっていった。たとえば郵便制度の拡充もそのひとつである。明治四（一八七一）年一月二四日には従来の飛脚制度にかわる郵便創業の太政官布告が出される。郵便制度は、当初東京―大阪間であったが、翌五年七月にはほぼ全国にわたって実施されるようになった。そして郵便取扱所も各所に設けられて、この近代的郵便制度は全国に広がりをみせたのである。

第一琵琶湖汽船会社の一庭は、この機会をとらえてこの事業に乗り出そうとした。資料として残っているのは、逓信当局に申請して認可され、それを受けて当局に提出された請書である。「大聖寺屋喜平　代一庭啓二　大津　蒸気船宿」から出されたもので、明治五年五月の日付を持っている（一庭―汽船―15）。郵便制度が全国展開をみせ、地方にも広がっていくその過程で汽船会社も、琵琶湖の海運としてその一役を担おうと提出したものである。

この請書の名義は「大聖寺屋喜兵衛　代一庭啓二」である。申請書もおそらくこの名前で提出されたのであろう。大聖寺屋喜平というのが誰であるか定かではないが、それは旧大聖寺藩惣代の屋号か、また藩士平田縈個人が使用した屋号かもしれない。

先にみた明治五年後半ごろと推測される滋賀県庁宛願書の写しには、火船会社惣代の大聖寺屋喜平が退社して石川県管下の石川祐太郎が立ったと記述されている（一庭―汽船―20）。このことから、代々の惣代名とは考えにくく、平田のそれである可能性もある。いずれにしても、郵便事業に手を伸ばすにあたっての願書は、旧大聖寺藩の名前を使って申請したほうが、認可されやすいと考えたのであろう。

この請書には、北国筋の郵便制度を開業するにあたって、汽船会社が大津―塩津間を蒸気船上り・下りの便により渋滞なく隔日配達をおこなうこと、もし風雨で海上交通が難渋する場合は陸路をもってしても遅滞なく届けることといった内容が書かれてある。汽船運行者の自負と責任が示されたものとなっている。

滋賀県から褒詞書と告諭

滋賀県は明治五（一八七二）年九月に犬上郡を合併して琵琶湖全体を県の管轄下に置いた。時の県令は松田道之（みちゆき）で、前年一一月に就任している。開明派の官僚松田は、琵琶湖を管轄下においた翌月の明治五年一〇月、「近江湖上ニ廻漕会社ヲ結はん事ヲ告諭ス」を発表し、諸物の運搬や人々の往来にあたって、琵琶湖を利用・活用することこそが重要であると説いた（『滋賀県史　府県史料』政治部三　勧業之四　明治五年一〇月一二日、一庭―汽船―参考―ろ）。そして目下の急務なる課題は、「湖上に廻漕会社を結び、諸浜に蒸気船を増加」させることであるとして、琵琶湖海運の振興に乗り出していく。

県令から告諭を受けた者は、一番丸・二番丸の「湖上蒸氣船社」堀江八右衛門ほか四名、つまり堀江八右衛門・堀江八郎兵衛・堀江八三郎・一庭太郎平・一庭啓二、つぎに金亀丸の米原湊宮川庄三郎ほか二名、湖上丸の海津東町磯野源一郎（ママ）、湖龍丸の長浜尾板六郎ほか一名、蟠松丸（松寶丸）の松原湊中川九右衛門ほか二名、無事丸の八幡町船屋彦次郎ほか四人、渉湖丸および成程丸の大津桜井清治郎、以上の七社八隻であった（『滋賀県史 第四巻 最近世』）。この告諭を受け取った七社が当時の琵琶湖海運を担っており、これらの船会社が湖上で激しい競争を繰り広げていたことになる。

この告諭とは別に、その前文にあたる、琵琶湖海運を担ってきた船主への褒詞があった。堀江・一庭に対する褒詞の写しとおもわれるものが一庭文書にもあり、それを一庭陸が書き残しているので、これについてもここで述べておく（一庭—汽船—25）。

この褒詞書に名前のあがるのは、告諭と同様に、大津川口の一番丸・二番丸を保有する「湖上蒸氣船社」の堀江八右衛門・堀江八郎兵衛・堀江八三郎・一庭太郎平・一庭啓二の五名、差し出しは滋賀県令松田道之である。堀江八郎兵衛は八右衛門の長男、八三郎は三男、一庭太郎平（太郎兵衛）は言うまでもなく啓二の義父である。

この褒詞の文面は、「御一新」の明治維新の初めの「不開化の者多き」時期に、一庭や堀江の運営する汽船会社が、憎まれ嫉まれ妨害されるといった事件もあるなかで、その艱難によく耐え、今日の琵琶湖海運の繁栄をもたらしたと称え、それはこの会社の奮闘によるものであり、「湖上蒸氣の発明社」であったというものである。「湖上蒸氣の発明社」というのは、琵琶湖に初めて蒸気船を浮かべた一庭啓二を擁した汽船会社に対する敬意の表現であったろう。

［図版4-3］松田道之肖像。京都府大参事を経て明治4年（1871年）に大津県令、翌年滋賀県令となり明治8年3月内務大丞として転出した。写真には「東京府知事」とある。松田は明治12年12月から明治15年7月まで東京府知事を務めていることから写真はこの間のものである（一庭—写真—170）。

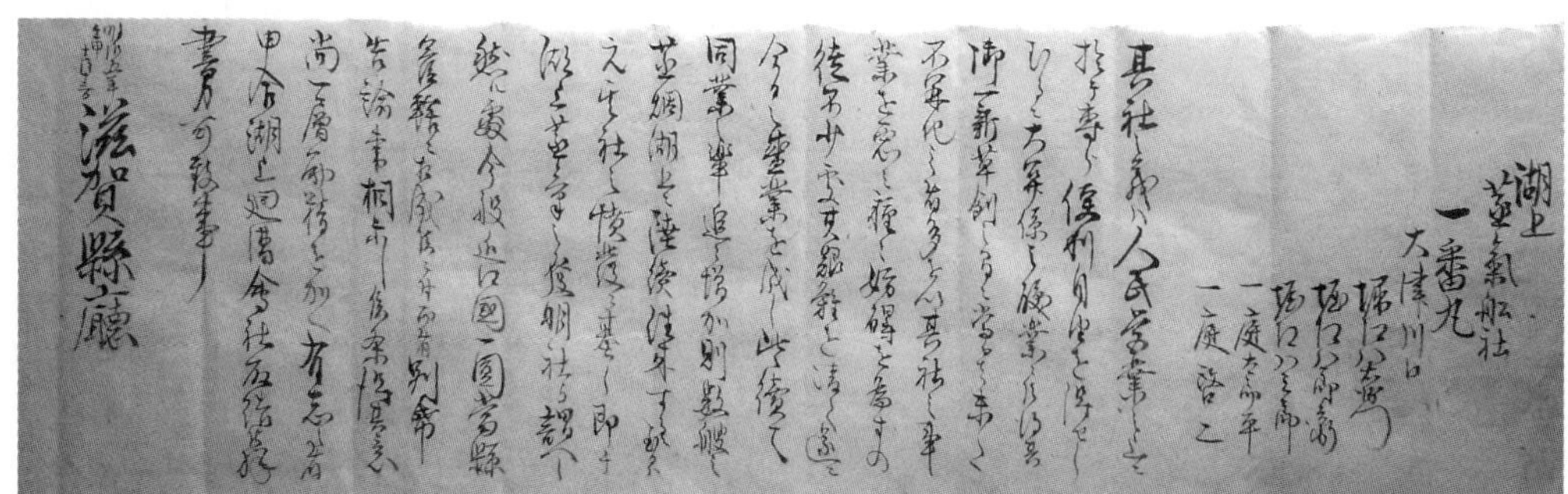

湖上蒸氣船社
一番丸
大津川口
堀江八右衛門
堀江八郎兵衛
堀江八三郎
一庭太郎平
一庭啓二

滋賀縣廳

［図版4-4］告諭の前文にあたるものか、船主への褒詞。堀江・一庭に対する褒詞の写し（一庭－汽船－25）。

この告諭の宛先に記された五人の人物が、当時琶湖汽船会社に携わっていた堀江家と一庭両家のメンバーである。つまりこの時点での汽船会社はこの両家の五名で運営されていたことが了解できる。

三女の陸の言によれば、大正の何年かの太湖汽船会社の時代に、海事局から会社へ湖上汽船の沿革を申告するよう依頼があったといい、大正時代の太湖汽船内にはその経緯をよく見知っている者がなく、陸に照会があったことから、一庭啓二が書き置いていた資料を提出したのだという。このときこの褒詞本体も一緒に入れて提出したのだが、この褒詞は返却がなされず、そのままになったと述べている。

滋賀県令は、告諭を発して湖上の汽船航行を奨励、各会社とも今後一層精をだして励むようにと述べたうえで、「湖上廻漕会社取結候様」と続けている。そしてその言の通り、明治六年末までには、第一汽船会社から第六汽船会社、第一早船会社から第四早船会社と整理したのであった（『大津市史』、『滋賀県史 第四巻最近世』）。

これにより一庭と堀江の経営していた汽船会社は第一汽船会社となった。この再編の折に木村忠治郎が提出した「第一舩会社規則」が『府県史料 滋賀県史 六』に載っている。この届出人は別所村木村忠治郎外四名であった。木村はのちの明治七年九月、大津で滿芽丸を建造した人物である。

二番丸の苦境

さてこの時期の琵琶湖海運であるが、滋賀県令により告諭が発せられていっそう振興が計られ、その結果汽船会社の整理が促されるほどまでに、汽船会社が多く誕生して競争も激化してきた。「湖上蒸氣の発明社」「一番丸ノ盡力半ニ過グ」と顕彰された最先発の一庭らの第一琶湖汽船会社も、こうした競争により、苦境に直面することになる。そしてまたその苦境の原因は、これらライバル社との競争だけではなかった。北陸から経由して荷物を積み出す琵琶湖の港の変更、という事情もあったのである。

明治二年三月に就航を開始した時期から、一番丸・二番丸は、北陸方面からの荷物や乗客については、海津の港に運んだうえで、そこから汽船に積み換えて大津港へと運んでいた。海津に加賀藩の飛び地があり、寛文七（一六六八）年には一七一石の藩領が海津中村町内にあったからである（『滋賀県「歴史の道」整備活用総合計画調査報告書 港と湖上交通』）。

ところがこの海津への輸送は、実際のところ、北陸方面からはいささか遠く、海津よりも塩津や飯之浦のほうが距離的にも短かった。そうしたことから、海津からではなく、塩津や飯之浦の港から大津へと運ぶ航路が開発されてきたのである。つまり後発の汽船会社が開いた塩津や飯之浦からの航路が繁栄することによって、海津—大津の航路が衰退してきたのであった。

こうして明治四年ごろから、一庭らの汽船会社は経営的にも苦しくなってくる。新たな汽船会社による蒸汽船の建造と会社間の競争、そして当の一番丸・二番丸の老朽化とその修復にもおおきな出費がのしかかってきたのである。そしてついに、この大津―海津という、一番丸以来の伝統路線は、明治四年秋には見直されて廃止の憂き目をみる（一庭―汽船―7、参考―い）。先に見た明治五年の郵便物輸送の請書も大津―塩津の間とあるように、一庭らの会社もこの時期には、海津の航路を廃止して塩津に変更していたのである。

一庭らの会社にとっては、一番丸建造費用の旧大聖寺藩への償還も肩に重くのしかかっていた。一番丸の建造経過でみたように、その建造費（仕入金）一万一四七六両一歩は大聖寺藩から拠出されていた。したがって会社利益である「航湖利益金」から、税金の納入とは別に、大聖寺藩、後の大聖寺県・金沢県そして石川県へと返済金を支払わねばならなかった。明治四年現在で返済金は二四七六両一歩、まだ八五〇〇両あまりが未返済額として残っていた。税金額は三一二四両二歩一朱である。明治六年二月以降の石川県側の汽船事業の撤退とそれに伴う債務返済の要請に対して、二番丸の建造資金に関しては大津側独自の調達であることから明確に断ることもできたが、一番丸についての償還は依然として残ったままの形となっていた。

借入金の償還や各社の競争に加え、石炭価の高騰も会社にとっては痛手であった。こうした要因がいくつも重なって、二番丸もいっそう苦境におちいることとなる。純益も上がらぬ状況にありながらも、そのわずかな収益から、藩や県へと継続して返済している会社の実情をみて、なかには旧大聖寺藩と汽船担当者との間に、あらぬ疑いをかけてくる者までが出てきたという。

石川県から汽船経営撤退の通告

こうして二番丸の大津汽船会社が苦境に立ち至っている折、明治六（一八七三）年二月五日付で石川県側の前田幹（もとき）・青地弥門から大津汽船会社側の堀江八右衛門・一庭太郎兵衛宛に文書が出された。石川県が琵琶湖の蒸気船経営から正式に手を引く旨の文書である（一庭―汽船―27）。このあたりは先に蒸気船の出資金を巡るやり取りの中で詳しく触れたところだが、時期を追っていくためにここでもう一度簡単にたどっておきたい。

この文書で石川県は、石炭高騰および乗船客の減少により利益があがらず、県の方針によりやむを得ず閉社することとなったと通告し、大津の汽船会社内でもその方向で善処してほしいと依頼をしてきた。文書の差出人の前田幹は先に述べたように、大聖寺藩の元家老で、明治二年二月執政に就任、八月に右近から幹と改名している。その後大聖寺藩の大参事をつとめた人物だ。もうひとりの青地弥門というのは弥右衛門か、この同じ時期に副執政に登用された人物である（『大聖寺藩士由緒帳』、『三百藩家臣人名事典 第三巻』、『加賀市史 通史 上巻』）。

石川県はこの撤退文書を大津の汽船会社に出した後、旧大聖寺藩の時代における汽船の資金調達事情について、文書であらためて照会した。そのことは、すでに述べてきたように、明治六年九月三〇日の一庭らの弁明書に、「旧大聖寺藩ゟ被有之湖上汽船仕入金始末物御尋ニ付」と、湖上汽船の仕入金始末物についてお尋ねがあった件に対する返答と書かれていることからわかる。汽船撤退の文書を送付した後に、石川県は、旧大聖寺藩が出資した建造資金の経緯を明確にするため、一番丸・二番丸建造時の事情を一庭らの汽船会社に照会してきたわけである。これに対する回答が先の文書であった。一庭は、一番丸および二番丸建造の出資事情を、汽船ごとに区分して、詳細にかつ理を尽くして説明したのである。

石川県から大蔵省へ伺

この一庭らの弁明書を受けて、石川県参事桐山純孝は大蔵省事務総裁大隈重信宛に伺書を提出した。一〇月七日付の文書である。その内容は次の通りであった（一庭―汽船―参考―へ）。

旧大聖寺藩が開業した琵琶湖の蒸気船について、旧藩側と大津の商人側の間で、仕入金の残高、船舶の貸下げに当たって証書の取り揃え、譲渡に際して公私の区域が不明瞭であった。そのことから、旧大聖寺藩側の官員らと、汽船会社側の商人らとを「対決談判」させ、その上で内容を吟味斟酌したところ、一番丸は藩の出資によるものであり、藩有のままで、明治三年夏以降大津の汽船会社に仮託し、その利益で出資金を償却してきている。一方の二番丸の出資はまったく私社によるものである。ただ一番丸の仕入金ついては、貸下げ元帳への記載や届け出がはなはだ不都合であったことから、旧参事らに詰問し事情を聴取したところ、これらは全く旧藩において適宜に取り扱っており、廃藩置県後に業務を整理するのに煩雑であったことから、遂行にも至らず、そのまま今日に至っている。恐縮の次第であった。大津側の商人が申し立てている内容にも相違がないことから、結論としては、一番丸は官物として届けたうえで、仕入金残高九千四百余円は公費払い切りにより棄捐見消（きえんみけつ）、つまり貸借を破棄することとし、二番丸は大津の汽船会社の所有物とする、という内容であった。そして石川嶂および堀江八右衛門等らについては、一旦用済みとなった。

ここで今一度確認しておきたい点は、大聖寺藩を継承・合併した石川県側までもが、公私の区域が不明瞭であると断じている点である。繰り返しになるが、文書ではこういっている。「旧大聖寺県より元同藩貸下根帳ヲ以テ及御届置候内、同藩ニ於而開業ニ相成候江州琶湖蒸気郵船仕入金後引残高、商船ト貸附証書取立方最前譲渡之際公私之区域不明瞭ニ付、旧官員賀商人共対決談判ニ可及云々」、つまり旧大聖寺藩が貸下げ台帳として届け出た事案のうち、大聖寺藩が開業した琵琶湖蒸気船事業について、仕入金及びその残高、貸付の証書と償還、譲渡の事情などが不明瞭で公私混同の向きがあることから、旧大聖寺側役人と蒸気船会社側が直接談判に及び云々と、述べている。

この点は、九月三〇日付の一庭弁明書で、「右之節約定口約ヲ以申上置、別段書面為取替置不申儀ハ今更不都合ニ御座候得共」、つまり約定は口頭によるものであり特段に書面を取り交わさなかったことは今更ながら不都合であった、と書かれた内容と対応している。このように、記録文書を残さず口約であったことに対して、旧大聖寺藩のこの事業が、公私混淆との疑いを、石川県からもかけられ、旧参事らが詰問されているのである。

この石川県からの伺を受けて、大蔵省は一一月一四日付大蔵卿大隈重信名の文書で、石川県の伺書の内容を了承する旨の回答を出した（一庭―汽船―参考―と）。そして同趣旨の通達は、一一月二九日付で、滋賀県から大津第一琵琶湖汽船側の惣代一庭啓二・堀江八右衛門宛に届けられている。官物となった一番丸については、県から払い下げてもよいとされ、伊庭茂七の手に渡ったのである。かくして一庭らの弁明書の内容がそのまま認められ、一件は落着を見たのであった。

このように、幾度かの面倒な文書のやり取り、大津での面談協議、そして大蔵省への伺いにまで発展したというのも、その主な原因は、約定を文書化して残さなかった旧大聖寺藩側の不首尾にあった。そうした不都合・不首尾に対して、大津側の一庭啓二は、明治初年の大聖寺藩用場の汽船建造にまでさかのぼり、その経緯をよく整理して申し述べた。それは正確かつ詳細な説明であった。

一番丸建造にあたって一庭は、石川と長崎に向かう前から汽船用場の運営などについて協議し、一番丸就航後も、旧大聖寺藩の委託を受けて汽船経営を行ってきた。蒸気船建造から会社の運営、資金問題での旧藩との折衝と、その総過程をよく見知った一庭の弁明書であってこそ、それは十分な説得力を持ったものであった。

このように、旧大聖寺藩側が資金調達や清算事項を書面に残さなかった「不首尾」も、実のところ、石川嶂や旧大聖寺藩重臣らによる意図的な操作であった可能性もないではない。もちろんそれは、なにか私腹を肥やすという性格のものではまったくなく、幕末維新期の藩の事業を展開していくためのいわば運転資金、その工面・融通であったのかもしれないという意味である。石川は、こうした藩の事業の、技術面ではその中心にいた人物であった。

かくして一番丸は、裁定により払い下げとなり、二番丸は大津の一庭および堀江両名の所有に帰した。しかしながら、一番丸はすでに廃船同様にくたびれており、二番丸の運航も、先に述べたとおり後発の汽船会社間の競争により苦しい状況にあった。明治六年中には、「二番丸貸切」の書付も残っており、二番丸の定期就航も困難な状況になってきた。船将付での貸し出しも検討される、そんな実情に立ち至っていたのである（一庭―汽船―36）。

二番丸の休航と長運丸の海難事故

一庭らの大津第一琵琶湖汽船会社は、明治六年一月には一番丸を休航とし、翌七年四月には二番丸も運航停止にせざるを得なくなった。大津側の一庭らが出資して建造した二番丸も、ついに老朽化してきたのである。

この二番丸の休航により一庭は、明治二年一〇月一四日以降務めてきた二番丸の船長を辞した。明治七年四月三〇日のことである。この二番丸は、その後三光丸と名前を変えて運航される。再度の航行に向けて大幅な修理をほどこしたのであろう。

この明治六年ごろの琵琶湖の汽船運航状況は、先の一覧表でみるとおりに苛烈なものとなっていた。こうした競争激化の結果といってよいであろうが、明治七年一一月一日には長運丸が唐崎沖で機関破裂をおこして沈没するという事故を起こしてしまった。

この長運丸は長浜村の尾板六郎が船主で、この沈没により多くの乗客が死亡した（『大津市史 中』）。この尾板の長濱瀛船は、他にも湖東丸などの汽船を就航させていたが、この湖東丸の引札には、甲板までもいっぱいの乗客が描かれている（図版4―5）。千客万来の繁盛する様子の宣伝広告であるが、沈没した船とは異なる汽船とはいえ、同じ会社の持ち船として考えると、これはまたまことに皮肉な図柄であったといえる。

こうした事故により、琵琶湖海運の繁栄に水が差されることを恐れた滋賀県は、早くも事故三日後の一一月四日、一三隻の汽船に対し通達を発して、事故の余波が及ばぬようその沈静化に務めた。一三隻の汽船とは、三光丸・湖上丸・湖龍丸・松寶丸・天神丸・無事丸・成程丸・安心丸・湖芽丸・琵琶湖丸・陽春丸・千令丸・金亀丸である。

滋賀県側の通達で、そもそも蒸気船の釜なるものは、火力を適度に保てば破裂などせぬものであり、この事故は自然災害などとは違って避けられないものではなく、不注意が原因であると断じたのであった。そして機関など諸機械の整備や修理、船

［図版4-5］湖東丸の錦絵（長浜城歴史博物館蔵、2020年3月27日出版掲載許諾）。巻頭にカラー図版。

長の選任、汽船運行上の注意喚起など、安全運航の励行を促したのである。この警告に対して汽船会社は共同で、乗客に怪我がないように努めること、乗客にあっても火薬など危険物の持ち込みは禁止すること、などの誓約書を出している。

さらに県は明治七年一二月七日付で「厳密ノ規則」として取締規則六カ条を発布した。その内容は、第一に蒸気機械その他の修理・検査を適正に実施し、その具体的方法を申し出ること、第二に事故に対して「弁償する方法」を定めてその内容を各社は届け出ること、第三は荷主からの請負荷物について国の通達にしたがって駅逓頭の許可を得ること、第四に船長以下乗組員には技術に習熟した者を選ぶべきこと、またその習熟の履歴を県庁に届け出ること、第五には先陣を競って火勢を盛んにして危険を招くような過度な競争を禁止すること、またその心得を定めおくこと、第六に製造修理にあたっては機関の製造元において請け負いの手順・次第を定めておくこと、など詳細なものであった。

まさにこうした規則が定められるほどに、この時期、利益をあげんと苛烈な競争が繰り広げられていた。そして、蒸気船の構造や操縦に対して、まだまだ知識の浅い船長や乗組員が存在していたのである。この事故とその後の通達は、こうした実態をよく物語っていると言えよう。

この県庁による規則の制定と、会社への手順書の提出要請に対して、例えば宮川庄三郎の米原湊湖船会社は、明治八年二月二七日、さっそく社内規則「湖船会社規則書・申合規則書」を作成し提出している（明治七年一二月七日付滋賀県令松田道之から三光丸他十二船社中宛「湖上汽船乗客保護規則作成通達書」、明治八年二月二七日「汽船改正規則書・湖船会社規則書・申合規則書」滋賀大学経済学部附属史料館宮川庄三郎文庫）。

そんななか明治八（一八七五）年二月二四日には再び事故が起こる。悪天候の中を大津に戻ろうとしていた満芽丸が、小松の沖で機関の故障のため沈没し、多くの犠牲者を出してしまったのである。先の県庁による警告とそれに対する順守の誓約、さらなる規則の制定にもかかわらず、制定から三カ月もたたぬ間に事故が再発した。しかもこの事故は、機関の故障に加えて積載過剰でもあった。

第五章
堀江の大津丸社設立と一庭

堀江八郎兵衛の大津丸社

このように、過剰とも思われる琵琶湖海運の競争が展開されるなか、この年の明治八（一八七五）年には、堀江八郎兵衛ら七名の出資による大津丸社が設立された。堀江のほかメンバーは、吉住與次兵衛・馬場藤三郎・高谷辰造・伊東源兵衛・戸瀬栄之進・片山源五郎である。一番丸は官物払い下げ、二番丸も老朽化して、一庭とともに運営してきた第一琵琶湖汽船会社は継続困難となり、新たな汽船の建造が不可避となったことから、堀江は大津丸を建造して、あらたに汽船会社を興そうと考えたのである。

ここに名前の挙がる堀江八郎兵衛は、元大津百艘船仲間の一員堀江八右衛門の長男で、これまで幾度も出てきたように、一庭とともに汽船会社を切り盛りしてきた人物である。後に、藤田傳三郎らにより鉄道連絡船の事業が開始されるが、その時に名前を連ねながら、その明治一五年三月、三九歳という若さでこの世を去った。なお八郎兵衛の父八右衛門は明治九年八月に亡くなっている。

伊東源兵衛は、古くに逢坂へと移り住んだとされる代々の鍛冶職人の家柄である。明治二年ごろ源兵衛は堀江八右衛門とともに兵庫に出かけて、八右衛門は航海術を、源兵衛は機関術を学んだとされるが、実際兵庫に遊学したのは、八右衛門の子息八郎兵衛および伊東家に養子として入った政一であろうと考えられている（和田光生「明治初期、琵琶湖の蒸気船―明治十二年の江州丸社を中心として」、『大津市志』）。

吉住與次兵衛も百艘船仲間のひとりで、屋号は永原屋、伊東政一の祖父で秋廼屋颯々と号した歌人巨規の門下にあった。この與次兵衛は、嘉永元年申五月の小野儀八郎宛「就御尋奉申上候」の草稿に太郎兵衛とともに百艘年寄として名前の挙がる人物である（船屋―百艘―56）。

この年の二月一八日の日付を持つ文書に、一庭啓二および矢島新之助に対して、滋賀県租税課から、各蒸気船の明細を報告するよう指示が出され、一庭は、湖上丸・安心丸・浪花丸・成程丸・三光丸・琵琶湖丸・陽春丸・滿芽丸各船の明細書を提出している。滋賀県租税課が、海軍省に進達する必要があるという理由で一庭に通達してきたのであった（一庭―汽船―42）。

この時期、一庭はすでに船から降りていたのだったが、明治

［図版5-1］ 堀江八郎兵衛肖像（軸装、毛利冨美子氏寄贈 大津市歴史博物館蔵、2020年4月9日出版掲載許諾）。

［図版5-2］大津丸錦絵（船の科学館蔵、2020年4月3日出版掲載許諾）。巻頭にカラー図版。

八年の初めごろまでは、滋賀県庁などの届け出などについて、第一琵湖汽船という筆頭社名を持っていた会社の一庭が、各汽船会社の窓口を務めていたのであろう。一庭文書にはこうした各汽船の税金関係書類も残されてある。

大津丸社設立に加わらず

そんな一庭だが、明治八年の堀江らによる大津丸社の設立には加わっていない。これはいったい、どのようなことを意味しているのであろうか。一庭はどう生きていこうとしたのだろうか、ここからは、そんなことを少し考えてみたいと思う。

考えられるケースの一つ目は、例えば、一庭が大津第一琵湖汽船会社をそのまま継承させたままで、堀江らがそこから独立して新会社を設立したというものである。一番丸の払い下げを受けたのは伊庭茂七だったが、それが『大津市史』の推論のように、もしも伊庭が一庭の係累の者であったとした場合、一庭がこの愛着のある一番丸を払い受けて再生しようと考え、結果としてその汽船事業が首尾よくいかなかったということも考えられないでもない。しかしながら、一番丸の老朽化の状態を考えた場合、それを改修して事業を続けることは現実的ではなく、何より、一庭文書には、会社を持続させたとか、新たに会社を設立したことを示す資料は見当たらない。明治六年二月に石川県が汽船事業から撤退したあと、一庭は、翌年四月三〇日まで二番丸の船長を務めたことになっているのだが、その後は、明治一〇（一八七七）年二月に三汀社の大津丸船長の辞令を拝命するまでは空白の期間である。琵琶湖汽船会社は一庭が二番丸を降りた時点で、実質的には消滅したということなのであろう。

二つ目のケース、それでは一庭は、琵琶湖汽船会社を最後として汽船社経営からまったく手を引き、一番丸・二番丸の船長同様、今後は蒸気船の船長として生きていこうとしたのであろうか。もしそうであるとしたなら、その理由はどういったものであろうか。汽船会社を共に経営してきた堀江と意見の齟齬を来たして、袂を分かったということなのであろうか。それとも会社を興すだけの資金的余力がなくなっていたのであろうか。はたまた、一庭は、この時点でそもそも汽船会社を経営するという選択肢は持っておらず、会社経営などまったく念頭になかったのであろうか。

わたしの考えでは、当時一庭は、汽船会社を経営するという意思など念頭になかったのではないか、つまり一庭は、自ら進んで、今後は汽船の船長として生きていこうと、いわば生涯一船長として生きていくという道を積極的に選び取ったのではないかと思う。そしてまた、こうした推論の根拠も、幾分かはあるとわたしは考えている。

一庭の履歴書（「試験願書草稿」）から

一庭の文書のなかに、一庭の履歴を記載した「試験願書草稿」がある。そこには一庭の乗船期間と船名とが書き出されてあるので、それをもとにして検討してみたい（一庭—汽船—50、51）。

この乗船（船長）履歴書は二通残っていて、一通は二番丸船長途上のもの、もう一通は明治二十一年三月一日から乗船した第三太湖丸までが記載されたものである。後者の「試験願書草稿」は、明治九年十二月二十二日の日付がついているが、記載事項から判断すると明治二一年三月以降に作成されたものである。この「願書草稿」の日付や乗船時期には、一庭の「船長辞令」のそれと一致しないものも存在するが、辞令の日付は、実際の乗務・乗船と一致しないこともあろうし、ここでは「草稿」の日付通りに記していくこととする。

ちなみに、この願書の一庭啓二の住所は上平蔵町であるが、保証人の「一庭太郎平」の住所は大阪市第二大区九小区難波新地五番町二十六番地となっている。義父の太郎兵衛は、この時期難波新地に屋敷地を構えていた。太郎兵衛と難波新地のことについてはまたあとで触れる。

この履歴書によれば、一庭は明治二年一〇月一四日に一番丸の船長を辞して二番丸船長を拝命し、以降明治七年四月三〇日まで務めている。この二番丸はその後三光丸と名前を変えて運航される。

滋賀大学経済学部附属史料館の宮川庄三郎家文書のなかに、滋賀県令松田道之から三光丸他一二船社に宛てた「湖上汽船乗船保護規則作成通達書」という史料があり、その日付が明治七年一二月七日であることから、明治七年一二月にはすでに三光丸と改称されていたことがわかる（『大津市史』、岩崎奈緒子「史料紹介 宮川庄三郎文書」『滋賀大学経済学部附属史料館にゅうすSAM第一二号』）。一庭が二番丸の船長を辞した明治七年四月三〇日のあと改修が施され、三光丸としてよみがえったのであろう。

この履歴書をみてみると、一庭は明治一〇年二月に三汀社の大津丸船長に就任していることがみてとれる。明治七年四月に二番丸の船長を辞してから三年ほどの空白があり、その後に三汀社の大津丸船長に就任しているのである。そしてそれ以降は、一貫して各船の船長職に就いている。この空白期間に、もし一庭が汽船会社を興していたとしたら、これまで通り船長も務めたことであろうし、それを履歴書に書き出すであろう。だがそうした記述はここにはない。明治八年の堀江らによる大津丸社設立に関連する記載も、もちろんのことない。

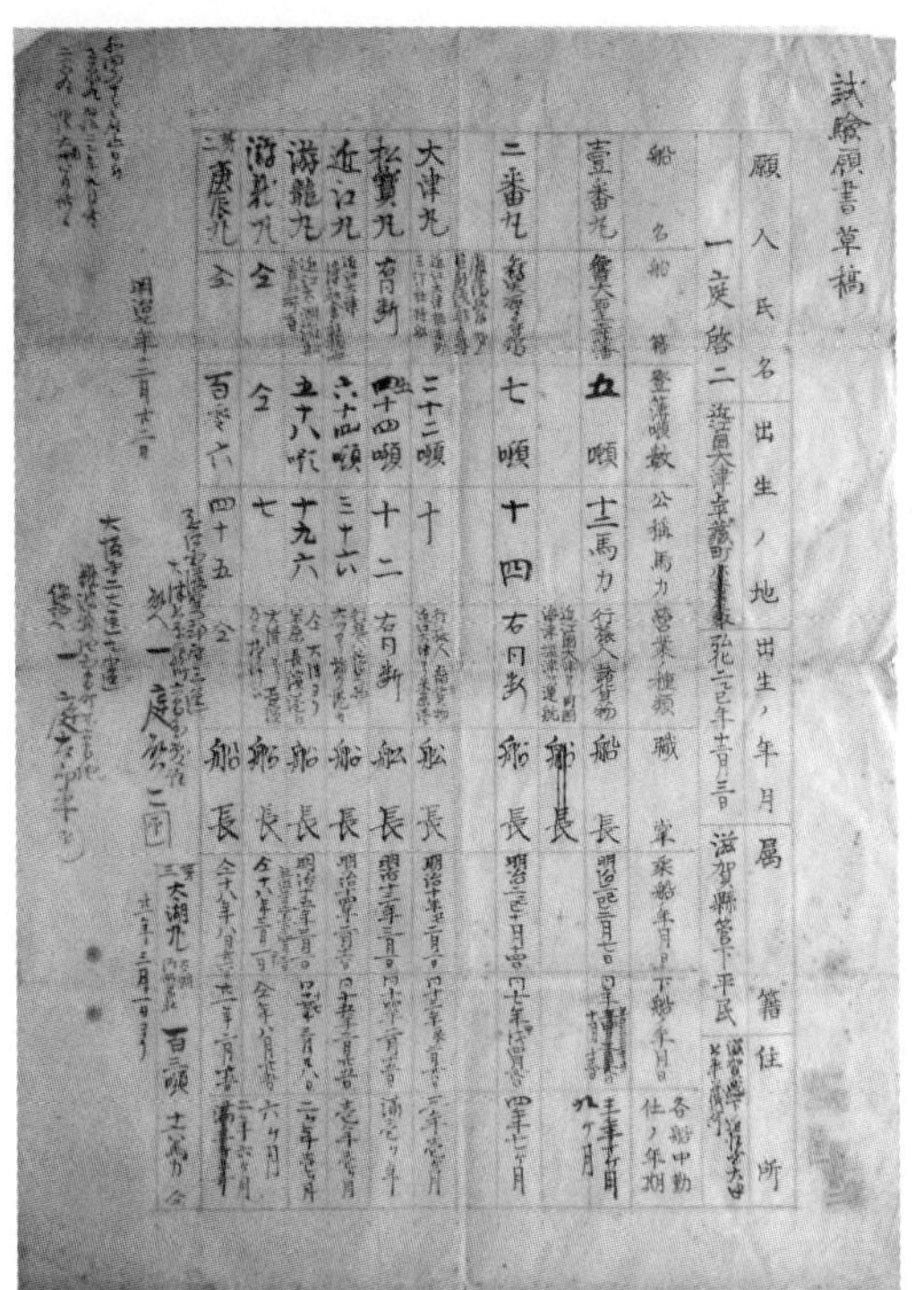

［図版5-3］一庭の「試験願書草稿」（一庭－汽船－50）。

別表　一庭の船長履歴（「試験願書草稿」より抜粋して作成）

船名	船籍	営業の種類	乗船の年月日	下船の年月日	各船中勤仕の年期
一番丸	旧大聖寺藩	行旅人諸貨物 近江国大津より同国 海津塩津へ運航	明治二年 二月七日	同年 十月十三日	九か月
二番丸	旧大聖寺藩、廃藩以後 第一琶湖汽船会社	同	明治二年 十月十四日	明治七年 四月三十日	四年七か月
大津丸	近江大津橋本町三汀社	行旅人諸貨物 近江大津より米原港	明治十年 二月一日	明治十三年 二月二十八日	三年一か月
松寶丸	同	同	明治十三年 三月一日	明治十四年 二月十五日	一か年
近江丸	近江大津瀛船会社	行旅人諸貨物 大津より塩津港	明治十四年 二月十六日	明治十五年 二月二十五日	一年一か月
游龍丸	近江太湖汽船会社	行旅人諸貨物 大津より米原・長浜港	明治十五年 三月一日	明治十七年 三月二十八日	二か年一か月
游龍丸	同	大津より長浜・塩津港	明治十八年 三月一日	明治十八年 八月二十五日	六か月
第二庚辰丸	同	同	明治十八年 八月二十六日	明治二十一年 二月二十五日	二年六か月
第三太湖丸	同		明治二十一年 三月一日ヨリ		

明治一〇年二月に一庭が船長に就いた三汀社というのは、大津丸社に対抗して明治九年に、東浦で航行していた五隻をもって結成されたもので、吉原作助の経営であった。一方の西浦側は、七隻を合わせて堀江八郎兵衛の新会社へと合併されている。この三汀社の経営者の中にも一庭の名前はない。

一庭の行き方

一庭の生涯を考えるにあたって、この三年足らずの空白の期間は重要なものであったと思われる。四年七か月ほども船長を勤めた二番丸を降りる明治七（一八七四）年四月三〇日から約一年、堀江八郎兵衛らが大津丸社を興したときも動こうとしなかった。おそらくはこの時期に、汽船会社の経営という道など選ばず、蒸気船の一船長としての生き方を選択しようと決意を固めていたと思われる。一庭が、堀江八郎兵衛らの大津丸会社に名を連ねなかったのも、新たに汽船会社を設立しなかったのも、それは確固とした信念に基づいたものであった。堀江の会社経営手法とは、大きく意見を異にしていたとも考えられようが、少なくともそれは、主たる理由ではなかったと思われる。

一庭は、そんな汽船会社の経営などにはもはや関心はなく、ただただ蒸気船の船長として、生来好きであった海運の現場で生きようと考えたのではないか。今となっては一庭の胸の内はわからない。ただ、ともに蒸気船一番丸の建造に取り組んだ石川嶂と、明治三年七月ごろから資金調達関係の協議をはじめ、その石川や旧大聖寺藩を相手にして、面倒で煩わしい交渉を進めてきた体験が、一庭の行き方・生き方に大きく影を落としたであろうことも推し量れる。そして、その愉快ならざる交渉の山場をようやく明治六年九月に越えて、一番丸は官物として明治七年四月に払い下げの運命となったのである。そしてこの同じ時期に一庭は二番丸船長も辞している。

ところで、そのような行き方をしようと考えた一庭の思いの背景となる文書が、一庭文書のなかに残されている。「湖上ニ於行旅便利ヲ謀り」という文言からはじまるものである（一庭―汽船―41）。その文書には、宛先もなく日付もないのだが、湖上での過当競争に言及し、「既ニ当今十五艘之多キおり候處」とあることから推定すると、一五艘目の満芽丸が建造された明治七（一八七四）年九月からさほどたっていない時期ではないかと思う。この文書は、滋賀県宛ての意見書か、または滋賀県から意見を求められて提出したものかとも推測できるのだが、宛先がなく詳細は不明である。ただのメモであるのかもしれない。

このなかで一庭は、湖上の行旅の便を図るために汽船を浮かべ、当初の「両三艘造船」の間は出船時刻も正確であり経営も順調であったが、近年はすでに一五艘ともなり、各社の経営も苦しく、競争も激化してきて、規則も守られず、いつ総崩れしてもおかしくない状況になったと述べる。そしてこの上は、一会社を設立して確固たる法を定めるまでの間は、湖上での新たな汽船の建造を当分禁止とし、よい手だてを考慮すべきであると続け、管見のままを申し上げたと結ぶ。

明治七年一一月には、長運丸の機関破裂事故がおこるのだが、この件に触れていないところからみると、この少し前の時期かとも思われる。滋賀県はこの事故を直接のきっかけとして通達を発し、機関の整備や船長の選任など注意喚起をおこない、取締規則六カ条を定めた。そして少し後のことになるが、湖上の汽船會社を整理統合して、やがて太湖汽船一社の創設へと時代は進んでいく。この一庭啓二の、一会社を設立して確固たる法を定めるといった問題提起が、滋賀県側の湖上海運の方向性になんらかの影響を与えたということがあったやもしれない。

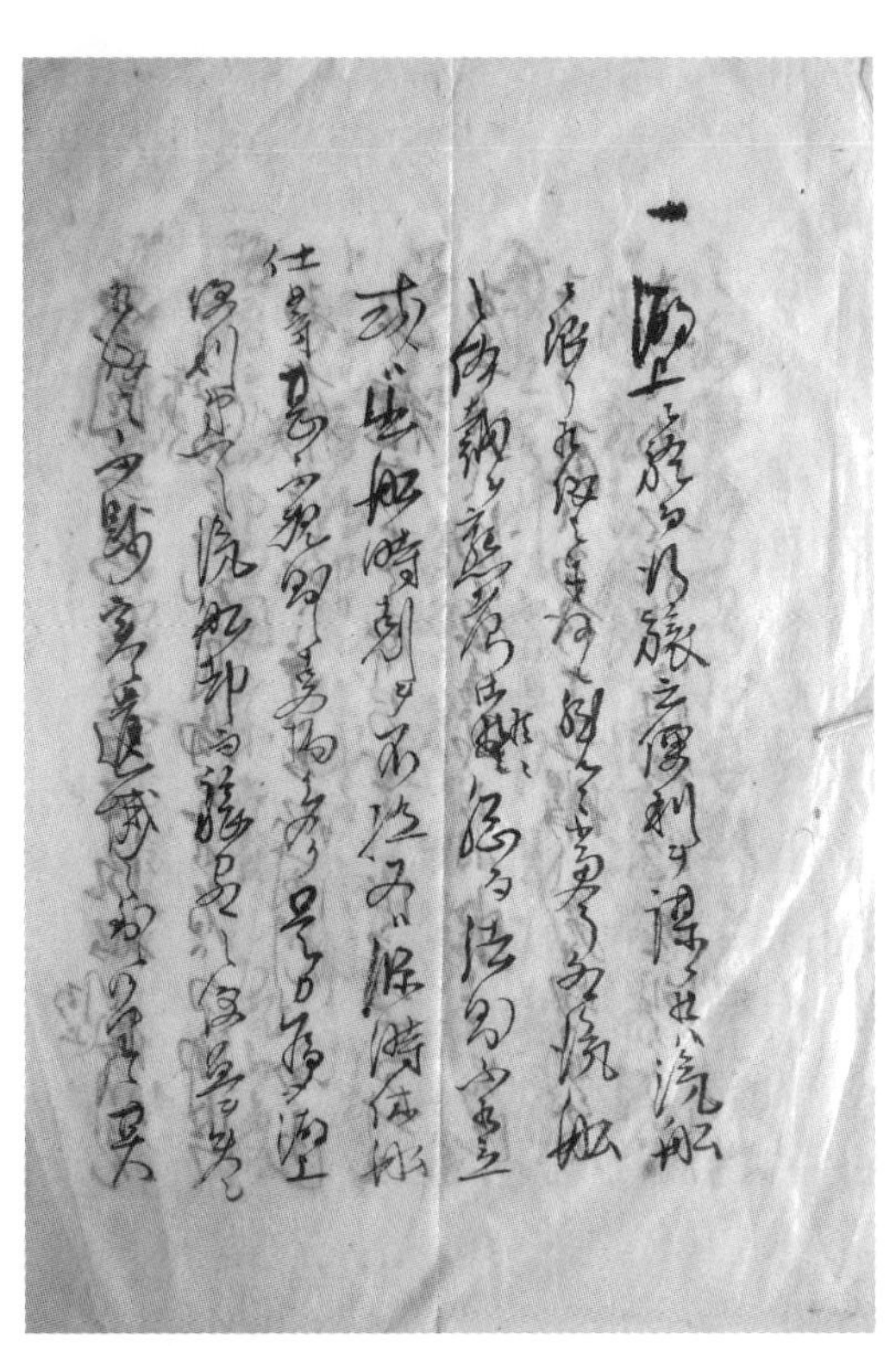

［図版5-4］「湖上ニ於行旅便利ヲ謀り」からはじまる一庭の建議草稿（一庭－汽船－41）。

明治七年一〇月ごろと推測できるこの提言は、一庭の沈思黙考の頃、堀江らが新会社を設立しようとしていたまさにその時期にあたっている。新たな造船について当面の禁止や、一会社への統合というこの一庭の提言は、一庭自身がすでに汽船会社の設立・経営については一歩も二歩も引いた立場からの見解表明であるようにみえる。つまり一庭の念頭には、会社経営という行き方はすでになかったと考えてよいと思うのである。

こうした考えを持った一庭は、新しい汽船会社を創設して、汽船会社間の競争に打って出ようとする堀江の志向とは全く方向を異にしていた。大津丸社のその後の経営方針をみると、いっそうその感を強くする。そういう意味でいえば、堀江は、一庭が明治初年琵琶湖に浮かべた一番丸の汽船商社とは全く系譜を異にした新しい会社を設立したといえるのである。

この一庭の見解が外部に表明されたか、滋賀県庁に提出されたか、またただ単なる草稿であったかはわからない。とはいえ、この時期このように、いわば客観的な立場から琵琶湖の汽船事業の方向性について語っていることは、一庭が汽船会社経営などには関与をすることなく、つまり汽船会社経営から撤退する意思を強く持っていたのではないか。一庭のその後の行き方・生き方を考えてみるうえで、この文書の意味は大きいと思われる。湖上の汽船運航についてこうした考えに立っていた一庭にあっては、石川嶂や旧大聖寺藩、県当局との資金回収をめぐる愉快ならざる交渉の経緯もあり、汽船事業を持続させるという選択肢はもはやなかったのであろう。

そしてもうひとつ、船長という選択に一庭を向かわせたのは、一庭自身の性向もあったであろう。一庭は生来、機械や機関などの仕組みが好きであった。蒸気船の建造も、もちろん百艘船の家業からの転身という大きな目的もあったが、一庭を蒸気船へと突き動かした要因の一つは、一庭が子どものころから機械が好きで、新しいものを進んで取り入れる気性を持ち合わせていたということもあった。そんなこともあって、湖上交通の利便性を図るため、汽船の建造と就航に向かったのであった。

ところが現況のように、過度な競争により共倒れの危機に直面し、定時の運航もままならず、ましてや整備不良や過剰乗船も常態化し、事故も起こしかねない実態にまで至る。一庭はこんな、理不尽ともいえる湖上交通を求めて琵琶湖に蒸気船を浮かべたのではなかった。一庭は、こうした汽船運航の変貌に心から失望し、その方策として、汽船会社を統合し整理する考えを持ち、それまでは汽船の建造を見合わせるという考えに到達したのである。

そんな一庭は、汽船会社の経営という方向ではなく、本来の気性にあった蒸気汽船やその操縦に関わる現場の船長としての道を選び取ったのであった。一庭の晩年の、趣味的といってもよいような生き方とを考え合わせてみたとき、この時期に、生涯にわたって船長として生きていく決意をした、というのが当を得た考えであろうかと思っている。

あらためて勉学

沈思黙考のこの時期、一庭の覚書帖には、「明治八年第一月ヨリ記録部」と題された書名の手控えが書き記されてある。そこには、この時期に刊行された書物をふくめ、一庭が興味を持った書物が「書籍表題目」と題されてあげられる（一庭―覚書―18）。この頃の一庭の関心の在りかをよく知ることのできる手控えである。一庭がこの後、どの方向に行き場を見出して生きていこうと考えていたかがよくわかる資料であると考え、この書目を巻末の資料編に掲出しておいた。一庭は、ここに書き出されたもののうち、かなりの書物を実際に購入し、それらを「書籍蔵記」として書き出してもいる。それは、船長という職種にとって現実的でまた切実なものであったことが見て取れる。

ここに記載されている書物は、趣味的なものもあるが、その多くは汽船航行に必要な資料で、汽船の構造や操舵に関するもの、その地形や地理に関するものなどである。いくつか挙げてみる。

例えば、ジルレスピー著 岡本則録訳『測地新法』（竜曦堂明治六年）、本山漸編『海上衝突豫防規則問答』（本山漸刊 明治九年）、鈴木周一郎編『航海実地教授問答』（中川藤四郎刊明治一二年）などは直接操舵に関する資料、北川舜治『近江地誌畧』（澤宗次郎刊 明治一〇年）、竹岡礼蔵編『大日本国郡精図』（村上勘兵衛等刊 明治一一年）などは、地理に関連する資

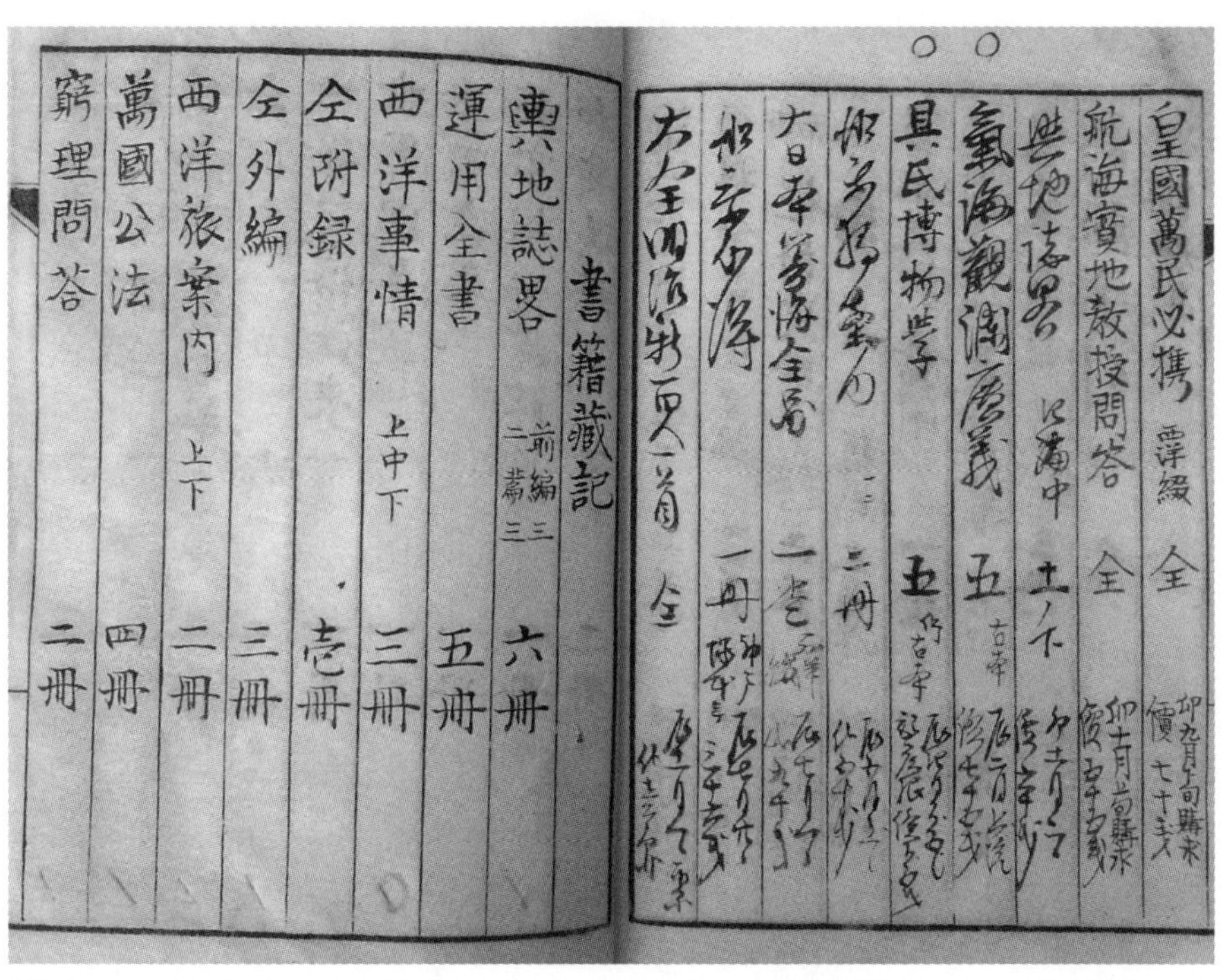
書籍蔵記
輿地誌畧　前編三 二編三　六冊
運用全書　五冊
西洋事情　上中下　三冊
仝附録　壱冊
仝外編　三冊
西洋旅案内　上下　二冊
萬國公法　四冊
窮理問答　二冊

［図版5-5］ 一庭の「覚書」にある「明治八年第一月ヨリ記録部」の「書籍表題目」続きおよび「書籍蔵記」の書き出し（一庭－覚書－18）。

料である。

「明治八年第一月」という時期は、第一琵琶湖汽船の廃業やそれに続く堀江らの会社設立のまさにその時期にあたっている。この時期に「書籍表題目」を書き始め、操舵や地理地形に関する書名をメモし、そのいくつかを実際に購入しているのである。それは一庭が、今後は現場の実践に重きを置く蒸気船の船長として生きていこうと見定めた時期であり、そのために、あらためて航海法や地形について専門知識を蓄え、技能向上を図ろうとしたのではないかと思わせる。明治八（一八七五）年一月という区切りのよい時期にメモを書き始めるというのも、なにか秘めたる「決意」のほどをうかがわせる。

またこの覚書帖にはもうひとつ、「蒸氣器械書 書抜」というものもある。「ストーム オップ デ ストーケン ツー ハイル エボイレル 蒸瀛ヲ醸セト言義也、フレガット 大軍艦ノ総名ナリ」などと、その専門用語についても学びを進めようと決意したことも知ることができよう。

一庭が「決意」を固めたであろうこの時期、かつてともに長崎に向かい蒸気船建造技術を学んだ石川嶂のことにも、ここであらためて思い起こしておきたい。すでに述べたように、旧大聖寺藩は、石川らが手掛けた兵庫製鉄所から早くに手を引き、明治五年一月、製鉄所は工部省へと引き渡されることとなる。その移管の手続きをおこなったのは、工部中属の職にあった石川その人であった（『加賀藩戦艦小史』）。

明治六年二月、石川県は、琵琶湖の蒸気船事業からの撤退を通告する。その後石川は権大属となり、明治七年には大阪湾浚渫事業にも携わったのだが、明治九年には官を辞して民間の実業界にくだった。

幕末維新期、西洋の技術を会得して事業を起こした一庭や石川らにとっては、この明治七年八年という時期は、いわば試練の時期であり転換点にもなった。幕末維新期、藩に依拠しながらその宿望を遂げようと力を尽くした者たちにとって、廃藩置県とその後の府県の再編の余波は大きくその身に降りかかってきた。

この時期、一庭や石川にとって、その後の行き方・生き方や身の振り方を考え直す、まさにそんな決断の時期に当たっていたわけである。明治八年といえば、一庭啓二は三十歳、石川嶂三六歳であった。

汽船取締会所と江州丸社の設立

明治八（一八七五）年の大津丸社の設立に触発されるように、汽船も各所で新造され、会社も設立される。こうして、琵琶湖の海運は、繁栄の域を通り過して苛烈な競争にさらされていく。共倒れの危険も生じてきた。さらには、無理な運航のため事故なども引き起こす事態に立ち至ったのである。こうした事態を憂えた滋賀県は、兵庫製作所の外国人機関技師を招聘して厳重な検査を実施し、その安全を期した。

明治八年七月には汽船取締会所の設置を検討、明治九年二月に規則を制定して三月施行の運びとなった。会所は、この規則にしたがって係員を出張させ、過剰乗船の禁止や出航時間の厳守、鑑札売買や機械の点検などを監督し周知徹底させた。危険の原因となる過剰な競争を避け、規則を遵守させ、汽船会社の合同促進を図ろうとしたのである（『府県史料 滋賀県史』二編 政治部 駅逓一）。この会所の用係（取締）となった船主は、西浦側からは北川彌平・赤川知止・平田檠、東浦側から矢島克之助・村上藤平・三輪半與門らであった（『大津市史 中』、『滋賀県史 第四巻最近世』、和田光生「明治初期、琵琶湖の蒸気船—明治十二年の江州丸社を中心として」）。

ところが堀江八郎兵衛の大津丸社は、競合他社と競争するため、採算を度外視した低い価格を設定するいわゆるダンピングを敢行し、いっそう貨客の誘致を図ろうとした。滋賀県はこうした過当な競争を是とせず、大津丸社に対して警告を発した。ところが大津丸社側はそれに従おうとしなかったことから、県は大津丸の運航停止を命じる。この処置に不満をいだいた大津丸側は提訴におよび、この一件は司法の場で争われることとなった。

こうしたなか堀江八郎兵衛らは、自らの大津丸社とは別に江州丸社を設立する。そして明治一〇（一八七七）年二月には江州丸を建造し、いっそうの競争に打って出た。六四トン、二五馬力という大規模高性能の汽船であった。新会社の江州丸社には大津丸社から約半数が移ったといい、伊東源兵衛もこの会社に参加している（前掲和田光生論文）。

さらにはこの同じ二月、飯之浦の内貫源右衛門が四三トンの大船潮幸丸を建造する。このように県の指導とは裏腹に、琵琶湖上では競争がいっそう激化し、運賃のダンピングがなされ、他の中小汽船会社をなぎ倒す勢いとなったのであった。

県当局はこの事態を憂慮し、以前から検討していた各船会社の合併化を推進して、明治九年には東浦航行の米原・長浜—大津間の五汽船を合わせて三汀社を結成し吉原作助に経営させた。一方西浦については、航行する七隻を合同して、堀江八郎兵衛の新会社江州丸社へと合併させることとなった。この江州丸社については、一株百円のところ配当が一ヶ月一二円に上るとされ、まさに最盛の様相を呈していた（『大津市史 中』）。先にダンピングで問題を起こした大津丸社は結局営業停止となり、その大津丸は明治一〇年八月、堀江から東浦側の三汀社に売却された。

大津丸の船長に就任

東浦航行の三汀社は、この大津丸の船長に一庭を迎えた。一庭の履歴書では明治一〇年二月一日とある。大津丸は明治八年の建造で、二二頓一二馬力の船であった。一庭は、大津第一琶湖汽船で経営をともにした堀江八郎兵衛側の会社ではなく、もう一方の東浦三汀社所属大津丸の船長に就任したのである。

この汽船船長の就任は、二番丸船長を辞したあと数年間の空白時期を経ての、一庭の決断であった。それは、どこかの時点で、一庭が堀江との関係を断ち切ったということをも意味している。大津丸社およびその後の江州丸社の、堀江の剛腕な競争主義に嫌気がさしたのかもしれない。そして一庭は、三汀社側の大津丸の船長として生きていこうとしたのである。

ただこの、堀江八郎兵衛との決別は、なにか大きな対立を来したという性格のものではなかったろう。一庭は堀江とともに、二番丸建造にあたっては建造費の工面に奔走し、汽船会社の切り盛りをしてきた間柄である。最初期の汽船運航への妨害を乗り越え、旧大聖寺藩との交渉も一緒にやってきた。

一庭は、そんな堀江側の汽船会社の船長に就かず、三汀社側の船長になったのだが、それは、堀江の経営手法、経営方針と相いれなかったという理由のほかに、船長という仕事をこそやりたいという意志からのものであったろう。結果として一庭は、東浦の三汀社からの要請を受け入れ、大津丸の船長に就任したのであった。

江州丸社と三汀社の競争

こうして琵琶湖の航路は、東浦の三汀社と西浦の江州丸社の二社に整理された。ただ堅田より南の航路については、山田・矢走の渡船仲間紺屋関汽船の谷口嘉助が、同じく山田の渡船仲間杉江善右衛門と航安組を結成して汽船を就航させていたことから、この時点での琵琶湖の航路は、三汀社・江州丸社、それに航安組の三社により運航されることとなった。とりあえず激しい競争も鳴りをひそめ、経営もしばらくは平穏ではあった。ただ三社に統合されたこともあって、各社乱立の頃と比べると、営業努力やサービス面では低下してしまったようではある。

[図版5-6] 松宝丸 金亀丸。裏書に「三汀社汽船 松宝丸 金亀丸 明治十二年冬十一月撮影」とある（一庭―写真―286）。

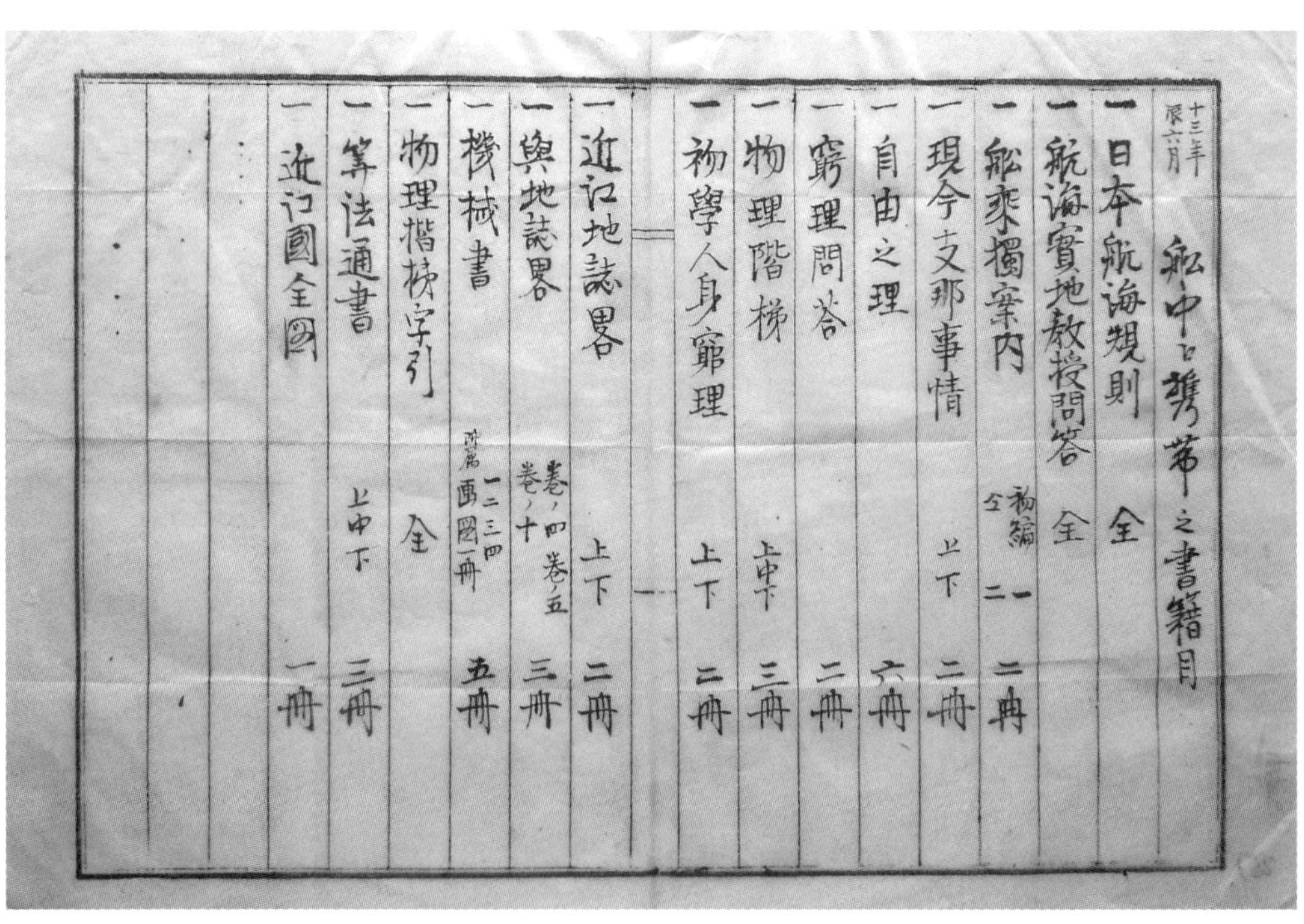

十三年
辰六月
船中江携帯之書籍目

一 日本航海規則 全
一 航海實地教授問答 全
一 船乘獨案内 初編 一 全 二 二冊
一 現今支那事情 上下 二冊
一 自由之理 六冊
一 窮理問答 二冊
一 物理階梯 上中下 三冊
一 初學人身窮理 上下 二冊
一 近江地誌畧 上下 二冊
一 輿地誌畧 巻ノ四 巻五 巻ノ十 三冊
一 機械書 一二三四 附篇 西圖一冊 五冊
一 物理階梯字引 全
一 算法通書 上中下 三冊
一 近江國全圖 一冊

[図版5-7] 明治13年6月「船中江携帯之書籍目」（一庭―汽船―49）。一庭は明治13年２月28日に大津丸船長から松寶丸船長となったが、このころ乗船にあたって船中に携帯しようと考えた書物である

ところが汽船自体については新技術の導入により、いっそうの大船が相次いで建造され進水しはじめる。その結果、明治一二年頃にはふたたび激しい競争の時代へと突入してしまった。堀江の江州丸社は、明治一二年一月に、琵琶湖最大級の九六トン四五馬力の大型汽船第二江州丸を完成させて、弟の八三郎を船長とした。六月には九四トン四五馬力の第三江州丸を建造した。対する三汀社は明治一三年五四トン一〇馬力の松寶丸、六四トン三四馬力の近江丸を建造する。そして一庭はといえば、この三汀社側の松寶丸および近江丸の船長に就任し、湖上の航行に謹しんだのであった。

二社の競争は激化し、江州丸社は、航路を長浜まで延長させ、また米原・松原を経由するなど、三汀社側の東浦航路にまで進出し、三汀社側も西浦の塩津まで延伸して対抗した。

こんな激しい競争のなか、東浦・西浦両汽船が契約を結んで連合しようという動きもあったようだ。過当な競争は、両社にとって、利のあるものではないと考えたからであろう。明治一二（一八七九）年九月三〇日付の「東西汽船連合之儀ニ付上申書」が籠手田安定（こてだやすさだ）県令宛てに提出されている（和田光生「明治初期、琵琶湖の蒸気船―明治十二年の江州丸社を中心として」）。籠手田は松田道之県令の後任で、明治八年五月県令に就任している。この上申書の東浦三汀社側総代は上野茂兵衛・宮川庄三郎、西浦江州丸社側は堀江八郎兵衛・秋田吉平である。

上申書では、滋賀県側の合同への説諭にもかかわらず、営業利益を専らにして競争に明け暮れた経緯を述べ、今般汽船取締会所の仲介を得て連合契約を結ぶこととなったという内容が述べられる。ただこの両汽船会社の連合は実現しなかった。その理由はいくつか考えられようが、そのもっとも大きな要因は、次に述べる陸路鉄道の敷設とその連絡船の問題であった。鉄道敷設が日程に上ってきて、そうした鉄道との連絡を前提にしない協議は考えられなくなったからである。

また明治一三年ごろのことだが、湖上汽船の統一を主唱した浅見又蔵が、三汀社の船舶全てを五万円で購入し、さらに江州丸社の船舶を六万円で買収する約束を結んだという記述もある。故あってこの契約は解消となり、翌明治一四年には鉄道連絡船として合併するという方向にシフトしたのだという（『浅見又蔵傳』）。先の連合の上申書の問題とどのように関連しているか不明であり、詳細についても定かではない。ただいずれにしても、鉄道連絡船に至る過渡期での動向であることに間違いない。明治一二年一〇月には、敦賀―米原間の鉄道敷設の通達が工部省から出され、それは明治一四年に敦賀―長浜間に変更となったが、こうした敦賀からの鉄道敷設が日程に上がってきたからである。

敦賀から米原また長浜への鉄道計画と、そこからの鉄道連絡船という大転換の時期にあって、各社が各様に対応策を講じていたということなのであろう。『大津市史 中』には、この時期、三汀社の船舶が「大津汽船会社社長浅見又蔵」の所有に帰したと述べられてある。

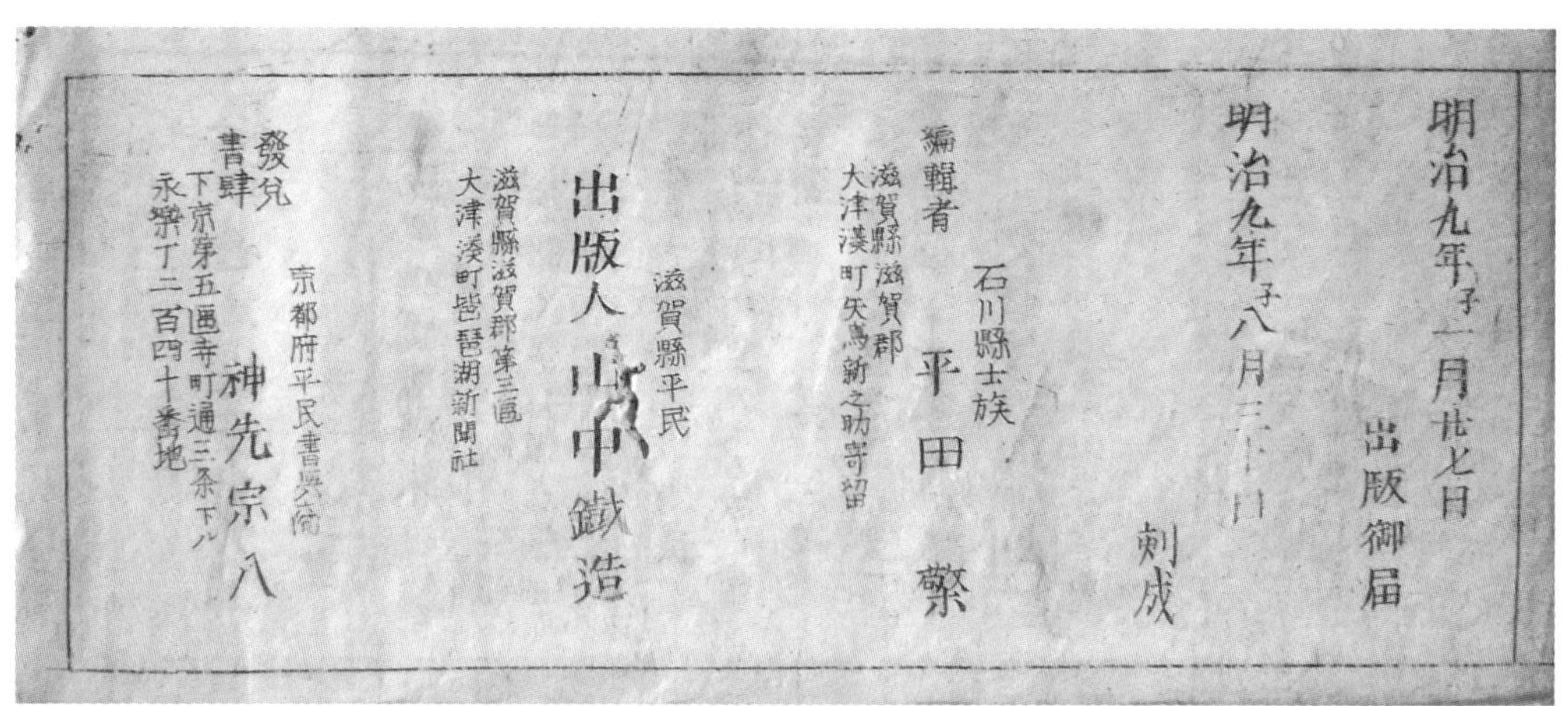
明治九年子一月廿七日 出版御届
明治九年子八月三十日 刻成
編輯者 石川縣士族 平田繁
滋賀縣滋賀郡大津湊町矢嶋新之助寄留
出版人 滋賀縣平民 山中鐵造
滋賀縣滋賀郡第三區大津湊町琵琶湖新聞社
發兌書肆 京都府平民書肆 神先宗八
下京第五區寺町通三条下ル永楽丁二百四十番地

［図版5-8］『普通漢語字引大全 布令新聞新撰校正』（平田繁編 出版人山中鐵造 發兌書肆神先宗八 明治九年八月）の奥付。平田繁の住所は「滋賀縣滋賀郡大津湊町矢嶌新之助寄留」と出る（架蔵）。

［図版5-9］ 平田繁『普通漢語字引大全』奥付にある大津での寄留先の矢島新之助写真肖像。裏書に「明治三十四年十月十七日写之 矢島新之助 嘉永二年十一月十一日生」とある（一庭―写真―69）。幹と陸宛の葉書には「矢島叔母」とあることから、太郎兵衛の親戚筋にあたるとみられるが詳細は不明である（陸―葉書―92）。一庭が汽船の経営から手を引いていた明治8年2月18日付の滋賀県租税課からの通知文のあて先は、「汽船会社 矢島新之郎 市場啓二」とあり、事務的な仕事の一部を受け持っていたようでもある。

汽船取締会所の再編

明治九（一八七六）年三月、琵琶湖水運の安全安定のために開設された汽船取締会所は、その後も幾度か取締規則を改正してきたが、明治一一年三月になり大きく改訂される。各汽船会社から職員を任命・派遣することにより、取り締まりを自主的で実質的なものにしようと取り計らわれたのであった。先の「東西汽船連合」をめぐっての上申書に、今般汽船取締会所の仲介を得て連合契約を結んだとあるが、そのように、取締会所の働きかけは実質的な力をもつようになった。

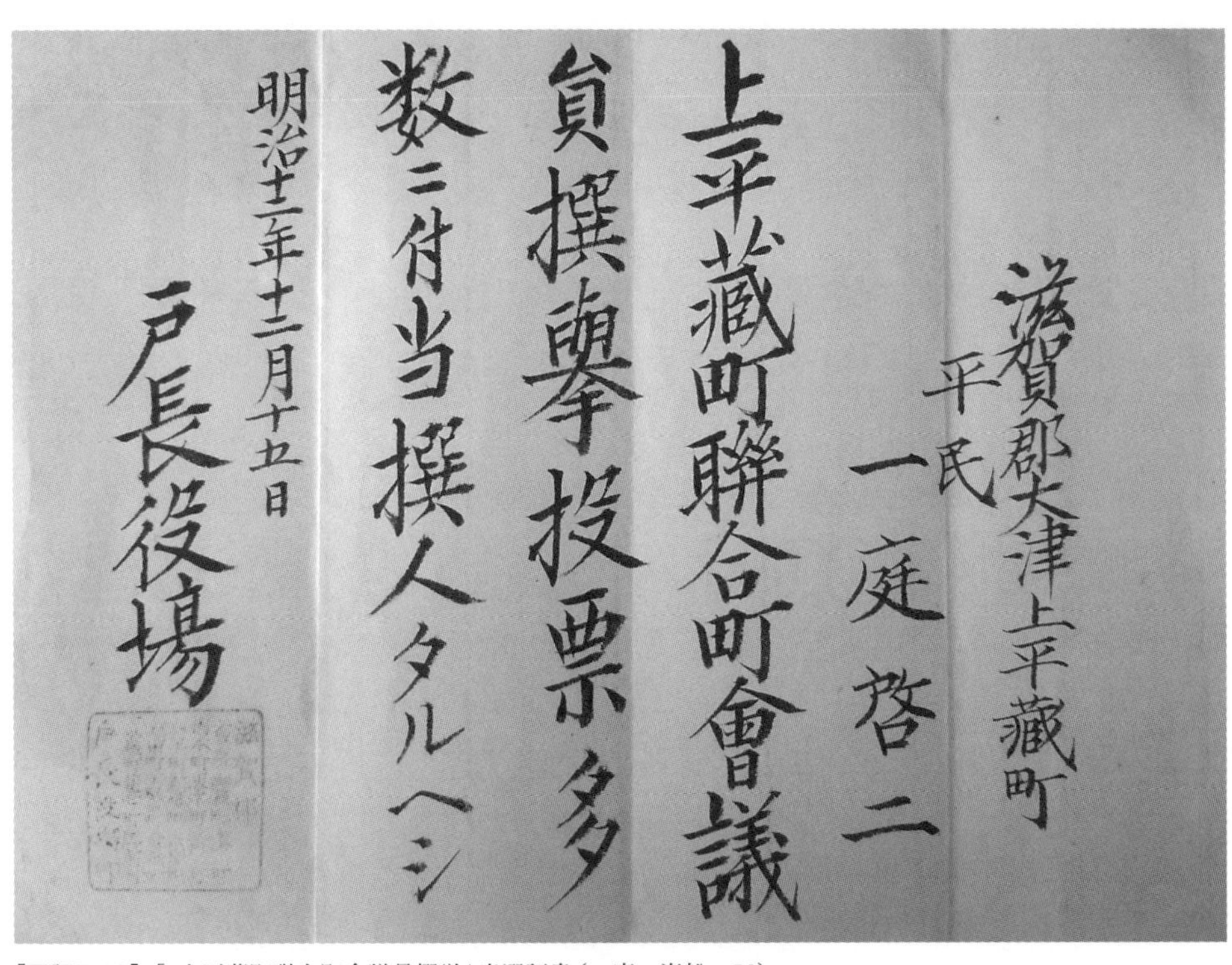
滋賀郡大津上平蔵町
平民
一庭啓二
上平蔵町聯合町會議員撰挙投票多数ニ付当撰人タルヘシ
明治十一年十二月十五日
戸長役場

［図版5-10］「上平蔵町聯合町會議員撰挙」当選証書（一庭―汽船―56）。

この会所の規則が滋賀大学経済学部附属史料館の宮川庄三郎文書に残されているのでここで少し触れておく（「汽船取締会所規則」宮川庄三郎文書五六、『府県史料 滋賀県史』三編 政治部 駅逓三）。

規則の第一章会所及支局の第一条では、会所が湖水通行の汽船を統括し、営業の保護と危険の防止を図ることが目的であると定め、本局は大津に、支局を塩津・飯之浦・長浜・米原などに置くとした。第二章は職員についての規定で、東浦・西浦の各船主から各二名を公選で選ぶとし、選ばれた者の互選で頭取一名を選出、あとは用掛と称するとした。こうして規則は以下一三条まで続く。

この明治一一（一八七八）年の会所規則により赤川知止が頭取、平田縈が副頭取に就任した。この平田はこれまで幾度も顔を出してきた元大聖寺藩士で、のちに新潟小参事を務めた人物である。明治二年四月、石川嶂が兵庫の川崎浜に造船所設置を計画した時にもその名前がみえ、大聖寺藩経営の藩汽船局にも派遣されている。藩の汽船局廃止以降も、一庭啓二らが実質運営した汽船会社に関わった。明治一二年七月には江州丸社総代のひとりになっている。なお平田の次男は磯村年で、陸軍大将になった人物である（和田光生「明治初期、琵琶湖の蒸気船」、『大聖寺藩史』、『石川県史 第二編』、なおここには平田縈三とある）。

また赤川知止も第三江州丸の船主として名を連ねていた。おそらく堀江八右衛門・八郎兵衛父子の関係から江州丸社の運営にも関与したのであろう。繰り返しになるが、八郎兵衛の父八右衛門は明治九年八月に亡くなっていて、この江州丸社は、八郎兵衛によるものである。

さて、この汽船取締会所の規則が定められた後も、各湊では相次いで新船が建造され、競争はますます激化していく。さらには江州丸社の内部でも対立が生じて、社を脱退する者もでてきた。琵琶湖上の航行は、東浦・西浦の二社と南部の一社とでとりあえずまとまっていたのだったが、ふたたび混乱の様相を呈することとなった。そしてこの湖上運送によりいっそうの混乱と分裂をもたらしたのは、陸路の鉄道敷設であった。

なおこの時期の一庭はといえば、明治一〇（一八七七）年二月、江州丸社から三汀社へと売却された大津丸船長に就任し、それ以降も粛々と船長職を務めていた。そして明治一二年一二月には、上平蔵町聯合町會議員撰挙で投票多数を得て当選し、上平蔵町連合町会議員を務めている。代々の家柄もあり、また地域での人望も厚くて選挙で選ばれたということなのであろう（一庭―汽船―56）。だが一庭は、ここに述べた取締会所などにも名前が出ることはなかった。

［図版5-11］この頃の一庭啓二と友人（ガラス乾板）。箱書表には「四友撮影」、箱裏に「一庭啓二・久田作兵衛・原田義一・村田幸吉 十三年庚辰一月 朋友四名撮影」とある。「彦根袋町 高木精□堂」で撮影したもの（一庭―写真―24）。

第六章
鉄道敷設と太湖汽船の成立

鉄道の敷設と鉄道連絡船

文明開化により陸上交通の整備が図られ、鉄道の敷設が計画される。明治五（一八七二）年に新橋―横浜、明治七年には大阪―神戸間が、明治一〇年大阪―京都間の鉄道が開通した。さらに明治一一年八月には、京都―大津間が起工となる。この工事には、大阪―京都間の鉄道工事を請け負った藤田傳三郎が起用されている。

京都―大津間といっても今の東海道本線の経路ではなく、京都より南下して稲荷から大谷を経由するものであった。京都東山のトンネルが難工事になると予想されたことから、稲荷経由の路線となったわけだ。難工事を避けるというわけだが、大谷と大津の間はいずれにせよトンネル工事が必要であった。そしてそれは逢坂山トンネルとして掘削がなされた。このトンネルは本邦初のいわゆる山岳トンネルで、それもお雇い外国人の力を借りずに日本人独自の体制で成し遂げたものであった。明治一三年のことである。こうして七月一五日京都―大津間は開業となる。

敦賀から琵琶湖沿岸に至る鉄道も、すでに明治初年から懸案の路線であった。明治一二年一〇月になり、ようやく敦賀―米原間の鉄道敷設の通達が工部省から出される。琵琶湖周辺の陸路の鉄道が整備されることになったのである。

この敦賀―米原間の鉄道敷設計画が工部省から出されたことに対して、滋賀県側は意見書を提出し、敦賀から米原に至る敷設を延期して鉄道を塩津まででとどめるよう要望した。従来の塩津港を活用した琵琶湖海運を維持しようと考えたわけである。

だがこの要望は却下され、明治一三年四月には敦賀―米原間の工事が着手される。この計画は、翌明治一四年には、敦賀―長浜間に変更となったのだが、いずれにしても、こうして敦賀から長浜までの鉄道敷設が日程に上がってくると、あとは長浜と大津の間の交通手段が喫緊の課題となってくる。

時の鉄道局長井上勝の考えは、長浜―大津間については、鉄道敷設ではなく湖上汽船の航行による、というものだった。こうして大津―長浜間の鉄道敷設はしばらく延期となる。長浜―大津間が汽船による運航となるとすれば、当面の輸送手段として、大津と長浜とを結ぶ、いわゆる鉄道連絡船問題が現実のものになってくる。

京都―大阪間の鉄道敷設に技師として従事したイギリス人ウイリアム・ファーニス・ポッターも、大津―長浜間の鉄道建設を後回しにするかたちで計画されたこの「大津・米原および塩津間には鉄道と連絡する大きな船」の利用が、「予備的な処置としては、明らかにこの方法がよい」と、鉄道連絡船方式の支持を表明した。もっとも、いずれは鉄道を建設しなければならないが、と留保を付けた上でのことではあった。

さてこのように、大津―米原、のち大津―長浜間の鉄道連絡船が現実のものとなってくると、汽船各社は、その経営権をめぐって激しい争奪戦を繰り広げることが必至となった。そしてより多くの荷物や乗客の運搬が可能であることをアピールする

［図版6-1］ 稲荷駅のランプ小屋。京都－大津間の鉄道工事は明治11年8月の起工で、13年7月に開業した。当初の京都－大津間は、京都から稲荷へと南下、そこから大谷へと至るものだった。ランプ小屋とは、当時の客車や駅業務に使った燃料などを格納した倉庫である（2020年1月8日、JR稲荷駅ホーム側から撮影）。

［図版6-2］ 逢坂山トンネル東口の写真（2020年7月10日撮影）。なお逢坂山トンネル西口の当時の工事の模様は『古写真で見る明治の鉄道』でみられる。

ため、性能のよい大型汽船を投入しようとした。

江州丸社では、庚辰丸九〇トンを明治一三年一二月に建造、明治一四年に第三江州丸を改造、六月には第二庚辰丸九八トンの建造に着手した。また一方の三汀社側も、近江丸六四トンを明治一三年三月に、金龍丸九二トンを明治一四年六月に建造するなど、大型汽船を導入してその運輸力を激しく競った（『京都新報』明治一四年六月二二日、和田光生「明治初期、琵琶湖の蒸気船―明治十二年の江州丸社を中心として」、ここに明治一二年から一五年にかけて湖上を運航した蒸気船が表として示される）。

工部省鉄道局はすでに、鉄道開通を見越して、明治一二年長濱丸一一四トンを建造して大津―長浜間に就航させていたが、このように鉄道連絡船構想をめぐって汽船各社は、その営業権を得ようと懸命なる運動を展開し、また実績を上げて指名を得ようとますます競争も激しくなった。

京都―大津間の鉄道開業を翌月に控えた明治一三年六月二三日、前川文平他一九人は連署で、「運搬会社設立之義ニ付御願」を提出している。大津の町に大きく利する事業として、「水陸運搬の業務」を受け持つ共同運搬会社を設立したいという願書である。本社を大津湊町二八番地に置くというこの運搬会社の設立には、大阪藤田組も賛同していると記されてある（『府県史料 滋賀県史』四編 政治部 駅逓三）。この会社は、明治一五年の藤田傳三郎らによる太湖汽船創設以降も並立して存続しているのだが、それはこの鉄道連絡船創業の時期に合わせて運輸会社を設立しようとの動きであったのであろう。

○滊船競争の顛末　さゝなみの滋賀の縣下なる琵琶湖滊船の競争は見るに付け聞くに隨つて我が新報紙上に報道するを怠らざりしが今度に其の競争の由て來れる原因に溯りて書綴らんには第一各滊船會社の成立及び其船業の經歴を審かにし次に其の分立競逐して船業を競ひ勝敗を争ふに至れる次第に説き及ぼすこと最も肝要なり左れば豫て前日の紙上にも約したる如く今回湖上滊船の競争は實に容易ならざる商賣上の戰なれば茲に細密に觀察を下しまた精確に探訪を遂げ得たるまゝ山鳥の尾の長々しくも其の

［図版6-3］「滊船競争の顛末」『京都滋賀新報』明治15年11月29日。

覚書 ウイリアム・ファーニス・ポッター

この鉄道技師のポッターに関して少し述べておく。ポッターは、琵琶湖の汽船に乗船すると必ず機関室に出かけ、運航時に安全弁が作動状態になっているかを確認したのだという。当時の習慣では、安全弁を締めておかないと蒸気が逃げて不経済であることから、安全弁を常時締め付けて作動しない状態にして運航していたからである。ポッターは、安全弁を作動状態にしておくことが運行上いかに大切であるかを説明した。このポッターの建言に対して政府当局は、検査員を指名してその改善を図っている（ポッター「日本における鉄道建設」）。

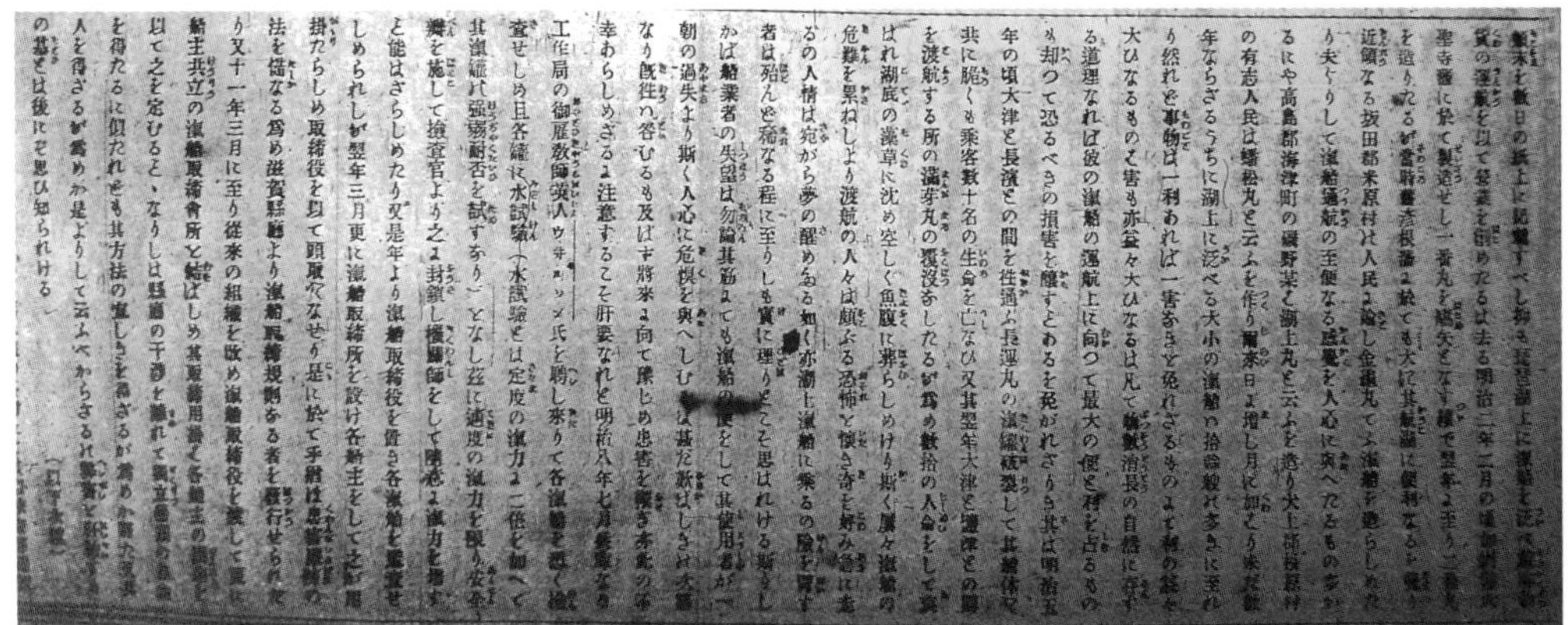

[illegible]數日の紙上に記載すべし抑も琵琶湖上に[illegible]
貨の運搬を以て營業を創めたるは去る明治二年二月の[illegible]
聖寺藩に於て製造せし一番丸を嚆矢となす繼で翌年に至り二番丸
を造りたるが當時膳所藩彦根藩に於ても大に其航路に便利なるを[illegible]
近傍なる坂田郡米原村の人民と協し金亀丸てふ滊船を造らしめた
り夫よりして滊船通航の至便なる感覺を人心に與へたるもの歟か
るにや高島郡海津町の磯野某と湖上丸と云ふを造り大上[illegible]
の有志人民は蟠松丸と云ふを作り爾來日に増し月に加わり來だ數
年ならざるうちに湖上に泛べる大小の滊船は拾餘艘の多きに至れ
り然れども事物は一利あれば一害あるを免れざるものにて利の餘々
大ひなるものは害も亦益々大ひなるは凡て輪轉消長の自然に存す
る道理なれば彼の滊船の運航上に向つて最大の便と利を占るもの
は却つて恐るべきの損害を醸すとあるを免がれざりき其は明治五
年の頃大津と長濱との間を往通ふ長運丸の滊罐破裂して其船体は
共に脆くも乘客數十名の生命を亡ない又其翌年大津と塩津との間
を渡航する所の滿芽丸の覆沒したるが爲め數拾の人命をして[illegible]
はれ湖底の藻草に沈め空しく魚腹に葬らしめけり斯く屢々滊船の
危難を累ねしより渡航の人々は頗ぶる恐怖と懐き寄を好み[illegible]
るの人情は宛から夢の醒めたる如く亦湖上滊船に乘るの險を[illegible]
者は殆んど稀なる程に至りしも實に理りとこそ思はれける[illegible]
かば船業者の失望は勿論其筋よても滊船の便をして其使用者が一
朝の過失より斯く人心に危惧を與へしむは甚だ歎はしき[illegible]
なり既往は咎むるも及ばず將來に向て豫じめ患害を[illegible]
幸あらしめざるは注意するこそ肝要なれと明治八年七月[illegible]
工作局の御雇教師英人ウヲートルス氏を聘し來りて各滊船を悉く檢
査せしめ且各罐に水試驗（水試驗とは定度の滊力に二倍を加へて
其滊罐の强弱耐否を試すなり）となし茲に適度の滊力を限り安全
辨を施して檢査官より之に封鎖し機關師をして隨意に滊力を増す
と能はざらしめたり又是年より滊船取締役を置き各滊船を監督せ
しめられしが翌年三月更に滊船取締所を設け各船主をして之が用
掛たらしめ取締役を以て頭取に充たらせり是に於て手續は[illegible]
法を備なる爲め滋賀縣廳より滊船取締規則なる者を發行せられた
り又十一年三月に至り從來の組織を改め滊船取締役を廢して更に
船主共立の滊船取締會所と結ばしめ其取締用務て各船主の[illegible]
以て之を定むると、なりしは縣廳の干渉を離れて獨立[illegible]
を得たるに似たれども其方法の宜しきを得ざるが爲め[illegible]
人を得ざるが爲めか是よりして云ふべからざる[illegible]
の甚だしきは後にぞ思ひ知られける

［図版6-4］「滊船競争の顛末（続）」『京都滋賀新報』明治15年11月30日。

［図版6-5］かつて金ヶ崎駅のあった場所、今は線路だけが残っている（2020年1月17日撮影）。明治15年3月の開通時は「金ケ崎驛」といい、当時のランプ小屋がいまに残されてある。駅は大正2年11月に鉄道桟橋に新築移転され、大正8年1月「敦賀港驛」と名前を変えた。ここには税関事務検査所・敦賀港駅・北日本汽船代理店・北日本汽船待合室と並んで建っていた。

［図版6-6-2］柳ケ瀬トンネル西口（2020年11月22日撮影）。トンネルの工事を残して明治15年3月、金ケ崎―柳ケ瀬トンネル西口間、柳ケ瀬－長浜間の運行が開始となった。トンネルが完成して全線が開通したのは明治17年4月のことである。今は道路となり、信号により一方通行。

［図版6-6］金ケ崎（敦賀港）駅のランプ小屋（2020年1月17日撮影）。建てられたのは明治15年11月、屋根はふき替えられているがほかは原形をとどめているという（三宅俊彦『日本の鉄道遺産』）。

覚書　金ケ崎駅附近を走る蒸気機関車の絵図類一覧

・『越山若水』福井県編 福井県 1900年
　ここには敦賀港に浮かぶ汽船を遠景としてランプ小屋が小さく写っている。現存のランプ小屋には「明治40年ごろ」と示される。若狭町立図書館・越前市立図書館（1900年）・坂井市立図書館（土語社 1900年）・福井県立図書館（図書館出版部 京都［1909］）に所蔵。
・『福井県下商工便覧』川崎源太郎編 龍泉堂 明治20年 和装
　敦賀の項に「諸國御定宿 敦賀港金ケ崎ステンション前 大黒屋浅田榮助支店」の図版があり、店の前を煙を吐きながら汽車が走っている。
・『金ケ崎宮絵図』明治39年
　金ケ崎宮下を海岸沿いに走る汽車が描かれる。敦賀鉄道資料館に複製が展示されている。
・引札「鈴木市和商店 越前國敦賀港大内町 和洋小間物類…」
　港を走る汽車が描かれる。敦賀鉄道資料館の複製展示には、「原本 北前船の里資料館蔵 個人」とある。
・『越前國敦賀海陸圖』明治14年 山上宗兵衛（敦賀市立博物館蔵）
　敦賀市立博物館が複製を制作。
・敦賀鉄道資料館二階の港のジオラマ。ここには線路に沿って北から、税関事務検査所・敦賀港駅本屋・北日本汽船代理店大和田回漕部・北日本汽船待合室・（ひとつおいて）桟橋事務室が並んで作成されている。階下にこの建物の写る写真が展示してあり、この写真を典拠として作られたようである。この写真には「大正末期～昭和初期港驛舎等風景」と説明される。
・『古写真で見る明治の鉄道』（世界文化社 2001年）
　金ケ崎驛と貨車三輌・敦賀港の船の写真が載る。


　ともあれ、琵琶湖東西浦の汽船会社や、大津の事業者の間では、「該連絡船ハ大阪ニ新タニ発企者アリテ一ツノ会社ノ起リ、是ニ委ネラルヽ等ノ風評専ラナリ」と、大阪の新興会社にその指名を奪われるのではないかとの風評が立ち、各汽船会社とも疑心暗鬼となっていたのは間違いないところであった。

　明治一五年三月には、柳ケ瀬トンネル以外の、金ケ崎港・敦賀―柳ケ瀬トンネル西口間と、柳ケ瀬―長浜間の運行も開始となり、明治一七年四月には柳ケ瀬トンネルも完成して、ついに金ケ崎港・敦賀―長浜間の全線が開通した。

鉄道連絡船の権利獲得競争

　新聞報道によれば、明治一三（一八八〇）年の段階で、工部省鉄道局は財政難を理由に、大津―長浜間については鉄道開設ではなく、鉄道連絡船を利用することと決定し、藤田組に鉄船を建造するよう告諭したという。そしてさらに井上勝鉄道局長は、従来の汽船会社をもとに新たな会社を設立することを藤田傳三郎・中野梧一に提案して、藤田側はそれを了承したとしている（「汽船競争の顛末」『京都滋賀新報』明治一五年一一月三〇日）。

　琵琶湖の鉄道連絡船をめぐっての鉄道当局の動きはこのようなものであった。「風評」どおりに、鉄道敷設に実績を持つ大阪の新興資本藤田組（藤田傳三郎社主）が、鉄道連絡船の経営に乗り出してきたわけである。それにあわせるようにして汽船会社各社は、権利獲得を目指し、競争をいっそう激化させた。こうした事態を憂慮し、滋賀県側も方策を検討する。

　藤田組は大資本を有する強力な企業である。ましてや、同じ長州出身の井上馨工部卿や井上勝鉄道局長ら中央官庁との有力な人脈も持っている。そんな企業が参入してくることになれば、在来の琵琶湖の各汽船会社などひとたまりもなく潰えてしまうだろう。そのように心配した滋賀県は、これら琵琶湖の汽船業者を守るため、そして琵琶湖海運をいっそう発展させるために、各船主側と藤田組との間を取り持ち、あらたな汽船会社の設立に向けて協議をおこなった。明治一四年六月末には井上勝鉄道局長が来津して、滋賀県側の河田景福（かげとみ）大書記官と鉄道連絡船会社設立について検討している（『京都新報 明治一四年七月一日』）。

　この少し前のことだが、明治一四（一八八一）年四月には、「琵琶湖上蒸気船仮約定書」が、藤田組藤田傳三郎・同中野梧一・蒲生郡八幡仲屋町西川貞二郎・高島郡海津町磯野源兵衛・愛知郡小田苅村小林吟右衛門（三代）・蒲生郡八幡新町西川仁右衛門・滋賀郡大津白玉町和田篤の間で結ばれた。それは、汽船を新造し琵琶湖上で旅客や荷物を運搬する業に従事するというもので、それぞれの出資金も記されているのだが、社名などは設けず、差し当たりは滋賀県庁に造船願いを提出することとしたのだという。ただこの汽船会社は設立にはいたらなかった（「琵琶湖汽船会社創立約定書」近江商人郷土館、末永国紀「大津・長浜間鉄道連絡汽船会社の創立と近江商人」）。

太湖汽船へ統一

いずれにしてもこの時期、汽船会社の設立準備は整ってきており、藤田を頭取として、井上鉄道局長と滋賀県側とがその最後の調整をしていたというのは間違いのないところであった。明治一四年七月には、大阪の藤田傳三郎・中野梧一、それに大津の前川文平らが発起人となって、北保町の元加賀蔵屋敷跡地で鉄艦の製造に着手することを申し合わせている（『京都新報 明治一四年七月八日』）。

　そして九月には、江州丸会社総代堀江八郎兵衛・汽船会社総代浅見又蔵・藤田組藤田傳三郎は連名で、滋賀県令籠手田安定宛に鉄道連絡会社設立の許可申請を提出した。ここには、申請者は協力して堅牢な汽船を製造し、汽車運輸の旅客および物資の運搬に便を計りたいと鉄道連絡線設立の趣意が書かれてある。さらにこの申請書には、鉄道局宛の「会社設立ニ付鉄道連絡御願」が附され、大津駅に太湖汽船会社を設立し、堅牢広濶にして速度も兼ね備えた汽船を製造したうえで、大津―長浜間の鉄道連絡をおこないたいと述べられてあった。

　また滋賀県経由で鉄道局宛てに提出された願書には、六人の差出人名が記され、そこに新会社での肩書も記されている。太湖汽船会社頭取は藤田傳三郎、取締北川彌兵衛・浅見又蔵・中野梧一（代斎藤幾太）、副頭取兼支配人に堀江八郎兵衛、副頭取前川文平というものであった（『府県史料 滋賀県史』四編 政治部 駅逓二、なお末永国紀「大津・長浜間鉄道連絡汽船会社の創立と近江商人」

に全文が載る)。

この願書にあがる江州丸会社総代堀江八郎兵衛は、これまで幾度も登場してきた人物である。堀江八右衛門の長男で、一庭と琵琶湖汽船会社を運営し、後の明治八年には新会社大津丸社を設立、剛腕をふるって琵琶湖海運をめぐる激しい競争の渦中に身を置いてきた。その堀江がこの鉄道連絡船の事業にも名乗りを上げ、鉄道連絡船会社設立の願書にも名前を連ねてきたのであった。

浅見又蔵は縮緬商で銀行家、阪田郡の区長を務めた人物である。明治五年三月に湖龍丸を買い入れて長浜から大津へと航行させ、明治一四(一八八一)年一月には三汀社の船舶も買い入れ、

[図版6-7] 滋賀縣令籠手田安定。松田道之の後を継いで第二代県令に就いた(一庭—写真—235)。

[図版6-8]『行幸二十五年 慶雲舘建碑記念寫眞帖』所載の先代浅見又蔵と妻静の肖像画である。この写真帖は小川白楊の撮影で明治45年に刊行された(滋賀県立図書館蔵)。

大津汽船会社を設立した（『浅見又蔵傳』）。

藤田傳三郎は言うまでもなく藤田財閥の創始者で、長州藩の出身、つまり井上勝鉄道局長らと同郷であった。この時期、東海道や湖東地域に官設の鉄道網が続々と整備されていたわけだが、大津—長浜間では鉄道を起工せず、さらに鉄道連絡船は、政府の直轄運営ではなく民営でいくこととなった。その理由として、政府の財政窮乏という事情もあるにはあったが、もうひとつ大きな要因は、鉄道局に対して長州藩という太いパイプを持っていた藤田ら長州閥の運動もあったからであろう（『京都滋賀 鉄道の歴史』）。

一庭が晩年、市田彌一郎に仕えて對龍山荘に住み込んだ折の日誌の明治四〇年一一月一二日に、「久原」の名前がでるが、これは藤田傳三郎の実兄庄三郎である（一庭—覚書—21）。庄三郎は藤田家から久原家に養子として出て久原姓となった。明治一二（一八七九）年九月に、藤田組贋札事件で藤田傳三郎・中野梧一が逮捕され、傳三郎が窮地に陥った時、庄三郎は傳三郎を支えている。山県有朋の無鄰菴の作庭にも関わっているから對龍山荘への出入りもあったのであろう。一庭とは直接の関係ではないが、なにか不思議な縁も感じさせる。

さて、この鉄道連絡会社設立の願書は、明治一四年一〇月一〇日付で裁許となった。その条件として、汽船は堅牢であること、二時間また二時間半に最低一回は、大津—長浜間を運行すること、運賃は鉄道距離のそれを上回らないこと、などの五項目が井上勝鉄道局長名の別紙指令書として付されていた（「琵琶湖汽船会社創立約定書」近江商人郷土館、末永国紀「大津・長浜間鉄道連絡汽船会社の創立と近江商人」に指令書の全文が出る）。

かくして明治一五年五月一日、鉄道連絡船の社として太湖汽船会社が誕生した。藤田傳三郎を頭取とする新会社太湖汽船が資本金五〇万円をもって設立されたのである。副頭取前川文平、取締は浅見又蔵・北川彌平・斎藤幾太であった。本社を大津駅構内に置き、支社を長浜・松原・八幡・塩津・片山・今津・勝野などに設け、のち長命寺などを増設した。なおこの大津駅というのは今のＪＲ大津駅ではなく、京阪浜大津の駅あたりである。

ところで先の鉄道局宛の願書に副頭取兼支配人として名前が挙がっていた堀江八郎兵衛は、この役員のなかに見られない。実は堀江は、この鉄道連絡船の新会社の設立を見ることなく、明治一五年三月に亡くなったのである。剛腕で鳴らし、攻めの姿勢で汽船会社の競争を戦い抜き、太湖汽船の副頭取の地位を占める予定であった堀江だが、会社の創設をみることなく、惜しくも死去したのであった。

一庭はといえば、会社設立の明治一五年五月一日付で、この太湖汽船会社の游龍丸船長の辞令を交付されている。二〇円の月給で七月には二円の昇給となった。一番丸船長の時代と比してずいぶんの減額になっている。汽船会社の運営者ではなく、船長職の給与ということなのであろう。

生きていれば上役になったかもしれぬ堀江八郎兵衛の死去が、一庭の船長就任に関係していたかどうかわからない。だがお

［図版6-9］太湖汽船大津港と本社社屋（「太湖汽船株式会社」『滋賀縣写真帖』、滋賀県立図書館蔵）。

［図版6-10］太湖汽船会社から游龍丸の船長辞令、明治15年5月1日付（一庭－汽船－60）。

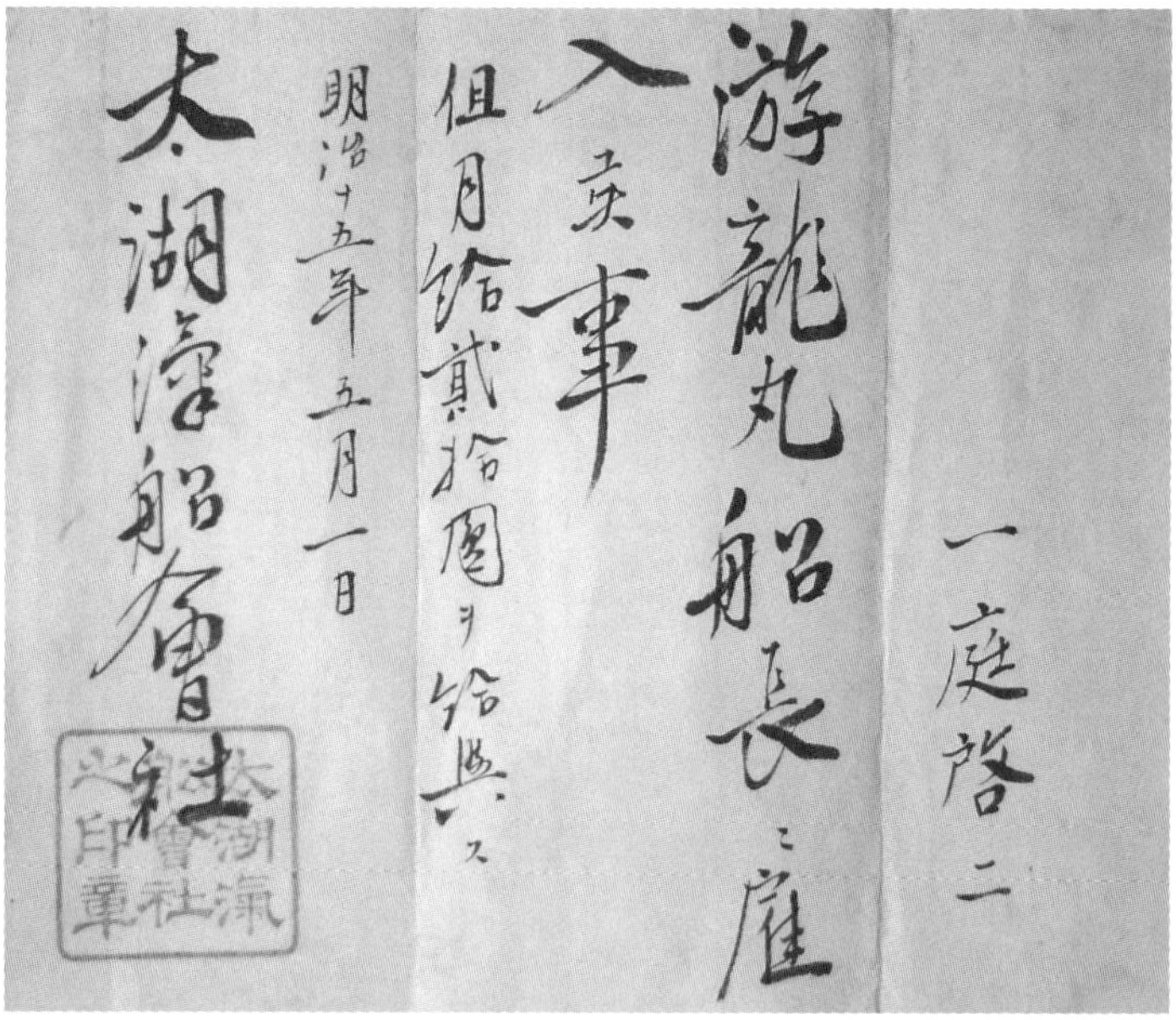

そらく一庭は、そんなこととは何ら関係もなく、変わらず汽船の船長を務めようと考えていただろう。八郎兵衛の死去と時期が重なったのは全くの偶然である。一庭は太湖汽船の設立の直前まで、浅見又蔵が社長の大津汽船が所有する近江丸の船長を、淡々と務めているからである。

一庭にしてみれば、生涯を一船長として生きるというのは、明治八年の時点で出した結論であった。明治初年の一番丸建造から明治七年四月の同船払下げまで、高揚と激動と混迷の時期を体験した一庭にとって、生涯一船長というのは、熟慮と黙考のすえの結論であった。明治一五年五月一日の太湖汽船からの辞令は、ただその延長線にある出来事に過ぎなかったのである。

湖上の水運をめぐる蒸気船各社の激しい競争も、太湖汽船に統一合同されることにより、ようやくおさまることとなった。藤田傳三郎が頭取に就任した太湖汽船会社は、大津西山町にあらたな造船所を開き、イギリスに注文していた二隻の鉄製大型蒸気船も完成した。明治一六年九月の第一太湖丸五一六トン、第二太湖丸四九八トンである。その資本力を見せつけた文字通りの船出であった。

こうして船体・機関とも堅牢で安全に運航できる体制を整え、大津—長浜間を二時間から二時間半で航行すべしという鉄道局の条件をクリアしていった。太湖汽船は、堀江の江州丸社および浅見の大津汽船会社の船を併せて合計一八隻の船を保持し、大津と長浜との間の鉄道連絡船としてだけでなく、大津—塩津、大津—長命寺、長浜—今津、松原—塩津の間を定期船により運航した。一方鉄道の方も明治一七年四月には敦賀—長浜間、五月には大垣—長浜間が開通となり、鉄道連絡船は文字通り、その機能を十全に発揮していったのであった。

［図版6-11］このころの一庭啓二と友人長友喜三・筒井郁。箱書に「明治十有六年四月中旬に大津長等山麓で写す」とある（ガラス乾板、一庭—写真—23）。

大津—長浜間の鉄道が開通する

このようにして太湖汽船は、年来の懸案であった汽船会社の統一を果たし、鉄道連絡船の役割を果たしていった。しかしながらその一方で、社の資本金の半ばは汽船建造に費やされ、また折からの不況も重なり、苦しい船出となった。運賃に関しては、当初の鉄道局の許可条件に縛られたこともあって値上げをすることもできず、はや明治一七年には県に申請して国からの助成を願い出るに至った。

この助成申請は退けられたが、一箇年一万二千円を限度とした補助金がおりた。これは井上勝の上申にそった措置であった（老川慶喜『井上勝　職掌は唯クロカネの道作に候』）。ただそれも「長浜大津間ノ鉄道線路連接」に限定された補助であり、船舶発着の時間や運賃は、政府の指示に従う事、といった条件が改めて示された。鉄道との連絡を目的とする公共交通であるべき、と釘を刺されたかっこうの補助金であった（『大津市史 中』）。

一庭は明治一七年三月二十八日付けで游龍丸船長を一時降りている。慰労金半ケ月一一円が支給された。ただこの後の明治一八年三月一日附で再び游龍丸船長の辞令を受けている。月給は拾七円と減額になった。太湖汽船の苦境の反映なのであろう。

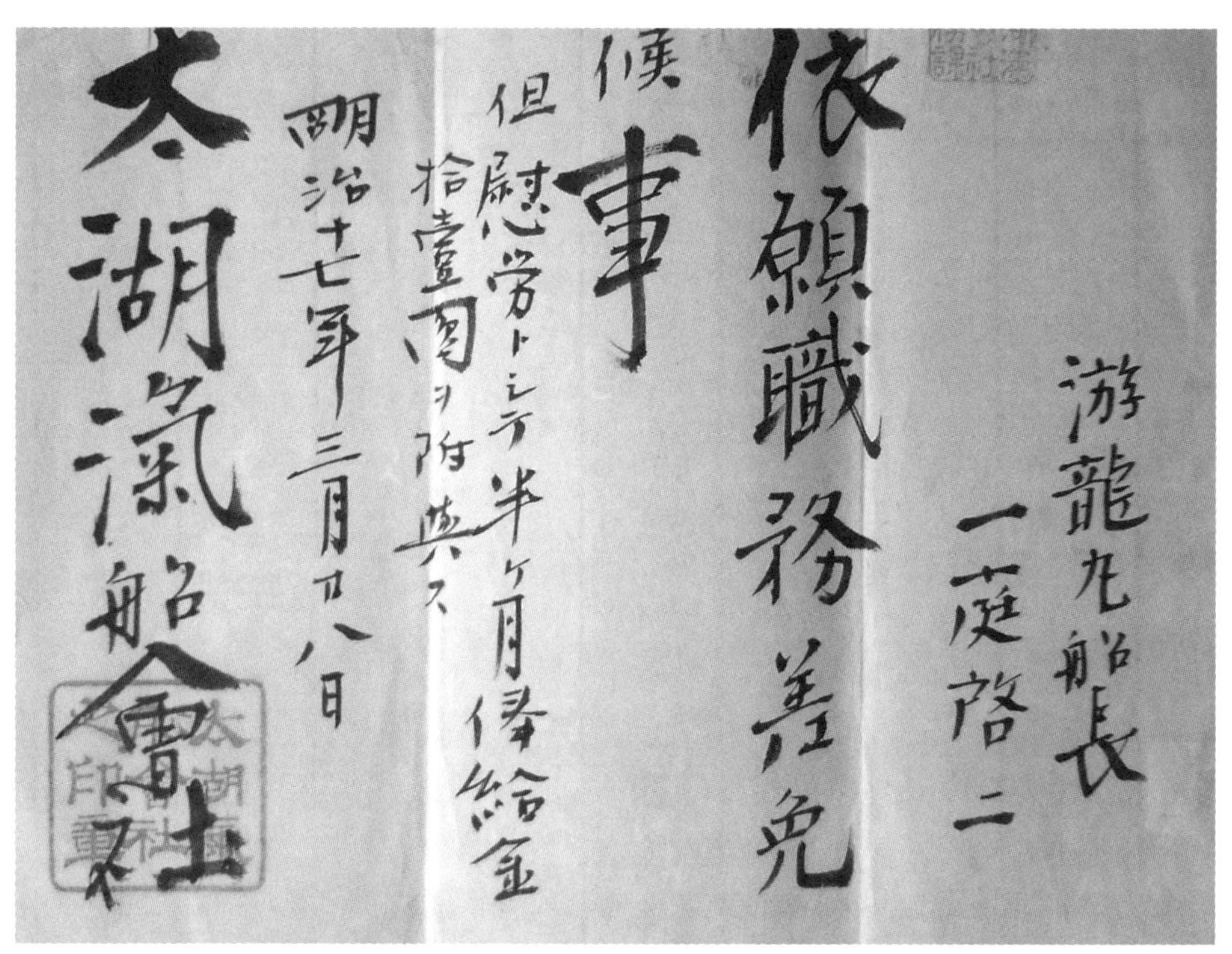

游龍丸船長
一庭啓二
依願職務差免候事
但慰労トシテ半ヶ月俸給金拾壹円ヲ附與ス
明治十七年三月廿八日
太湖滊船會社

［図版6-12］明治17年3月28日付の職務差免辞令（一庭―汽船―62）。

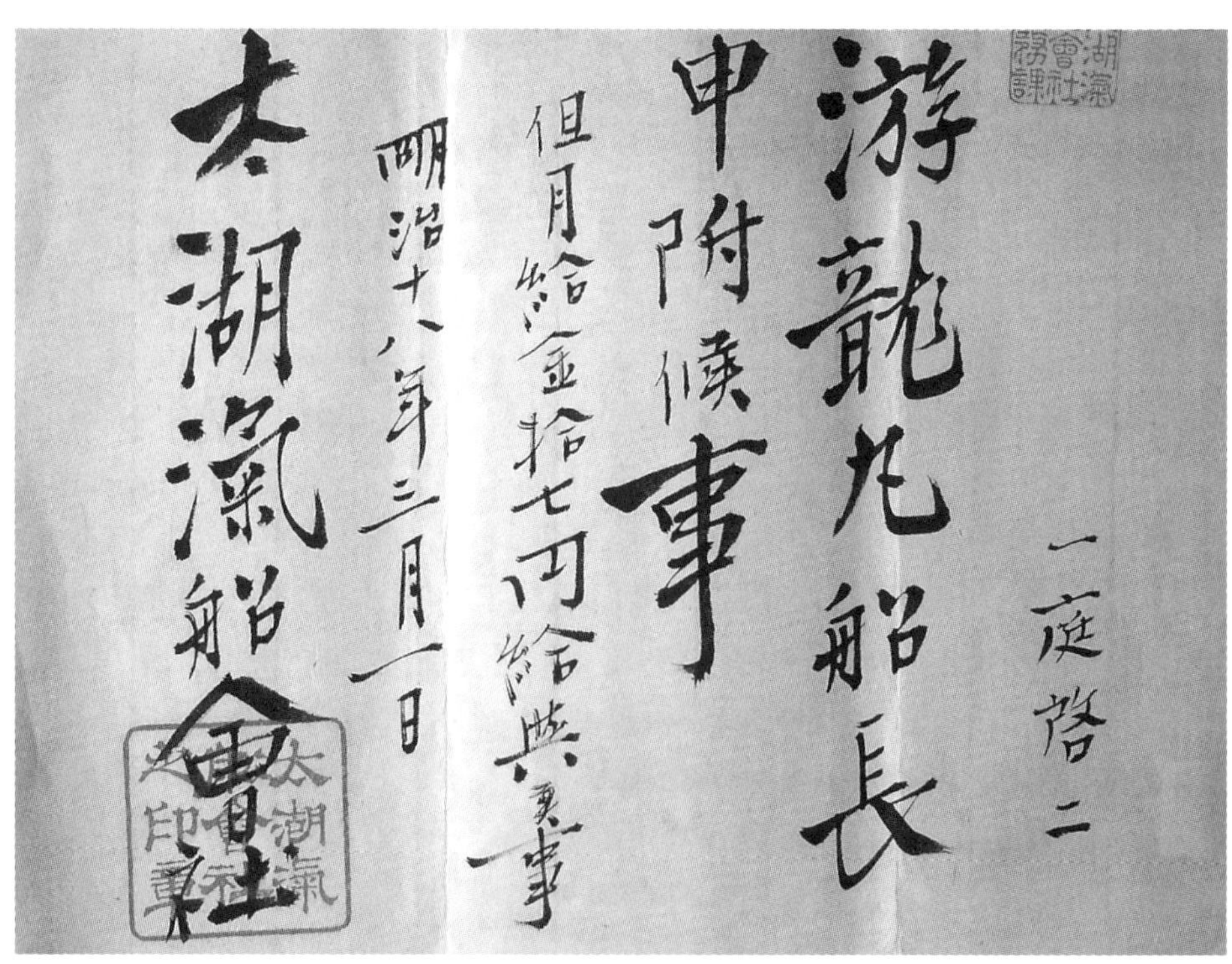

一庭啓二
游龍丸船長
申附候事
但月給金拾七円給與候事
明治十八年三月一日
太湖滊船會社

［図版6-13］明治18年3月1日付、再度の游龍丸船長辞令。月給17円とさらに減俸となる（一庭―汽船―63）。

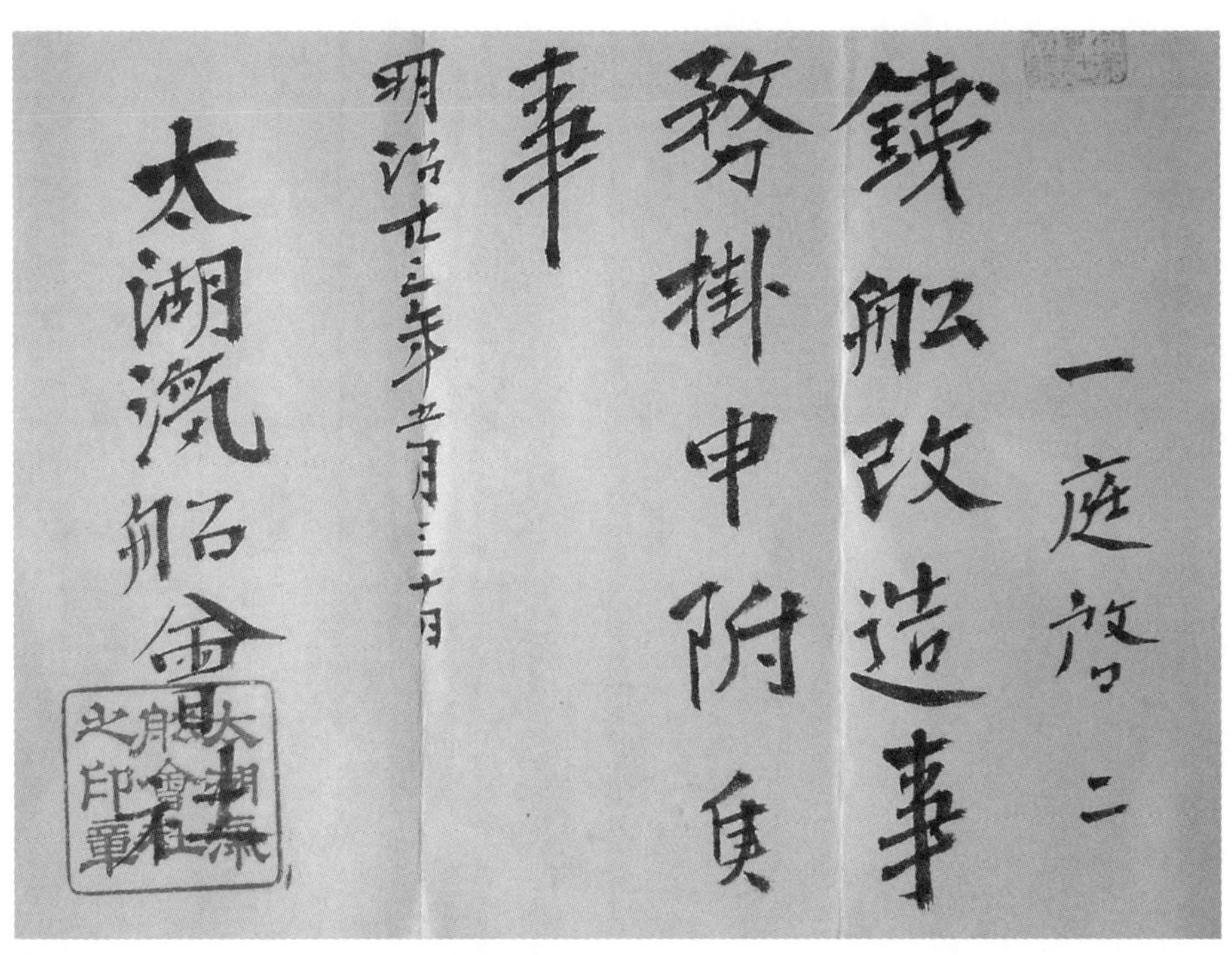
一庭啓二
鉄舩改造事務掛申附候事
明治廿三年五月三十日
太湖汽船會社

[図版6-14] 明治23年5月30日付「鉄舩改造事務掛」辞令。包みに「第一太湖丸改造事務掛辞令書 明治二十三年五月三十日」とある(一庭－汽船－70)。巻頭にカラー図版。

さてこの鉄道連絡のために設立された太湖汽船では、当初鉄道二列車に一汽船の運航を予定していた。しかしながら就航した鉄船も所期のスピードが出ず、さらには荷物の積み替えや乗客の乗換えなどに不便をかこち、評判も今一つかんばしくなかった。工部省は鉄道敷設を予定より早めることとし、明治二二(一八八九)年七月には、長浜―米原―大津(馬場)間の鉄道路線が開通するに至った。

北陸線の分岐駅として米原駅が設置され、米原―大津間の鉄道が開通し、ようやくと言ってもいいだろう、東京から神戸までの全路線が鉄道で結ばれることとなったのである。つまり滋賀県内の北陸線・東海道線がついに全面開通したわけであった。かくして、これまで「鉄道連絡船」として運航してきた太湖汽船も、その必要性を失ってしまったのである。

このような鉄道の開通によって、鉄道連絡船による輸送という任務は根本からくずれてしまった。補助金も打ち切りとなる。井上勝は補助金の持続を松方正義大蔵卿に上申し、結局特別補助金一〇万円の下付が決まり、明治二二年一二月に太湖汽船側へと通達がなされた(前掲の老川慶喜『井上勝』)。しかしながら苦境は続き、翌明治二三年に太湖汽船は、鉄製大型蒸気船の第一・第二太湖丸を鉄道連絡船から引きあげることを決断した。鉄船は、まず琵琶湖でいったん解体され、それを大阪に運び、組み立てられて、同名の瀬戸内海航路船として運航させることとしたのである。

この鉄船第一太湖丸の改造にあたって、一庭は太湖汽船から

「鋲船改造事務掛」の役を申し付けられた。その明治二三年五月三〇日付の辞令が残されてある（一庭―汽船―70）。琵琶湖で初めて蒸気船一番丸の造船に力を尽くした一庭が、今度は、鉄製蒸気船をいったん解体し、軍用に改造する役目を仰せつかったことになる。この第一太湖丸および第二太湖丸は、日清戦争のおりに陸軍の御用船として使われたのであった。

その後の太湖汽船

長浜―大津間、関ヶ原―長岡―米原間の鉄道路線が開通することにより、東海道線側の東浦海運は壊滅的となり、また西浦の海運も徐々に衰退に向かっていった。湖南地域には、小規模ながら各港を結ぶ汽船会社が存在したが、明治一九（一八八六）年一二月に紺屋関汽船と山田汽船とが合併して湖南汽船会社を発足させている。本社を大津に置いて、翌二〇年一月一日から営業した。資本金は二万五千円、社長は谷口嘉助である。

この湖南汽船であるが、太湖汽船が堅田以北の長距離航行を受け持ったのに対して、堅田以南の近距離を営業地域と棲み分けていた。そして、少しのちの話になるのだが、その活路を観光方面に見出して、明治二七年（一八九四）からは大津―石山、大津―坂本などの名所旧跡や景勝地に船を向かわせ、琵琶湖遊覧観光の事業へと変身をとげていく。

のちの琵琶湖汽船は、社業の始まりを、明治二〇年一月開業のこの湖南汽船会社であるとしている。そこでは、「百年の昔、琵琶湖上に呱々の声をあげた当社創業の姿」と述べられ、社史

［図版6-15］「湖南汽船」『滋賀県写真帖』（滋賀県立図書館蔵）。

の年表もここから書き出している（『琵琶湖汽船百年史』）。

明治三六（一九〇三）年には大阪で第五回内国勧業博覧会が開催され、大正四（一九一五）年秋には京都で即位御大典が挙行されることなどもあって、湖上は賑わいを見せる。また住民の足である定期船としても依然として利用された。大正九（一九二〇）年には京阪電気鉄道と提携して近江八景めぐりなどの観光事業を展開する。しかしながら、大正一二年一二月には、江若鉄道が大津―堅田間を開通させて営業を開始、さらに昭和六（一九三一）年には近江今津間まで延伸開通するなどと、陸路の交通が整備されていくにしたがい、湖上海運も徐々に衰退に向かっていった。

ここで念のために述べておくと、ここまで記述してきた太湖汽船は、明治一五年五月創業の、いわば第一次太湖汽船とでもいうべきものである。それは東海道線・北陸線の開通により、鉄道連絡船としての任務は終えた。以降は、湖南汽船と同様に観光面に力点を移し、明治四〇（一九〇七）年には八景丸、またのちに白石丸を建造して観光定期船を運航した。しかしながらこの事業も、先の江若鉄道の開業などもあって経営不振に陥る。昭和二（一九二七）年一月には資本系統を同じくしていた大津電車軌道（今の石山坂本線）と合併し琵琶湖鉄道汽船と名称を変えて運営した。この時の社長は、滋賀県北五個荘村出身の藤井紡績創業者藤井善助、京都岡崎に藤井有鄰館を創設した人物である。

こうして琵琶湖鉄道汽船は、大正末に湖上観光へと手を伸ばしてきた京阪電気鉄道と対抗したのだが、昭和四（一九二九）年四月にはついに京阪電気鉄道と合併して、太湖汽船を発足させるにいたる。これが第二次の太湖汽船である。つまり西浦・東浦合体の第一次太湖汽船と、堅田以南の湖南汽船を合わせ京阪電気鉄道が全体を掌握して誕生した第二次太湖汽船とがあるわけだ。この太湖汽船は、戦後の昭和二六年二月、琵琶湖汽船株式会社と改称されて現在に至る。こうして激動の琵琶湖海運は今日の姿になっていったのである。

船長一庭啓二

さて一庭だが、明治八（一八七五）年に堀江八郎兵衛らが設立した新会社に名を連ねず、明治一〇年二月一日、堀江側から三汀社の手に移った大津丸の船長に就任した。そしてその後も一貫して船長職を務めてきたことについては、折に触れて述べてきた。ここでいま一度、履歴書および残された辞令をもとに、「一庭船長」の足跡をまとめてみておきたいと思う（辞令の日付と「履歴書草稿」とでは日付が少しずつ異なっている）。

明治一三年三月、一庭は三汀社が建造した松寶丸の船長に就任したが、同年八月三一日には三汀社を雇い止めとなっている（一庭―汽船―57）。そして明治一四年四月一日に汽船会社（社印は「近江國滊船會社」）の辞令で「海員取締兼諸船作業監督」（一庭―汽船―58）、四月一五日付で近江丸船長の辞令を受けた（一庭―汽船―59）。

この「近江國滊船會社」は時期的に見て、明治一四年一月に

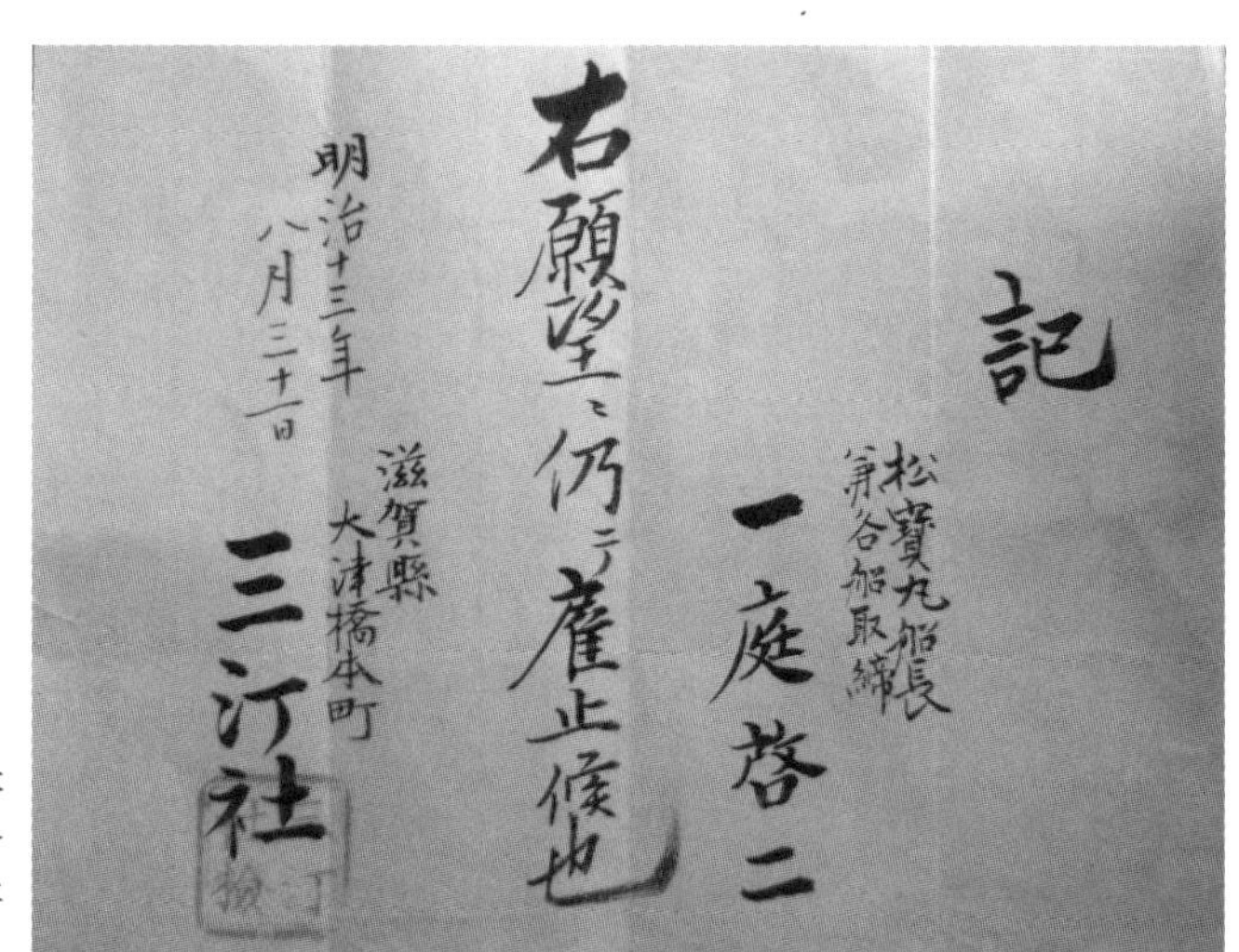
記

松寶丸船長
兼各船取締
一庭啓二

右願望ニ仍テ雇止候也

明治十三年
八月三十一日

滋賀縣
大津橋本町
三汀社

［図版6-16］ 一庭は大津橋本町に本社を構えた三汀社の松寶丸船長兼各船取締を明治13年8月31日付に雇止めとなった（一庭－汽船－57）。

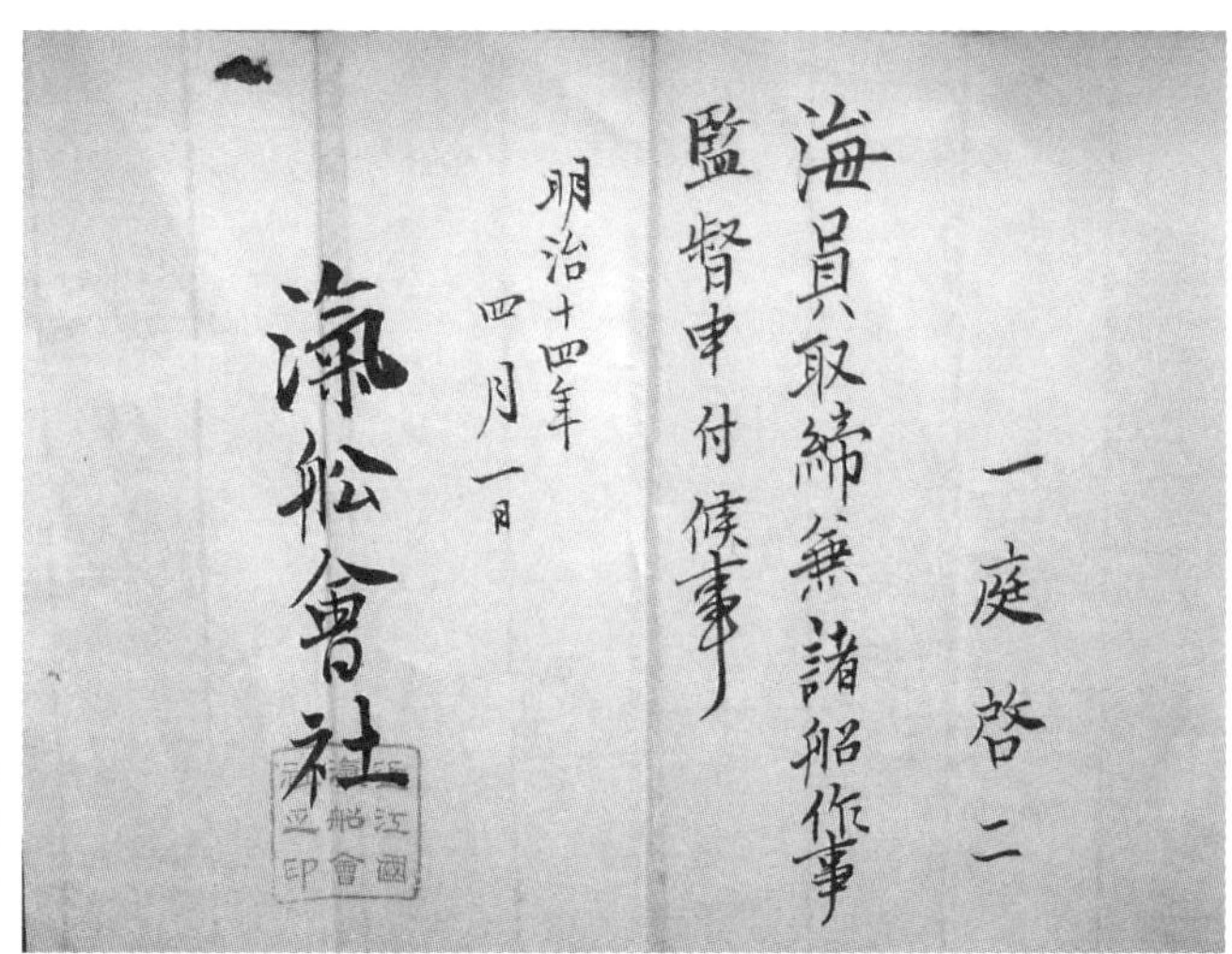
一庭啓二

海員取締兼諸船作事
監督申付候事

明治十四年
四月一日

瀛船會社

［図版6-17］ 明治14年4月1日付で「近江國瀛船會社」から「海員取締兼諸船作事監督」の辞令を受ける（一庭－汽船－58）。

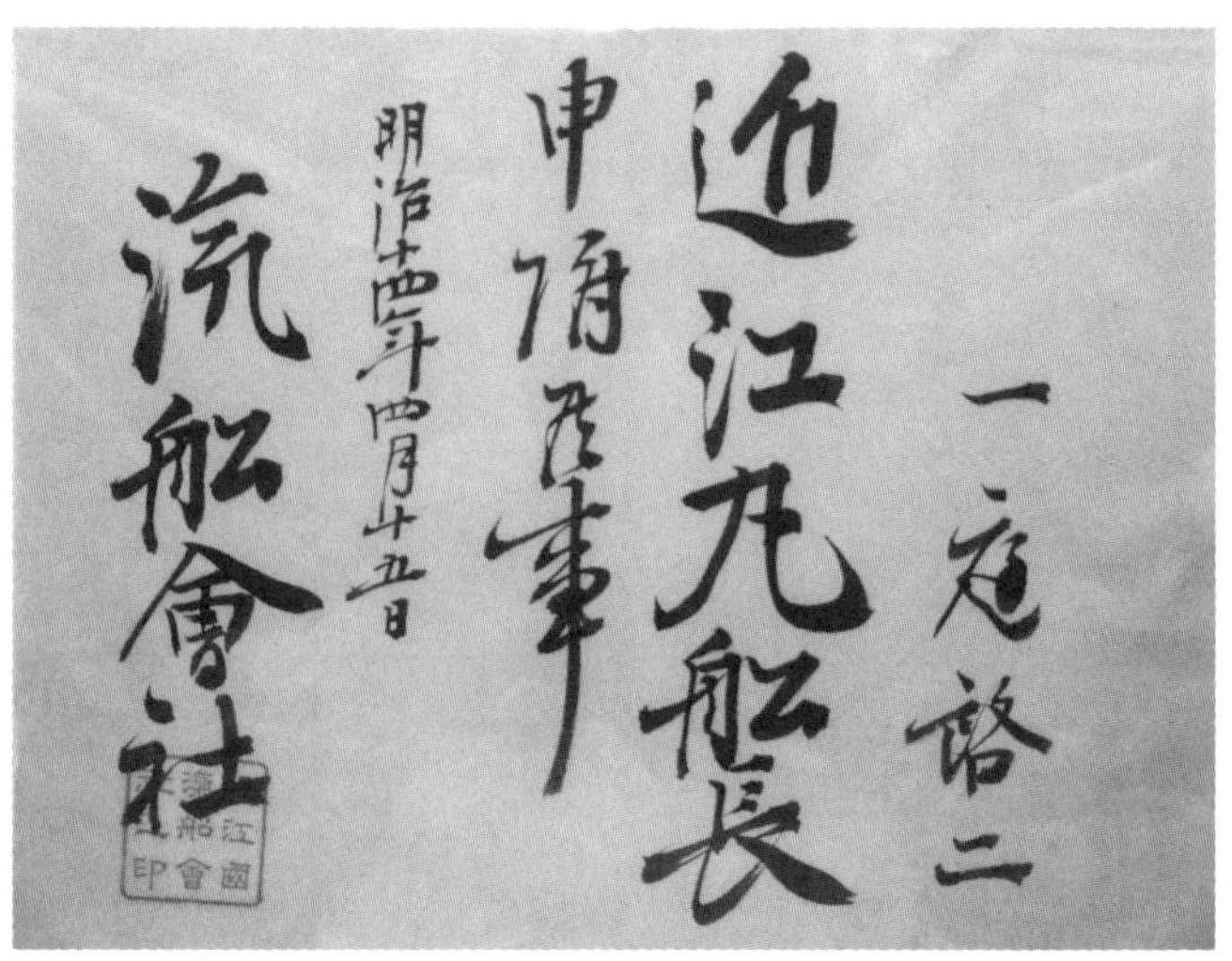
一庭啓二

近江丸船長
申付候事

明治十四年四月十五日

瀛船會社

［図版6-18］ 明治14年4月15日付で「近江國瀛船會社」から近江丸船長辞令（一庭－汽船－59）。

[図版6-19] この時期の一庭啓二。裏書に「明治十六年夏六月三十七歳七ヶ月」とある（一庭—写真—28）。

[図版6-20] もう一枚このころの一庭啓二写真。裏書に「明治十有六年六月上澣写之 一庭啓二 卅七年七ヶ月像」とある（一庭—写真—29）。

三汀社の船舶を買い取った長浜の浅見又蔵の設立した大津汽船会社であろう。つまり、経営者が交代し社名が変わったことで、一旦退社をしたうえで、新たに辞令交付を受けるという形をとったということになる。太湖汽船に一本化されるこの時期、汽船会社名もいささかややこしい。そのうえ辞令の日付と実際に乗船した日付に齟齬があって、月日については不安定である。

その後、堀江の江州丸会社と、三汀社の後身にあたる浅見の大津汽船会社は、明治一五（一八八二）年五月、藤田傳三郎が頭取を務める太湖汽船として合同し成立する。一庭はここでもそのまま、新たに発足した太湖汽船の船長を務めている。それが、明治一五年五月一日付游龍丸の辞令である。游龍丸は五八トン、建造されたばかりの船であった（船長辞令は、図版6—10）。

この船は、大津—米原および大津—長浜間の運行で、一庭は明治一七年三月二八日まで船長を務めた。そしてその後の明治一八年三月一日には、再度游龍丸の船長を拝命し、大津—長浜および大津—塩津間を航行した。それは八月二五日まで続いた（船長辞令は、図版6—13）。

なお一庭は、明治一六年に建造された大型鉄船の第一太湖丸・第二太湖丸については、その船長を拝命していない。明治二年以来蒸気船の船長を務めた一庭だが、造船技術も時代を経て高まり、このような大型鉄船の運転操作には適合しなかったのかもしれない。また、過剰な競争と離合・買収など生々しい実業界の再編の末の大型鉄船建造であってみれば、そんな鉄船の操舵には気乗りがせず、一番丸船長の時代と同じように、木造汽

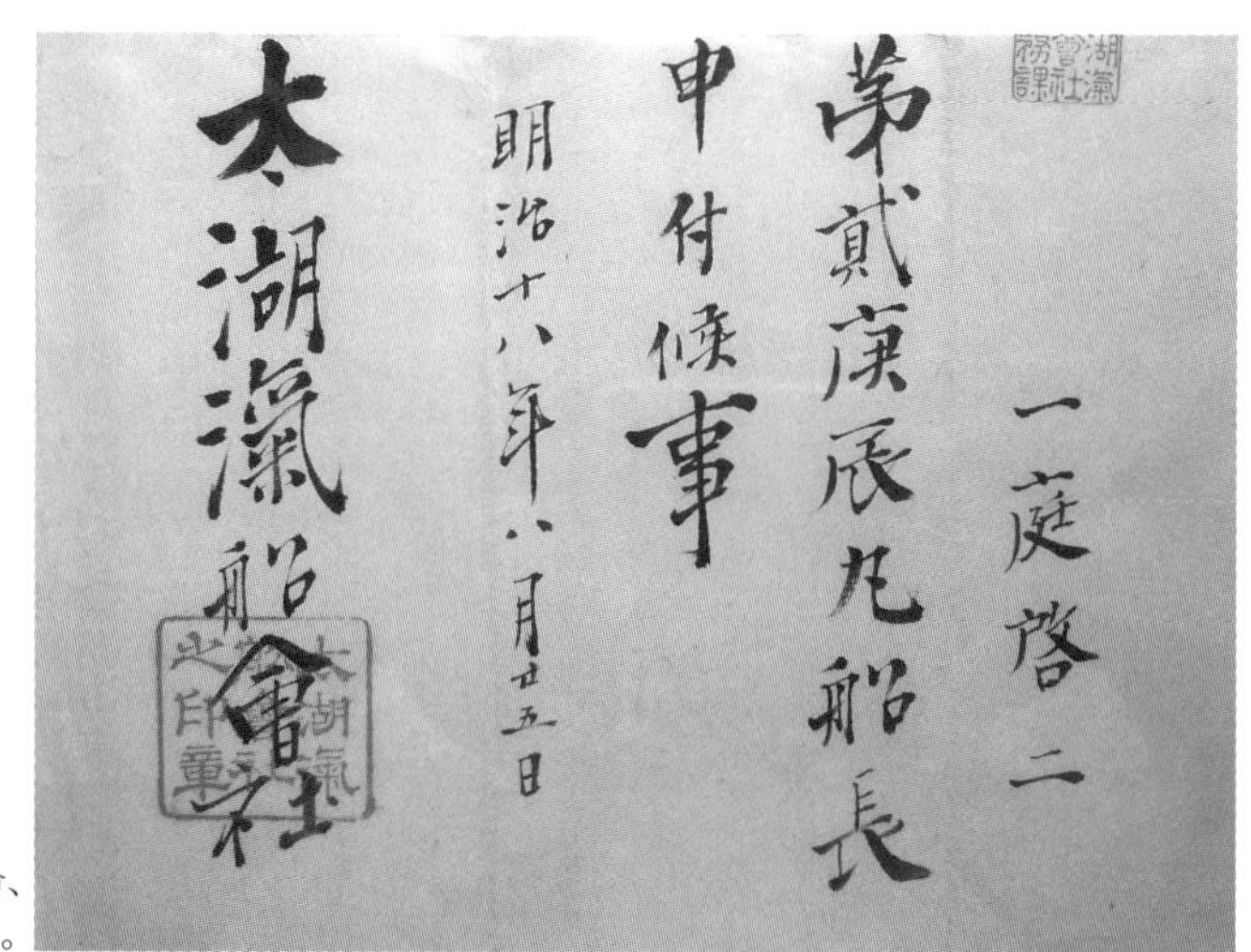
一庭啓二
第貳庚辰丸船長
申付候事
明治十八年八月廿五日
太湖滊船會社

［図版6-21］第二庚辰丸の船長辞令、明治18年8月25日（一庭―汽船―64）。

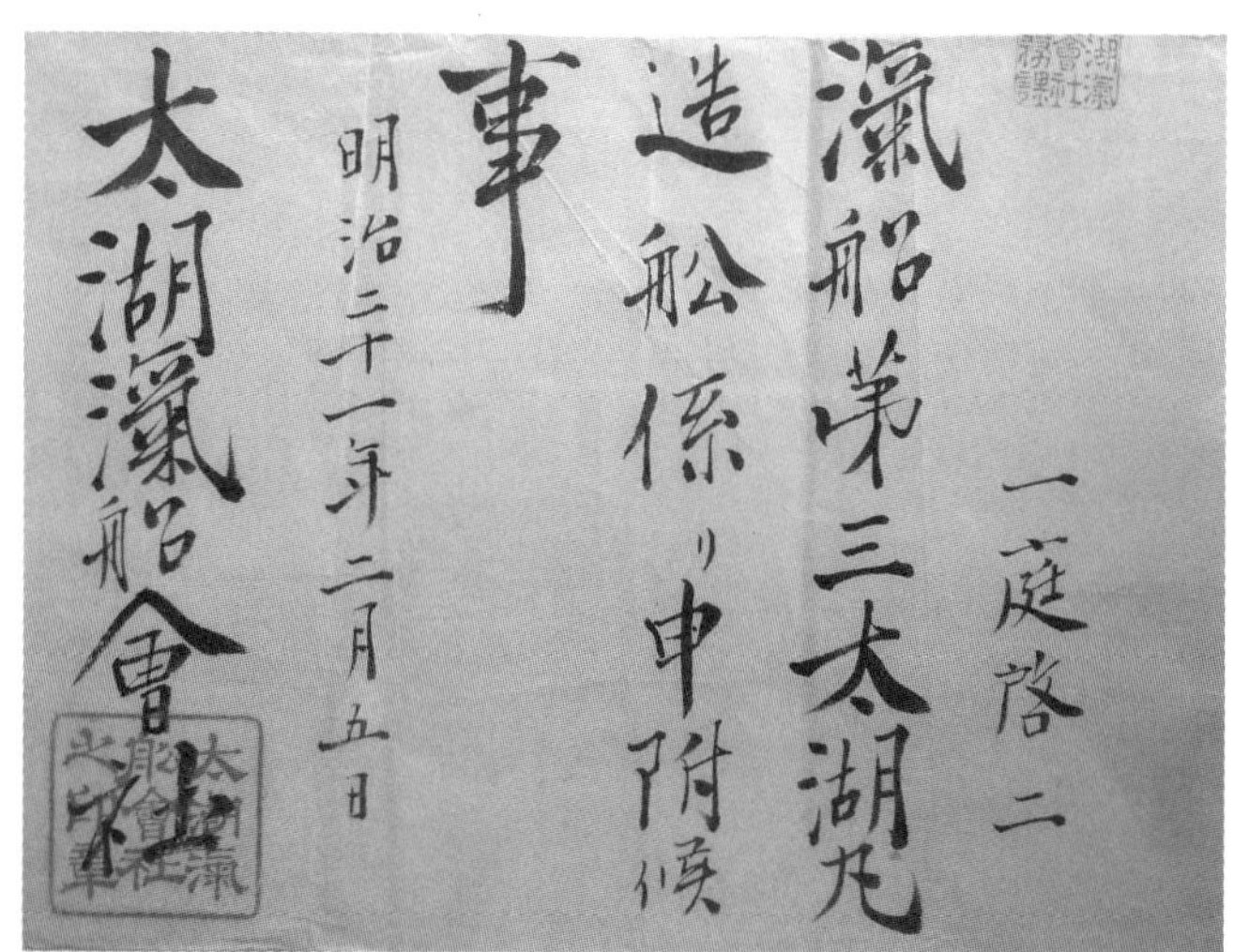
一庭啓二
滊船第三太湖丸
造船係リ申附候
事
明治二十一年二月五日
太湖滊船會社

［図版6-22］明治21年2月5日付第三太湖丸造船係の辞令（一庭－汽船－65）。

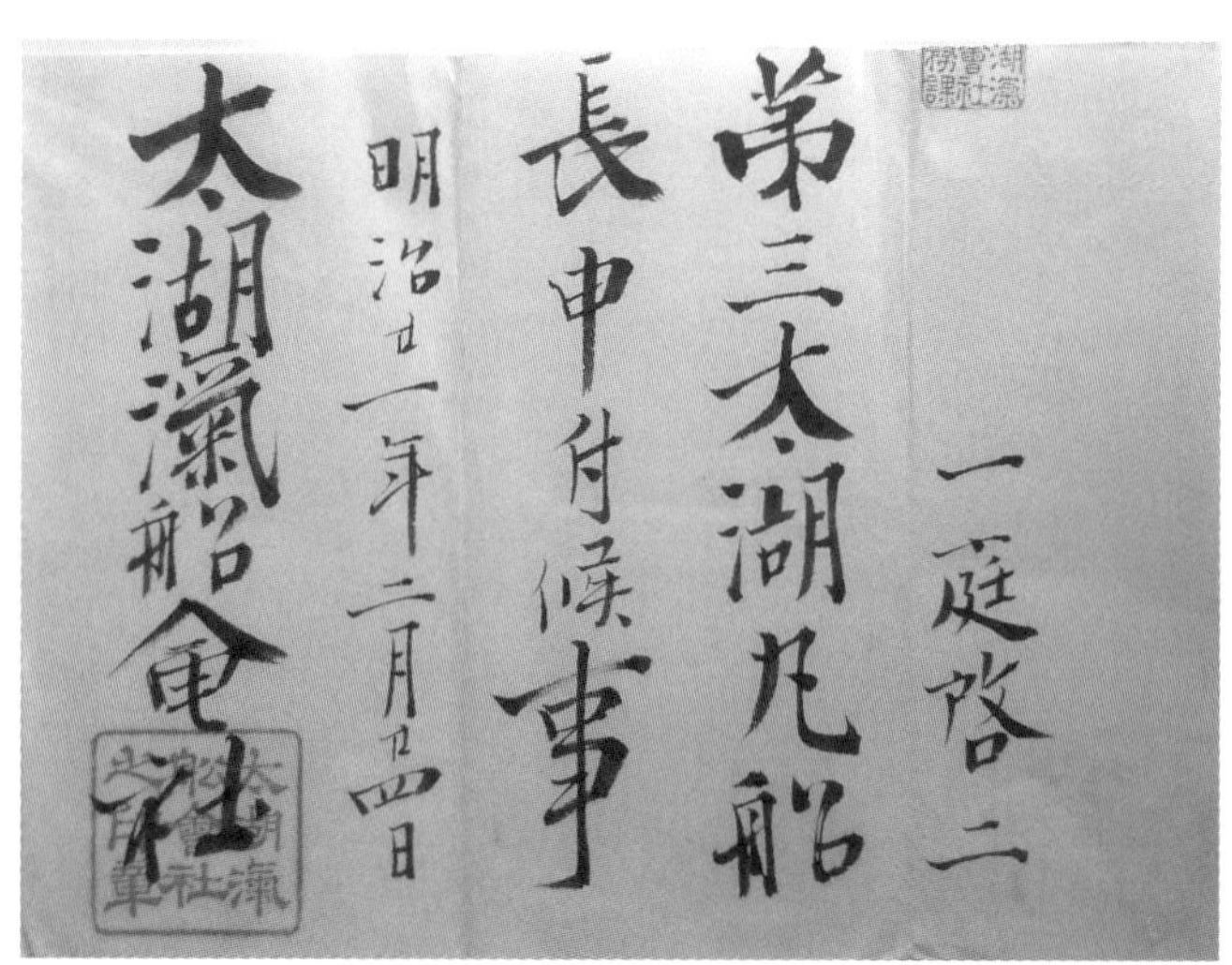
一庭啓二
第三太湖丸船
長申付候事
明治廿一年二月廿四日
太湖滊船會社

［図版6-23］明治21年2月24日付第三太湖丸船長辞令（一庭－汽船－66）。

船の一船長として、船の運航に日々励んだのであろうか。

その後も一庭は、木造船船長として勤務した。木造船のなかでは最大級であった第二庚辰丸九八トンが明治一四（一八八一）年八月建造されているが、これにも明治一八年八月二六日から約二年六ヶ月間乗船し、大津—塩津間の運航に励んでいる（一庭—汽船—64）。また、明治二一年二月二四日、第三太湖丸一〇三トンの船長辞令を受け、三月一日には第三太湖丸船長として一八円の給与を得ている（一庭—汽船—65、66、67）。このように一庭は、新たに建造された大型の木造船については、一貫して船長として乗船していた。

こうして一庭は、汽船会社の設立には加わらず、以降の汽船各社による過度の競争を批判的な視点で眺め、その後の買収や統合の場面からは、数歩も百歩も離れた地点に立ち、みずからは、一船長として営々と汽船の運航に務めたのである。

明治一三年五月には、上平蔵町の家で郵便切手販売を始めようと、願書を前島密駅逓総監宛に提出し、受理されている（「郵便切手売下所願書」「御請書」草稿、一庭—覚書—18）。当初書類上では「蒸気郵船」といわれた一番丸運航といい、汽船での郵便物の運送業務や、この郵便切手の販売など、「郵」の字義通りの、なにか「送り継ぐ」という仕事に係わってきたことは面白いことだと思わせる。

覚書「西洋形商船海員雇入雇止規則」

明治12年8月16日施行となった「西洋形商船海員雇入雇止規則」を和田光生が紹介している（和田光生「明治初期、琵琶湖の蒸気船—明治12年の江州丸社を中心として」）。この西洋形商船とは、蒸気船の場合は10トン以上、風帆船の場合は20トン以上の船をいい、船長以下海員は免許状所持のものに限られるとされた。この海員は試験に合格して免許状を取得した者のことをいうのだが、500トン300馬力未満の船長以下海員は仮免許状でもよいこと、現在のところ学力の精粗にかかわらず履歴書を提出して試験を受けた場合は、なるべく及第させるようにとのその筋からの通達があったことが示される。講習会および試験は西日本では神戸と長崎で実施され、船長は神戸湖川汽船長免許、機関手は神戸湖川汽船機関手の免許であった。なお一庭文書に、「試験願書草稿」という履歴書が残されてあり、この免許試験と関連するかとも思われるが、日付がうまく合致しない。書き足したりしたものかもしれないが、詳細は不明である（一庭—汽船—50）。

太湖汽船会社での顕彰

こうして、真摯に船長の職務をこなしてきた一庭は、太湖汽船の社内での評価も高かった。明治二二（一八八九）年九月二五日には滋賀県兵事課長から、「不一方御盡力、御注意周到、無滞渡航相済、軍隊に於而も満足に有之候御懇切之段奉深謝候」との文面の書簡が一庭に届けられている（一庭—汽船—69）。注意を怠らずひとかたならぬ尽力により軍隊の輸送も首尾よくいったとの感謝の文面であった。

また少しのちの明治二九（一八九六）年七月一〇日、滋賀県はおりからの暴風雨に見舞われ、琵琶湖周辺の各地で出水、九月一二日には湖水の水位は最高度に達した。この雨で琵琶湖周辺の河川は決壊して大きな被害を出し、死傷者百余名、家屋や船舶の流失も多数に及んだ（『滋賀県史』第四巻）。そのときのことだが、一庭は逓信省から、「水害ノ際 郵便物航送上格別勉励ニ付給与」と、感謝状とともに金七円が贈られている（一庭―汽船―52）。水害で多くの困難がある中、日々の生活に重要な郵便物の運搬業務に対して誠意をもって遂行したというわけである。

先の兵事の輸送にせよ、この水害時の郵便物航送にしても、一庭にすれば、仕事として日々当然の務めを淡々とこなしただけだ、ということであったろう。ただこのように、「格別勤勉」を理由に表彰されるというのも、船の操舵をはじめ通航の仕事全般に対して真面目でひたむきに取り組み、責任感や使命感をもって臨んでいたということの結果であった。そこにはやはり、琵琶湖一番丸の船長であったという過去の「盛名」も大きく関与していたのかもしれない。

先に引いたやぶ椿（一庭陸）の回想でも、「世間では太湖社といへば○○、○

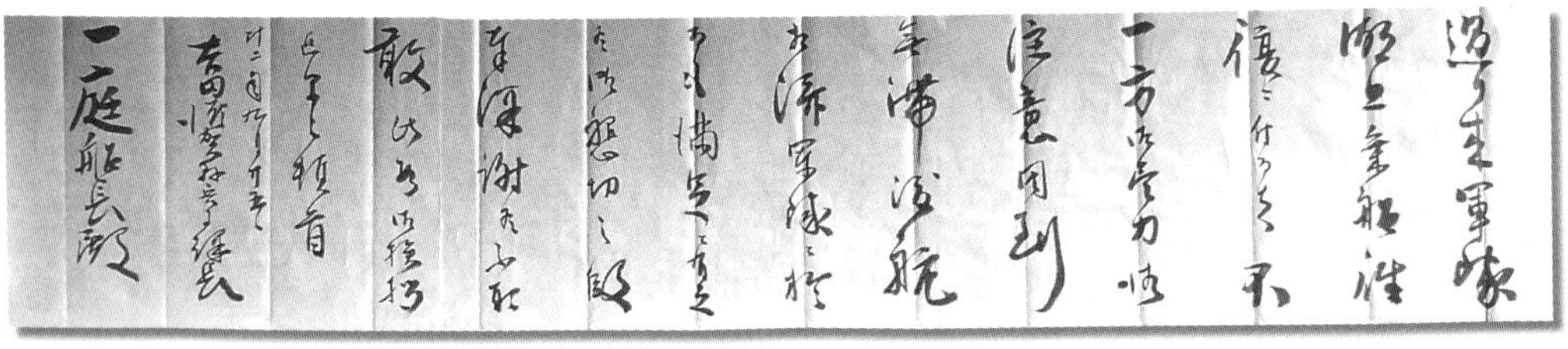

［図版6-24］ 汽船により部隊の輸送を無事に終了させたことに対してのの滋賀縣兵事課長からの礼状（一庭―汽船－69）。

［図版6-25］ この頃の一庭。明治22年10月2日に手賀安吉の送別会を佃舎で開いた時のもの（一庭―写真―31）。

[図版6-26] 大洪水 坂本。裏書に「明治廿九年申九月中浣 琵琶湖上大洪水 大津町字坂本米穀取引所近傍浸水之写真」(一庭—写真—282)

[図版6-27] 大洪水 瀬田橋。裏書に「明治廿九年九月中浣大洪水 勢多橋下溢水之図」(一庭—写真—284)。

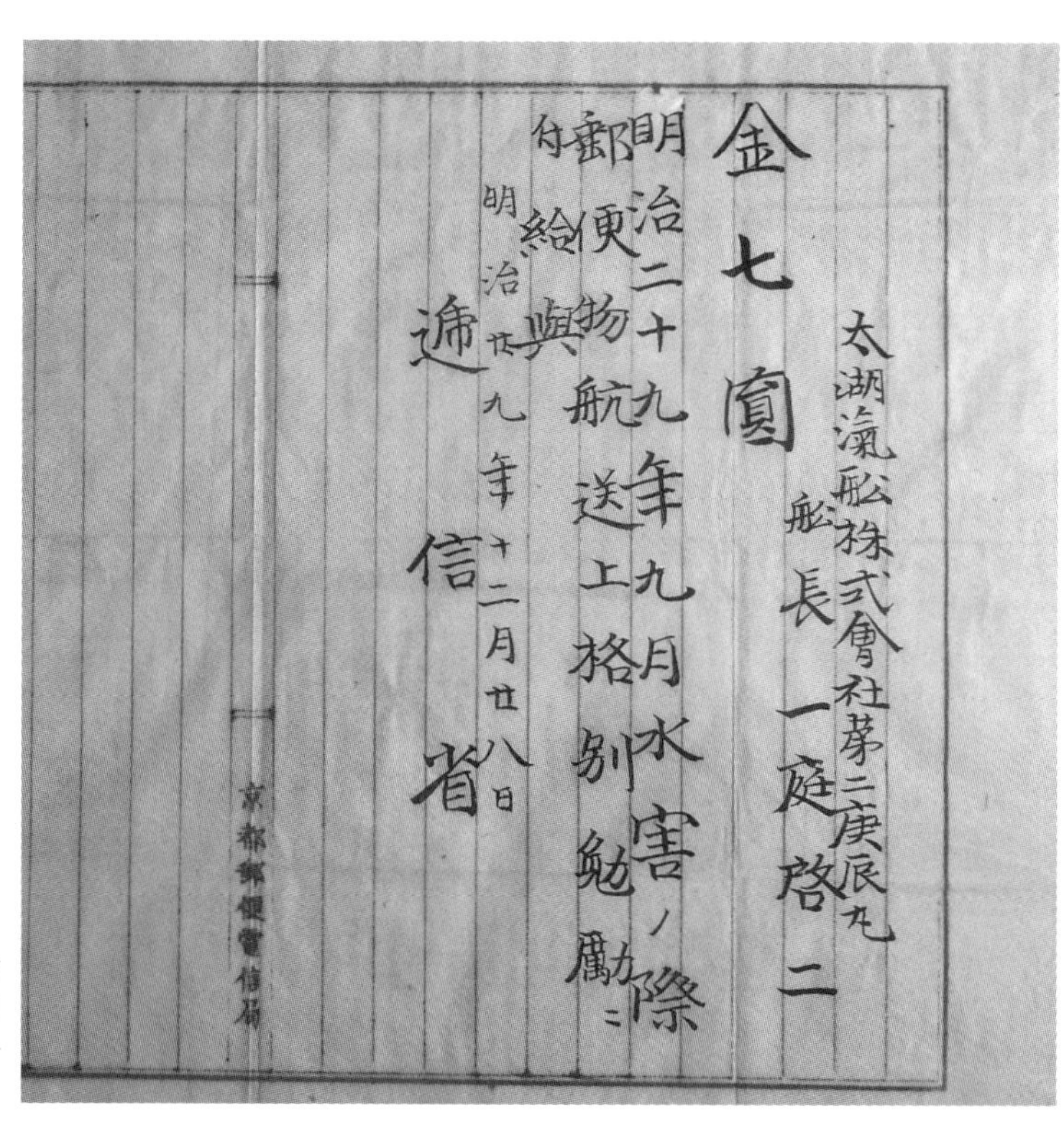
太湖汽船株式會社第二庚辰丸
船長一庭啓二
金七圓
明治二十九年九月水害ノ際
郵便物航送上格別勉勵ニ
付給與
明治廿九年十二月廿八日
遞信省
京都郵便電信局

［図版6-28］逓信省からの感謝状「水害ノ際 郵便物航送上格別勉勵ニ付給與」（一庭―汽船―52）。

○といへば太湖社を連想する程重く視られ、又重役様達も一歩譲って居て下さったやうでした」と回想する。身内の評価、という点を差し引いたとしても、事実社内では一目置かれた存在であったことは確かなことであったろう。石川嶂とともに蒸気船を建造し、琵琶湖に浮かべて一番丸の船長に就いた、という事実も、四半世紀を経たこの時点では、歴史上の出来事、逸話となって伝えられていたであろうことも想像できる。

白鬚神社への奉納

また明治二〇何年かのことだが、一庭の発案により白鬚（しらひげ）神社の社頭に灯明台を兼ねた石灯籠を会社が建てることとなった。その打ち合わせのため、三月三日に一庭は白髭神社に出かけ、神官の梅辻氏と打ち合せている。

娘陸の回想にあるのだが、一庭が陸に対し、お前は病身だし、また三月三日が誕生日でもあるので一緒に出かけてお参りしようと言われ、連れ立って大溝まで汽船で出かけ、北国街道を少し戻って神社に参ったのだという（やぶ椿「湖上に汽船を浮べて七十年亡き父を憶ふ（一）（二）」）。

この白鬚神社は猿田彦命（さるたひこのみこと）が御祭神で、天照大神の命を受けて高天原から降臨した皇孫瓊瓊杵尊（ににぎのみこと）の道案内をしたことから、招福や商売繁盛、また導きや道開きの神様として信仰されてきた。いわば交通安全の神でもある。そうしたことから、汽船会社に奉納を提案したのであろう。

この白鬚神社の『白髭大明神縁起絵巻』「詞書第十六段」に

［図版6-29］湖上に建つ白髭神社大鳥居（2020年11月22日撮影）。

は、次のような話が書かれてある（白髭神社ホームページに掲載の「縁起絵巻」）。白髭大明神はいつも鉢をもち、湖上を行き来する船に向かって漂い出で、勧進をしていた。ある日、大津から海津に向かう船に漂って勧進したところ、船人は、今は奉ずるものがないので海津から大津に戻るとき必ず献納すると約束して去った。この船が大津に戻る時、この鉢が漂い寄ってきたので、鉢いっぱいの施し物をした。ところがどうしたことか、鉢は帰り去ることもなく、船に付き添ってきた。船人は、これほど施しをしたのにまだ足らぬかと嘲って、竿で突いて押しのけて大津に戻ろうとしたところ、船は動くこともできず、一七日ほども岩に繋ぎ留められてしまった。それでも大明神はまだ足らず、船を谷にまで押し上げ、砕き割ってしまった、というものである。

一番丸時代に一庭は、日々、大

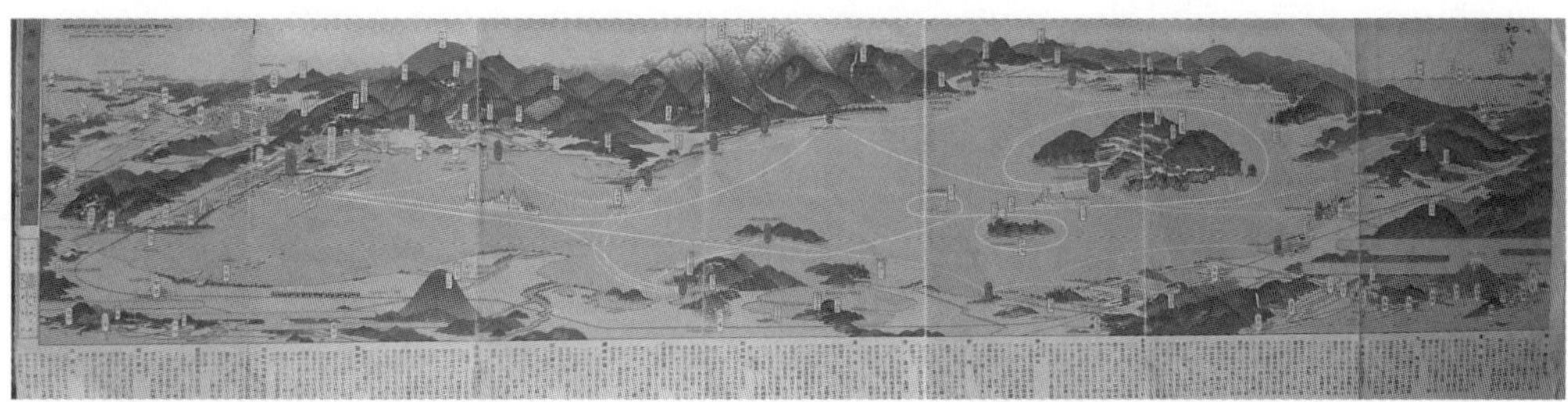

［図版6-30］吉田初三郎『琵琶湖遊覧御案内』大正15年 太湖汽船株式会社（琵琶博—冊子—１）。巻頭にカラー図版。

津—海津間を航行し、以降も各船の船長として湖上の汽船運航を行ってきた。そんな一庭にとってこの白髭神社の縁起にある説話は、他人ごとではなく、切実なものであったのであろう。そんなことから石灯籠の奉納を会社に提言したのである。

第七章
風雅に生きる

俳号「一葉」「弧舟」

一庭は風雅の人であった。明治三〇（一八九七）年一一月三日の天長節、一庭は旧友の萍洲・栽竹・蒲香の三人を庚辰丸に招待し、宝厳寺(ほうごんじ)のある竹生島(ちくぶじま)に向かっている。宝厳寺は弁財天を御本尊として祀る。弁財天がもとインドの河を守る神であることから、海や湖・川など水に関わる人たちにとって、一庭ももちろんそうだが、この弁財天への信仰は篤かった。

宝厳寺については、明治新政府の神仏分離令により、廃寺としたうえで神社と称するようにと、まことに理不尽な命令が大津県庁から出されている。しかしながら、寺や信者たちの反対で廃寺はかろうじてまぬがれることができた。ただ本堂は、都久夫須麻(つくぶすま)神社に引き渡されたというから、一庭が参拝したときには、宝厳寺の本堂は、まだ正式な本堂として再建がなされる前のことである。

ともに竹生島へと向かった友人のひとり萍洲は、北日本新聞社の記者永見留雄であろうか。そうであれば明治四三年八月に二水庵萍洲(にすいあんへいしゅう)の名で『地方新聞 外交記者』を刊行した人物である。栽竹、蒲香については今のところわからない。詩歌や書画の心得があったこの三人は、その愉快な竹生島旅游の一日を詩に詠み、それを絵巻物にして、「友人一庭酔仙子」に贈った。その絵巻物はのちの琵琶湖博覧会などにも出展されたのだが、残念ながら現在行方不明である。

俳句をたしなんだ一庭の号について、中神利人の『瓢百句集附録：湖南俳人百家選』には、「始め一葉又弧舟と号し後ち酔仙と改む、父子二代俳句を楽しむ、（中略）酔仙といふ程飲まず毎日銚子一本」と述べられてある。これにより一庭が、若いころ一葉また孤舟と号して俳句を詠んでいたこと、酒量はさして多くないながらも、酔仙と号したことが知れる。

一葉とは、「一葉の軽舟」といわれるように、小舟一艘のことでもある。「いちば」につながるということもあろうか。また孤舟というのも、文字通り一つだけぽつんと浮かんだ舟のことだ。琵琶湖にはじめて浮かべた蒸気船というのは、琵琶湖にとって間違いなく明治初年の文明開化の象徴でもあったろうが、その蒸気船も、ひとたび琵琶湖という大湖に乗り出して航行すれば、それは大湖に浮かぶ、ただただ「一葉の軽舟」である。

［図版7-1］一庭写真。裏書はないがこの時期のものであろう（一庭―写真―34）。

［図版7-2］髷を結い三味線を弾く一庭か。状態のわるいガラス乾板（一庭―写真―6）。

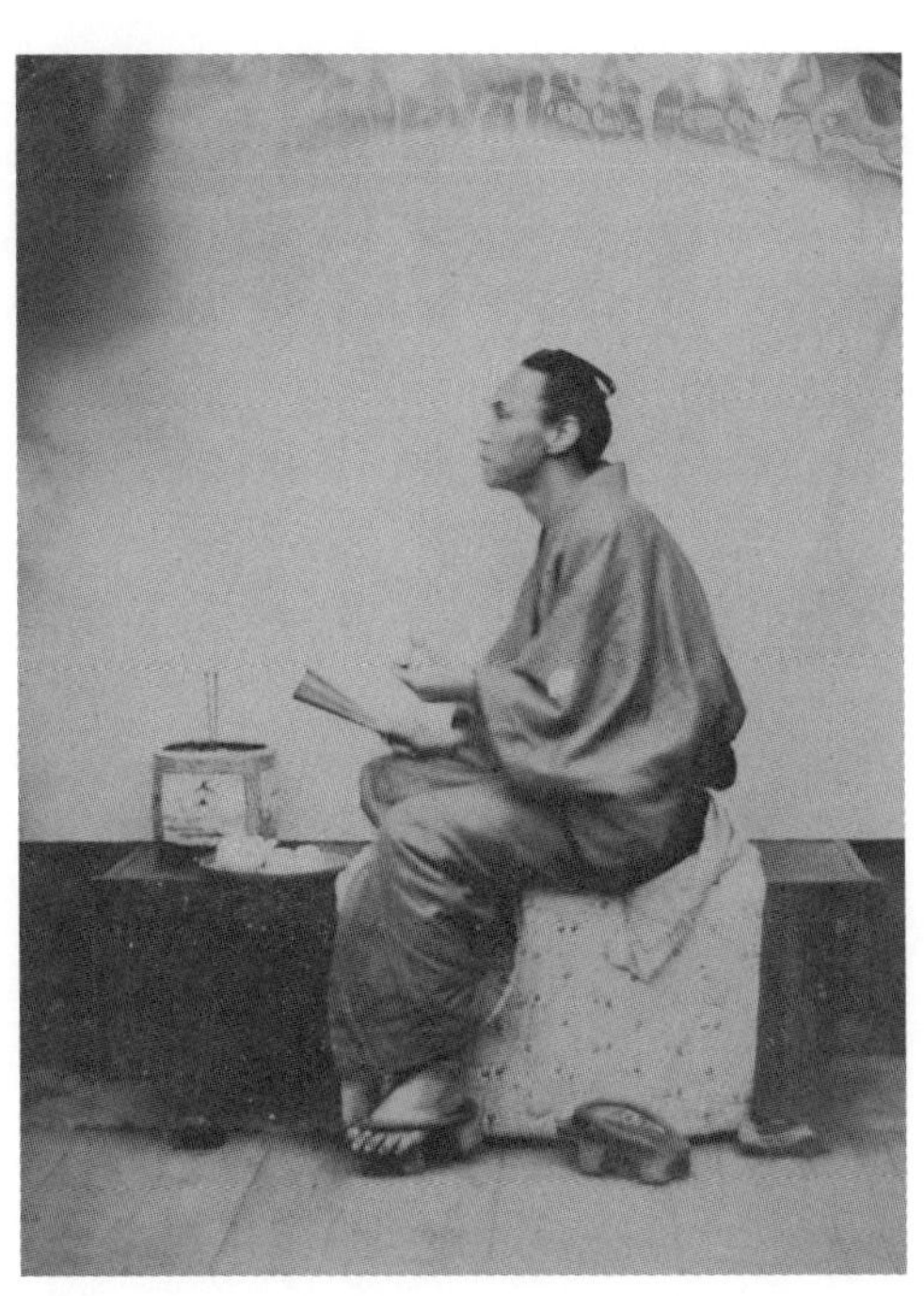
［図版7-3］これも一庭か。ガラス乾板（一庭―写真―7）。これらのほかにも、やつした感じで友人と写した写真がある（一庭―写真―30、33など）。

蒸気船とて、ぽつんと浮かぶ小舟にすぎないということを、一庭は身に染みて感じていたのであろう。一葉、孤舟という俳号は、そうした船長一庭啓二の想いをよく表明し、名付けられた俳号であったといえる。

　このように一庭は、蒸気船という近代文明の利器であっても、大湖琵琶湖に漕ぎ出してしまえば、「一葉」であり「孤舟」にすぎぬとよく認識していた。そのように物事を相対化して考えることのできる、柔軟な感性を持った人物であった。この感性が、明治八年時点で、会社設立や経営の道に向かわず、一船長として生きる決意をする、そうした素地にもなった。

　また一庭資料のなかには、明治三六年・明治三九年・明治四〇年という晩年の手帳や、年代が特定できないノートなども残されてある。そこには、漢詩や短歌を写したもの、自作の俳句、琵琶歌や能の拍子などが諸所に書き付けられている。最晩年に至るまで一庭は、このような学芸に対する志向を持続させていたことがよくうかがわれる（一庭―覚書―4、5など）。

　ちなみに、義父太郎兵衛の先代か先々代と思われる太郎兵衛が、千家の傳授（初学）を受けた資料も残っている。代々の太郎兵衛も、茶道などを趣味とし、それに対してかなり資金をつぎ込んできたようである。義父太郎兵衛や一庭本人の代でも、茶碗など茶道具や焼き物を盛んに購入していて、出入りの廣漢堂には、あらかじめかなりの金額を預け、そこから勘定をしていた。代々の太郎兵衛や、また一庭自身も、風雅の人であり趣味の人であり、また一面道楽の人であった。

「酔仙」「淡海老人」「長天堂霞艇」

のちに称した「酔仙」という号も、実直・謹直な船長一庭の、もう一面を感じさせるものである。責任感を強く持つ真面目な船長を務めながらも、もう一方では、いわば桃源の湖で、愉悦を覚えながら船を進めていたと、そのように感じさせる号である。「何か漂々として俗界の名誉も地位も富も念わず漂渺たる湖水に船を浮べ之に乗って陶然と酔い仙境に遊ぶといった心境」と和田昌允は「一庭啓二氏傳」に述べるが、まことに言いえて妙である。一庭は、大湖に浮かんで「一葉」にみえる蒸気船を愛し、また船などの機械回りも一方で、この上なく好きだったのである。

　晩年の一庭は、写真の裏書きに淡海老人と記したりもしている（孫の佐々布以津子への写真裏書 明治三十三年十二月十七日、一庭―写真―58）。この号にも、琵琶湖に対する愛着が感じられる。琵琶湖で働いて老いを迎えた一庭の心境をよく言い表した号である。

　さらに、一庭資料にある明治三八（一九〇五）年一二月発行の三井銀行手帳の裏見返しには「長天堂霞艇 しか縣おふつかみ平蔵町 一庭啓二」と記されてある。大津上平蔵町は一庭の自宅がある町である。この堂号にある「霞艇」も、朝な夕な琵琶湖の霞の中を航行した若き日の一庭船長の姿を髣髴とさせ、また老境に入った一庭が、その若き日の姿をあらためて思い起こして名付けたもののようにも思われ、ゆかしい（一庭―覚書―20）。

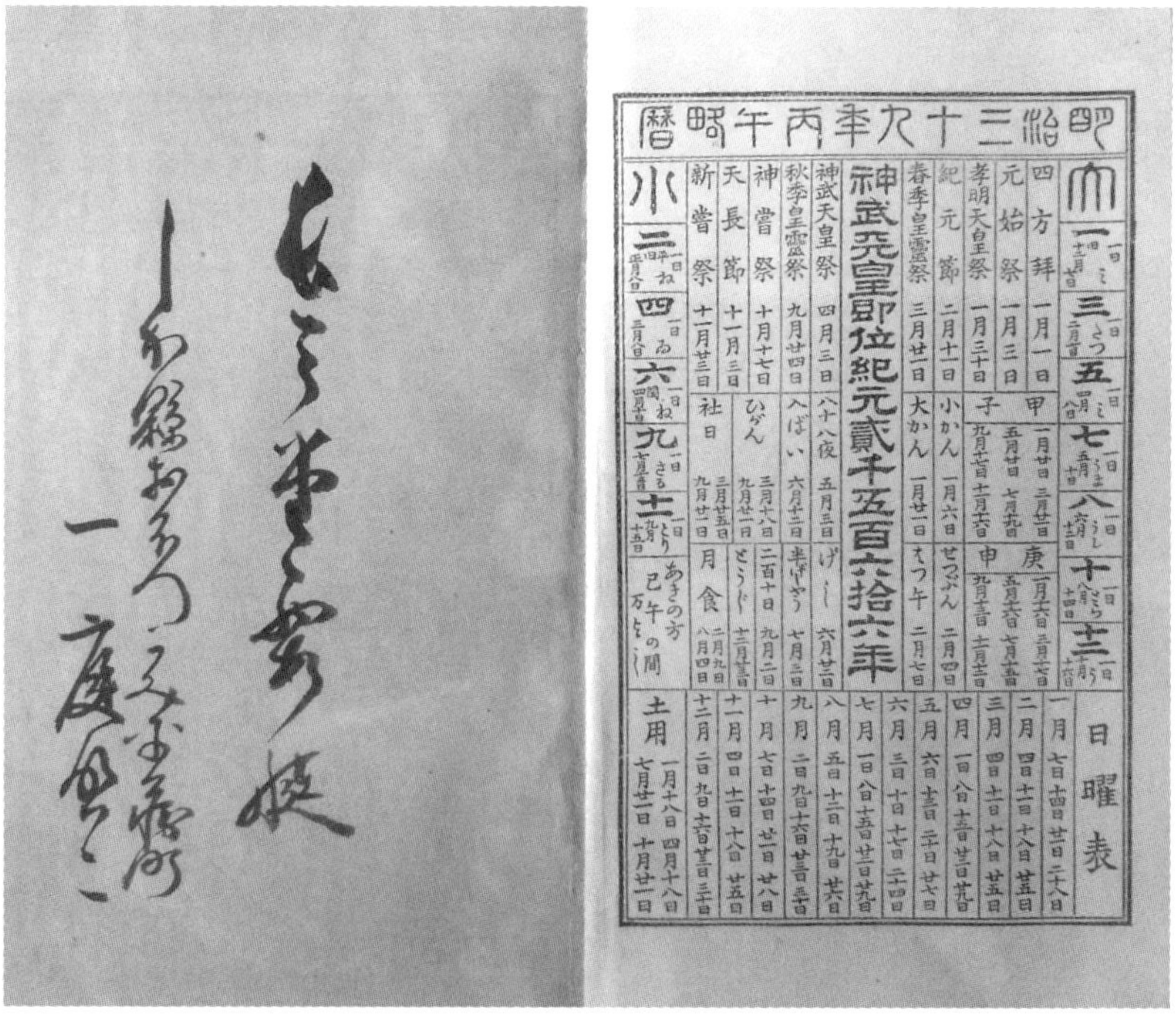

　一庭啓二はまた能書家でもあった。文書や覚書などに残された字は端正で、書を学んだ様子もうかがわせる。こうした書や詩歌・絵画などといった風雅のつながりをもって友人たちと交

［図版7-4］ 明治40年8月25日から始まる「日誌」の書かれた手帳の裏見返しに「長天堂霞艇 しか縣おふつかみ平蔵町 一庭啓二」とある。滋賀県大津上平蔵町である（一庭－覚書－20）。

わり、一庭はそれを愉しんだ。

一庭のノートに、明治三六年一〇月、大津警察署宛に、古物商営業御願の下書きが残されている（一庭―覚書―18）。実際に書類を提出したかどうかは定かではないが、趣味が高じて古物商の鑑札を取得しようとしていたということなのだろう。この写しのなかで古物としてあげられてあるものは、道具・着類・銅鉄・潰金銀・金物・書籍・書画・袋物・小間物・時計・靴・蝙蝠傘・刀剣であった。いずれも一庭には近しい物品であった。

義父太郎兵衛のこと

一庭の義父である太郎兵衛のことをここで書いておく。太郎兵衛は俳句をよくし、一旨と号した俳人でもあった。先にあげた中神利人『瓢百句集』の附録「湖南俳人百家選」に太郎兵衛のことが記されているので紹介しておきたい。

幼名久馬吉、代々百艘株の年寄を務める家柄で屋号は船屋。俳号は一旨（有儘舎）また一亭。慶応元（一八六五）年一〇月、呉嶽・蟻洞らと大津国分山で俳諧を詠み、翌年五月には小関天満宮の俳諧奉納にも参加している。明治六年には大阪難波村の一部を開拓し「毎日家賃」の貸家を建て、そこに俳優や力士を寄食させた。そして力士日出山に出資して、京都新京極に饅頭屋日の出を開業させる。明治三〇（一八九七）年八月一五日死去、謚は賢順、大津泉福寺のもとで葬儀。この太郎兵衛は、「一生遊び暮した果報者」であった。

中神は一庭啓二のことにも言及し、蒸気船一番丸を浮べたこと、力士を愛し三笠山という力士と交友があったこと、東京で急死、賢昭と謚し大津月見坂に葬られたと述べる。一庭の俳句については、先に述べたようにはじめ一葉、また孤舟と号し、酔仙と改め、父子ともども俳句を詠んだと示される。ここに出る二人の俳句は次のものである。

梅か香のこほるゝ窓や流し元　　一旨

怒らした猿の面まで紅葉かな　　酔仙

さて、「湖南俳人百家」に入っている太郎兵衛であるが、ここに書かれてある俳句以外の逸話にも興味を惹かれる。ひとつは一庭ともども親子で力士を支援したという点。太郎兵衛は日出山のひいき筋であり、一庭は三笠山と交友があった。そして太郎兵衛は、京都新京極に日の出という屋号を持つ饅頭屋を開業させたというから、まず日出山のタニマチといってよい。

もうひとつは、明治六年には大阪難波村を開拓して貸家を建て、ここに俳優や力士を寄食させたことである。大阪難波村を開拓して家を建て、貸したということは、一庭のいくつかの文書にも残っている。太郎兵衛が難波村に住んでいたことは、一庭の履歴書「試験願書草稿」の保証人「一庭太郎平」の住所からわかっていた。大阪市第二大区九小区難波新地五番町二十六番地であった。しかしこの難波の貸家に、俳優や力士を寄食させていたこと、ひいき力士の日出山に出資して新京極に饅頭屋日の出を開業させたというのは、この中神の紹介文で初めて知った。

一庭の三女陸の回想に、「一體伯父も父も新しく珍しい物が好きで、明治初年頃輸入した品は一番先きに買った」と述べられてある（やぶ椿「湖上に汽船を浮べて七十年亡き父を憶ふ（二）」）。この伯父とは太郎兵衛のことを指している。一庭の姉の品が太郎兵衛と結婚し、ここに一庭が養子に入ったから、一庭の子である陸にとっては、太郎兵衛は祖父にあたるが、実際は伯父であるからである。この回想には、太郎兵衛は娯楽用に写真機を購入し、人に勧められるままに他の人に写真屋を開業させて失敗した一件も書いている。そんな伯父太郎兵衛に対する陸の評価は、「伯父のすることは何時も人任せでした」と手厳しい。

力士のタニマチとして放漫に資産をつぎ込み、饅頭屋を開業させたり写真屋開業の事業に失敗したりと、おそらく家産を傾けてこの難波の土地も手放すことになったのであろう。生活に困窮し苦労した陸が、「其寂寥たる土地が現在大商都の大歓楽境千日前にならんとは」と嘆く気持ちもわからぬでもない。中神の太郎兵衛評の、「一生遊び暮した果報者」というのも、その通りであったのだろう。

この太郎兵衛も含め、船屋の代々は信仰心が篤く、機会あるごとに本願寺（東）に寄付をしていて御印書を受けている。なかには宛名が「大津百艘仲間同行中」というのもあるから、百艘船の本願寺門徒をさそってか、また代表して百艘仲間と名乗ったか、いずれにしても船屋はたびたび寄付をしていた（一庭—寄進の各資料）。

太郎兵衛は明治三〇（一八九七）年八月一五日に亡くなっている。その上平蔵町の宅地などは、親族矢島九三・市谷庄兵衛の連署のもと大津区裁判所に願い出て一庭の相続が認められた（一庭—覚書—16）。

覚書　太郎兵衛が日出山に開業させた饅頭屋のこと

中神利人『瓢百句集』附録「湖南俳人百家選」のなかに、太郎兵衛が力士日出山に出資し、新京極に饅頭屋を開業させたとある。これは、明治22（1889）年3月22日の火事に遭った新京極の饅頭屋日出ではあるまいか。新聞の記事によれば、蛸薬師下ル一七番戸装飾品屋と南隣の漬物屋の間から出火したといい、たちまち北隣の十六番戸日出饅頭屋（長谷川竹次郎）に燃え移ったという。この火災は33軒が全焼する大火であったのだが、二時間で火の手は消し止められ、軽傷ひとりのみで済んだという。この火事では、明治17年末に外国製ポンプをモデルにして製造された国産ポンプが配備使用されたことも、短時間の鎮火に役立った（「新京極の失火」『日出新聞』明治22年3月23日、岡彩子「燃える都と燃えない民衆－幕末維新期における京都町衆の防災意識」）。なお太郎兵衛は、明治18年の明治大水害の折に「救助金」50銭を寄付して京都府から表彰を受けているが、この時の太郎兵衛の住所はこの「下京区第六組東側町」となっている（一庭一家計—38）。

慶応三年の「花供養」

ここで、この太郎兵衛が、慶応三（一八六七）年の「花供養」の時期に、京および大坂の俳諧仲間や富裕商人を訪問して回った一件についてあわせて書いておく。

「花供養」というのは、毎年三月、京都東山の双林寺にある芭

［図版7-6］一庭の義父船屋太郎兵衛の写真、裏書に「一庭太郎平」（一庭―写真―27）。

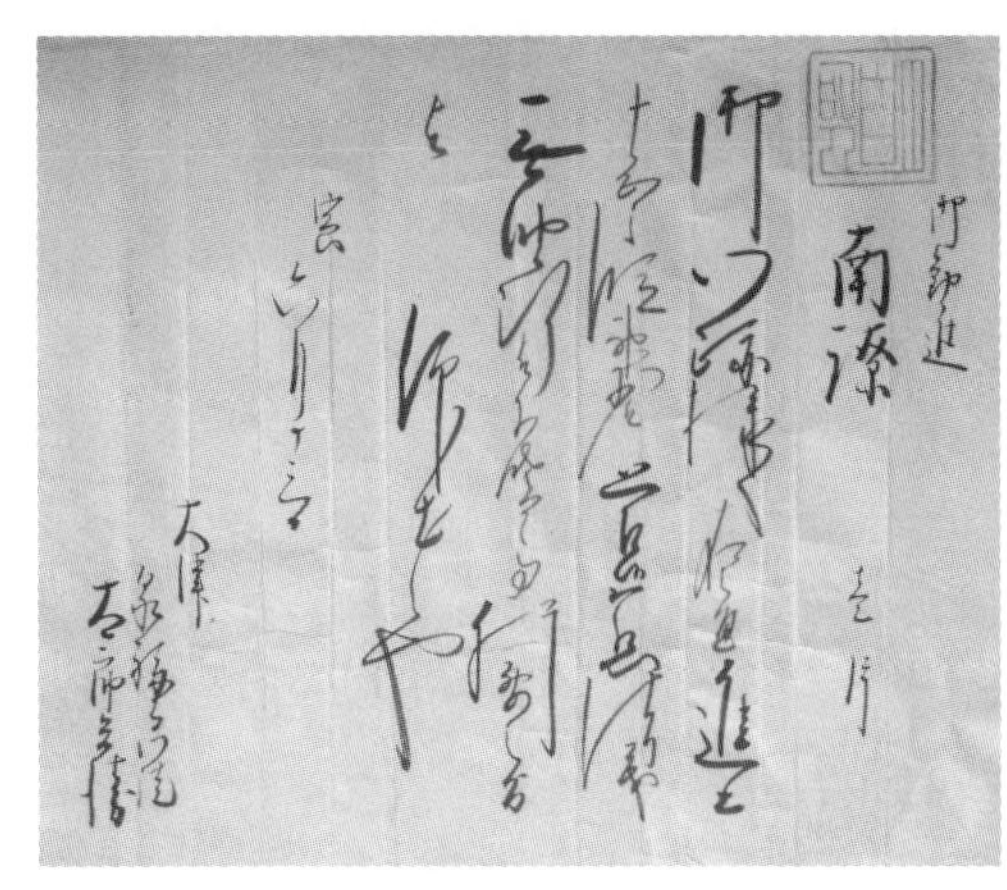

［図版7-5］寅6月13日の「御勧進 南鐐 一片」。「大津泉福寺門徒 太郎兵衛」とある（船屋―寄進―30。

蕉堂で営まれる松尾芭蕉の供養会のことである。そして冊子『花供養』は、その年に寄せられた俳諧を収めて刊行された句集である。今日までのところ、天明六（一七八六）年から明治三（一八七〇）年までの五四点（天保一四年は上下二冊あり五五冊）が確認されているという。慶応三年の『花供養』は河村公成の編輯で、太郎兵衛は、この公成をはじめ、多くの俳友と会って吟行に及んでいる。公成が『花供養』を編輯したのは嘉永六（一八五三）年から慶応三（一八六七）年刊までのもので、慶応三年の版は公成最後の編輯にあたっている。

花供養は例年三月一二日に開催、芭蕉像に花をたむけ俳諧興業が行われる。この興行を巻頭に配し、各地域から集められた奉納発句などをもとにして『花供養』が刊行されるのが通例であった（京都俳諧研究会「『花供養』書誌」、WEBサイトに「改訂『花供養』書誌」）。

小林孔によれば、『花供養』刊行のサイクルはつぎのようである。花供養会への参加申込書「はせを堂花供養御返書」が年末までに各地域の俳人に通知される。そして三月一二日の花供養会への参会の有無、句集『花供養』に掲載希望の場合は、奉納句を「施主料」とともに送付する。花供養会当日に詠まれた奉納連句や発句、それに各地域から到着した奉納句、これらに序文を付して編輯され刊行に至る。その刊行は七月中旬ごろであった。一〇月一二日が芭蕉忌でもあることから、こうした行事をもとに『花供養』の出版は定例的になされた。出版物に自作の発句が掲載されるという喜びもあって、『花供養』の刊行

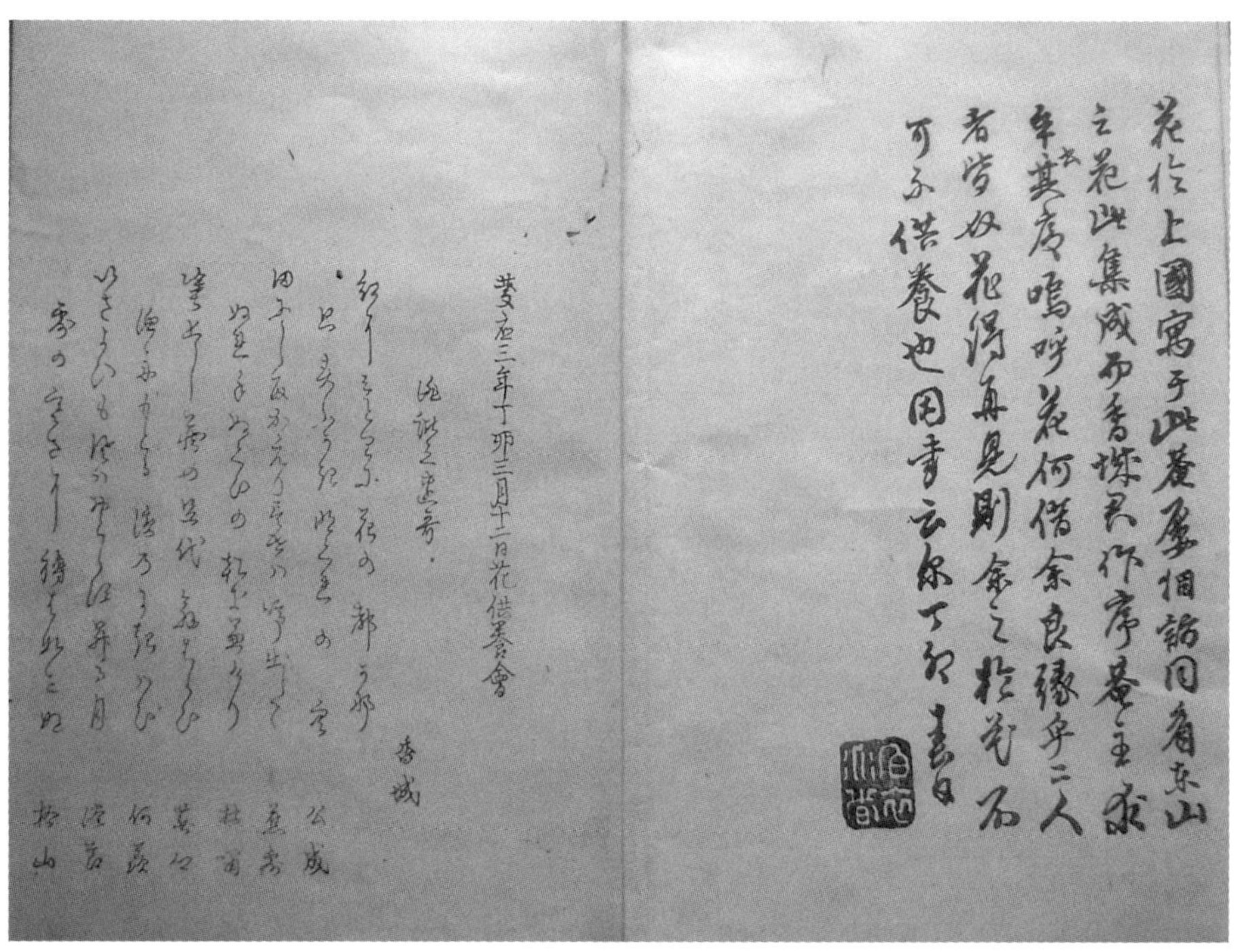

[図版7-7] 慶応3年3月の『花供養』から。太郎兵衛はこの年の3月に上洛し、その後大坂の俳諧仲間のもとを1ヶ月半ほどかけてめぐっている（大阪府立中之島図書館蔵、2020年7月9日出版掲載許諾）。

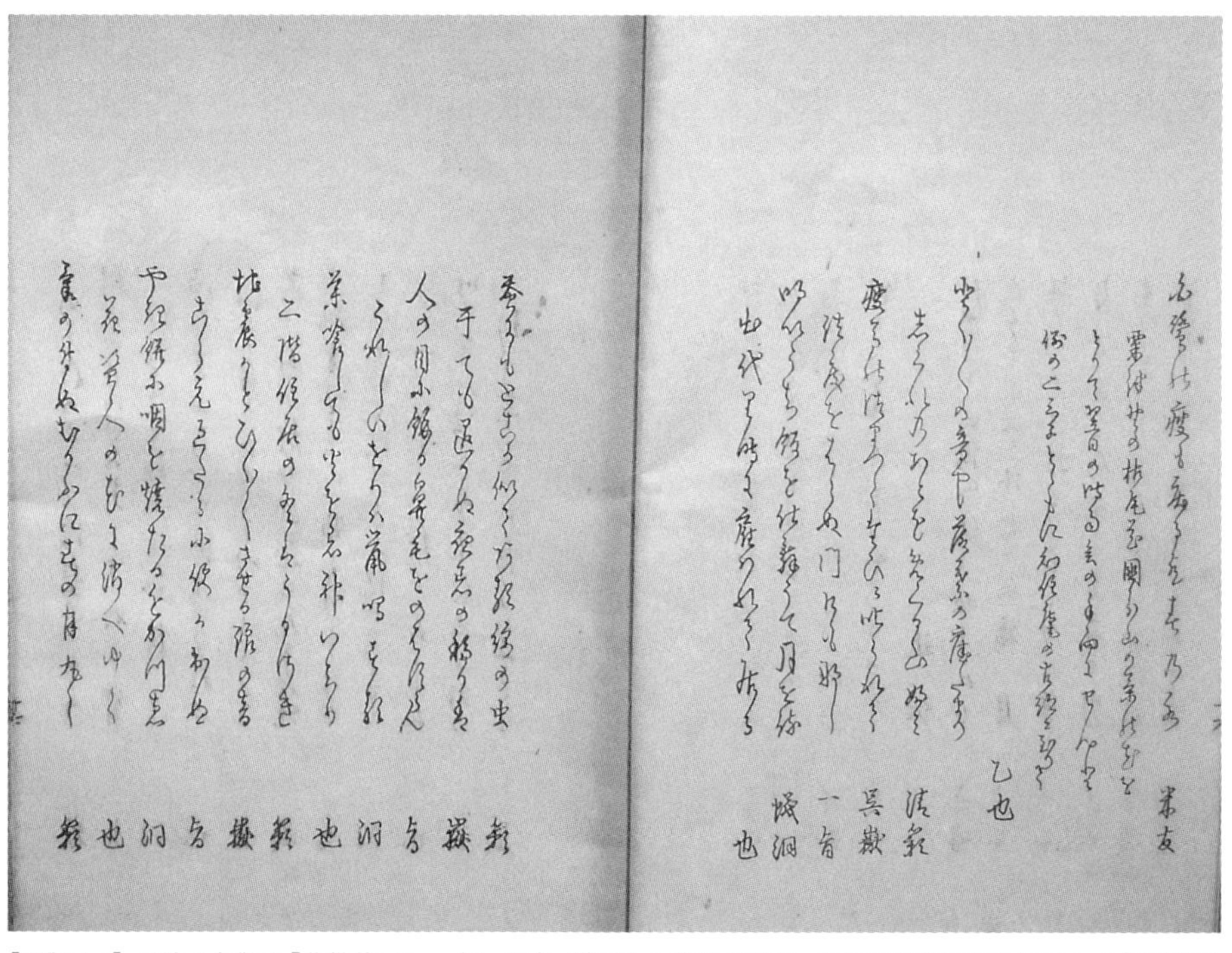

[図版7-8] 元治２年版の『花供養』に、一旨・呉嶽・蟻洞らの俳諧が載る。中之島図書館には年ごとの『花供養』がよくそろえられてある（大阪府立中之島図書館蔵、2020年7月9日出版掲載許諾）。

も恒例となって継続し、芭蕉堂も「組織化」されていったのだという（小林孔「『花供養』と芭蕉堂」『アート・リサーチ』一一）。

一庭資料の中には、この慶応三年三月六日、大津の山房を出て京の清水に入ったあと、京都で俳諧を詠み、大坂の同好の人士を訪れた一ヶ月半ほどの日誌が残されている（「あしのかりねさらく日記」一庭—覚書—17）。この日誌には書き手の名前がないのだが、義父太郎兵衛のものである。というのも、先の中神利人「湖南俳人百家選」には、太郎兵衛が、慶応元年一〇月に呉嶽や蟻洞・乙也・乍昔らと国分山で俳諧を詠み、翌年五月には小関天満宮の俳諧奉納にも参加したとあるように、この時期の太郎兵衛は精力的に俳諧を詠んでいたこと、そして元治二年の『花供養』には、太郎兵衛の俳号一旨の俳諧が掲載され、そこに国分山でともに俳諧を詠んだという乙也・呉嶽や蟻洞の名前もみえるからである。太郎兵衛三二歳の春のことである。

この太郎兵衛の日誌により、その旅程を少したどってみたい。

太郎兵衛の俳友歴訪

太郎兵衛は慶応三年三月六日に小野越で入洛、清水の不歳宅に立ち寄る。ここで江戸から上洛した龍尾園香城と落ち合って「蕉風舎」を訪問した。公川らがここで花見の宴を催していたのでそれに参加して、午後四時ごろまで語らっている。この公川というのは、のちに同道する京の眼科医越智仙心のことであろうか。その後には、新門前から縄手、三条通柳馬場の知友と面談する。翌日以降も太郎兵衛は精力的に京を回って俳友に会ったあと、一一日には伏見の寺田屋に入り、淀川の下り船で大坂に向かう。大坂では心斎橋備後町の小野方へ、その日は高麗橋三丁目北側虎屋本旧宅に泊っている。一二日には五木庵（潮水）、廬白（播磨屋権之助）宅に滞留、一三日は五木庵同道で岸田素屋（禮介）、岸田稲處、永田眉年（長田屋隠居清七）を訪問する。一四日には、宇尺（鴻池庄兵衛）、儿堂（鉄屋庄右衛門）らと、一五日には道修町の杜鴻（田中彦五郎）、油藤碧中（油屋藤兵衛）、そして儿石（丹波屋楢之助）宅を訪問して食事を馳走になっている。夕方には来阪していた河村公成、香城を訪ね、一六日からの数日は、宇尺・儿石、また香城・眉年・南齢（黄花庵）・鳳羽（森山氏）らと俳諧を吟じて楽しんでいる。二二日になり、香城・五木とともに兵庫へ渡り、湊川楠公碑、一の谷、須磨寺などを見学、二五日には鳴門見物をして二八日大坂湊に帰着した。その後も杜鴻・五木・香城・二蝶（天満黒田平兵衛）らと吟行、各所各氏を訪ねる。四月に入ってからも大坂の各所を回り、一八日八ッ半（一五時）過ぎ、ようやく八軒屋からの淀川上り船で京に向かい、一九日未明に伏見へ着船した。この日は公成・香城らと白川越えで近江に入り、唐崎を一見して宿泊、二〇日には芭蕉の眠る義仲寺の墓参、そのあと舟で石山寺に向かい参詣、芭蕉が四ヶ月滞在したという幻住庵跡を見学している。香城とは瀬田で別れ、公成とは義仲寺で別れて、これをもって、おおむねの日程を終えている。旅程はこのように長期にわたり、また精力的なものであった。

ここに出てくる公成は芭蕉堂第六世を継いで花供養を主宰し

た河村公成で、先に述べたようにこの年慶応三年『花供養』の編者である。公成は思想的には尊王攘夷派に組みしており、慶応四（一八六八）年六月六日暗殺される。したがってこの慶応三年『花供養』が公成最後の編輯となった（『芭蕉堂六世河村公成百回忌』河村公成翁顕彰会編刊）。

花供養は例年三月一二日である。太郎兵衛は三月六日に入京していることから、上洛はこの芭蕉堂の花供養に合わせてのものだったろう。ただ日誌によれば、当人は一一日に大坂へ行き一二日には五木庵を訪ね、盧白宅に滞在していた桐林と会い、桐林と道頓堀大西の芝居を見物したりしている。とすれば当人は、花供養には参加せず、この時期に上洛・来坂した俳人や、京・大坂在住の知友と相交わることがその目的だったのであろう。

面会している人物は、いずれも名のある俳諧師で、また大坂の富豪らも多く含まれている。芭蕉堂の公成に依頼されて、年次の花供養への寄付などに回ったのかもしれない。

だがそれにしても豪勢な旅程である。香城や五木とは、鳴門見物や須磨の巡覧をしている。公成や香城が京を離れる四月二〇日には、太郎兵衛地元の大津の唐崎見物、義仲寺参詣、石山寺参拝、幻住庵跡の見学だ。大津は地元であり、おそらく太郎兵衛の接待で案内して回ったのであろう。これが中神利人のいう、「一生遊び暮した果報者」太郎兵衛の「道楽」の一端であった。

[図版7-9] 太郎兵衛の手によるスケッチ。慶応3年3月の「さらさら日記」と同じ「覚書帖」に描かれたもの（一庭－覚書－17）。巻頭にカラー図版。

第八章

一庭の退職と對龍山莊勤務

湖岸の絶景海津大崎

先の竹生島旅游の一巻の文中には、二位の局および庚辰丸について次のように記されてあるという（和田昌允「一庭啓二氏傳」）。新規意匠を凝らし造られたる船にて速力極めて早くその進水のはしめ、恰も二位の局白鬚明神御参拝ありしに御座船となりしとありて、室内其の他とも行き届き、便にして清らかに盡したれば大いに賞せられて、其の後京都行在所の御泉水にランチを浮べ給へるとき一庭氏を召され、それに氏は大工をつれて参られ図面を奉りしに…

庚辰丸は、明治一三（一八八〇）年一二月進水の蒸気船ではなく、翌年八月に建造されて、一庭も乗船した第二庚辰丸であろうか。二位の局とは大正天皇のご生母柳原愛子（なるこ）のことで、白鬚神社に参詣のおりのことを述べている。ちなみに柳原白蓮（宮崎燁子（あきこ））はその姪にあたる。

ここには、一庭が大工を連れ、二位の局の前で図面を広げ説明をしたと述べられてある。図面を奉りしに、とあるところからみると、一庭が引いた図面を持参したということなのであろうか。明治初年に長崎に赴いて科学技術を学び、蒸気船を建造した、そんな経験と実績をもって召されたということなのであろうが、このあたりの詳細は不明である。

ところで一庭は、海津大崎の湖岸を絶景であると常々賞嘆していた。琵琶湖に突き出た海津大崎の岩礁は、琵琶湖上においてひときわ美しくまた神秘な光景であると称賛していたのである。明治初年には一番丸・二番丸の船長として、日々大津—海津間を運航したことから、湖上から海津の港に着岸するにあたって慣れ親しんだその光景を、いっそうゆかしいと思っていたと想像できる。今でこそ海津大崎は桜で有名になったが、それは昭和になってからのソメイヨシノの植樹によるものであり、一庭の述べている湖岸の絶景というのは、海津大崎の自然の景観そのものである。琵琶湖をよく知り尽くした者の称賛する光景であったのである。

一庭の退職

一庭は、明治二三（一八九〇）年八月二四日に游龍丸船長、明治二五年二月二十九日第二庚辰丸船長、そして世紀の変わり目の明治三三年八月一日には長浜丸船長辞令を受けている（一庭—汽船—71、72、73）。九月一〇日の辞令では月給一八円が給せられた（一庭—汽船—74）。この時一庭五五歳、これは明治一五年の二〇円からみても大きな減俸であった。

このような減俸は、ひとつは太湖汽船の業績悪化もあったろうが、また五五歳という一庭の年齢を理由とするものもあったやもしれない。一昔前まで五五歳というのは定年の年齢であった。そんな歳となった一庭に対して会社側は、船を降りてもう少し楽な仕事の陸上勤務へと替わるよう懇請したかもしれない。琵琶湖一番丸の船長を務めた一庭である。会社はそうした一庭の経歴をよく理解していたことと思う。しかしながら生涯船長を務めて終えようと心に決めていた一庭は、船長として残りた

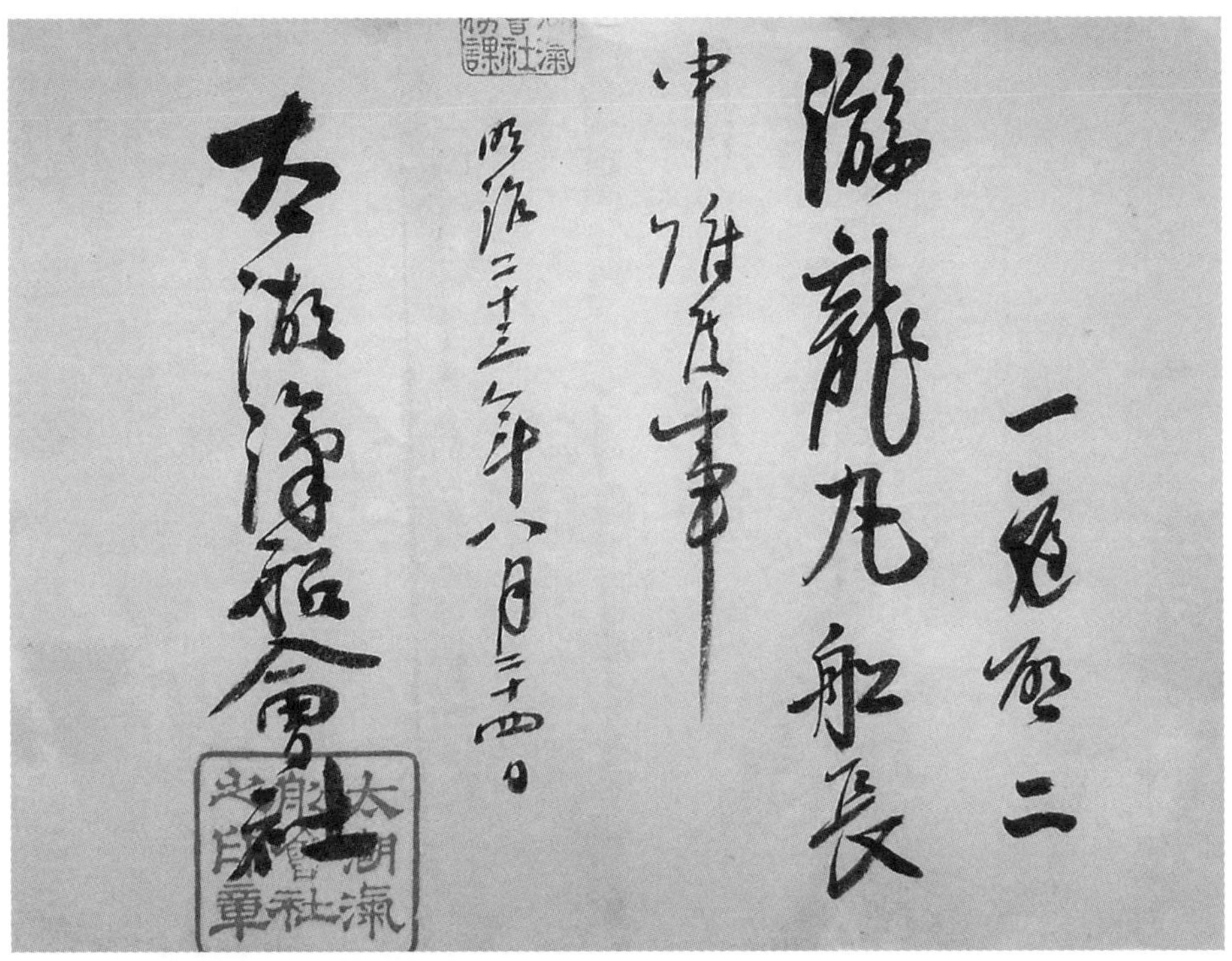

一庭殿二
游龍丸船長
申付候事
明治二十三年八月二十四日
太湖滊船會社

［図版8-1］明治23年8月24日付の游龍丸船長辞令（一庭—汽船—71）。

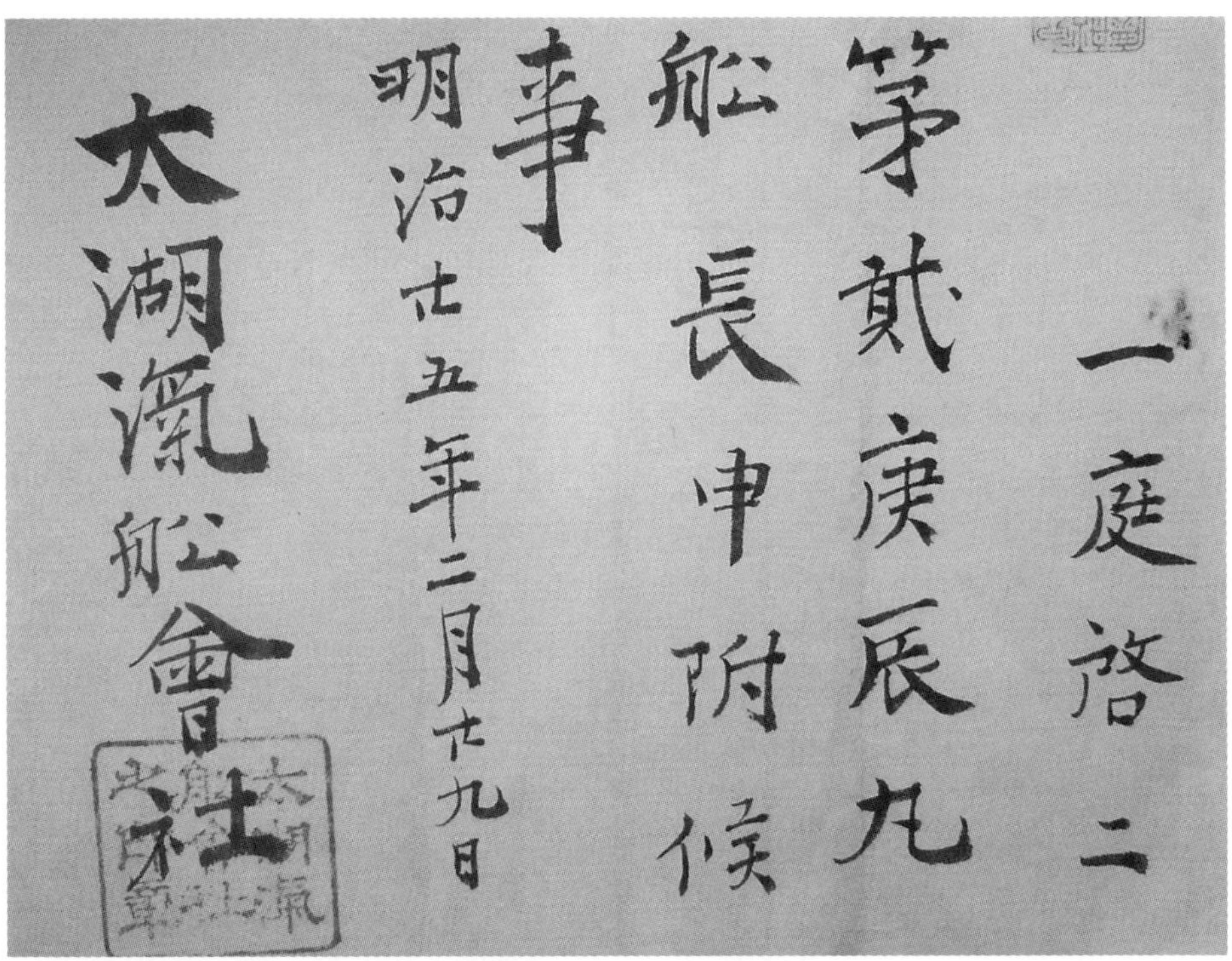

一庭啓二
第貮庚辰丸
船長申附候
事
明治廿五年二月廿九日
太湖滊船會社

［図版8-2］明治25年2月29日付の第二庚辰丸船長辞令（一庭—汽船—72）。

［図版8-3］ 竹生島の第二庚辰丸。裏書に「竹生島ニ於ケル第二庚辰丸 登簿頓数 九拾八頓、九八　公稱馬力四拾馬力 明治三十三年四月十六日撮影」とある（一庭―写真―192）。

いと社に希望したのかもしれない。そして会社側がその真情をくんで、長濱丸船長として処遇し、ただ給料に関しては減俸という措置をとったのではなかろうか。

この推論も、大きくは的を外していないと思う。一庭の性格から考えてみても、またそれまでの生き方を勘案してみても、内勤となって会社の経営の一端を担うという選択肢はなかったであろう。船長という現場の仕事にこだわり、希望したということは一庭にとってしごく自然なことであった。

長浜丸船長就任以降の一庭啓二の履歴であるが、一庭が太湖汽船を退社したときの「解傭辞令」が文書の中に残されてあった。その辞令の日付は、明治三五（一九〇二）年七月二五日である（一庭―汽船―76）。減俸になりながらも長浜丸の船長を務めて約二年後のことであった。実はこの二カ月ほど前の四月七日に一庭は、「豫備船長」という肩書で休職しており、月俸三分の二を減じられている（一庭―汽船―75）。病気休職なのか、休職扱いのあと退職というのが慣例であったのかわからない。ともあれ一庭は明治三五年七月二五日、太湖汽船を退職して船を降りたのである。

同業の湖南汽船のある船長の回想によれば、社の内外で一庭はすでに伝説的な人物として語られていた。そして部下の指導やしつけについても厳しかったという（和田昌允「一庭啓二氏傳」）。その「指導やしつけ」というのは、おそらくは、船の操舵といった技術的な面にとどまらず、安全で正確な湖上運航を図るための、たとえば機関の整備や乗客への接し方などにも及んだこと

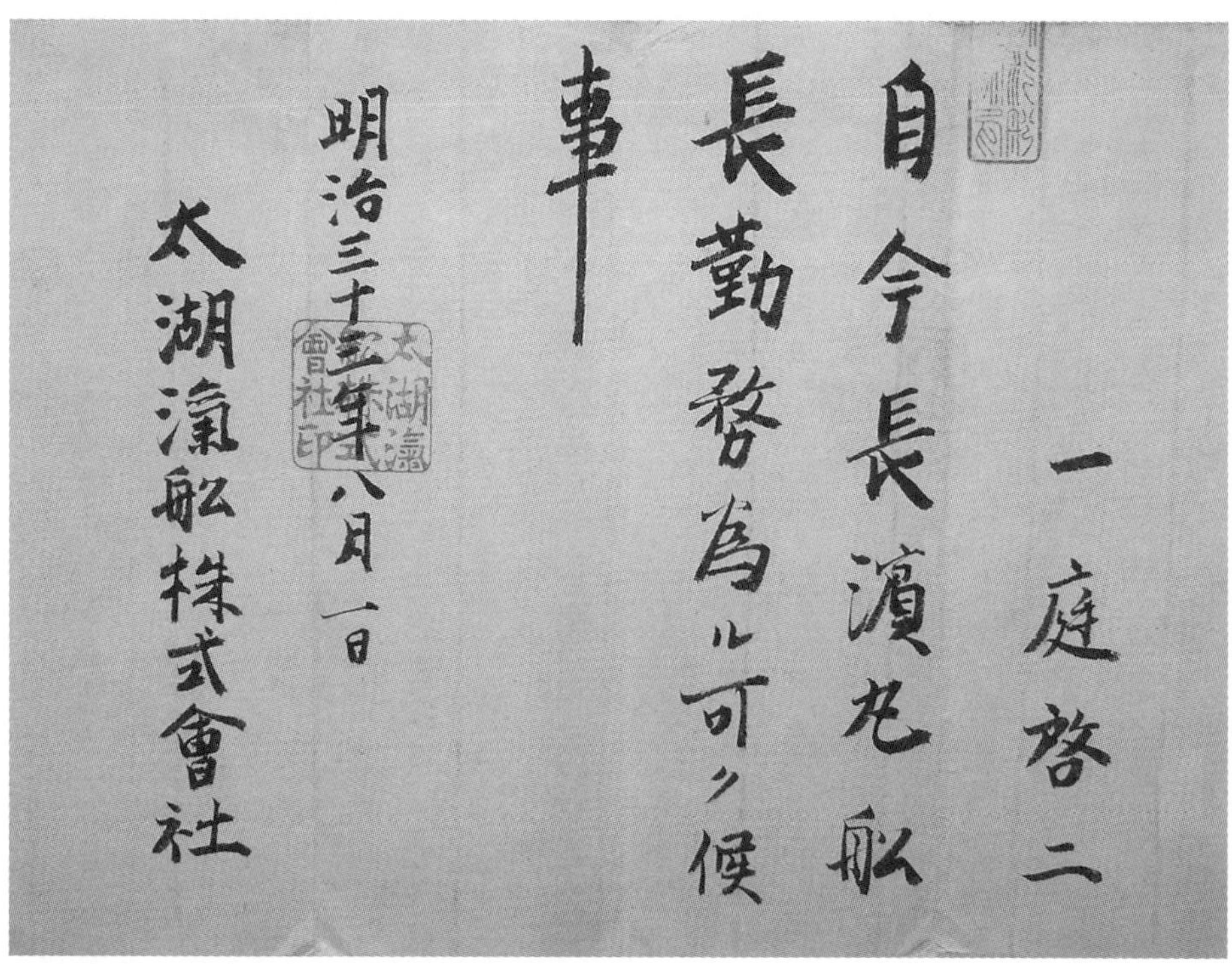
一庭啓二
自今長濱丸船長勤務爲ル可ク候事
明治三十三年八月一日
太湖滊船株式會社

[図版8-4] 明治33年8月1日付の長濱丸船長辞令（一庭—汽船—73）。

であろう。琵琶湖上の過度な競争と、それにより時には痛ましい事故にまで至った湖上運送の歴史を目の当たりに見てきた一庭である。「湖上便利のため」にこそ開いた蒸気船の航行であった。その初心を忘れず、現場の船長として実地の仕事に固執した一庭であってこそのエピソードである。

[図版8-5] 明治28年1月11日撮影の一庭啓二。裏書に「父啓二 在東京美喜子へ送ル」とある。「美喜子」は次女の幹のことである（一庭—写真—183）。

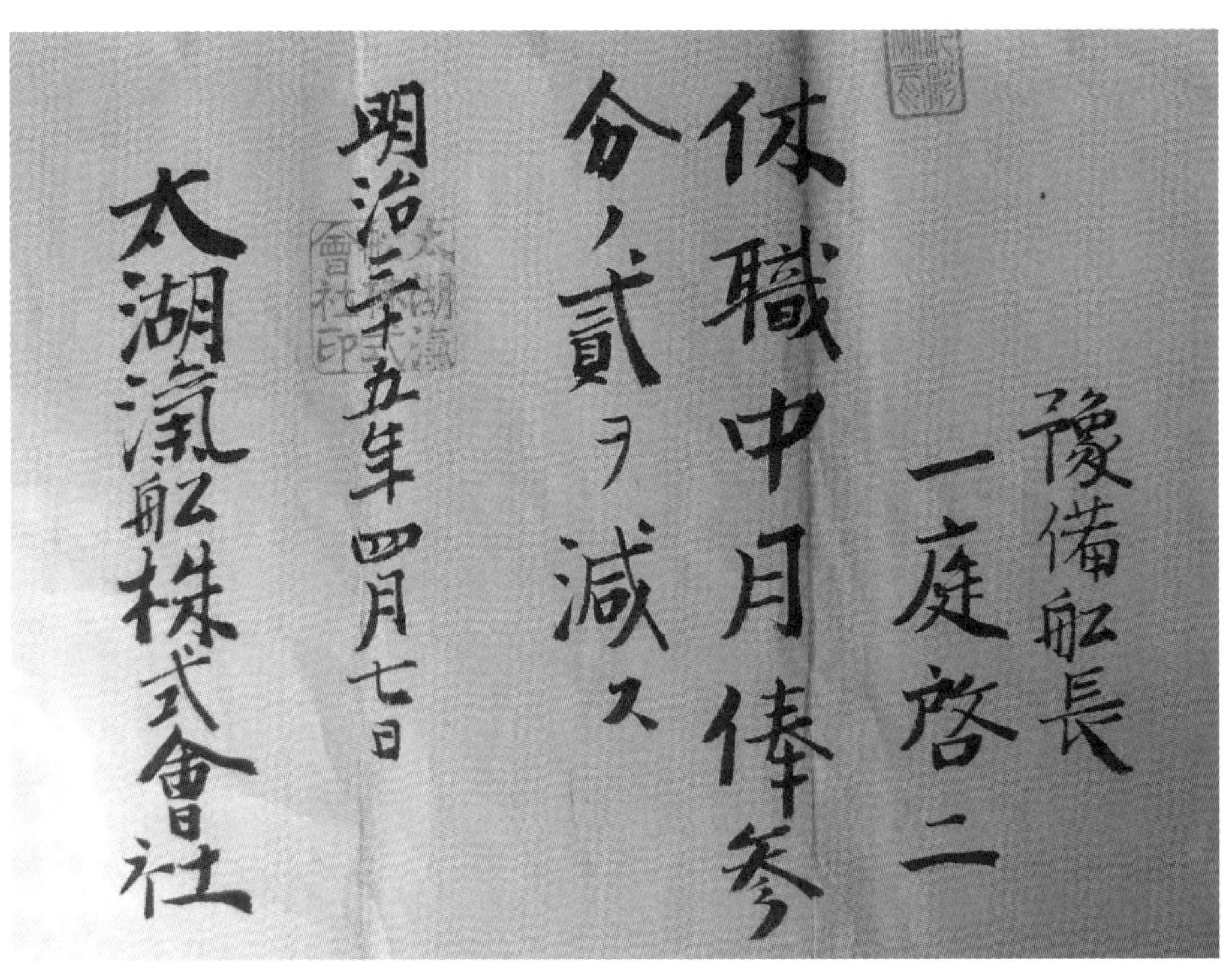

豫備船長
一庭啓二
休職中月俸参
分ノ貮ヲ減ス
明治三十五年四月七日
太湖汽船株式會社

［図版8-6］明治35年4月7日付の休職辞令（一庭－汽船―75）。

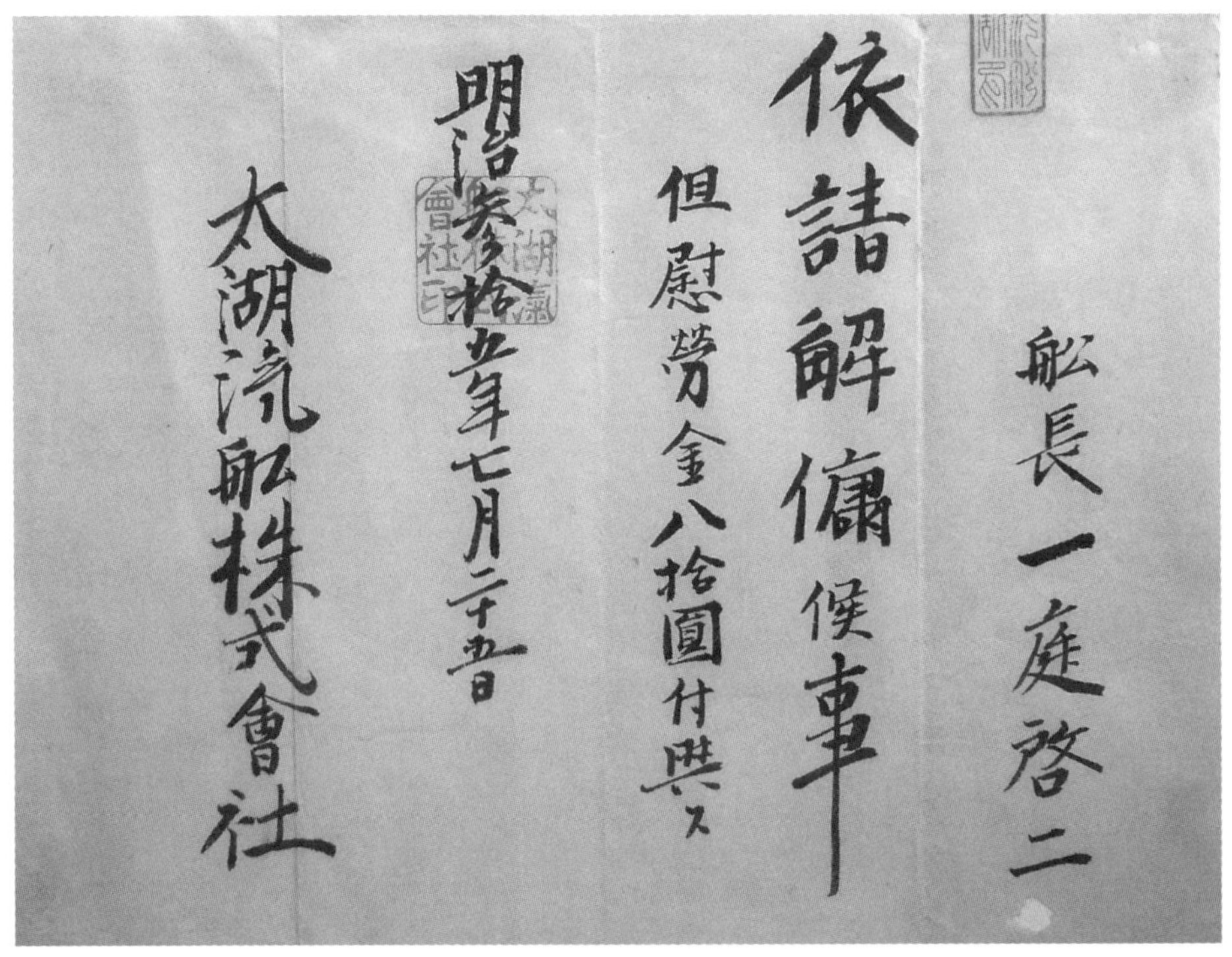

船長一庭啓二
依請解傭候事
但慰勞金八拾圓付與ス
明治参拾五年七月二十五日
太湖汽船株式會社

［図版8-7］明治35年7月25日の解傭辞令（一庭―汽船―76）。巻頭にカラー図版。

退社後の一庭

陸の回想では、父一庭啓二は、新しいもの珍しいものが好きであったといい、明治初年の頃から輸入品はいち早く手に入れたという。羅紗地でマントをあつらえたり、珍しい布地で乗馬袴を仕立てたりした。また時計や写真機、ガラス器など大津では最初に購入した。こうした新しく珍しいものを蒐集する癖（へき）も、幕末に進取の精神を持って、西洋の技術を会得するという、そんな意気や性格に通じるものがあったといえるかもしれない。時計はずいぶんと大きいもので、大津に小学校が開設されたときに寄贈されたとされる。

写真機は太郎兵衛の趣味でもあった。趣味が昂じて、人をつかい、写真屋を開業させたが潰したという話は太郎兵衛の項で触れた。写真を撮ると命がとられるといわれた時代のことでもあり、客がつかずに潰れたという。またこれも太郎兵衛の話なのだが、七宝焼きが流行したとき、大阪で職人を雇って店をやったところ、まったくうまくいかなかったという。これらの借財は一庭が肩代りをし、それはまた、娘陸の肩にも大きくのしかかった。

一庭の写真好きについてであるが、明治三年一月神戸で写した一庭の写真では、洋服姿で白ちりめんの帯をしめ、腰には大小の刀、胸には懐中時計の鎖と、輸入品を身に着けて写っている（一庭―写真―1、3）。こうしたすがたをみると、いかにも長崎遊学を体験した進取の気風が、一庭の日々の暮らしのなかにも息づいているようにみえる。

巻末の資料目録にもあるように、一庭は多くの写真を残した。なかには一庭自身の肖像写真も何枚かあり、また友人と役者姿に身をやつして遊ぶ姿も数多くある。写真の半数ほどには裏書があり、それらを大切に保存していたこともよくわかるのである。

一庭はまた、父太郎兵衛と共同事業であろうが、明治六年ごろから、大阪難波近辺で土地を開拓して借家を建てている。父太郎兵衛はここに住んで、借家は書物行商の商人や力士らに日々の家賃で貸した。力士日出山をひいきにして、ここに住まわしたことは先に述べた。これら大阪難波あたりの土地の貸借や売買については、いくつか証文も残っている（一庭―家事―37など）。

對龍山荘に住み市田彌一郎に仕える

一庭は明治三五（一九〇二）年七月二五日に太湖汽船を退職した。その五年後の明治四〇（一九〇七）年一〇月一〇日には、京都南禅寺旧境内の對龍山荘に居を移し、山荘主市田彌一郎のもとで働いている。一庭の手帳には「對龍山荘在勤中ノ日誌長天堂酔仙老生」と書かれてあり、そこに「明治四十年十月十日ヨリ爰ニ留」とメモがあることから、この日から正式に對龍山荘に住み込んで仕事を始めたことがわかる（一庭―覚書―21）。

また一庭の資料のなかに、「洛東南禅寺畔對龍山荘内」と在住の場所を印刷した名刺もあり、一庭が對龍山荘に腰を落ち着

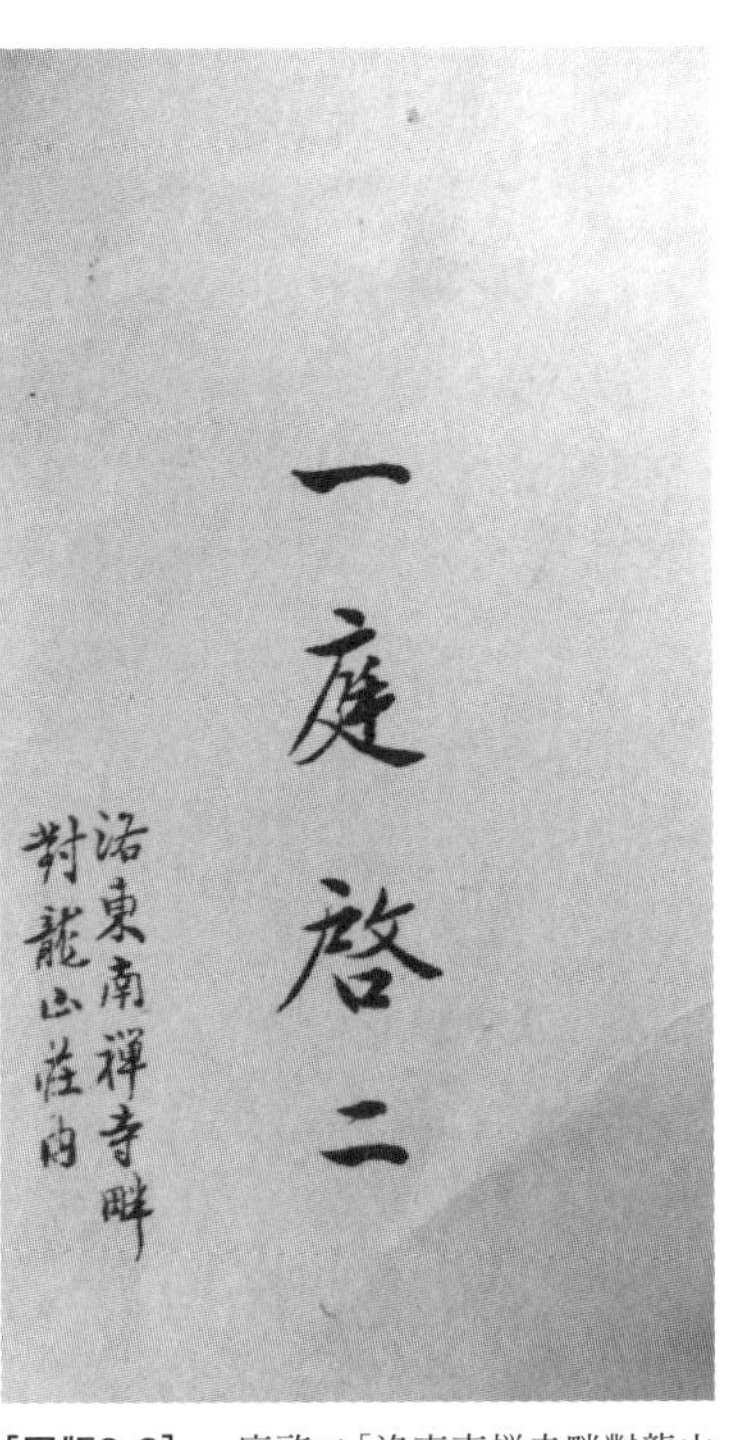

［図版8-8］ 一庭啓二「洛東南禅寺畔對龍山荘内」の名刺（一庭—写真—30）。

けて働こうとしたこともよく了解できる（一庭—写真—30）。

この手帳に記された明治四〇年一〇月一〇日までの分は、別の手帳にあり、それは、明治四〇年八月二五日から書き始められたものである（一庭—覚書—20）。そこには、前々日の二三日午前七時に「疎水舟」で京都に向かい、九時に對龍山荘を訪れたとある。「疎水舟」というのは、明治二三（一八九〇）年に完成した琵琶湖疏水（第一）通航の舟である。

この日に市田と面談して、市田家への出仕を決めたのであろう。午後には市川家および北川家を訪問、午後四時に山荘に戻りそのまま宿泊、翌日午後三時に大津に戻っている。

翌月の九月五日に、再度琵琶湖疏水を使って南禅寺へ。その日から對龍山荘で主人市田の東上の世話や、彼岸中日の南禅寺での法事、仏光寺や興正寺両門主を迎えての法事など、市田家の用事をあれこれと執り行っている。そして先に書いたように、市田家明治四〇年一〇月一〇日には、正式に居を對龍山荘に移して住み込み、山荘で仕事をすることになった。

これら「對龍山荘在勤中ノ日誌」は鉛筆書きのメモで、字の崩しがきつく薄くかすれていて判読しがたいのだが、興味を惹かれるいくつかの条を巻末資料として収めておいた。ここではそのなかから、来訪者や行事について、いくつかを拾い上げて述べてみたい。

對龍山荘の来訪者たち

明治四〇（一九〇七）年一〇月一四日の条、一〇時に「山縣元帥望月老付添尊来」、また一七日には、「小川治外二人庭園観来」、后四時退荘、住友主供一名也」との記事がみえる。山縣元帥は山縣有朋である。小川は七代目治兵衛、通称植治で、この山荘の作庭を手掛けた。住友は一五代住友吉左衛門友純（ともいと）であろう。山縣は南禅寺西の無鄰菴の主、住友は有芳園を所有する。ともに植治の作庭で、市田の對龍山荘ともども、南禅寺に別荘を持ついわば隣近所というところか。

一庭が仕えたこの市田彌一郎というのは第二代である。その父で初代市田彌一郎は天保一四（一八四三）年彦根油屋町青山幸助の次男に生まれ、文久三（一八六三）年に見込まれて神崎郡旭村北町屋七番屋敷市田彌惣右衛門の養子となり彌一郎と称した。のちに独立し、京呉服卸問屋として成功して財を成す。明治二五（一八九二）年にはPR誌『呉服』を、二八年には商品実物裂本『都の華』を発刊、商標やラベルに上村松園の作品を用いるなど先進的経営をおこなった。明治二九年一二月、長男彌兵衛に家業を譲り、先代彌一郎は彌惣八と名乗って隠棲、彌兵衛が二代目彌一郎を継いでいる。

對龍山荘は、もと薩摩藩門閥家の伊集院兼常の有であった。それを、清水吉次郎を経て、明治三四（一九〇一）年、この先代市田彌一郎が手に入れた。その翌年から小川治兵衛の手で改修作庭がなされ、明治三八年に完成している。南禅寺の山号である瑞龍山にあい対していることから對龍山荘と命名された。しかしながら先代彌一郎は、この山荘の風情を約一年間楽しんだのみで、明治三九年六月三〇日に亡くなっている（『市田弥一郎と市田對龍山荘展』、『Ｉｃｈｉｄａくりえいと一〇〇』）。

「日誌」を書き始めた一〇月一〇日、一庭は、「南禅寺町字谷川 廾二番地 市田彌一郎 卅九才 元籍近江神崎郡字北町屋」と、山荘の住所と市田の原籍を記している。第二代彌一郎はこのとき三九歳、そして一庭は六二歳になっていた。先代の市田は彦根出身、五個荘に養子に入ったいわゆる近江商人であり、一庭が市田に仕えることになったのも、先代の彌一郎とあるいは見知っていたか、または近江の知人からの紹介であったのかもしれない。

山縣と伊集院は、以前にはともに高瀬川両岸のほど近くに邸宅を構えていたのだが、明治二五（一八九二）年には山縣がこの第二無鄰菴を、明治二九年には伊集院が現廣誠院の邸宅を手放し、南禅寺辺に移ってきていた。高瀬川河畔の別邸も、この南禅寺の別邸も、それぞれに別荘や庭園の造営において先駆的な役割を果たした。この二人は早くから頻繁に行き来もあり、それぞれの別邸を訪ね合うような、そんな間柄であった（矢ヶ崎善太郎『近代京都の東山地域における別邸・邸宅群の形成と数寄空間

［図版8-9］ 對龍山荘の一庭啓二。台紙に「小川白楊」の朱印がある（一庭―写真―294）。

に関する研究』)。市田も、おなじ別荘仲間として、ともに行き来があったのである。

一〇月二二日の時代祭の日には、四名の来客があり、車で大津・石山へ遊覧とある。この日、山縣邸へホーロク蒸付進呈の使いに出ている。また英吉利人三名入来ともあって、外国人の来訪もあったようだ。一庭は二九日には大津に帰り、翌日午後一時五〇分馬場駅発の列車に乗り、三時半に南禅寺へ帰宅している。上平蔵町の家に戻ったわけだが、この時期、次女の幹は明治三一(一九〇〇)年一一月に結婚して家を出ている。三女の陸は明治三四年三月に大津高等女学校を卒業しており、おそらくこの家から勤めにでていたのであろう。

また一庭は、かねてより闘病中の日本画家浅井柳塘のもとに幾度か見舞いに出かけている。その柳塘は一一月二三日午前四時に亡くなっている。どのような知り合いかは分からないが、二七日弔問にでかけた。竹林院白山柳塘居士、六十六才とある。

ちなみに一〇月二三日には、金一〇円にて重ねて雇い入れの辞令を市田から拝承している。俸給としてはさして高くはないのだが、對龍山荘に住まい、山荘への訪問客の接遇や、山縣ら市田の関係筋の御用などを受け持ち、また一庭個人の私用なども、比較的融通をきかせてこなすことができたような仕事であったようである。

小川白楊との交友

先に「洛東南禅寺畔對龍山荘内」と書かれた一庭の名刺のことを述べたが、これは小川白楊が一庭に贈った写真のなかに一緒に包まれてあったものだ。この包みの表書きには、「呈 聴松院猪繪はがき廿枚 市場様 小川白楊」と記されている。この聴松院というのは南禅寺の塔頭で、「聴松院猪」は本堂前の狛猪である。ただこの包みに入っていた写真は、狛猪の写真ではなく、「瑞龍山南禅寺塔頭南陽院(仏殿)」など記念絵葉書四枚、写真三葉だった(一庭—写真—307)。

この写真は絵葉書として印刷する前の写真である。絵葉書の方には「明治四十三年九月二十五日新築竣工入佛紀念」と印刷されてある。この包みには、「謹賀新年 戌元旦」と墨書された戌年明治四三年の年賀葉書も同封されており、いずれにしても、

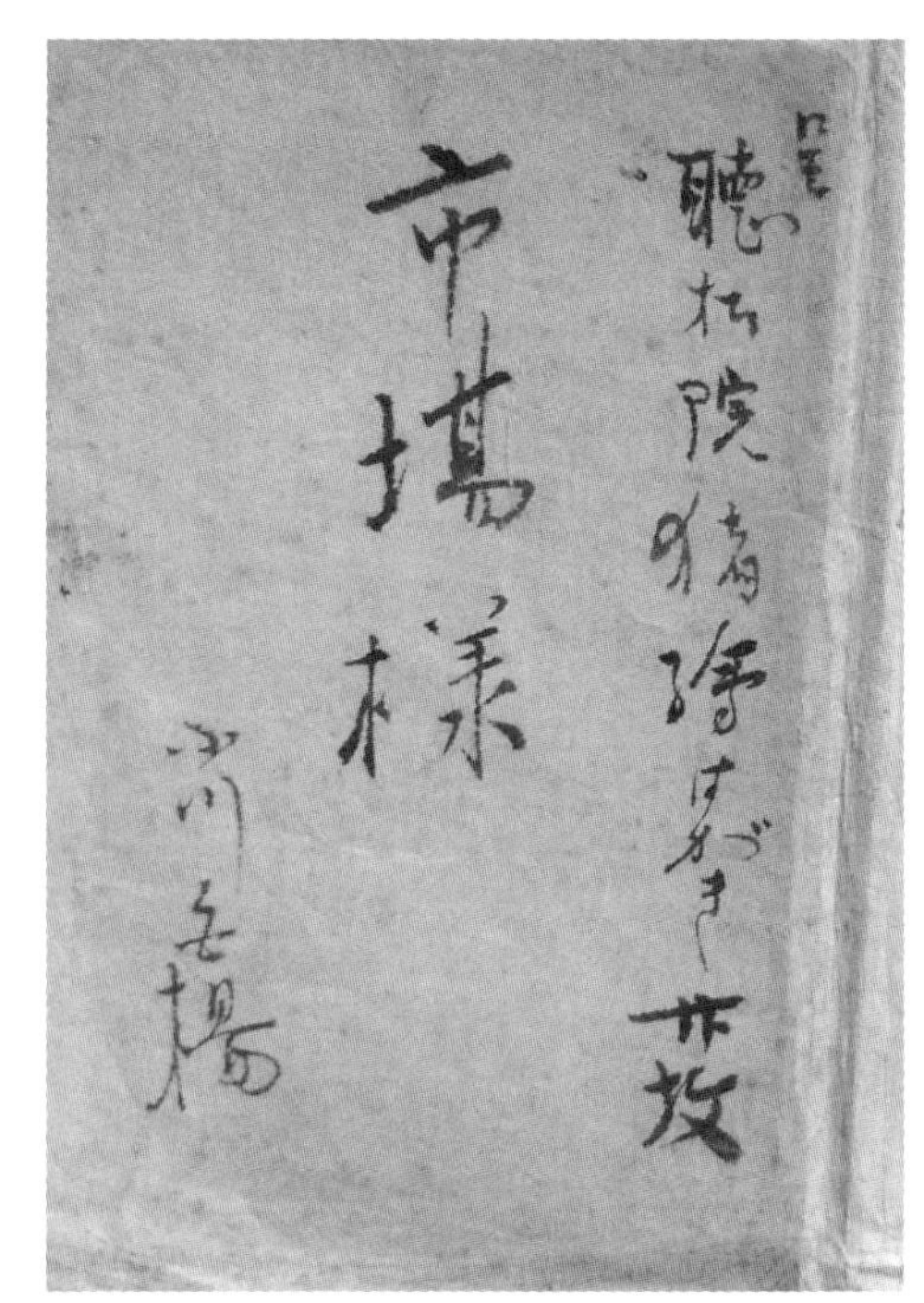

[図版8-10] 小川白楊から一庭宛の謹呈包み。「呈 聴松院猪繪はがき廿枚 市場様」とある(一庭—写真—307)。

［図版8-11］ 小川白楊「瑞龍山南禪寺塔頭南陽院(總門) 明治四十三年九月二十五日新築竣工入佛紀念」の写真版（一庭―写真―315）。

一庭が亡くなる前年のものである。

この一庭に写真を贈った白楊というのは本名小川保太郎で、小川治兵衛（植治）の長男である。植治が七代だから白楊は八代目ということになる。先の一庭の「日誌」には、「小川治外二人視来」との記事があるのだが、この「外二人」のうち一名は白楊であったのかもしれない。

白楊は明治一五（一八八二）年の生まれ、造園のほか写真術もすぐれ、考古学にも造詣が深かった。多趣味の人で、父植治と作庭をなすにあたっては、広く蒐集した古い樹石などを使ったりして、その手法の幅を大きく広げたとされる。

父植治は、白楊のことを、生来病身であったことから写真などもやらせたが、その写真を撮る際の位置の決め方などは、作庭にあたって大きく役立ったと評している。植治はそんな白楊に信頼を寄せ、植治の代理として各地へと派遣したりした。白楊のこうした才能にも支えられて、植治は京都岡崎や南禅寺界隈にとどまらず、遠方の作庭をも手がけるようになった。

しかしながら将来を嘱望されていた白楊は、昭和元（一九二六）年一二月二八日、植治に先立つこと七年、惜しくも四五歳の若さで亡くなっている。白楊の作庭は、ウイスティン都ホテル京都などに見ることができる（丹羽圭介翁談「小川白楊」、鈴木博之『庭師小川治兵衛とその時代』など）。

小川白楊のこと

少し白楊の仕事について述べておく。

[図版8-12]「湖上ヨリ慶雲館ヲ望ム」(『慶雲館建碑記念写真帖 行幸二十五年』明治45年、滋賀県立図書館蔵)。現在の慶雲館は琵琶湖が埋め立てられて畔浜から距離があるが、当時の慶雲館は長浜港に隣接して建っていた。慶雲館門前には「旧長浜港跡」の石碑が建つ。慶雲館は伊藤博文の命名である。

[図版8-13] 長浜港のなごりである慶雲館南側の水路。慶雲館東側は北陸線が通り、ちょうど「はくたか」が通過した(2020年1月17日撮影)。

明治二〇（一八八七）年二月二一日のことだが、天皇皇后の還幸の途次、大津から長浜まで、太湖汽船太湖丸を利用することになった。一月に、京都で孝明天皇の祭祀が執り行なわれ、その還幸が長浜経由となり、長浜から鉄道に乗り換えることが決まったのである。ところが、長浜出身で太湖汽船社長の浅見又蔵は、天皇皇后の適当な休憩所が長浜にはないと考え、急ぎ行在所（あんざいしょ）を建てることとした。その建物は慶雲館と名付けられた。琵琶湖岸が埋め立てられる前のこの時代、慶雲館は湖畔にあり、すぐ前が長浜港であった。

慶雲館が建って二五年後の明治四五（一九一二）年、植治がこの慶雲館の作庭を手がけることとなる。白楊もこの作庭を手伝い、完成後の慶雲館を白楊が撮影して、『慶雲舘建碑記念写真帖 行幸二十五年』として刊行している。一庭啓二・小川白楊・小川治兵衛・浅見又蔵と、こんなところでも、琵琶湖蒸気船をめぐる人びとの繋がりがみられる。

多彩な才能を持ち、学識豊かであった白楊は、『慶雲舘記念写真帖』のほかにも、明治四二年には内貴清兵衛らと名園の写真集『京華林泉帖』（京都府庁編刊）を刊行、さらに『古瓦譜』（大正一一年）、『家蔵瓦譜』（大正一三年）、『考古聚英 石燈篭之部 第一輯』第一集—第五集（關西考古會 大正一四年三月—昭和元年一〇月）と、多くの著作を残している。

ちなみに、大正一一年刊行『古瓦譜』の天沼俊一「序」には、白楊の古瓦逸品の収集品が数百に達したこと、それにより図録刊行におよんだことが示される。白楊は、古瓦のたいした収集家でもあったのだ。同書の白楊による「はしがき」をみると、白楊は山川勝地や古蹟に愛着を持っていたといい、古瓦の蒐集も数百面に至ったことが述べられてある。そしてその事の始まりというのが、明治二八（一八九五）年開催の第四回内国勧業博覧会の時のことで、会場となった岡崎周辺の地が掘り起こされ、そこに古瓦を見つけたのがきっかけとなり、古瓦の蒐集を始めたという。

その箇所を引いてみると、「其敷地として古い建物や用地が一切破壊し盡された最後の土の中に残されたものはそこに遠い過去の存在を物語る叡山三千坊の中六勝寺の古瓦の一塊であった」と、博覧会工事の時の様子が描かれてある。

博覧会開催は明治二八年で、白楊一三歳、工事はその少し前の事だから、早くから興味を持ったことになる。ちなみに白楊の小川家は、三条白川橋上ル堀池町にあったから、岡崎の工事現場までは数百メートル、少年白楊は、その工事の様をつぶさにみてきたのであった（住所は著書の奥付による）。

白楊は続けて、家業の作庭で各地を回ることにより蒐集した古瓦も三、四百点を数えるようになったこと、たまたま同好の士である南禅寺畔塚本福地庵主が理解を示してくれたことから、氏に譲ることにしたと述べる。その「訣別記念」として、この書を刊行したという次第であった。

塚本福地庵主というのは、南禅寺界隈の土地を取得して別荘地を開発した近江五個荘出身の塚本與三次のことで、福地庵はその邸宅である。この庭園も植治と白楊父子により作られて

[図版8-14]「慶雲舘樓上ヨリ庭ヲ隔テゝ琵琶湖ヲ望ム」(『慶雲舘建碑記念写真帖 行幸二十五年』、滋賀県立図書館蔵)。慶雲館の階上南西隅から琵琶湖を望んだもの。写真帖には「望湖亭より燈台を望む」の写真もある。明治天皇の休憩中に琵琶湖が望めるようにと浅見又蔵が設計したわけである。なおいまは慶雲館階上から琵琶湖は望めない。

[図版8-16]「長濱出港ノ光景其二」(『慶雲舘建碑記念写真帖 行幸二十五年』滋賀県立図書館蔵)。写真の右端の岬に鳥居が建っているが、これは方向から考えて現在の旌忠塔の建つ明治山であろう。長浜港は大型の蒸気船が着岸できるよう浚渫されたが、この明治山はその残土を積み上げたもの。旌忠塔自体は大正12年3月に建てられている(松室孝樹「明治山と旅順」)。先代の浅見又蔵は明治33年4月に亡くなっているから、植治の作庭も、旌忠塔の建造もみな二代又蔵の仕事ということになる。

[図版8-15]「當日氣船解纜ノ光景」(『慶雲館建碑記念写真帖 行幸二十五年』、滋賀県立図書館蔵)。慶雲館横の長浜港に停泊する蒸気船である。

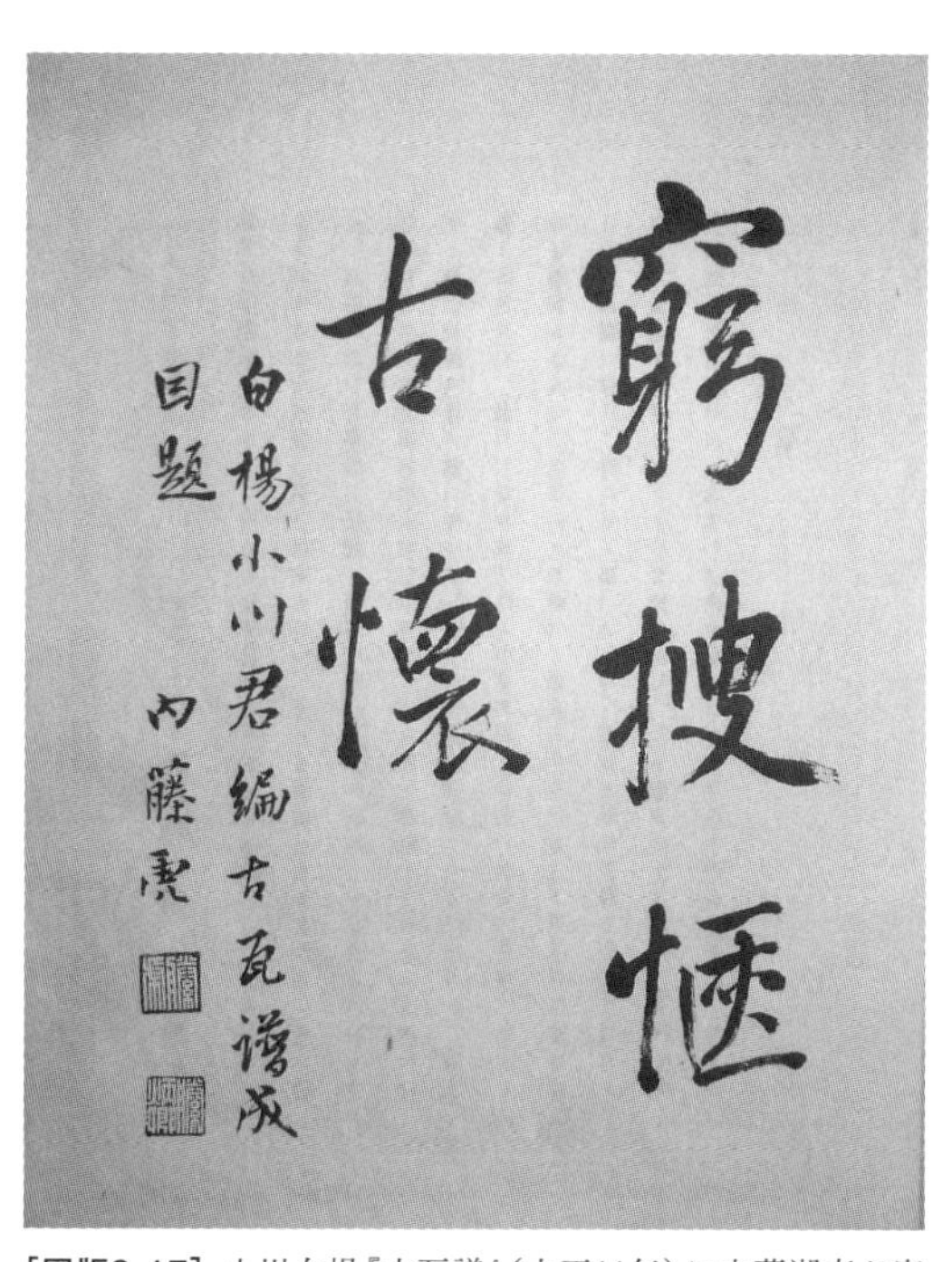

［図版8-17］小川白楊『古瓦譜』（大正11年）に内藤湖南が寄せた題辞。題簽も湖南のもの（奈良文化財研究所蔵、2020年8月3日許可を得て撮影、出版掲載の許諾）。

おり、ここにも近江商人とのつながりがみえる（矢ヶ崎善太郎『近代京都の東山地域における別邸・邸宅群の形成と数寄空間に関する研究』）。

なお『古瓦譜』の題字は内藤湖南で、扉に「窮捜愜古懐」の揮毫、「白楊小川君編古瓦譜成目題 内藤虎」と添えられている。

また先の『考古聚英 石燈籠之部』は、第一輯が五冊あるが、その第一集「刊行の御挨拶」に、「石灯籠集」の公刊には、庭師の職業上反対の声もあったが、死蔵するより広く研究に役立てるようとの諸先輩の声に押されて刊行した、とその経緯が述べられる。また二集には、庭師の仕事が忙しく東奔西走の毎日で刊行が遅れたこと、四集では病気のため遅延、五集にはいまだ病中とある。白楊は昭和元（一九二六）年に亡くなっているから、これは白楊の遺作ということになる。

ほかに、『綾錦 古鏡号』（西陣織物館編 芸艸堂 大正一四年）には、白楊所蔵品の「五鈴鏡」「支那鏡」「蒔繪菊」など六点が、『綾錦 九巻』（西陣織物館編 芸艸堂 大正一四年）には「支那服」が、『考古図録 續編』（京都帝国大学文学部陳列館編刊 昭和一〇年）には、「故小川白楊君寄贈」として「唐橋平垣町西寺發見慶長十四年てきすあん銘石碑」が掲載される。これらをみれば、白楊が、写真術にすぐれた古物蒐集家で、学会文化人との交流があったことがよく知れるところである。

對龍山荘で撮られた写真

いささか詳しく小川白楊の事績を記述することになってしまった。それも、これまで白楊のことを詳しく述べたものがあまり見えないこと、一庭と交遊のあった白楊の仕事を確認しておきたかったからのことである。

さて一庭だが、この白楊とは對龍山荘に住み込んでいた明治四〇年ごろ、親しくしていたようである。そのことは、先に述べたように、白楊が一庭に写真や絵葉書を送っていること、また一庭資料の中に、對龍山荘で撮影された写真のなかに、白楊の印のある一庭のスナップ写真や、「對龍山荘表側之写真 明治四十一年五月写之 寫真師小川白楊氏」と一庭が裏書きをしたものが多く残されていることから了解できる。白楊が父治兵衛とともに山荘へ出入りしたことから知り合ったのであろう。一

[図版8-18] 對龍山荘集合写真（一庭—写真—304）。裏書「明治四十一年五月八日佛事相営たる日、於庭園撮影、此日三都出店之別家衆外ニ支配人等、其他家族一統写之　宿坊教音院主 腰をカガメタル夫人幹子 未亡人田鶴子 船中ヨリ右之方 主弥一郎 中 舎弟弥五郎 棹ヲ持タルハ 分家弥三郎　左之方修業 倅仙老 右トナリ 丁稚敏三 次栗田 其次 青山スガ子ノ養子秀吉 後ノ方老嫗 本家入の隠居 其次大ツ北村隠居 此他之婦女ハ皆下婢也 但し男子ハ別家及ヒ支配人等也　六月二日送ル」。台紙には小川白楊の印。なお彌三郎は先代の長女しげの養子で三代を継いだ。彌五郎は次男。一庭は裏書に、男子は別家および支配人と書いているが、二代彌一郎は積極商法で店舗数や従業員数を増やしていっており、この法事ではその多くの別家や支配人が相寄ったことになる（『Ichidaくりえいと100』）。

[図版8-19] 對龍山荘集合写真。裏書に「明治四十一年五月六日對龍山荘於庭園で撮影写之　侍女まつ 分家子息弥四郎 乳小梅 老人 丁稚敏三」、台紙には小川白楊の印がある（一庭—写真—305）。

庭も好きであった写真術を通して、話が合ったというわけだ。ここでは、白楊が撮影した對龍山荘での集合写真を一、二見ておきたいと思う。

一枚は、先代市田彌一郎の三回忌と思われる明治四一（一九〇六）年五月八日の集合写真である（一庭―写真―304）。彌一郎は明治三九年六月三〇日に亡くなっていて、この年は三回忌にあたる（『Ｉｃｈｉｄａくりえいと一〇〇』）。写真は、市田家の法事のあと、對龍山荘で撮影されたものだ。この写真を、二〇〇七年刊行の尼崎博正監修『對龍山荘』と照らし合わせると、對龍台（書院）側から大池を臨んで撮られたもののようで、彌一郎が乗り込んでいる舟は、『對龍山荘』の写真にもある。

この法事は、浄土真宗仏光寺派本山仏光寺の塔頭教音院により営まれた。法事には家族一統だけでなく、三都に出店した別家衆や支配人も参加した。写真の裏書きによれば、未亡人田鶴子、当代彌一郎と幹子夫人、弟弥五郎、分家の弥三郎らが写っている。

分家彌三郎は初代の長女しげの婿養子で、大正二年に亡くなった二代彌一郎の跡を継いで三代目となった人物である。一庭は左端におり、裏書では「仙老」と記す。山荘に出入りする青山スガ子、大津の北村隠居らの名前も見える。台紙に小川白楊の印がある。

もう一枚は一庭ら五人を写したものである。裏書に、「明治四十一年五月六日」とあるので、法要の前々日に山荘庭園で写したものか。このなかに分家の子息弥四郎はいるが、その乳母・侍女・丁稚らと写したもので、写真304の場合もそうだが、一庭は使用人の集まりに混じっている。ただこのように山荘での写真撮影も許容されるという立場に一庭はいた、ということにはなろうか。これにも台紙に小川白楊の印が押されてある。

第九章 一庭の死と親族・末裔

たびたびの上京

「對龍山荘在勤中ノ日誌」の載る同じ手帳に、明治四二年八月一七日から二四日までの日誌が記されている。これは、東京に住む次女幹の嫁ぎ先佐々布家を訪問した折の日誌である。その末尾に「午後五時半馬場駅より乗車夕七時過南禅寺へ帰宅ス」とあることから、明治四二年八月末時点でも、對龍山荘に住み込んでいたことがわかる。ちなみにこの馬場駅は現在の膳所駅で、明治二二年七月の東海道本線の開業により、馬場駅―大津駅間は支線の扱いとなった。なお当時の大津駅は、今の京阪大津駅にあたっている。

最晩年の一庭はたびたび上京して、次女幹が嫁した佐々布充重(さそうみつしげ)の家を訪れていた。佐々布の家は孫もたくさんいて、にぎやかで楽しい家だったのであろう。手帳の日誌からは、小石川区巣鴨の佐々布允重・幹の家に滞在して、家族と各所を巡っている一庭の様子がみてとれる（一庭―覚書―21）。この東京行きの次第は、例えば次のようなものであった。出立は馬場駅からである。

　十七日 夜十時五分馬場駅より三等急行ニ乗車
　十八日 午前十時五十一分品川駅へ着車、夫より巣鴨駅へ乗り替、正午時巣鴨駅へ着車、夫より人力車 佐々布方へ从二次過着ス

馬場駅を二二時五分、急行の夜行列車三等を利用して東京に向かう。品川駅に午前一一時前到着、巣鴨に向かい、佐々布家には一二時過ぎに着いている。

そして東京での様子、二〇日には向島百花園を訪れ、名物の団子を食べたりしている。このくだりも少し書きぬいてみる。

　二十日 原町鈴木方ニテ家族一統と撮影ス、夫ゟ指ケ谷町ゟ電車ニテ吾妻橋迄、此処ゟ汽船ニテ言問迄渡る、向島百花園ニテ休息、帰路言問たん子ニテ休憩、名物團子ヲ食ス、此處より汽船ニテ吾妻橋迄乗ル、夫より浅草公園花やしきへ這入、動物餘興あやつり人形活動写真、山から藝等ヲ一見シ、不偲池畔松田橋ニテ夕食ヲ喫ス、此時夕立強降ル、午后七時四十分上の駅より巣鴨迄乗車、九時前帰宅、本日一行啓二・佐々布主・みき子・以津子・弘一・志津子・下女せん、以上七名、〇不図不忍池中の蓮盛りヲ見タリ

[図版9-1] 一庭の次女幹と結婚した佐々布充重。裏書に「四十一年三月九日 於京都柊屋旅館 佐々布氏より得之」とある（一庭―写真―42）。

この一庭のメモを見ると、仕事柄なのであろう、利用した交通機関やその発車、到着時刻を実に几帳面に書き記している。そして出発前に趣味の写真を集合で撮ったりもしている。隅田川では汽船に乗り、花やしきでは動物や操り人形をみて言問(こととい)団子を賞味するなど、東京での旅程を満喫している様子も見てとれよう。

またこの上京の折に、一庭は東京の福羽邸のほか、市田邸も訪問している。先代の市田彌一郎が亡くなったのが明治三九年六月だから、その約三年後のことで、八月二三日午後二時の訪問だった。「後室様ニ相謁ス」とあるので、先代市田の奥方へのご挨拶といったところか。御前御二方つまり二代市田夫妻は大磯の新別荘に滞在中で会うことができなかったとある。御後室からは羽織一掛、金五百疋を頂戴した。羽織は彌一郎の形見であったろうか。上京に合わせてのご挨拶とはいえ、律儀な一庭である。

一庭啓二の死

佐々布に嫁いだ次女の幹は、この時期の明治四四年までには四人の子どもを産んでいたから、一庭は孫に会い方々、東京に向かったのであろう。明治四四（一九一一）年四月にも一庭は上京して佐々布家に滞在していた。

ところがこの上京の折の四月一七日未明、午前四時に一庭はこの家で亡くなった。急死である。一庭六六歳。いくつかの資料に、一庭は東京小石川区の親戚の家で亡くなったと記される

[図版9-2] 滋賀県庁前の月見坂墓地にある一庭啓二の墓石。墓所は入り口から西に10歩、南に20歩、再び西へ20歩、ここで少し南よりに曲がる角の右手に南面して建つ（2020年7月10日撮影）。巻頭にカラー図版。

[図版9-3] 月見坂墓地の「市場氏」の墓石（2020年7月10日撮影）。

が、正確には、小石川区巣鴨の次女幹の嫁ぎ先佐々布の家で亡くなったのである。一庭（市場）家菩提寺の泉福寺住職竺文彦氏の御教示によれば、一庭は東京の幹のもとで密葬のうえ、遺骨を大津に持ち帰り、葬儀が行われたのだという。一庭（市場）家の菩提寺である泉福寺は、大津市長等の浄土真宗本願寺派の寺である。

一庭の諡（おくりな）は賢昭、大津月見坂の墓地に眠る。墓所の月見坂は県庁からほど近く、墓石は南面していて、東海道線を走る列車がよく見える。墓石は、市場家代々と一庭啓二墓の二基があり、墓所は一庭の曽孫にあたる当代二人が守っている。

親族のこと

ここで一庭の妻および親族のことを少し記しておく。

妻の直は嘉永元（一八四八）年八月晦日の生まれで、大津馬場町菅平右衛門の長女である（一庭―覚書―16、および戸籍）。ただ一庭の別の覚えには生年は八月一六日とでる（一庭―覚書―18）。直は、明治四〇（一九〇七）一二月一日に亡くなっているから、一庭の亡くなる四年前のことで、一庭は妻に先立たれていたことになる。法名は釋尼智秀。

実はこの時期、一庭は對龍山荘に住み込んで仕事をしていた。一庭が記していた日誌にこの時のことが出ている。明治四〇年一一月二七日の条に、「なお病卒タル報ニ接ス」とあり、この日に急ぎ大津に戻っている。二八、二九、三〇日の条は日付だけであるので、看病にあたっていたのであろう。しかしながら、直の病状は重く、一二月一日午前六時過ぎに亡くなってしまった。日誌には、「二日午後二時松本山へ埋葬、三日 午前十時より灰葬、年賀不来、生なく、供西村由之助」とあり、落胆した一庭の様子が見て取れる。

一〇日午後三時過ぎに一庭はいったん對龍山荘に戻った。そして一八日夜一一時、ふたたび大津に帰り、二二日、宿坊住持を迎え、幾人かで忌明けの法要を勤めた。翌日の二三日午後、寒気厳しく雪降るなか、一庭は對龍山荘に戻っている。この頃に一庭が詠んだ句、

毎夜郭公のかしましき程来啼きけるを
　別荘や鳴き入ながらホトトギス
　　對龍山荘にて酔仙即吟

直の母は文化一三（一八一六）年八月一四日生まれの菅壽で、下京第三区六角通室町西入玉蔵町の近江屋嘉兵衛の妹である。明治七（一八七四）年一〇月一九日に亡くなり、法名は釋尼智真（一庭―覚書―18）。

一庭の義父太郎兵衛は明治三〇（一八九七）年八月一五日に死去した。百艘船がすでに力を失ってしまった最後の船屋太郎兵衛で、京都から迎えた養子一庭啓二が、自家の将来を蒸気船建造に賭けて一番丸建造に成功、その後船長に就いて汽船会社の経営も行ったこともあり、太郎兵衛は隠居し、生来の趣味・道楽にいっそう励んだ。法名は釋賢順である。

太郎兵衛の妻で一庭の実姉また義母にあたる品（志な）は、天保一〇（一八三九）年四月晦日の生まれ、亡くなったのは、

明治三九（一九〇六）年一二月二五日で、享年六八歳、法名は釋尼智秀。

また一庭の実兄で、京都寺町の実家小川家を継いだと思われる当代小川茂兵衛は、明治四〇年三月二六日に亡くなっている。享年七四歳、法名釋了賢。一庭の一二歳ほど年上である。

これより少し前になるが、一庭や品の姉にあたる小川家の長女徳は、明治三九年一一月一〇日に死去した。法名は覚誉了月明心禅定尼、俗名は山田徳、七十六歳であった。徳については、一庭の手帳に「台北書院街五丁目二種十六号山田寅之助宅」とあるので、徳は山田寅之助に嫁して台湾に渡っていたのであろう（一庭―覚書―21）。

［図版9-4］一庭啓二と妻の直、次女の幹（ガラス乾板、一庭―写真―18）。長女の文は生後一ヶ月で亡くなっている。

一庭の子ども

一庭は妻の直との間に、長女文（ふみ）・次女幹（みき）・三女陸（ろく）と三人の女子をもうけた。

長女文は明治八（一八七五）年七月一六日に生まれた。初めての子でもあり、一庭は名付けにあたって候補をいくつか考えたうえ、ありふれてはいるが読みやすい名前であるとして「文」と定めている（一庭―覚書―14）。このように愛情をこめて命名したのだったが、文は生後一ヶ月、八月一六日午前一〇時に亡くなってしまった。一庭が書き残した文の法名は文眞、泉福寺には尼守信とある。

［図版9-5］一庭直と次女の幹、三女陸。幹は陸の五歳年長である（ガラス乾板、一庭―写真―19）。

覚書 亀井伯家と佐々布充重

一庭の次女幹が嫁した佐々布充重は島根県鹿足郡津和野町の出身、明治3年1月の生まれである。一庭啓二は京都寺町今出川上ルの小川家から大津百艘船の船屋太郎兵衛家へ養子に入り上平蔵町に住んでいたから、どのような縁から、一庭の次女幹がこの佐々布に嫁ぐことになったかはわからない。ただ、一庭は福羽美静と年賀などのやりとりがあり、一庭資料に、明治25年1月5日消印の封筒で、「梅椿匂ふに老をなくさめて 田舎うれしきとしのいわい」の歌を美静が贈っているのをみると、早くから交友があったことがうかがえる。この美静との関係から、養子逸人の甥にあたる佐々布充重と幹との結婚に至ったのであろう。

充重と幹の入籍は明治32年2月14日であった。本文で述べたように一庭の備忘録によれば、充重は東京都小石川区小石川駕籠町に住まい、旧津和野藩主亀井家の14代で伯爵亀井茲常（これつね）家職員であった。充重の父は佐々布利雄、母はツナといった。佐々布家は代々の津和野藩士で、そうしたことから充重は茲常の亀井伯家に仕えたのである。

充重と幹の婚姻届で証人となった福羽逸人は、津和野藩の佐々布利厚の三男で、安政3（1856）年12月16日のうまれ。明治5年に福羽美静の養子となった。『福羽逸人回顧録』（国民公園協会新宿御苑 2006年）に、逸人は父利厚と三歳のときに死別し、母と家兄利雄に養育され、家兄利雄が東京木挽町の亀井邸に勤務するため上京した折、随行して東京に出たとあるので、逸人は利雄の実弟にあたっている。それゆえ逸人は、福羽家に養子で出て姓を異にするものの、充重の父親の利雄に育てられているから、かなり近しい間柄にあった。充重は、一庭幹との結婚にあたって、東京在住で近しい逸人に、婚姻届の証人を頼んだことになる。

佐々布充重であるが、伯爵亀井家では、家乗編纂、つまり亀井家の記録を編成する仕事にあたっていた。父利雄が亀井家に勤めていた関係で、充重も亀井家に勤め、家乗編纂の仕事についたのであろう。充重は亀井家初代茲矩（これのり）の事績を記した『道月餘影』（伯爵亀井家家乗編纂所編 大正元年）の発行者として名前があがっているから、こうした編纂の責任者であったわけである。

また充重は、シーメンス事件や大逆事件（幸徳事件）を担当した予審判事潮恒太郎（うしおつねたろう）と親しく交友していた。潮の一七回忌に刊行された『潮予審判事を憶ふ』（昭和10年）には、「畏友潮恒太郎君のことども」という情愛溢れる文章を書いている。潮は予審判事としての仕事をこなしながら、亀井家の「法律顧問格」として法律問題の相談に与っており、大正4年4月には、家政協議員を嘱託されて、協議員代表として亀井家の不動産処分にも関わっている。

充重と潮との親交は早く、明治26年、潮が上京した折にいつも訪問していた福羽美静子爵邸で顔を合わせたことから始まった。潮は石見国美濃郡豊田村の出身で、福羽の先代がこの地の代官であったことから福羽家に出入りし、そこで、美静の養子逸人の甥にあたる充重と出会ったのである。その後充重と潮は親しく交わり、雑誌や新聞の挿絵作家で日本画家の尾形月耕とも交友を持った。大正2年8月12日明月の夜、この三人で向島百花園に遊んだ時、月明りのぼんぼりの灯に寄せて、「朝顔に一口過ごせ茶碗酒」と詠まれた歌に対して、「夕顔にほてり耻かし茶碗酒」と充重が応じたという。

次女の幹は明治一〇（一八七七）年二月一〇日の生まれ、三人目も女子で、明治一五（一八八二）年三月三日に生まれ、陸と名付けられた。

次女幹は、明治三年一月、島根県津和野町出身の佐々布充重に嫁した。婚礼は明治三一年一二月四日、入籍は明治三二年二月一四日である。一庭の覚えに婚姻届を写したものがあるが、充重は東京都小石川区小石川駕籠町に住まい、伯爵亀井茲常家職員、父は佐々布利雄、母はツナである。この婚姻届けに一庭は、「太湖汽船株式会社職員」と記している。茲常は、石見国津和野藩主亀井家第一四代で、父茲明が明治二九年七月に死去したことにより、亀井家の家督を継いだ。佐々布充重は、この亀井伯家の茲常に仕えたわけである。

ちなみにこの婚姻届の証人は福羽逸人と市川亮明であった。亮明の子亮功についても一庭資料に多くの写真がのこされており、そのうち一枚の裏書きに、「明治廿六年二月二十七日　東京市川亮功　市庭叔母上様」、台紙には「LYON」と印刷されるものがある。亮功は一庭の甥にあたるのであろうか（陸―写真―36）。横浜正金銀行社史の年表に、明治二八年七月一日付で、リヨン出張所詰の行員川島忠之助が転出し、市川亮功が主任心得へと昇格したと出ており、この人物であろう（『横浜正金銀行全史　第六巻』、この巻にリヨン支店の写真も載る）。

もう一人の福羽逸人は、温室栽培で著名な農学者である。逸人は津和野藩の佐々布利厚の三男で、明治五年に福羽美静（びせい、よしず）の養子となった。美静は津和野藩士、大国隆正や平田鉄胤に学び国粋保存をとなえた国学者で、貴族院議員も務めた。一庭資料には、明治二五年一月五日消印の封筒に、年賀および年始の歌が残っており、この幹の婚姻以前に一庭は美静と交友があったことがわかる（一庭―書簡―3）。一庭はその後も美静と、年賀や書簡また盆歳暮のやり取りをしていることが一庭資料をみることで知れる。

一庭家では男子が授からず、家を継ぐものがいないと考えたのであろうか、一庭は次女の幹が佐々布充重に嫁した明治三二年に養子を迎えている。養子縁組がなされたのは明治三二年七月一二日のことであった。

養子は京都市上京区今出川通寺町西入某家の三男で、明治二七年八月二八日の生まれである。届の証人は市谷庄兵衛と矢島九三であった（一庭―覚書―16）。この大原口町というのは、寺町今出川から西の一帯をいい、一庭の生家である加賀屋の寺町今出川上ル立本寺前丁からほど近い。加賀屋小川茂兵衛の知り合い筋からの養子であったのだろう。

この養子縁組であるが、翌年の明治三三年七月二五日には協議離縁となっている。離縁がどういった事情か知れない。いずれにしても、こうして一庭には、当時の言い方で言えば、家を継ぐ男子がいなくなったのである。

三女陸のこと

家を継ぐ男子はいないことから、この一庭の家督は一庭死去ののち三女の陸が継ぐこととなる。長女文は生後すぐに亡くなて届けるわけにもいかず、実家の細川家へ養子に出されていた。それが、今回の茲迪の絶縁の一件で、亀井分家の家督相続については、いったん次男の凱夫に継がせ、貫一郎が丁年になったら、正式に貫一郎に継がせるという内容のものとなった。

こうした一連の、亀井本家・分家の「家政」に関わる事実関係を確認するために、鷗外は、亀井家家乗編纂にあたっていた充重に照会したという次第である。そしてまたこうした充重とのつながりから、鷗外は、福羽逸人や福羽の親戚の事などについても照会し文書にまとめてもらったりした。

武田頼政『零戦の子 伝説の猛将・亀井凱夫』には、この茲迪や貫一郎についても詳しく述べられてあるが、それによれば、貫一郎の父は亀井茲迪、母は八重で、茲迪の父は常陸谷田部藩第9代藩主細川興貫、ここから茲迪は亀井（分家）に養子に出され、綾の長女八重と結婚して亀井分家を継いだという。また『回想の亀井貫一郎』には、亀井家12代茲監は、茲迪の叔父にあたるとも出ているが、第12代の弟筋の分家ということであろうか。

この家政相談人にあがるもうひとりの西紳六郎は津和野藩西周（あまね）の養子である。また、鷗外が福羽の親戚の事を充重に照会して石本新六に報告した、とある石本は、日露戦争時期に陸軍省総務長官として寺内正毅陸軍大臣に仕え、のちに陸軍大臣に就いた人物、さらに明治43年8月11日に亀井貫一郎とともに来訪したという生田弘治は、評論家で小説家の生田長江（ちょうこう）である。

り、次女の幹は明治三二年に佐々布へ嫁していたからである。そしてこの家名を守るために陸の苦労が始まる。この陸と娘の菊枝のことについて少し述べておきたい。

一庭の三女陸は、滋賀県立大津高等女学校に進学し、明治三四（一九〇一）年三月に技芸専修科を卒業した（『ささなみ』滋賀県立大津高等女学校さゝ波同窓會 第四二號）。卒業後の進路はよくわかっていないが、一時期、滋賀縣愛知郡日枝尋常高等小学校に勤務している。この小学校の二泊三日修学旅行で、陸は生徒を引率し、伊勢神宮・二見が浦などを見学しているが、その時の手記が「旅の思ひ出」と題されて残っている（陸─手記─1）。

手記は、「滋賀縣愛知郡日枝尋常高等小学校」の用箋に書かれてある。この日枝尋常高等小学校が現在の豊郷町立日栄小学校学校の前身であることから、教育委員会に陸の在籍を照会したところ、明治四五年に三年生補助、大正二年に四年生補助との記録がある由だった。代用教員であったのだろう。一庭が亡くなったのが明治四四年四月一七日であるから、その一年後、小学校に赴任したことになる。

陸が一庭の家督相続の届を出したのは、一庭の死去一か月後の明治四四（一九一一）年五月一三日のことである。こうして陸は一庭家の戸主となった。陸二九歳の時のことだ。

陸が一庭の家督を継いだこの時期、一庭家には資産は残っていなかった。というより借財ばかりが残っていたようだ。このことは陸の回想を読んでも了解できる。一庭の覚え書きには晩年の借用証書の写しなどもあって、それによると明治三七年一

覚書 佐々布充重と森鷗外

インターネット上の「おたどん」の「神保町オタオタ日記」(2006.11.21)で教えられたのだが、明治41年2月の森鷗外日記に亀井家のこと、明治43年8月、9月あたりに佐々布充重の名前がでてくる(2020年5月18日閲覧)。鷗外の日記から関連の箇所を少し書き抜いてみる(『鷗外全集 第35巻』)。


明治41年2月22日(土)午後龜井伯第に往く。家政相続人補闕、埋蔵金處分等の件を議す。龜井茲迪破産の顛末を聞く。[欄外]本日午後若二十三日午前龜井邸會(決定本日午後一時)

3月22日(日)午後二時龜井伯第に會す。新に家政相談人となりたる西紳六郎、水崎保祐來會す。福羽子と予とを加へて四人となる。龜井茲迪身上の事議に上る。福羽子古貨幣を處分する件に關して激怒し、多く不穏の語を出す。[欄外]午後二時於龜井伯第相談会
4月23日(木)妻と茉莉と龜井伯の苑遊會に往く。[欄外]午後二時於向嶋龜井伯園遊会
4月26日(日)龜井伯の第に往き、龜井茲迪の母と弟貫一郎に告諭せらるる席に立會ふ。茲迪は隠居して別に一家を立し、長男凱夫相続し、貫一郎が丁年に達するを待ちて、凱夫を廃せんとするなり。貫一郎は實は長男にして、凱夫は實は二男なり。

明治42年12月23日(木)陰。朝電車にて龜井貫一郎に逢ふ。

明治43年3月28日(月)雨。夜龜井貫一郎来話す。中學を卒へて、此より第一高等學校に入る準備をなすと云ふ。

8月11日(木)龜井貫一郎、生田弘治来訪す。

8月14日(日)佐々布充重を訪ふに在らず。

8月15日(月)佐々布充重を訪ひて亀井貫一郎一家の事を言ふ。

8月16日(火)龜井貫一郎に書を遣る。

8月29日(月)佐佐布(ママ)充重来て、龜井貫一郎一家の事、龜井家乗の事を話す。

9月1日(金)福羽子逸人の家族に関する寺内大臣の問に答ふべき資料を求めに佐佐布(ママ)充重を問ふ。

9月5日(月)福羽親戚の事を言ふ。佐佐布(ママ)充重の書を石本新六に交附す。

9月11日(日)龜井綾子来話す。


森鷗外の子の茉莉は、亀井伯家がたまたま鷗外の家の隣に家を構えたと述べている(『森茉莉全集 第七巻 ドッキリチャンネルⅡ』)。亀井伯家は、東京各所に屋敷を構えており、隣家かどうか正確なところはわからない。鷗外と亀井伯家とはそれぞれ、近くに住んでいたということなのであろう。鷗外の森家は、津和野藩主亀井家の御典医の家柄で、亀井家とのつながりが深く、こうして家も近いことから、亀井家の様々な問題に対して相談に乗っていたわけである。

この日記に出る「埋蔵金處分等の件」「古貨幣を處分する件」というのは、亀井分家の茲迪が、華族銀行(第十五国立銀行)の運転資金として、亀井本家に無断で、亀井家の埋蔵古貨幣を使い込んだという一件である。鷗外ら4人は、この一件の家政相談人として協議し、茲迪の母綾と茲迪の長男貫一郎とを亀井本家に呼んだうえで、茲迪は「隠居して別に一家を立」てること、つまり亀井家と絶縁させ、亀井の姓も取り上げとするという厳しい言い渡しとなった。

もうひとつの「家政相続人補闕」というのは、亀井分家の養子に入った茲迪が、八重との婚約時期の陸軍士官学校在学中に、子の貫一郎をもうけた件である。陸軍士官学校は、任官前の結婚を許しておらず、さらにまた結婚前に子どももうけたことから、当時としては正式に茲迪の子どもとし

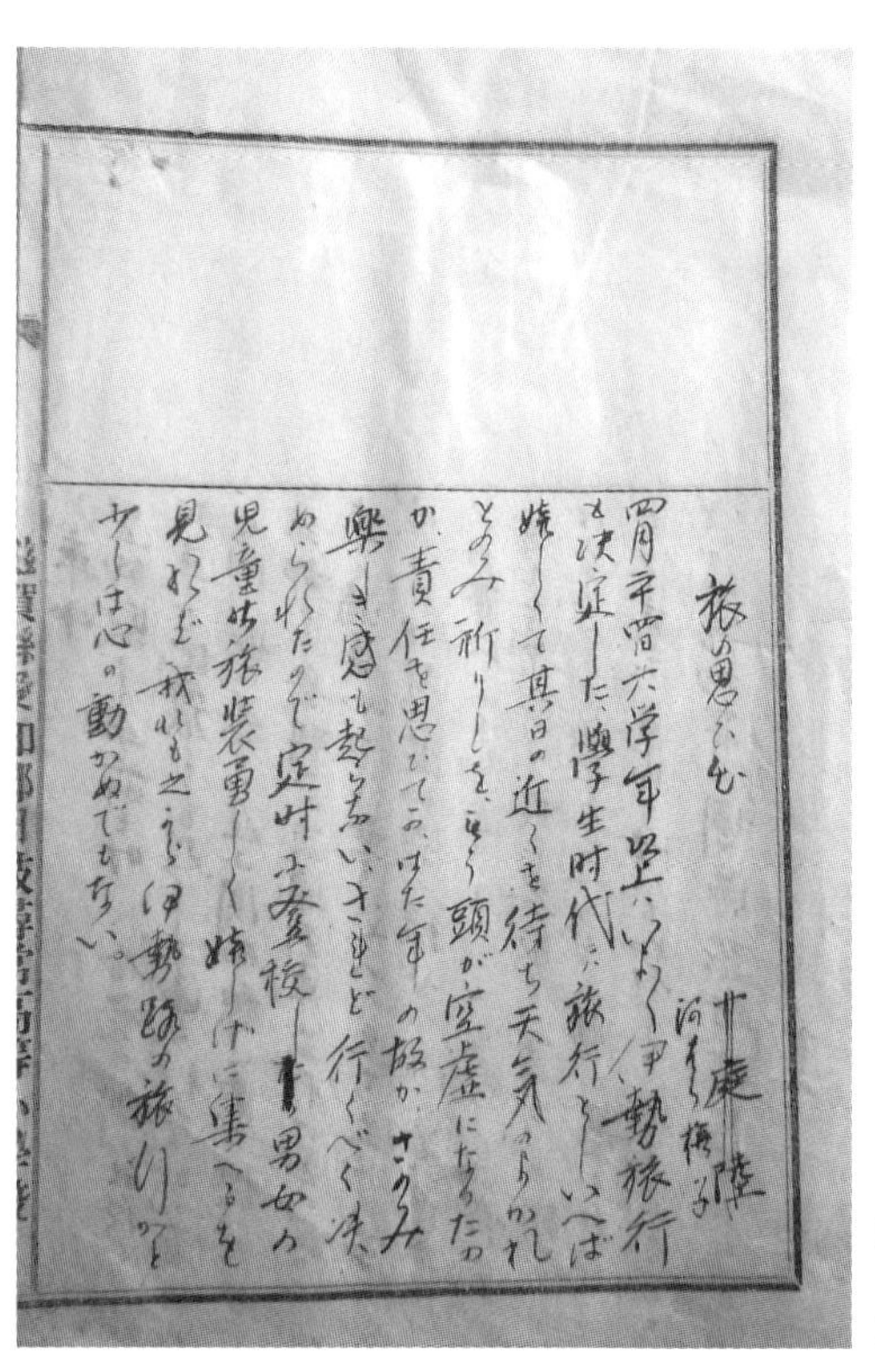

旅の思ひ出

一庭陸

四月廿四日六学年生はかく伊勢旅行と決定した、學生时代に旅行といへば嬉しくて其日の近くを待ち天気のよかれとのみ祈りしを、今は頭が空虚になりたるかか、責任を思ひてか、はた年の故か、さのみ楽しき感も起らない。されど行くべく決められたので定時に登校 男女の児童が旅装勇しく嬉げに集へるを見れば我れも之より伊勢路の旅りかと少しは心の動かぬでもない。

［図版9-6］一庭陸18歳、明治33年9月の写真である（陸—写真—8）。

［図版9-7］陸の手記「旅の思ひ出」。滋賀県愛知郡日枝尋常高等小学校に勤務していた時期の伊勢志摩への修学旅行引率の旅日記（陸—手記—2）。

○月には上平蔵町の土地建物までも抵当に入れられ、敦賀の西岡竹次郎から三百円の借金をしている。

一庭の家督を継いだ陸は借財に苦しんだ。昭和三年十一月時点の生命保険払込など幾度か督促状が送られてきており、振り込みが滞っていたことも知れる（陸—書類—69）。

船屋太郎兵衛は代々百艘船の家柄であり、そこに養子に入った一庭啓二は、琵琶湖に蒸気船を浮かべ、汽船会社を運営し、その後も船長職を長く務めた。また一庭家は、大津に貸家も保有し、大阪難波には開墾した土地も保有していたことから、生活はまず豊かであったはずである。

だが一庭の義父太郎兵衛は、相撲力士を贔屓にしてその力士に新京極で饅頭屋を開業させたりした。さらには写真屋の開業や、職人を雇って人に七宝焼き店を開業させて失敗するなどして、その後始末も大きかった。

一方の一庭はといえば、琵琶湖の汽船商社を運営し、蒸気船船長に就いてはいたものの、運営した会社は一番丸の建造資金償還の任を負い、それが重荷となって厳しい会社経営を強いられた。そして一庭も、生来から舶来の道具や最新の器具に興味を持っていて、惜しげもなくそれらを購入したりもしている。

晩年に一庭は、京都南禅寺の對龍山荘に住み込んで市田彌一郎に仕えたのだが、そこで得ていた給料もさして多くはなく、収入より支出の方が上回る生活ぶりであったと想像される。そんなことから陸の継いだ家督というのも、財産などはなく、むしろ借財がまさっていたであろう。陸の家督相続は、財産の相

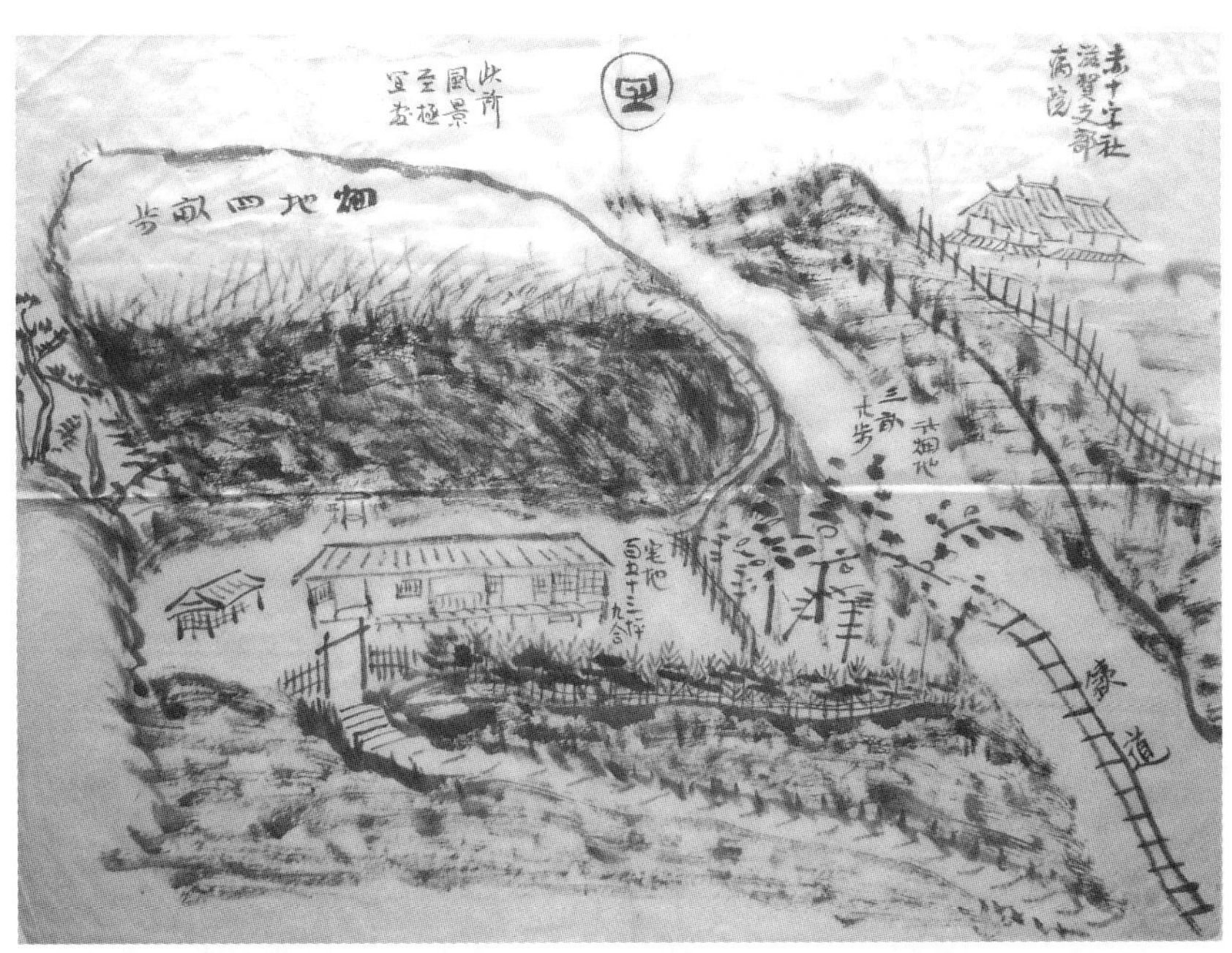

［図版9-8］ 上北国町時代の住居地附近のスケッチ。日本赤十字社滋賀支部病院が北西に描かれる（陸—手記—３）。赤十字滋賀県支部病院がこの地に移転開院したのは明治44年11月のことである。陸はその後の大正13年中に、この上北国町から膳所町中之庄（旧桜馬場）に転居している。この頃に上北国町時代の住居地を懐かしんで描いたものであろうか。

続というより、一庭啓二の家督を継ぐことにより、一庭の家と姓とを継承することが大きな目的であったのである。

そのことは陸の本籍地転籍の次第においてもうかがえる。陸は大正四（一九一五）年二月二五日、上平蔵町八番地の家から上北国町三一番地に転居し、本籍もいったん移したのだったが、七月三一日には再び籍を上平蔵町にもどしている。一庭啓二の屋敷地のあった上平蔵町の本籍地にこだわったのである。平蔵町というのは天文一四（一五四五）年から湖上の船の管理に務めた早崎平蔵の居住地に由来する地名でもあり、蒸気船を浮かべた一庭にとっても所縁のある場所であった。

陸の残した資料のなかに、太湖汽船の大正一三年の営業報告書があるが、ここには一庭陸が太湖汽船の株を三五株保持していたことが記されてある（『大正拾参年前半期 第七拾弐回報告書』、陸—架蔵—7）。太湖汽船の船長時代に一庭が持っていたものか、後に陸が取得したのかわからない。いずれにしても陸にしてみれば、琵琶湖一番丸船長、そして太湖汽船でも汽船船長を務めた父一庭啓二の「証し」としての株券であったろう。

陸は自らの学びに対して向上心を持続させていた。陸の遺品のなかに、「女子大学通信教育会々員證」（第二七六五号）が遺されている（陸—架蔵—13）。それがいつの時代のものか不明ではあるが、大津高女を卒業した後も学びの姿勢を堅持し、上級学校への志向を持っていたようである。陸は、明治四五年、大正二年と、愛知郡日枝尋常高等小学校に代用教員として勤務しているので、教員資格の取得も考慮し、大学への進学を考えたのかもしれない。

　そんな陸は西藤安兵衛（九世、安六郎）と恋愛する。そして陸はこの安兵衛との間に一女をもうけることとなった。大正四（一九一五）年七月七日出生の菊枝である。菊枝が生まれたのは、大正四年二月に転居した上北国町の家であったが、戸籍上の本籍地は一庭の旧居である上平蔵町であった。

　この陸と安兵衛との関係について、菊枝は昭和一五年四月二〇日の日付を持つ「父」と題した小説を書き遺している（菊枝—手記—1）。実体験をもとにして書いたと思われるもので、おおむね事実であろうと考えられるのだが、小説仕立てで書かれてあり、事実と確定できないことから、ここでは細部は述べない。この小説は、少女が、なぜ私の家には父親との結婚写真がないの？　と問う話から始まっていて、かなり生々しく母の陸と父親である安兵衛のことを書き綴っている。

　ただ、陸にとってこの安兵衛との恋愛は成就せぬものであった。それにはいろいろな要因があったのであろうが、何より陸には、一庭の家筋を継ぐという動かせぬ使命があった。竟に陸は安兵衛と結婚することなく一庭の姓を名乗り、生まれた菊枝を自分の本籍地である上平蔵町の戸籍に入れている。上北国町から再び本籍を上平蔵町に戻したその一庭の故地の籍を娘にとらせたのである。

　その後菊枝は、大正一二年六月一九日、安兵衛の認知を受け、その旨が役所に届けられた。菊枝がこの実の父親に初めて会ったのは、菊枝が女学校の時のことである。女学校に支払う授業料に困った折、菊枝は陸に連れられて、安兵衛の友人の家に相談に行ったのだが、そのとき安兵衛もその場に居て、ここで初めて対面したのであった。

　この時のことを菊枝は先の手記に書き残している。菊枝はその友人を「H氏」と記す。この「H氏」というのは、当時滋賀県師範学校訓導兼教諭であった初田育造のことである。というのも、この時期、初田が農工銀行宛に五〇円を寄付してその一

覚書　初田育造略歴

　初田育造は明治40（1907）年1月、甲賀郡水口町の生まれ。5歳のときに父を亡くし苦難の幼少時代を過ごす。大正10年尋常小学校を卒業し、4月に滋賀県師範学校に入学。15年3月に卒業し北杣小学校訓導に任ぜられる。文部省師範学校中学校高等女学校教員検定試験である文検の受験勉強に励み昭和4年8月に合格した。昭和6年3月滋賀県師範学校訓導兼教諭に補せられ、このとき立命館大学夜間部に入学している。大学予科の時期に英語科中等教員の免許を取得する。昭和9年9月滋賀県高宮実科高等女学校教諭。昭和11年3月立命館大学法経学部を卒業し公民科中等教員の免許を、昭和12年5月には高等学校高等科法制経済教員免許状を取得。昭和16年3月彦根県立彦根高等女学校教諭、昭和19年3月彦根市城東国民学校教頭などを歴任した。

　戦後は大原中学校長、甲賀郡教職員組合長などを経て昭和25年3月水口中学校長。その後、県中学校校長会会長、近畿中学校長会会長、全日本中学校長会副会長などを歴任。昭和43年10月水口町教育長。滋賀県町村教育長会会長、全国町村教育長会副会長。昭和52年4月勲五等双光旭日章受章。平成3（1991）年8月に死去（『漫言奇語』の「年譜」など）

部を陸の借財の弁済に充てるようにと申し出た文書が残されてあるからである（陸―書類―97）。

この文書には、「滋賀県師範学校訓導兼教諭初田育造」と記されてある。初田が滋賀縣師範学校訓導兼教諭に就いたのは昭和六（一九三一）年四月のことで、昭和九年九月には滋賀県高宮実科高等女学校教諭として転任しているから、この申し出の文書はこの時期に書かれたものである。そしてそれは、昭和六年四月に初田が入学した立命館大学の用箋に書かれてあることから、この昭和六年四月から二、三年の間の要望書であることに間違いはない。

また文面には、「母は病床に呻吟して娘は学業を捨てんとす」と、陸・菊枝母子のことを思わせるくだりがあることから、菊枝が大津高等女学校を卒業する昭和八年三月の少し前の時期であろう。菊枝の通っていた大津高等女学校は、滋賀県師範学校に併設されていた時期があり、これは昭和六年一二月に分離しているから、この併設時期に在学していた菊枝の実状を、初田が知っていたとも考えられる。このように、安兵衛が友人の初田に相談し、陸とともに初田宅に出かけた菊枝は、初めて実の父親と対面したのであった。

初田自身は五歳のときに父親を亡くし、苦学のうえ滋賀県師範学校を卒業、そののちも文部省師範学校中学校高等女学校教員の検定試験を受験して合格、また立命館大学夜間部に入学するなど、苦労して勉学に励んでいた。そんなことから、陸や菊枝の事情を知って、借財の「賦辨済金」の申し出をしたという

［図版9-9］「滋賀県立女子師範学校 滋賀県立大津高等女学校」（『滋賀縣写真帖』明治43年、滋賀県立図書館蔵）。滋賀県立大津高等女学校は滋賀県立女子師範学校と合わせて明治42年に新築なった。陸も菊枝もこの女学校を卒業している。

［図版9-10］大津陸軍病院経理課時代の集合写真。裏書きに「昭和十七年四月十日 経理室主計下士官送別紀念」とある。菊枝は後より二列目右から三人目（菊枝―写真―17）。

次第であった。

ただこの借財の「賦辨済金」の相談については、その場に安兵衞も同席していることから考えると、この資金の出資が実は安兵衞のものであった可能性も高いのだが、そのあたりはわからない。いずれにしても菊枝は、この初田が銀行へと「賦辨済金」を申し出たおかげで学業を続け、卒業できたことになる。ちなみに陸は、この少し前の時期に三百円の生命保険に入っている。これも女手ひとつで育てるという決意の表れであった。

こうして一庭姓を堅持して一女をなした陸も、昭和一六年一一月一七日、大津市膳所錦町で死去した。葬儀は当時京都在住であった安兵衞の手で営まれた。法名は釋尼智浄。菊枝は、こうした母陸に対して感謝の言葉を綴りながら、「偉大な女丈夫」と述べている（菊枝―手記―1）。

孫菊枝のこと

大正四（一九一五）年七月七日、一庭陸と西藤安兵衞との間に生まれた菊枝は、子どもの頃から文学を好み、童謡を作り、詩や俳句を詠んで成長した。母親の陸と同じ滋賀県立大津高等女学校に入学し、昭和八年三月本科を卒業している（『〔滋賀県立大津高等女学校〕さざなみ 百周年記念』）。

在学中から、短歌や劇作、随筆を書き、草稿も数多く遺している。文学仲間の友人と、作家の抜き書きを交換したり、創作を読み合わせたりもした。昭和七（一九三二）年一月二八日の日付のある創作ノート『文集』には、その標題に「短歌 詩 随

［図版9-11］一庭陸と菊枝（菊枝―写真―４）。

筆（彼山と人生 鈍感 思出の数々）とあり、戯曲も載る（菊枝―手記―13）。

二二歳となった昭和一二年、友人の紹介で「あじろ木」に入社した。同年三月には潮音社に入社し、のち同人となって以後短歌を詠む（「潮音作家略伝 一庭菊枝の項」『潮音 創刊五十年記念号』昭和四〇年一月、菊枝―潮音―40―1）。菊枝は太田青丘や三品千鶴らから励まされて短歌を詠み続けてきた。ちなみに菊枝架蔵の『潮音』は昭和一二年六月号から残されてあり、亡くなる昭和四五年まで購読を続けてきた（菊枝―架蔵―32）。『潮音』にはほぼ毎号投稿し、「潮音特選」「第二特選」など多数掲載されている。こうして菊枝は「短歌一筋」に歩むことを決意した。その作風は、「自分の身辺に湧く人生問題」を自然に託して詠うというもので、「琵琶湖のある故郷を愛し、多く琵琶湖の歌をよみたい」と思い定めた（菊枝―手記―５）。菊枝の脳裏には、祖父一庭が蒸気船を浮かべた琵琶湖や、一庭の姓を継承しようと苦闘した母親陸への想いが深く刻まれていたのであろう。巻末に、祖父一庭啓二の事績や琵琶湖を歌ったものを中心にいくつか収めておいた。

菊枝は女学校を卒業後、滋賀銀行に勤めた。菊枝の短歌に詠まれた内容から勘案すると、『潮音』に投稿を始めたすぐ後の時期、京都東山の茶道家の家に奉公にもでていた模様である。生活のための奉公というよりむしろ、礼儀作法や家事の見習いであったろう。そしてのちに、臨時大津陸軍病院の経理室に勤めた。その時期、比良雪子といった筆名で文章を書いたりもしていた。

昭和一六(一九四一)年一一月一七日、たった一人の肉親である母の陸を亡くす。菊枝二六歳の時のことである。その通夜のことを菊枝はこう詠んでいる(菊枝—潮音—16—12)。

白布透きて母の息吹きのきこゆるとひそかにまみを凝らしゐにけり

陸が亡くなる前年の昭和一五(一九四〇)年のことだが、陸は父一庭啓二への思いを込めた「湖上に汽船を浮べて七十年亡き父を憶ふ」を『郷土史蹟』七月号に寄稿している。そして同じ号に菊枝は、「琵琶湖雑詠」と題し一〇首を載せた(菊枝—架蔵—22—2)。

その二年後、昭和一七年四月号の『郷土史蹟』に、陸は「湖上に汽船を浮べて七十年亡き父を憶ふ(二)」を、菊枝は「愛する大津のために」と題した随想を寄稿している(菊枝—架蔵—22—4)。結局、陸はこの四月号を見ることなく亡くなったわけだが、それでも母子それぞれが、二号にわたって同じ誌面に一庭啓二の事績や琵琶湖への思いを綴って掲載することができたことは、病気に苦しんだ陸にとって、また一庭の姓を継承し一庭の事績を顕彰することに腐心した陸にとって、せめてもの慰めとなった。陸の苦難の生涯に思いをはせるとき、わずかながら心が癒される心地がする。

昭和一六年一一月一七日に母陸が亡くなったことから、今度はこの菊枝が一庭の家督を相続することとなった。家督を継ぐといっても、女手一つで育ててきた陸の家には財産どころか借財があり、それらは矢島の叔父らの尽力でようやく片付けた。母の死後しばらく西藤安兵衛の家に身を寄せていた菊枝だが、昭和一七年六月初旬にはこの西藤の家を出ている。

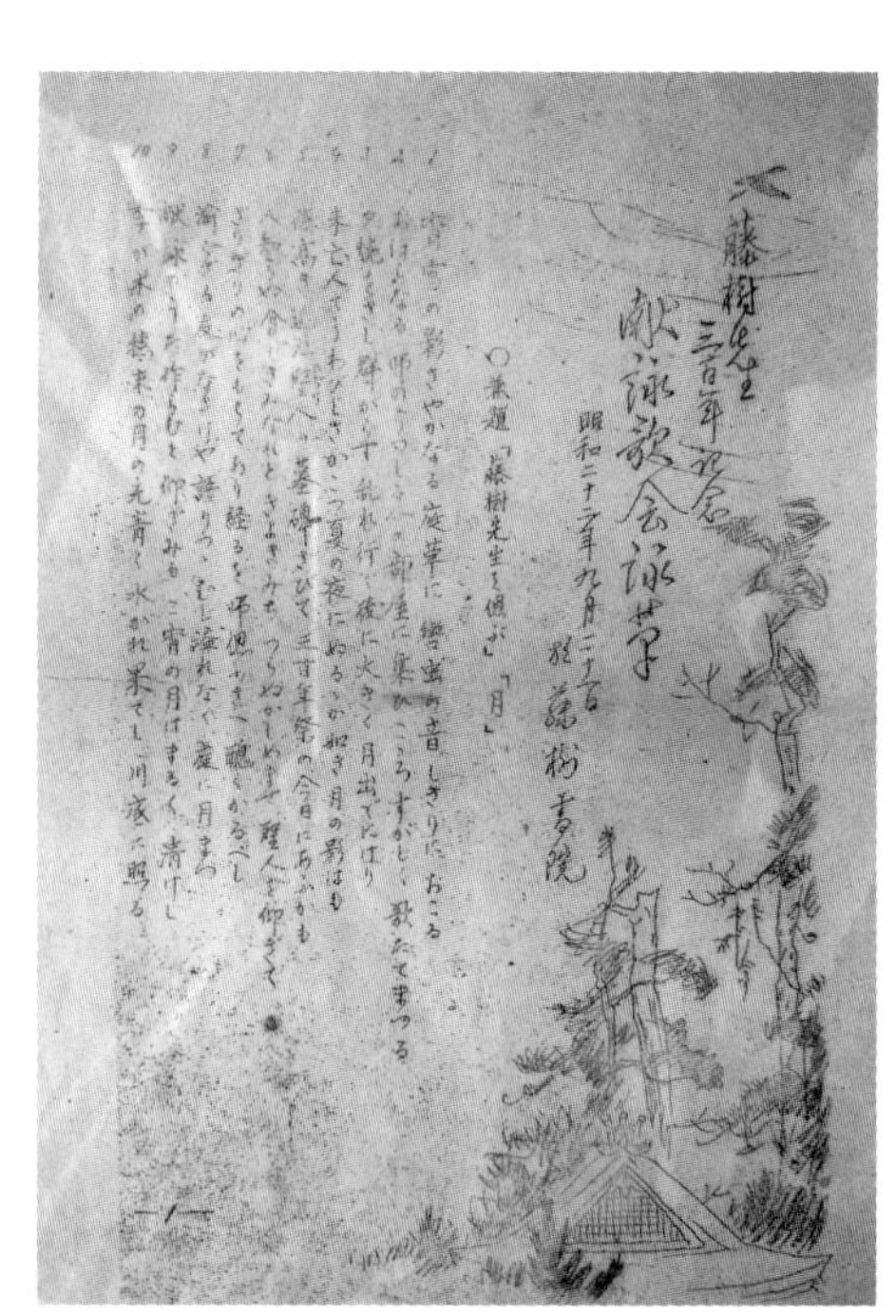

[図版9-12]「藤樹先生三百年記念 献詠会詠草」(昭和22年9月21日に藤樹書院で開かれた歌会。兼題は「藤樹先生を偲ぶ」「月」(菊枝—架蔵—15)。

西藤の家には菊枝の異母妹の瑞喜がいた。一庭資料のなかに、この瑞喜が菊枝に出した昭和一七年六月八日夜の手紙が残されている。当時菊枝は、大津陸軍病院の経理室に勤務しており、瑞喜は河原町通蛸薬師の丸善に勤めていた。菊枝は休日ごとに歌会に出かけ、それも行き先を家人には告げることなく出かけたりして、西藤の家とはうまくいかなかった。菊枝はこの瑞喜に置手紙をして家を出たのだが、瑞喜のこの手紙は、それへの返信であった。

文面をみてみると、瑞喜は菊枝を慕っており、返事をくださるなら勤め先のほうに、と末尾に書き記している。封筒の住所と宛名はタイプ打ちで、封筒も小型のしゃれたものであり、文具や服飾も扱う京都河原町の、いかにも「丸善」を想起させるものであった。

安兵衛の申し出により陸の死後、菊枝は西藤家に一時寄留したのだが、『潮音』に依拠して歌を詠む道を思い定めていた菊枝は、自立心が強く、意地もあったのであろうか、結局この西藤の家を出ようと決意をしたというわけであった。瑞喜の手紙の末尾には、

　別るとも永久に変らじ姉妹と學びて行かまじ心樂しく

と詠った瑞喜の歌が記されてある（菊枝―葉書―29）。

そんな菊枝も結婚に踏み切る。結婚を決意した菊枝は、昭和一八年五月二七日付京都区裁判所の正式な許可を得て一庭家を廃家とし、五月三一日には京都市左京区神楽岡の加藤武司に嫁した。当時の民法では、女性の戸主が婚姻のために廃家するためには裁判所の許可手続きが必要であった。母の陸を亡くして後、一人で一庭の家を守ってきた菊枝だったが、この婚姻により、旧戸籍上のいい方をすれば、一庭（市場）家は廃家・断絶となった。一庭の家が途絶えたのである。そして代々の船屋太郎兵衛の家も途絶えた。それでも菊枝は、陸が願っていたとおりに、本籍地大津市上平蔵町八番地の一庭の故地から出て、京都神楽岡に入籍したのであった。

菊枝は早くに潮音社に所属し、潮音滋賀の例会に出て歌詠みの研鑽をした。そして生涯通じてもっとも力を入れてきた短歌の道では、「一庭菊枝」と号することにより、かろうじて「一庭」の名をとどめようとした。遺された手紙類のなかに、潮音滋賀からの連絡文書があるが、その宛名が「加藤様方一庭菊枝様」となっているものがある。七〇年ほども前の時代の家庭状況を勘案してみるとき、こうした旧姓の宛て名ひとつをとってみても、そこには一庭の家系に対する切なる願いを感じとらざるを得ない。

亡くなる三年前に一庭家のことを詠んだ歌を『潮音』に投稿しているが、そのなかに

　一塊の石と捨てたる一庭の姓湖底に沈み音さへたてず

というのがある（『潮音』昭和四二年一月号、菊枝―潮音―42―1）。自分の代で一庭の家系を絶やし、一庭の姓を無くしたという自責の念を一生持ち続けていたのであろう。

この菊枝も昭和四五（一九七〇）年一〇月七日に五五歳で死去した。亡くなる直前まで歌を詠み、菊枝が指導を受けていた土屋克夫の短歌の添削は八月一一日のものまでが確認できる（菊枝―葉書―44）。そうした菊枝の姿に土屋は、

　大文字の送り火も見ずバプテストの一室に病む一庭菊枝あはれ鬼執のごときものに気押さる

と詠んだ（菊枝―葉書―39）。

菊枝の墓所は滋賀県高島市の臨済宗圓光禅寺にある。戒名は大慈院祥雲妙瑞大姉、六年後に亡くなった夫加藤武司とともに眠っている。この圓光禅寺は加藤家の親戚筋の寺で、大溝藩の藩主分部氏の墓所もあり、塔頭瑞雪禅院には江戸時代後期の探

検家で書物奉行も務めた近藤重蔵の墓所もある。

むすび、一番丸就航百周年記念

一番丸琵琶湖就航百年

昭和四四（一九六九）年三月三日は、蒸気船一番丸が琵琶湖に浮かべられて百年目にあたる。それを記念して京阪電気鉄道の和田昌允から一庭の孫加藤菊枝のもとに、「御尊家御一同様を琵琶湖周遊に御招待」の案内状が送られてくる。この招待は、琵琶湖汽船松田社長と相談の上でのものであった。その内容は、一番丸が進水した三月三日というのは新暦になおすと四月一九日土曜日にあたっており、この日がいわば真の記念日であることから、できればこの一九日にご招待をしたい、というものであった（琵琶博—依頼—21）。

この差出人の和田昌允は、『京阪沿線史跡探訪』（京阪電気鉄道事業部編刊）の編者で、本文でも引用してきた「一庭啓二氏傳」の著者でもある。京阪電鉄に勤務しながらの歴史研究家で、宇治の「上林家前代記録」の校註者でもある（『日本都市生活史料集成一〇』）。この招待も、そしてまた一番丸進水の旧暦に合わせての乗船というのも、和田の配慮であったろう。乗船者の欄にわざわざ「一庭様」と記されてあり、和田の一庭啓二に対する敬愛の情も感じられる。

この前年の昭和四三（一九六八）年九月二〇日から、大津市におの浜の埋め立て地で琵琶湖博覧会が開催された。このとき一庭家から、正確に言えば加藤に嫁した菊枝から、船長就任時の辞令や竹生島旅游の絵巻が出品されている。また滋賀県立図書館などでも資料展示会は開かれ、NHK滋賀で「近江の人びと一庭啓二」も放映された。どのような展示会や放映であったか、そしてその時どのような資料が出品されたかが理解できるよう、巻末の資料目録には、その出品資料名も示しておいた。

昭和四四年一一月一日には、第二二回大津市文化祭が開かれ、ここで「びわこ一番丸出航」が上演されている。滋賀会館大ホールでの演劇で、劇団青い麦によるものであった。このときの公演チラシを見ると、企画は大津市文化連盟、脚本中島智恵子、演出は宮沢光とあり、時代考証は宇野健一であった（琵琶博—依頼—22）。演劇の詳細は知れないが、登場人物に、石川嶂・一庭啓二・丸正、それに八右ヱ門、あとは回船問屋・漁師・船大工・番頭・老婆とあるところをみると、維新前後の一庭と石川の長崎遊学、そして蒸気船一番丸の建造、その後の一庭と堀江八右衛門による大津火船商社の運営や一番丸・二番丸の運航の次第を劇化したものであろう。

一庭啓二の孫の菊枝は、この一番丸就航百年記念の翌昭和四五年一〇月に亡くなっている。自分の代で一庭の家名を途絶えさせてしまったという自責の念に駆られ、また一庭啓二の顕彰に思いを致してきた菊枝ではあったが、その死の前年ではあったものの、琵琶湖汽船から「琵琶湖周遊御招待」を受け、文化祭で演劇「びわこ一番丸出航」が上演され、一庭や陸から継承してきた諸資料が展示されて多くの観覧者の目に触れることとなった。菊枝は招待を受けて乗船し、一庭の演劇も鑑賞できた。一庭への思いを、母の陸から引き継いで生きてきた菊枝にとって、一庭啓二の一番丸就航から百年という節目の記念行事を、ともあれ体験することができたことは、せめてもの慰めであったと考えるべきだろう。

むすび

ここまで一庭啓二の生涯をたどり、その末裔についても少し触れてきた。こうして一庭の一生をあらためて眺めてみると、それは言うまでもなく、琵琶湖に初めて蒸気船一番丸を浮べ、その後も一貫して船長を務めた、いわば近代琵琶湖海運の歴史に同伴する一生であった。こうした、一庭の長崎遊学や一番丸・二番丸の建造、それに続く火船商社の運営、蒸汽船船長としての務めなどの事績については、これまで県史や市史、人物志や琵琶湖海運史などにとりあげられてきている。本稿でも、そうした先行の研究をできるだけもらさず、参照しながら書き進めてきた。

それに加えて、子の陸や孫の菊枝が継承してきた一庭資料のうち、とりわけ旧大聖寺藩士石川嶂らとの交渉や長崎での学び、一番丸の建造とその後の火船商社の経営、一番丸・二番丸の運航や、その建造資金回収の動きなどについて、新たに得られた知見も盛り込んで論述してきた。それにより、これまで述べられてきた、一庭や石川をめぐる、いわゆる「物語」は別としても、県史や市史、従来の人物志などとは異なる切り口からの論述ができたのではないかと考えている。それらはすべて、残された一庭文書が物語っている事がらである。

そしてもうひとつ、一庭の個人的な気質や性向についても、受け継がれた各種の資料や写真などから、明らかにすることができたと思う。琵琶湖蒸気船の歴史を背後に負いながら、また幾多の制約を受けながらも、自らの一生を、実直に、そして思うままに生きてきた、もう一つの一庭啓二の姿である。これらをない交ぜにしたものが、一庭の生涯ということになるだろう。

本論でたびたび述べてきた通り、一庭の人生の分岐点は、堀江八郎兵衛らが大津丸社を設立した明治八年の時期であった。その設立に一庭は参画せず、汽船会社の経営にも携わらないと決断した時期である。その分岐に至る開始の時期は、汽船事業の事後処理の交渉を石川と開始した明治三年ごろであったろう。一庭が今後は船長として生きていこうと決断したのは、旧藩旧県を引き継いだ石川県や滋賀県とタフな交渉を余儀なくされた明治六年、または愛船一番丸が民間払い下げとなった明治七年という、この時期であろう。

この時点で一庭は、汽船経営から手を引き、生来好きであった機械回り、蒸気船の操舵へと自らの行く道を定め、生涯一船長として生きようと決意した。そして、船長としての職務を誠実に果たしながら、一方で俳句を詠み書画骨董を好み写真を楽しみ、一面文人としても生きてきた。

とりわけ写真には強い関心を持っていて、数多くの写真を大切に保存してきた。一庭資料のなかには、維新期のガラス乾板や鶏卵紙の写真が多く残されてあることからも、そのことは了解できる。そしてその多くには丁寧な裏書きがなされ、自らを撮影した写真だけでなく、家族写真や友人の写真も大切に保存してきたのである（一庭―写真）。こうした写真に対する関心が、對龍山荘で働いた時期に、小川白楊との交友をもたらすことにもなった。

さらに、一庭の資料の中に残されてある手帳や、義父太郎兵衛の覚え書きから、この時代の文化事象の一端をうかがうこともできたかと思う。例えば一庭が住み込んで働いた對龍山荘での人たちの出入りである。また太郎兵衛が慶応三年の花供養の時期に訪問し、吟行した大坂や東京の俳人たちとの交友である。それは、この一庭伝の副産物であったといってよい。

一庭の姓と事績を継承しようと苦難の道を歩んできた三女の陸、そしてその子の菊枝も、一庭の血を引いて、文芸・学芸豊かに生きてきたといえる。陸は、引き継いできた一庭啓二関連の資料の一部を翻刻し、その事績の一端を回想として綴って残した。その回想記は、その後の琵琶湖蒸気船の歴史や一庭啓二の伝を研究するにあたってたびたび引用され、さまざまに活用されてきた。また文芸に関心を持っていた菊枝は、最終的には短歌へと向かったのだが、どうしても捨てきれぬ情景として琵琶湖という存在を抱え、「一庭菊枝」の号をもって『潮音』に拠りながら歌を詠んできた。

陸や菊枝の学芸への志向も、一庭啓二が生来持ち備えてきた資質とどこか通底するものがある。一庭啓二の生涯を語るにおいては、一庭の死でそれが終結するというのではなく、一庭の家名を継承しようとし、苦難の中で資料を引き継いできた三女陸と孫の菊枝を含めて、その総過程として述べる必要があるのではないかと思い、さいごにこの二人のことにも触れた。

一庭啓二は、弘化二（一八四五）年に生まれ、明治二（一八六九）年に蒸気船一番丸を浮かべて船長に就き、明治七年に一番丸の払い下げを見届け、以降は生涯を一船長として生きてきた。

そして一庭は、明治四四（一九一一）年四月一七日に亡くなったわけだが、この一庭啓二の生涯は、蒸気船就航から百年を迎えて開催された琵琶湖博覧会、そしてその翌年の孫菊枝の死去により、一サイクルを終えてようやく完結した、ということになるのである。

一庭啓二関係略年表

蒸気船建造の経緯および石川県の資金回収については少し詳しく書いた。また大津火船商社の名称変遷の参考のため、汽船会社の名称の出る文書も取り入れた。なお一庭の船長としての乗船は、辞令の日付と自筆履歴書と異なっている。

天保一〇己亥（一八三九）年一月：石川嶂生まれる。大聖寺藩士梅田専次の次男、のち同藩石川立助の養子。専輔また慎作。

弘化二乙巳（一八四五）年一二月三日：一庭啓二、京都寺町今出川上ル立本寺前丁に生まれる。安政三年二月、大津の船屋太郎兵衛の養子となり百艘船仲間の船屋を継ぐ。

嘉永六癸丑（一八五三）年七月：浦賀沖に黒船来航。

文久元辛酉（一八六一）年七月：各藩以外に民間でも大船建造・外国船購入許可。

元治二乙丑（一八六五）年：『花供養』（元治二年刊）に一旨（太郎兵衛）・呉嶽・蟻洞・乙也の俳諧が載る。

慶応元乙丑（一八六五）年五月：大聖寺藩、禁裏の朔平御門警固に就く、慶応三年一一月免除。

慶応元乙丑（一八六五）年一〇月：一庭の父太郎兵衛（一旨）は呉嶽・蟻洞・乙也・乍昔と国分山で俳諧を詠む。

慶応二丙寅（一八六六）年五月：太郎兵衛、小関天満宮で俳諧奉納。

慶応三丁卯（一八六七）年：石川嶂、大聖寺藩へ蒸気船建造を建言するも受け入れられず、春に来津し一庭と資金調達を試みるも不調に終る。

慶応三丁卯（一八六七）年春：太郎兵衛、芭蕉の花供養の時期に京都・大坂を遊歴、俳友に会って句会。

明治元戊辰（一八六八）年九月一日：大聖寺藩家老佐分利環、「大津駅海津駅迄之川蒸瀛船御元開キ御用」のため大阪に出向き、二日に弁事役所へ伺書を提出（「大聖寺藩士由緒帳」）。

明治元戊辰（一八六八）年初秋か：石川は古橋重七同道で来津し一庭と会見、一庭は蒸気船掛用達を了承し大聖寺藩用場設置（一庭—汽船—参考—に）。長崎に向かい長崎製鉄所で研鑽。

明治元戊辰（一八六八）年一二月五日：長崎製鉄所から杉山徳三郎大津行きの発令あり年末来津、一三日には長崎で購入した「陸用汽鑵二組」により造船に取り掛かる。杉山は翌年三月まで大津滞在。

明治二己巳（一八六九）年二月七日：「大聖寺藩大津汽船用場」名で一番丸船長に任命（一庭—汽船—54）。

明治二己巳（一八六九）年三月三日：一番丸完成し進水。

明治二己巳（一八六九）年四月：石川、兵庫川崎浜の造船所用地借用願、八月認可。

明治二己巳（一八六九）年六月二二日：大蔵省の布達、これまで府県や旧藩が三府および開港場などに商会所を設けて商業取引をおこなってきた実情を見直し、以後「一切廃絶」、商律の具体事例を提示（『法令全書』明治二年）。

明治二己巳（一八六九）年六月：一番丸は大津火船商社に移管（一庭—汽船—13）。また二番丸建造は大聖寺藩の出資が困難と通告され一庭・堀江らは二番丸の資金調達。

明治二己巳（一八六九）年六月：パトロン事件により関係者処分、市橋波江は切腹を命じられる。

明治二己巳（一八六九）年七月一四日：大聖寺藩公用人岩原立左衛門名で二番丸建造を出願。

明治二己巳（一八六九）年一〇月：二番丸進水就航。

明治二己巳（一八六九）年一〇月一四日：一庭は一番丸船長を辞し大聖寺藩大津汽船用場より二番丸船長を拝命、明治七年四月三〇日まで乗船（一庭―汽船―55）。

明治三庚午（一八七〇）年二月七日：彦根藩船艦方から大聖寺藩大津汽船局に対し二番丸の借用依頼、六月一九日から航行という（『長浜市史 第四巻』）。

明治三庚午（一八七〇）年四月：近江屋嘉兵衛の姪の直と結婚（船屋―家計―25）。

明治三庚午（一八七〇）年春：大聖寺藩は兵庫製鉄所から撤退、製鉄所は明治四年一二月に工部省に移管。

明治三庚午（一八七〇）年七月：汽船商社の汽船運転方および出資金の件で大聖寺から来津、石川嶂も同道か（一庭―汽船―10）。

明治三庚午（一八七〇）年一〇月：石川嶂、大津来訪、仕入れ金償却などを一庭らと協議（一庭―汽船―参考―に、ほ）。

明治四辛未（一八七一）年五月五日：湖上蒸汽船の開設経緯について大津県から大聖寺藩に照会があり、大聖寺藩大津出張用場名で調査中と返事（一庭―汽船―6）。

明治四辛未（一八七一）年七月一四日：廃藩置県により大聖寺藩は大聖寺県に改称。廃藩置県に際して新政府は諸藩の負債および各藩の貸附金を継承、七月二四日および一二月一九日に各県が旧藩の貸附金を大蔵省に申告するよう指令。

明治四辛未（一八七一）年九月一七日：海津中村町鑑札支配人から大聖寺県管轄の汽船会社の大津御用所宛に鑑札継続の請願、一〇月大聖寺汽船社御役人宛に鑑札手数料についての条約書を提出（一庭―汽船―7、8）。

明治四辛未（一八七一）年一一月二〇日：大聖寺県は合併して金沢県に。

明治四辛未（一八七一）年一一月二二日：膳所藩などを併せ改めて大津県に。

明治五壬申（一八七二）年一月一九日：大津県は滋賀県と改称。

明治五壬申（一八七二）年二月二日：金沢県は石川県と改称。

明治五壬申（一八七二）年三月五日：石川県参事内田政風の意を受けた青地弥門・飛鳥井清から造船統監石川慎作（嶂）宛に文書、大津蒸気船・「神戸製鉄所」の「公私混淆之次第」についての事情聴取のため出頭要請（一庭―汽船―12）。

明治五壬申（一八七二）年三月：琵湖火船（一番丸）は明治二年六月に商社へと引き渡しとなっている旨を大津火船商社名で元大聖寺縣参事に連絡（一庭―汽船―13）。

明治五壬申（一八七二）年五月：通信当局から会社へ郵便物輸送の認可が下り請書提出、大津―塩津間、蒸気船宿 大聖寺屋喜平 代一庭啓二（一庭―汽船―15）。

明治五壬申（一八七二）年六月三日：滋賀県勧業事務から大津汽船社などへ船税通知（一庭―汽船―18）。

明治五壬申（一八七二）年後半か：火船社中堀江八右衛門名で琵湖火船商社から改称する旨の願書。また社中惣代の大聖寺屋喜平が石川祐太郎に交代した旨の再確認（一庭―汽船―20）。

明治五壬申（一八七二）年九月一三日：琵湖第一滊舩會社名で一番丸仕入金や返上額・税金について元大聖寺県御参事宛に通知（一庭―汽船―22）。

明治五壬申（一八七二）年九月二八日：滋賀県は犬上県を併せて琵琶湖全体を管轄下におく。

明治五壬申（一八七二）年一〇月二二日：滋賀県令「近江湖上廻漕会社を結ばん事を告諭す」を発表、一庭らに褒詞（一庭―汽船―参考―ろ、一庭―汽船―25）。

明治六癸酉（一八七三）年一月：一番丸を休航。

明治六癸酉（一八七三）年二月五日：石川県前田幹・青地弥門から第一琵湖汽船会社宛に汽船経営撤退文書（一庭―汽船―27）。

明治六癸酉（一八七三）年三月三日：新政府は旧藩貸附金穀の取立法を策定、明治元年から廃藩までの貸付金は無利息で全額徴収することとされた。

明治六癸酉（一八七三）年九月三〇日：一庭ら第一琵琶湖汽船会社から石川県側に返答書、滋賀県にも（一庭―汽船―参考―に）。

明治六癸酉（一八七三）年一〇月七日：石川県から大蔵卿大隈重信宛に琵琶湖汽船仕入金残高等の伺、「江州琵琶湖蒸氣郵船」の件とある（一庭―汽船―参考―へ）。

明治六癸酉（一八七三）年一一月一四日：大蔵卿大隈重信から滋賀県宛に一番丸を官有物とし、二番丸は会社の適宜とする旨の通達（一庭―汽船―参考―へ）。

明治六癸酉（一八七三）年一一月二九日：一番丸を官有物とし、二番丸は会社の適宜とする旨の大蔵卿指令が滋賀縣から大津第一琵琶湖汽船に通達（一庭―汽船―32）、なお（一庭―汽船―33）では近江國第一滊船会社宛。

明治七甲戌（一八七四）年三月二七日：藩商会からの蒸気船資金出金の件につき大蔵省から滋賀県に照会があり第一琵琶湖汽船会社名で返答。二番丸付属の負債について再度指し出し命令（一庭―汽船―32）。

明治七甲戌（一八七四）年三月：一番丸の払い下げについて滋賀県令が大蔵卿に伺。

明治七甲戌（一八七四）年四月：伊庭茂七に一番丸を払い下げ。

明治七甲戌（一八七四）年四月：二番丸も休航。

明治七（一八七四）年一〇月ごろか：一庭、湖上会社の競争激化を憂い一会社設立をもって統制するまでの間は汽船の新造を禁止すべき旨の意見書を草する。

明治七（一八七四）年一一月一日：長運丸唐崎沖で事故をおこして沈没。

明治七（一八七四）年一一月四日：滋賀県から十三の汽船に対し汽船管理について通達。

明治七（一八七四）年一二月七日：滋賀県から取締規則六カ条発布。

明治八（一八七五）年二月二四日：満芽丸、小松沖で汽缶故障により沈没。

明治八（一八七五）年七月一六日：一庭に長女文が生まれるも一カ月後の八月一六日に死去。

明治八（一八七五）年：堀江八郎兵衛ら大津丸社創設、一庭は加わらず。

明治九（一八七六）年三月：汽船取締会所を開設。

明治九（一八七六）年：東浦航行の五汽船により三汀社を結成。

明治一〇（一八七七）年二月：堀江八郎兵衛ら江州丸を建造し江州丸社を設立。

明治一〇（一八七七）年二月一日：一庭は三汀社に売却された大津丸船長に就任。

明治一〇（一八七七）年二月一〇日：一庭に次女幹生まれる。

明治一一（一八七八）年三月：汽船取締会所再編、取締規則を改正し赤川知止が頭取、副頭取は平田檠。

明治一三（一八八〇）年三月一日：一庭、三汀社の松寶丸船長、八月三日三汀社をいったん退社。

明治一三（一八八〇）年：湖上の汽船統一を主唱する浅見又蔵が三汀社の船舶全てを購入。

明治一三（一八八〇）年五月：敦賀―米原間の鉄道工事着手。

明治一三（一八八〇）年五月：上平蔵町の自宅で郵便切手販売。

明治一三（一八八〇）年六月：京都―大津間の鉄道開通、七月開業、工事に藤田傳三郎の起用。

明治一四（一八八一）年一月：浅見又蔵、三汀社の船舶を買い入れて大津汽船会社を設立。

明治一四（一八八一）年四月一日：汽船会社（社印は「近江國滊船會社」）の辞令で「海員取締兼諸船作業監督」、一五日付で近江丸船長辞令（履歴書では二月一六日付）。

明治一四（一八八一）年九月：太湖汽船会社頭取藤田傳三郎名で「会社設立ニ付鉄道連絡御願」提出、堀江八郎兵衛の名も。一〇月一〇日裁許。

明治一五（一八八二）年三月：堀江八郎兵衛死去、三九歳

明治一五（一八八二）年三月一日：一庭、游龍丸船長、明治一七年三月二八日まで。

明治一五（一八八二）年三月三日：一庭に三女陸生まれる。

明治一五（一八八二）年三月一〇日：金ケ崎・敦賀—柳ケ瀬トンネル西口間と、柳ケ瀬—長浜間の運行開始。

明治一五（一八八二）年五月一日：藤田傳三郎を頭取とする太湖汽船会社誕生。一庭は太湖汽船の游龍丸船長辞令。

明治一七（一八八四）年：この年、太湖汽船、経営が苦しく県に申請して国から補助金。

明治一七（一八八四）年五月：柳ケ瀬トンネルの完成により金ケ崎・敦賀—長浜間の全線鉄道開通。

明治一八（一八八五）年三月一日：一庭、前年三月に下りた游龍丸に再び船長辞令。

明治一八（一八八五）年八月二六日：一庭、第二庚申丸船長を拝命。

明治一九（一八八六）年一二月：紺屋関汽船と山田汽船は合併し湖南汽船会社設立。

明治二一（一八八八）年二月二四日：第三太湖丸船長、三月一日付で船長の給与一八円。

明治二二（一八八九）年七月：長浜—米原—大津（馬場）間が開通、これで米原を起点とする北陸線・東海道線が開通、太湖汽船は苦境に陥る。

明治二二（一八八九）年九月二五日：軍隊の湖上運搬の尽力に対し滋賀県兵事課長から一庭に感謝状。

明治二三（一八九〇）年五月三〇日：一庭は太湖汽船から「銕舩改造事務掛」の役を申し付けられ、第一第二太湖丸は琵琶湖で解体、大阪で組み立てられて瀬戸内海航路で運航。

明治二三（一八九〇）年八月二四日：游龍丸船長の辞令。

明治二五（一八九二）年二月二九日：第二庚辰丸船長の辞令。

明治二七（一八九四）年：湖南汽船会社、大津—石山など景勝地の琵琶湖遊覧経営。

明治二九（一八九六）年九月：滋賀県下大水害、この時の郵便物航送に対し逓信省から一庭に感謝状。

明治三〇（一八九七）年八月一五日：義父太郎兵衛死去。

明治三〇（一八九七）年一一月三日：萍洲・栽竹・蒲香・酔仙（一庭）の四人で竹生島宝厳寺を周遊、その時のことを竹生島遊覧一巻にして贈られる。

明治三二（一八九九）年二月一四日：次女幹、佐々布充重と結婚入籍、東京小石川に住まう。

明治三二（一八九九）年七月一二日：一庭は寺町西入大原口町の商家から養子を迎えるも翌年七月二五日縁組を解消。

明治三三（一九〇〇）年八月一日：長浜丸船長の辞令。

明治三五（一九〇二）年四月七日：豫備船長という肩書で休職、月俸三分の二を減じられる。

明治三五（一九〇二）年七月二五日：太湖汽船株式会社から解傭辞令。

明治三九（一九〇六）年一二月二五日：実姉で義母の太郎兵衛妻しな死去。

明治四〇（一九〇七）年三月二六日：実兄小川茂兵衛死去。

明治四〇（一九〇七）年八月二三日：南禅寺の對龍山荘市田彌一郎のもとで働きはじめる。

明治四〇（一九〇七）年一〇月一〇日：對龍山荘に居を移して住み込む。

明治四〇（一九〇七）年一〇月一四日：對龍山荘に山縣有朋が、一七日には小川治兵衛が来訪。

明治四〇（一九〇七）年一二月一日：妻のなお死去。

明治四一（一九〇八）年五月八日：先代市田彌一郎の三回忌が営まれる。小川白楊撮影の集合写真あり。

明治四二（一九〇九）年八月一七日：一庭、東京に住む次女幹の佐々布家を訪問、二四日まで。

明治四四（一九一一）年四月：上京し佐々布家に滞在するも一七日に佐々布の家で死去、享年六七歳。墓所は大津月見坂、菩提寺は浄土真宗本願寺派泉福寺。

明治四四（一九一一）年五月一七日：陸が一庭の家督を継ぐ。

明治四五（一九一二）年：小川治兵衛、長浜の慶雲館の作庭。白楊『慶雲館建碑記念写真帖 行幸二十五年』刊行。

大正四（一九一五）年二月二五日：陸、上平蔵町八番地から上北国町三一番地に転居、一度本籍を移したが七月に上平蔵町に戻す。

大正四（一九一五）年七月七日：一庭陸と西藤安兵衛との間に菊枝生まれる。

大正一二（一九二三）年一二月：江若鉄道、大津―堅田間開通。

大正一三（一九二四）冬：陸は膳所町字中ノ庄桜馬場に転宅。

昭和二（一九二七）年一月：太湖汽船、大津電車軌道と合併し琵琶湖鉄道汽船、社長は藤井善助。

昭和四（一九二九）年四月：琵琶湖鉄道汽船は京阪電気鉄道と合併して太湖汽船（第二次）。

昭和六（一九三一）年一月：江若鉄道、浜大津―近江今津間が開通。

昭和一六（一九四一）年一一月一七日：陸、大津市膳所錦町で死去。

昭和一六（一九四一）年一一月二七日：一庭菊枝、一庭家の家督相続を開始する。

昭和一八（一九四三）年五月二七日：京都区裁判所の正式な許可を得て一庭家を廃家。

昭和一八（一九四三）年五月三一日：菊枝、京都市左京区神楽岡の加藤武司に嫁す。

昭和二六（一九五一）年二月：太湖汽船は琵琶湖汽船と改称。

昭和四三（一九六八）年九月二〇日から一一月一〇日まで：におの浜で琵琶湖大博覧会開催。

昭和四三（一九六八）年一一月六日から一〇日まで：滋賀県立図書館学習室で開催された「近江百年百人展 文化のあゆみ」の「科学・技術者」の部に一庭啓二「試験願書草稿」など出品。

昭和四四（一九六九）年三月三日：一番丸就航百周年、新暦で四月一九日にあたる当日、一庭の孫菊枝らを招待。

昭和四四（一九六九）年一一月一日：第二二回大津市文化祭、滋賀会館大ホールで演劇「びわこ一番丸出航」を上演。

昭和四四（一九六九）年一一月一一日から一六日まで：滋賀県立図書館で「近江一〇〇年資料展 観光の歩み」開催。

昭和四五（一九七〇）年一〇月七日：一庭啓二の孫加藤菊枝死去。

参照文献一覧

（文書については別掲「一庭啓二文書目録」を参照のこと）

■親族によるもの

一庭啓二戸籍

一庭陸戸籍

加藤菊枝戸籍

やぶ椿（一庭陸）「湖上に汽船を浮べて七十年亡き父を憶ふ」元原稿 昭和一三年一月七日

やぶ椿「湖上に汽船を浮べて七十年亡き父を憶ふ」『郷土史蹟』第六号 滋賀県郷土史蹟調査会 昭和一五年七月

やぶ椿「湖上に汽船を浮べて七十年亡き父を憶ふ（二）」『郷土史蹟』第九号 滋賀県郷土史蹟調査会 昭和一七年四月

一庭菊枝「琵琶湖雑詠」『郷土史蹟』第六号 滋賀県郷土史蹟調査会 昭和一五年七月

一庭菊枝「愛する大津のために」『郷土史蹟』第九号 滋賀県郷土史蹟調査会 昭和一七年四月

一庭菊枝「一庭啓二のこと」『潮音滋賀』四 昭和四五年四月

一庭菊枝「父」『わたしの文集』草稿 昭和一五年四月二〇日

■人物誌

〈一庭啓二〉〈船屋太郎兵衛〉

和田昌允「琵琶湖に始めて（ママ）汽船を浮べた 一庭啓二氏傳」元原稿、京阪電気鉄道株式会社用箋

中神利人『瓢百句集』幻住庵 一九三九年、附録「湖南俳人百家選」に「一旨（有儘舎）一庭太郎平」、ここに啓二の事績も載る

中神天弓「明治二年蒸気船浮く—月給三十円・船長一庭啓二」『近江今昔』滋賀郷土史刊行会 昭和三九年

「湖の男 一庭啓二」『郷土に輝くひとびと』滋賀県厚生部青少年対策室 昭和四五年

西川丈雄「汽船の湖上 就航に尽力」木村至宏他『近江人物伝』弘文堂書店 昭和五一年

西村燕々『近江俳人列伝』滋賀県地方史研究家連絡会（近江史料シリーズ三）昭和五三年

渡辺守順「一庭啓二」『郷土歴史人物事典〈滋賀〉』第一法規出版 昭和五四年、墓所記載

「一庭啓二」『長等のあゆみ』長等のあゆみ編集委員会編 長等神社鎮座千三百年記念大祭奉賛会 昭和五七年

「一庭啓二」『湖国百選 人』滋賀総合研究所編 滋賀県企画部地域振興室 平成二年

「滋賀県 一庭啓二」『長崎游学の標』長崎文献社 平成二年

「一庭啓二」『大津の人物』（ふるさと大津歴史文庫 八）大津市歴史博物館 平成三年

「一庭啓二」『長崎遊学者事典』渓水社 平成一一年、参考文献にあがるのは『滋賀県百科事典』『郷土歴史人物事典 滋賀』『湖国百選 人』

「一庭啓二」『日本人名大辞典』講談社 平成一三年

「一庭啓二」『日本人物レファレンス事典』日外アソシエーツ 平成一九年、一庭の事績が『郷土歴史人物事典〈滋賀〉』『滋賀県百科事典』『日本人名大辞典』に所載と出る

木村至宏「一庭啓二 黒船寄港に衝撃を受け蒸気船を造り湖上に一番丸を走らせ汽船商社を営む」『近江人物伝 湖国と文化 創刊一五〇号記念別冊』滋賀県文化振興事業団 平成二七年、これは『季刊湖国と文化』一四五号平成二五年一〇月の再録

「一庭啓二」大津の歴史事典 大津市歴史博物館 ホームページ、平成二九年四月二六日閲覧
二水庵萍洲『地方新聞外交記者』氷見留雄編刊 明治四三年

〈石川嶂、大聖寺藩士〉

「石川嶂」郡誌編纂材料 大聖寺町
和田文次郎「石川嶂君」『現今北国人物誌 初篇』北光社 明治三六年
西川太治郎「琵琶湖汽船の恩人 石川嶂の遺勲」『ながらのさくら』西川太治郎編刊 昭和二年
大聖寺尋常高等小学校「我が郷土の人物（二）石川嶂」『石川教育』三一〇号 石川県教育会 昭和七年五月
牧野隆信「新時代を開いた石川嶂」『加賀の文化』第六号 平成一〇年三月
「石川嶂略年譜」加賀市歴史民俗資料館企画展附録 加賀市歴史民俗資料館 二〇〇三年
河合寿造「梅田五月君」『日本新立志編』偉業館 明治二六年
宮本謙吾編輯『梅田五月翁履歴書 梅田亦雄蔵』宮本謙吾刊 昭和三年
『加賀市史料二―四（大聖寺藩士由緒帳 一―三）』加賀市立図書館 一九八二―一九八四年
『加賀江沼人物事典』江沼地方研究会 平成元年
『加賀市の人物伝』加賀市教育委員会文化課 二〇一四年
『加賀ふるさと人物事典』江沼地方史研究会 平成三〇年
『三百藩家臣人名事典 第三巻』新人物往来社 昭和六三年
『大聖寺山ノ下寺社群調査報告書』大聖寺山ノ下寺社群調査委員会編 加賀市教育委員会 一九八七年、市橋波江墓所のこと。
牧野隆信『歴史探求―加賀・江沼』橋本確文堂 一九九四年、市橋波江墓所のこと。
『藩史大事典 第三巻中部編 一 北陸・甲信越』雄山閣出版 平成元年

〈他の人物誌〉

木山竹治『松田道之』鳥取県教育會 大正一四年、「滋賀県令時代の功績」
中追岩次郎編『浅見又蔵傳』中追岩次郎刊 明治三五年
平瀬光慶『近江商人』近江尚商会 明治四四年、「浅見又蔵の事」
砂川幸雄『藤田伝三郎の雄渾なる生涯』草思社 平成一一年
東郷尚武『海江田信義の幕末維新』文春新書 一九九九年
初田育造『迷文悟句』初田育造 昭和五二年、「著者略歴」
初田育造『漫言奇語』初田育造 昭和五四年、「年譜」
初田育造『台麓傘寿抄』日本短歌文庫 第七集 近代文芸社 一九九〇年、「著者略歴」
鶴岡正夫『現代滋賀の百人』育英出版社 昭和五二年、「初田育造」
福羽逸人『福羽逸人回顧録』国民公園協会新宿御苑 二〇〇六年
高橋正則『回想の亀井貫一郎 激動の昭和史を陰で支えた英傑』産業経済研究協会 二〇〇〇年
武田頼政『零戦の子 伝説の猛将・亀井凱夫とその兄弟』文藝春秋 二〇一四年
『道月餘影』伯爵亀井家家乗編纂所編 佐々布充重 明治四五年、二〇一四年に鹿野町郷土文化研究会から復刻版
『鳥取郷土選書 第一〇編』久松文庫 一九六四年、「道月餘影」の解題を収載
『潮予審判事を憶ふ』田中為一編刊（島根県益田町）昭和一〇年、潮恒太郎の一七回忌に刊行、佐々布充重「畏友潮恒太郎君のことども」収載
『新聞要覧 昭和二一年版』外務省情報部編刊 一九四六年、『戦時末期敗戦直後 新聞人名事典 第二巻』金沢文圃閣 二〇一五年、として復刻

■展覧会図録

奈良本辰也編『びわこ大博覧会記念 日本文化と湖国の歴史』京都芸術文化研究所 一九六八年
『特別展 幕末・明治の洋式船―近代造船の夜明け』日本海事科学振興財団船の科学館編刊 平成二年三月開催

『大津市歴史博物館図録 琵琶湖の船―丸木舟から蒸気船へ』大津市歴史博物館編刊 平成五年七月

『琵琶湖観光の幕開け』大津市歴史博物館編刊 平成一一年七月

『加賀市歴史民俗資料館企画展 ふるさとの人物列伝 石川嶂』平成一五年六月一四日―九月二八日、附「石川嶂略年譜」

『津和野藩主亀井家の四〇〇年 三館連携特別展 藩主亀井家入城四〇〇年』津和野町教育委員会編 亀井家入城四〇〇年記念事業実行委員会刊 二〇一七年

『明治一五〇年長浜の近代化』長浜城歴史博物館企画 刊 二〇一八年

『江戸時代の琵琶湖水運―大津百艘船の軌跡―』大津市歴史博物館編刊 二〇二〇年

■県史・市史、編纂史料など

『府県史料 滋賀県史』明治五年一〇月一二日、「近江湖上ニ廻漕会社ヲ結ハン事ヲ告諭ス」

『県沿革書類』滋賀県文書 明治う一五一、民部省から大津県宛 一番丸建造許可通知

『官省江伺書指令 県沿革書類』滋賀県文書 明治う七、「旧大聖寺藩ゟ被有之湖上汽船仕入金始末物御尋ニ付御答之事」

『滋賀県治意見書』滋賀県文書 明治お四五、「湖上汽船沿革及現時ノ実況」

『滋賀県史 第四巻 最近世』滋賀県 昭和三年三月、「第五編 懸治時代 第一章 明治初期 第五節交通 第一項 水運」「第二章 現代 第五節 交通と土木 第一項 湖上 第二項 鉄道及道路」

『滋賀県百年年表』滋賀県史編纂室編刊 一九七一年

原田敏丸 渡辺守順『滋賀県の歴史』山川出版社（県史シリーズ二五）一九七二年、「一番丸と湖上交通」

『大津市志 上巻』大津市教育會編 淳風房 明治四〇年、「首編 皇室紀事 第五章 歴代行幸啓紀事」「第三章 食貨志 第三 維新前に於ける水運」

『大津市史 上巻』大津市役所編刊 昭和一七年、「第四編 近世大津と膳所城下 第一章 安土桃山時代と大津」「同編 第七章 大津の発達と市政一斑」「第一〇章 琵琶湖開鑿案と瀬田川浚渫及疎水計画」

『大津市史 中巻』大津市役所編刊 昭和一七年、「第五編 最近世第一期 第一〇章 湖上汽船の就航とその発達」「第五編 最近世 第二期 第七章 交通運輸」

『大津市史 下巻 史料篇』大津市役所編刊 昭和一七年、「百艘船」

『新大津市史 別巻』奈良本辰也編 大津市役所 一九六三年、「第二編 歴史 第四〇章 明治中後期の交通・土木・災害」

『新修大津市史 三 近世前期』大津市役所 昭和五五年、「第二章湖国の再生 第三節 古城水運の再編」「第四章 大津百町 第三節 大津百艘舟」

『新修大津市史 四 近世後期』大津市役所 昭和五六年、「第二章 町の盛衰 第四節 湖上水運の変質」「第五章 湖都 の維新 第五節 大津県の誕生」

『新修大津市史 五 近代』大津市役所 昭和五七年、「第三章 鉄道と汽船 第三節 水運の変貌」

『新修大津市史 一〇 年表・便覧』大津市役所 昭和六二年

『石川県史 第三編』石川県編刊 昭和三年（昭和四九年復刻）石川県図書館協会、「第六章 大聖寺藩治一班 大聖寺藩の京都守護、汽船建造」

『大聖寺藩史』大聖寺藩史編纂会編刊 昭和一三年、「第五章 藩政終末期 第五節 元治中の三事件 第七節 王政復古・第八節 明治新政」「第一一章 武事 第三節 武術」

石林文吉『石川百年史』石川県公民館連合会 昭和四七年、「明治への道」

『加賀市史料七 子爵前田家文書』加賀市立図書館 一九八七年

『加賀市の歴史』加賀市役所 昭和五三年、「教育と学問」

『加賀市史 通史上』加賀市史編纂委員会 加賀市役所 昭和五三年、「第四編 近世 第二章 藩政の動き」

『加賀市史 通史下』加賀市史編纂委員会 加賀市役所 昭和五四年、「第五編 近代 第五章 戦前の教育と文化」

『加賀藩史料 藩末篇下巻（元治元年―明治四年）』前田育徳会編 清文堂出版 昭和五五年（複製版）

『大聖寺町史』大聖寺町史編纂委員会編 大聖寺地区まちづくり推進協議会 平成二五年、「大聖寺県石川県へ」「パトロン事件と琵琶湖汽船」

『長浜市史 第四巻 市民の台頭』長浜市史編さん委員会編 長浜市 二〇〇〇年、「第一章 近代化の道 第三節 交通の変貌」

『写真集・長浜百年』長浜市役所総務部企画室編 長浜市役所 昭和五五年

『みずうみに生きる』市立長浜城歴史博物館編刊 平成元年

『明治一五〇年 長浜の近代化』長浜市長浜城歴史博物館編刊 二〇一八年

『守山市誌 歴史編』守山市誌編纂委員会編 守山市 二〇〇六年、「二 湖上交通・運輸」

『草津市史 第六巻』草津市史編さん委員会編 草津市役所 平成三年、「第四章 草津川河口の地域―山田 四 琵琶湖の舟運」

『彦根市史 中冊』彦根市 昭和三七年（昭和六二年 臨川書店復刻）、「第四編 近世 第四章 経済 二 湖上交通」

『彦根市史 下冊』彦根市 昭和三九年（昭和六二年 臨川書店復刻）、「第六編 近代 第一章 明治維新と彦根 第四節 新政への息吹」「第三章 経済 第六節 交通・通信」

『新修彦根市史 第二巻 通史編 近世』彦根市 平成二〇年、「第六章 中山道と琵琶湖 第四節 琵琶湖と河川の交通」

『新修彦根市史 第三巻 通史編 近代』彦根市 平成二一年、「第二章 明治の文明開化と彦根 第五節 運輸・交通の変貌」

『兵庫県史 第五巻』兵庫県史編輯専門委員会編 兵庫県 昭和五五年、「第四編 幕末・維新 第三章 明治国家の発足」

『兵庫県史 史料編 幕末維新二』兵庫県史編輯専門委員会編 兵庫県 平成一〇年、「三 兵庫製作所」

『長崎県史 近代編』長崎県 吉川弘文館 昭和五一年、「産業経済編 第三章 産業資本の形成」

滋賀大学経済学部附属史料館所蔵宮川庄三郎文書」のうち「湖上交通」

『図説大津の歴史 上巻』大津市歴史博物館市史編さん室編 大津市 一九九九年、「二 大津築城」「四 大津百艘船」「五 大津百町」

『図説大津の歴史 下巻』大津市歴史博物館市史編さん室編 大津市 一九九九年、「二 教育の近代化」「七 交通の近代化」「コラム びわこ大博覧会」

『一二歳から学ぶ滋賀県の歴史』滋賀県中学校教育研究会社会科部会編 サンライズ出版 二〇〇五年、「汽船一番丸の就航」「南と北から伸びた鉄道が結ばれる」

北村重之助『滋賀県ガイドブック 上下巻』古川書店 明治四二年―大正元年、「汽船・湖南汽船・日本赤十字社滋賀支部病院」

『滋賀県写真帖』滋賀県 明治四三年、「滋賀県立大津高等女学校」「太湖汽船株式会社」「白髭神社」「大﨑」「矢橋浦」

「卒業者名簿」『ささなみ』第四二号 滋賀県立大津高等女学校さゝ波同窓会 昭和六三年

「同窓会名簿」『さゞなみ 百周年記念』第五七号（滋賀県立大津高等女学校）さざ波同窓会編刊 一九八八年

『滋賀縣立大津高等女學校五十年史』滋賀縣立大津高等女學校編刊 一九四〇年

『琵琶湖をめぐる交通と経済力』滋賀県文化財保護協会編刊 二〇〇九年 サンライズ出版

『滋賀県「レキシノミチ」整備活用総合計画調査報告書 港と湖上交通』（近江水と大地の遺産魅力発信事業に伴う調査事業報告書）滋賀県教育委員会編刊 二〇一三年

『加賀曹洞宗の名刹 金龍山実性院』パンフレット

■社史・鉄道・法令など

『法令全書』明治二年・四年・明治六年 内閣官報局（復刻版）原書房

『明治財政史 第一二巻』明治財政史編纂会編 吉川弘文館 一九七二年

『図説黒船の時代』黒船館編 河出書房新社 一九九五年

『加賀藩戦艦小史』梅櫻會 明治八年

『司法沿革誌』司法省編 法曹会 昭和一四年

勝安芳『海軍歴史』（『明治百年史叢書』）原書房一九六七年

『川崎造船所四十年史』川崎造船所編刊 昭和一一年、「第一編 前史 第一章 加州製鐵所及兵庫造船所時代（自明治三年至同十九年）」

『川崎重工業株式会社社史 本史』川崎重工業株式会社社史編纂室編 川崎重工業 昭和三四年、「第一編 沿革 第二章 創業前後」

『三菱造船株式会社社史』三菱重工業編刊 昭和四二年、「三菱造船の系譜」「第三章 事業所 第一節 長崎造船所」「年表」

『營業報告書』大津 太湖汽船編刊 一九二六年一二月

『太湖汽船の五十年』太湖汽船編刊 昭和一二年

『航跡 琵琶湖汽船一〇〇年史』琵琶湖汽船編刊 昭和六二年

『京阪百年のあゆみ』京阪電気鉄道 二〇一一年、「第四節 滋賀・和歌山での事業拡大」

『京阪百年のあゆみ 資料編』京阪電気鉄道二〇一一年、「会社沿革史」「年表」

『横濱正金銀行全史 第六巻 正金史年表・調査統計資料』東京銀行編刊 一九八四年

『鷗外全集 第三五巻』岩波書店 昭和五〇年

『日本鉄道請負業史・明治篇』鉄道建設事業会 一九六七年

川上幸義『新日本鉄道史 上』鉄道図書刊行会 昭和四二年、「第Ⅰ編 第一章 明治四年―二十四年の東海道線」

川上幸義『新日本鉄道史 下』鉄道図書刊行会 昭和四三年、「第Ⅷ編 第一章 明治初年―二十四年の北陸線」

ウィリアム・ファアーニス・ポッター著 原田勝正訳「日本における鉄道建設」『汎交通』三八巻四号 日本交通協会 一九六八年一〇月、発表は一八七八年一二月 英吉利土木学会

田中真人ほか『京都滋賀 鉄道の歴史』京都新聞社 一九九八年、「東海道線最後の開通区間―湖東線」

小川功「関西鉄道の創立と近江商人の投資行動」『滋賀大学経済学部附属史料館研究紀要』第三二号 一九九九年三月

三宅俊彦『日本の鉄道遺産』山川出版 二〇〇九年

小川滋ほか『日本の鉄道をつくった人たち』悠書館 二〇一〇年、「第二章 井上勝」

老川慶喜『井上勝 職掌は唯クロカネの道作に候』ミネルヴァ書房 二〇一三年、「第二章 鉄道の創始と鉄道技術の自立」

原口隆行編著『古写真で見る明治の鉄道』世界文化社 二〇〇一年

■著述・論文など

後藤松吉郎「琵琶湖の汽船並に川崎造船所の創業に関する談話」『史談會速記錄』第三三三輯 大正一〇年一〇月九日例会

堀江保蔵「明治初年の官營産業に就て」『經濟論叢』第四四巻第五号 昭和一二年五月 京都帝國大學經濟學會

堀江保蔵「明治初年の諸藩の商社」『經濟論叢』第五三巻第一号 昭和一六年七月 京都帝國大學經濟學會

近藤圭造 編『金穀貸借心得 巻二』汎愛社 明治七年

吉川秀造「明治政府の貸附金 一―四」『經濟論叢』第二九巻第四・五号・六、第三〇巻第二号（昭和四年一〇月・一一月・一二月、昭和五年二月）

勝田政治『廃藩置県』講談社メチエ選書 二〇〇〇年

井上洋一郎「日本近代技術史の一研究 造船技術の自立化について」『経済論叢』九九巻一号 一九六七年一月 京都大学経済学会

寺尾宏二「琵琶湖に於ける汽船の航行」『昭和高商論叢』第一輯 昭和一六年一二月 大阪経済大学

寺尾宏二「文久三年、明治五年の京津間通船路開鑿計画とその再考察」『経済経営論叢』一三巻四号 昭和五四年三月 京都産業大学経済経営学会

鹿内健一「琵琶湖観光史 その一 太湖汽船会社創立事情」『大阪成蹊女子短期大学研究紀要』二一号 昭和五九年 大阪成蹊女子短期大学

鹿内健一「琵琶湖観光史 その二 湖上輸送から湖上遊覧へ」『大阪成蹊女子短期大学研究紀要』二四号 昭和六二年

池田勝船舶事務所「一番丸之事」『らん』第一〇号 平成三年一月 日本船舶海洋工学会

磯部彰「大聖寺藩における漢学受容の研究」『大聖寺藩旧蔵漢籍の研究』磯部彰 一九八六年

佐々木正勇「金沢藩兵庫製作所」『歴史学論文集 日本大学史学科五十周年記念』 昭和五三年四月 日本大学史学科五十周年記念事業実行委員会

藤田東一郎「鹿田正明の「海軍要略」とその原書（一）（二）」『書物展望』一二巻九・一一号 昭和一七年九月・一一月、野田墓地の鹿田文平墓誌の写しが載る

松田清「鹿田文平旧蔵ハルマ『蘭仏辞典』」『京古本や往来』三七号 昭和六二年七月 京都古書研究会

「交通資料館 三九 渉湖丸の引札」『季刊輸送展望』二一九号 平成三年七月 日通総合研究所

末永國紀「大津・長浜間鉄道連絡汽船会社の創立と近江商人」『社会科学』通号四七 同志社大学人文科学研究所 平成三年八月

今井一良「金沢藩最初の英詩作者鹿田文平」『北陸英学史研究』五輯 平成四年

鈴木淳『明治の機械工業 その生成と展開』ミネルヴァ書房 平成八年、「第一編 機械工業の誕生 第二章 造船業の生成と外国人の役割」

和田光生「（学芸員のノートから⑫） 琵琶湖蒸気船黎明期を支えた鍛冶職—伊東源兵衛をめぐって」『歴博だより』三五号 平成一〇年 大津市歴史博物館

和田光生「明治初期、琵琶湖の蒸気船—明治十二年の江州丸社を中心として」『大津市歴史博物館 七』平成一一年一二月 大津市歴史博物館、ここに明治一二年六月から一二月までの「江州丸社綴」の関係目録が付載されている

瀬川光行『商海英傑傳』富山房 明治二六年、「杉山徳三郎君傳」

杉山謙二郎「明治の企業家 杉山徳三郎の研究 創成期の大津造船所と兵庫製鉄所について—徳三郎史料による史談会資料の検証」『千葉商大論叢』通号一四〇・一四一号 二〇〇三年九月 千葉商科大学国府台学会

杉山謙二郎『明治を築いた企業家 杉山徳三郎』碧天舎 平成一七年、「第二章 徳三郎と蒸気機関技術 三 大津造船所・兵庫製鉄所における技術伝達」、「第三章 徳川幕府の幕末期造船政策と内車式蒸気船「先登丸」」

本康宏史「加賀の技術文化と地域蘭学」『国立歴史民俗博物館研究報告 一一六』二〇〇四年二月

岡本洋「幕末から明治初期における加賀藩の造船への取り組み—川崎造船所の前身・加賀藩兵庫製鉄所にいたる経緯」『日本船舶海洋工学会講演会論文集』二六 二〇一八年五月)

岩崎奈緒子「史料紹介 宮川庄三郎文書」『滋賀大学経済学部附属史料館にゅうすSAM 第二二号』平成一六年四月

「琵琶湖の汽船 『公文書でたどる近代滋賀のあゆみ』滋賀県県政史料室 平成二五年、「一三琵琶湖の汽船」

杉江進『近世前期琵琶湖水運の研究』思文閣出版 平成二三年、「I近世前期琵琶湖水運の構造と特質 第一章近世琵琶湖水運の成立 第一節大津百艘船の誕生」「第三章近世琵琶湖水運の変容 第三節大津代官の湖水船奉行兼帯と堅田・八幡の私領化」

岩本太郎「滋賀の技術小史」『龍谷理工ジャーナル』二三巻二号 通号六一 二〇一一年 龍谷大学先端理工学部

樋爪修「幕末期京津間の物資流通—『大津御用米会所要用帳』を素材として」『日本史研究』六〇三号 二〇一二年一〇月 日本史研究会

佐々木義郎『琵琶湖の鉄道連絡船と郵便逓送』成山堂書店 平成一五年、「明治五年 湖上汽船と郵便逓送」「明治六年からの状況」

橋本進「歴史探訪 旧幕府艦隊の蝦夷地渡航を援けた仙台藩士細谷十太夫」『旅客船』二四六 平成二年一一月 日本旅客船協会、小杉雅三の事績がでる

小川 功「関西鉄道の創立と近江商人の投資行動」『滋賀大学経済学部附属史料館 研究紀要』三三号 平成一一年三月

神谷大介『幕末の海軍―明治維新への航跡』吉川弘文館 二〇一八年、「幕府・諸藩が購入した洋式艦船」

高橋秀悦『幕末の金貨流出と横浜洋銀相場 グローバル経済との遭遇』日本評論社 二〇一八年、「第一部第二章 金銀の内外比価の相違と金貨流出」「第二部第一章 幕末期の通貨制度とメキシコ銀貨」「第二章 幕末横浜洋銀相場の経済分析」

岡美穂子「ポルトガル領事のみた幕末長崎―大洲藩船いろは丸のポルトガル語売買契約書を手がかりに―」『日本歴史』七五七号 二〇一一年六月

佐藤雅美『大君の通貨 幕末「円ドル」戦争』講談社 一九八四年

小川保太郎『行幸二十五年 慶雲舘建碑記念寫眞帖』小川保太郎編刊 明治四五年

『市田弥一郎と市田對龍山荘展 近江商人博物館開館一周年記念』（近江商人群像 一）近江商人博物館編刊 一九九七年

『Ｉｃｈｉｄａくりえいと一〇〇』市田 一九七四年、「初代弥一郎持ち下り商を始める（文久三年―明治六年）」「年表」

丹羽圭介翁談 山根徳太郎編『小川治兵衛』小川金三刊 昭和四〇年、「小川白楊」、また口絵写真に大正御大典奉仕の時の白楊の写真が載る

小野健吉「對龍山荘庭園における小川治兵衛の作庭手法」『造園雑誌』五〇巻五号 一九八七年三月

矢ケ崎善太郎『近代京都の東山地域における別邸・邸宅群の形成と数寄空間に関する研究』一九九八年（博士論文）、「第二章 東山別邸群と数奇空間の形成を促したいくつかの要因」

尼崎博正『對龍山荘 植治と島藤の技』淡交社 二〇〇七年

尼崎博正『七代目小川治兵衛』ミネルヴァ書房 平成二四年、「第四章 植治の展開を支えた白楊」

加藤武史 小川由美 加藤友規「對龍山荘庭園 百年後のための庭園管理計画 Ｉ百年の変遷をたどる」『平成二五年 日本庭園学会関西大会 研究発表会資料集』平成二五年一一月九日

鈴木博之『庭師 小川治兵衛とその時代』東京大学出版会 平成二五年、「六章 数寄者たちの創造のあり方」

今江秀史「山県有朋と無鄰庵保存会における無鄰庵の築造と継承の意志の解明」『京都市文化財保護課研究紀要』創刊号 二〇一八年三月

松室孝樹「明治山と旅順―乃木希典を求める人々」『（滋賀県文化財保護協会）紀要』二五号 平成二四年三月

『花供養』河村公成編輯 慶応元年

『花供養』河村公成編輯 慶応三年

『芭蕉堂六世河村公成百回忌』河村公成翁顕彰会編刊 一九六七年

京都俳諧研究会「『花供養』書誌」『アート・リサーチ』一〇巻 二〇一〇年三月 立命館大学アート・リサーチセンター、ＷＥＢサイトに「改訂『花供養』書誌」が載る

小林孔「『花供養』と芭蕉堂」『アート・リサーチ』一一巻 二〇一一年三月 立命館大学アート・リサーチセンター

和田昌允「廣告人の良心」『廣告街』昭和一二年七月（大阪廣告主倶楽部創立十年記念號）大阪廣告主倶楽部

和田昌允「都会人の健全レクレーション」『経済人』昭和二五年九月 関西経済連合会

岡彩子「燃える都と燃えない民衆―幕末維新期における京都町衆の防災意識―」『京都歴史災害研究』七号 二〇〇七年 立命館大学歴史都市防災研究センター京都歴史災害研究会

中島智恵子「「近江と戯曲」について」『滋賀文教短期大学紀要』一二号

二〇〇三年一月（ここに上演舞台の写真が載る）

■報道 新聞記事

『京都新報』、明治一四年六月二二日「滋賀通信（鉄道連絡船設置に合わせて江州丸社が堅牢な汽船二艘新造）」、七月一日「滋賀通信（井上鉄道局長來津し河田大書記官と会談）」

『京都新報』、明治一四年七月八日「滋賀通信（大阪の藤田中野が鉄艦建造に着手）」

『京都滋賀新報』、明治一五年一一月二九日「氣船競争の顛末」

『京都滋賀新報』、明治一五年一一月三〇日「氣船競争の顛末 前號の続」

『日出新聞』、明治二二年三月二三日「新京極の失火」

『日本経済新聞』、二〇一〇年四月二四日「竜馬が乗った「いろは丸」契約書みつかる」

『朝日新聞 滋賀版』、二〇一六年四月一八日「琵琶湖に蒸気船の一庭啓二碑 大津の寺で除幕式」

『京都新聞 滋賀版』二〇一六年四月一六日「琵琶湖初の木造蒸気船就航に尽力〝一番丸の一庭啓二〟に光」

一庭啓二文書目録

はじめに

これは、船屋太郎兵衛（各代）および一庭啓二関係の資料目録である（以下「一庭文書目録」）。これらの資料は、一庭啓二の三女陸から孫の菊枝へと継承され、それを当代が現在まで受け継いできた。一庭が亡くなった後、陸および菊枝が引き継いだことから、資料のなかには、陸および菊枝関連の資料も含まれている。一庭の生涯を検討するにあたって役立つと考えられる資料についてはその一部を収録した。

なかには、例えば陸のものでは、陸関係の写真や各種書類、菊枝のもののうち雑誌『潮音』など、一庭啓二の伝記からはいささか離れた資料も含まれている。ただそれは、一庭死去の後、一庭の事績と一庭の家名とを残すことに腐心した、陸および菊枝の生涯、蒸気船就航百年記念の各種展覧会や琵琶湖博覧会の開催などまでをも含めた総過程こそが、一庭啓二の生涯だと考えることによっている。そうしたことから、それら資料もあわせて、「一庭啓二文書」と総称して目録を編纂した。

＊　＊　＊

ここに収めた資料は、このように、当代が継承した架蔵の資料であるのだが、なかに数点、滋賀県県政資料室所蔵の文書や『府県史料 滋賀県史』から選んで収載した資料もある。一庭の生涯を検討するにあっては、蒸気船の建造およびその出資金を巡る旧大聖寺藩・石川県との交渉時期がもっとも重要だと思われることから、その理解のために不可欠の資料と考えて収録した。これら架蔵でない資料については、「参考」と記し、例えば、「一庭―汽船―参考―い」といった記号を付している。

資料のうちには、見出しや表題を持たないものも数多く存在している。それらについては、その内容を推定できるよう、書き出し部分や文書末尾の一部を示した。また、汽船関係資料のうち、本文論述にあたって重要と考えたものについては、その資料が『大津市史』などに一部分が収録されている場合であっても、必要に応じて、滋賀県県政資料室所蔵文書や一庭文書により全文を掲げた。

＊　＊　＊

分類と記号

資料については、次に掲げる「分類項目」のように、代々船屋太郎兵衛の江戸期、一庭啓二の明治期、三女陸の明治・大正期、孫菊枝の大正・昭和期、それと一番丸就航百年の琵琶湖博覧会と大きく分けた。ただ、年月が不明な文書や、干支が出ていてもその年を確定することができないものも数多く存在することから、分類にあたって的を外したものもあるかもしれない。例えば、「Ｉ百艘船」の「船屋―百艘」と「船屋―町内」の文書など、百艘船年寄関連か町内の世話役か区別できないものもあり、この辺りの類分けは不分明ではある。

このように分類したうえで、その中は、年月不明・年月のみ・干支のみ・年月日記述あり、の順で作成していったが、編集途上で入れ替えたり、新たに出てきたりしたものもあることから、必ずしもこの通りになっていない。この点もご了承願いたいと思う。

各資料については、本文からの参照の必要もあり、分類のうえ番号を振っていった。たとえば、江戸期の船屋太郎兵衛代々の資料は、「船屋―百艘―番号」「船屋―町内―番号」、明治期の一庭啓二関係のものは、「一庭―汽船―番号」「一庭―覚書―番号」という具合である。

また番号を振った後から挿入する必要が出てくるケースもあったことから、これらについては、「船屋―町内―38―2」と枝番号を付した。ただこれは、必ずしも親番号に関連する資料というわけではない。

御印書や辞令など、「一括」と表記してまとめたが、記号は個別に振っている。

＊　＊　＊

凡例

- 表記については原則として原文通りとするよう心掛けた。ただ紙面の都合もあり、一部省略し、また追い込んで表記した箇所もある。
- 漢字は通行のものに改めたが、人名や地名などの固有名詞はできるだけ原文の字体を尊重した。
- 変体仮名はひらがなに改めたが、助詞の而・江・者などはそのまま残し、已・〆・𛀙なども原文のままとし、ポイントを落とすことはしていない。

・文章が長くなる箇所は適宜読点「、」、並列点「・」を入れた。
・おどり字は、々・仝・ゝ・ゞのままで表記した。
・書状文末の宛名などは、原則として、年月日・差出人・宛名の順としたが、字数の関係で適宜改行した。差出人が複数名におよぶ場合、何行かに分けた箇所もある。
・差出人や宛名の役職、地名なども追い込みで表記し、適宜半角空け全角空けとした。
・年号に付された干支の分かち書きも一行で記し、ポイントもそのままとした。
・端裏書は（　）で示し、その内容は「　」にいれた。写真などの裏書も「　」にいれた。
・名前のあとの印や花押については、実際の印や花押の場合は（印）（花押）、写しや控えなどで文中に印と記されたものは、印と記した。
・誤字は（ママ）、判読の難しいものは、□（＊カ）とし、また干支には適宜年号を補記した。
・文書中で訂正されたものは原則として訂正済みのものを記したが、必要と思われるものは、（ミセケチ）として訂正前のものも記した。
・文書で前半を欠いているもの、後半を欠いているものはそれぞれ、「前欠」「後欠」と記した。
・誌面の都合などで文書の一部を省略した場合は、「中略」「後略」とした。おおむねこのように作成したが、徹底していない箇所や不十分な部分もあろうかと思う。ご寛恕願いたい。

目次および分類項目

江戸期（代々の船屋太郎兵衛）

一 百艘船（船屋―百艘）

『諸浦舟賃記』（和装一冊、表紙に「市庭直昭蔵□」、□は破れ）
八幡　水保　戸田　幸津川　小濱　吉川　（後略）
船屋―百艘―1

（和装一冊、表紙に「表」、表紙裏に篆刻「弍庭」カ）
・（朱点）一倍五割増之控
一、本馬　壱疋　七拾三文　一　軽尻　壱疋　一　人　壱人　弐拾
五文
元治元年子十一月朔日ヨリ、来ル丑二月迄ノ処、尚亦追願
御聞済相成、来ル辰二月中カ三ケ年之間如是
・（朱点）驛方ゟ手板之分　一馬荷　壱疋ニ付四朱弐文
但し残り三十壱文ハ、壱ケ月分一時ニ請取可申事（後略）
船屋―百艘―2

（和装一冊、題簽なし、裏表紙に「直昭」花押）
京之都
一、倍五割留　一本馬壱疋　軽尻　壱疋　七拾三文　一人壱
人　弐拾五文
元治元年子十一月朔日ヨリ、来ル丑二月迄ノ処、猶亦追願
之儀御聞済ニ相成、来ル辰二月中カ三ケ年ノ間如是（後略）
船屋―百艘―3

大津宿之義ハ御定人馬、宿並百疋百人持立、登方ハ、京伏
見、下り草津宿、北國往還江も施食駅場にて、慶長七寅年
當町地子一圓、町並地子御免許被成下、爲冥加、毎年町方
惣年寄町代、市中爲惣代、江戸　御城へ登城仕、高宮布百
端奉献（後略）
船屋―百艘―4

（前欠、4の続きか）之人足之一方ハ趣意不相知、前々ゟ
百町助役ニも相勤候処ニ御座候へ共（後略、後欠）
船屋―百艘―5

（一綴）
一、菅の浦ニ弐拾八石前後之小丸舟拾八艘有之、田地肥物
之外、産物之柴薪石等積出し候由、右産物之品運送致し
候元極り、承知致し度候事（後略）
船屋―百艘―6

覚
一、御往来之諸家様方御荷物、當宿馬支之節、人馬会所よ
り差被越、大津ゟ草津まて之御定賃銭、馬荷壱駄弐百三
拾五文之内、百六拾文請取、右之内百弐拾四文者、矢橋
ゟ草津まて之小場賃、矢橋浦（後欠）
船屋―百艘―7

（前欠、7の続きか）船役人江相渡、矢橋□迄荷物渡海い
たし呉候様、宿役人中ゟ御頼之儀ニ候間（後略、後欠）
船屋―百艘―8

長持積方
一、一日ニ五棹ハ成積可申事　六棹出候所ハ此方積前三棹
七棹ハ此方三棹　八棹ハ四棹　九棹ハ四棹　拾棹ハ五棹
十一棹ハ六棹
右之通ニ仕候間、一日ニ五棹ニ都合いたし候上ハ、不残此
方積前ニ相成候事
月　日
船屋―百艘―9

覚
一、根田泊りふと□（んカ）借候　壱人ニ付　百文
一、向行き同　五拾具迄ハ　弐百文　百具迄ハ　弐百弐拾四文
一、海津行　道下り　同　四百四拾八文
一、内海行　八まん行　同　三百四拾八文
船屋―百艘―10

一、八月九日坂本堅田上り番船ニ乗り合旅人十八人乗セ、
加子弥助・孫二郎両人、七ツ時ゟ當濱出船いたし、矢橋
濱へ無難着船之上、右旅人不残揚ケ候而、凡弐町計帰船
仕候処、矢橋浦ゟ呼戻し被申聞候ハ、右村方四町計上ニ
而、旅人壱人急病ニ而、打倒レ居候趣申来候故、船引戻
し候様被申聞候ニ付、加子両人共早速右場所へ参り、此
段當浦へ申越候處、同夜四ツ時分相届キ候ニ付、早速小
船仕立廻り、はせ遣して申候処へ、右之加子両人共夜九
ツ時分、陸ニ而罷帰り申聞候ハ、私共右場所へ参り見請
候処、早及絶命候躰ニ而御座候、勿論右之人、得と見候
之所、私共乗せ参り候人ニ而ハ無御座、全風躰も不宜人
ニ而、別而今日乗り合と紛候人数ニ而候ハ、右之人一切
乗せ不申故、段々地方役人中へ及引合、彼是見間違一連
相成候へ共、右之段申訳いたし、浜方ニ而も、右風躰之
人見請不申様、被申之候ニ付、左候へハ、乗せ参り不申
趣一札、船方へ差出し候段、被申聞候ニ付、則調印いた
し、罷帰り申候、明日右浜方より参り可申候段、年寄衆
中へ申聞置候様、被申居候趣、申之候ニ付、先其夜ハ此
方より人出候義、相止メ申候、然ル処翌朝、右浜方船仲
間之内又兵衛殿参り被申聞候ハ、昨日之義ハ、定而加子
衆より委細御聞被下候通、此度之場所ハ余程上故、地方
掛りニ而浜方ニハ差構不申候、當浜之掛りにも相成り不
申候、勿論右旅人、船より揚り候義も濱方とも見請候も
のも無御座候故、地方へ爲引請候而、地方手切ニ而、膳
所表へ相達し、村方代官之見改メニ而、何事も夜前と、
思召も可有之と存候故、今日ハ年寄共参り、可申答候へ
者、却て當役之もの共参り候而ハ、何角御當浦と為申合
も、取計も致し候様、地方之もの共存候而ハ、不宜故自
分参り候様被申之、即加子共より被取置候一札本紙持参
ニ付、披見致候而、左之通入置候事

左之通取計ニ而不能相済候段、全其御浦方御世話故、宣敷
事済致、大慶仕候段、挨拶致置候処、必右挨拶拵ニ參候義
ハ聞而、□致様断被申居候
船屋―百艘―11

山田　矢橋
一、四拾壱文　諸通　不行三圓　鯖　三圓　いか　三團　米大豆　二
俵

一、八文莚 拾枚ニ付（後略、末尾欠）　船屋―百艘―12

（一綴、表紙「御運上銀御定目扣　市場氏」）

御運上銀御定目扣

五分
一、田地養船 巾二尺七寸ゟ同九寸迄
七分
一、大浦菅ノ浦ニ限リ、田地養船瀬ヲ渡リ、先候而、作り物いたし候後、別段大ぶり取扱、如此（中略）

諸浦ニ御運上御免船ノ訳

一、堅田西ノ切坊大網手傳船之義者、公方様御上落（ママ）ノ節、魚献上仕候由ニ付、御證文モ有之由ニ間、御運上銀御免ニ候処、乍併此度船改之節も（後略）　船屋―百艘―13

一、十月廿七日ニ留有之候當役所ゟ、月出濱へ御配符壱通相達候様者、御渡し被成候に付、則其砌右濱方船年寄清左衛門倅上津致居候ニ付、御人々相渡候処、其後頃船年寄清左衛門罷登り、當會所へ被参申聞候ハ、此間ハ當御役所ゟ之御配符之義、早速御達被下、御世話之段、忝奉存候、其義ニ付、今日御役所之差出候処、月出濱之義へ前々より船株七艘之処、当時ハ丸船九艘指立、則当年之船帳面ニも書載セ有之候ハ、如何之訳ニ而候哉と御罷出、如何被仰聞候ニ而、清左衛門御答申上候ハ、仰之通月出濱ハ前々より船株七艘ニ御座候処、明和年中申入出後ハ、清左衛門・長左衛門・左□、右三艘ニ而順番ニ船積致来候、尤左前義ハ勝手ニ而相休、右代々唯今申もの、則左前代と致し候而、船持迄則船帳面ニハ左前代と相認メ、差上置候得共、御掛之服部様之時代々右左前と申義ハ、相止メ唯今計所取帳面差上候様、被仰聞候ニ付、其後ハ、右左前代と申義ハ書載セ不申候、其外衆々より船持之もの共御座候へ者、当時ハ船遣ひ候もの無之、当時ニ而ハ外ニ村方ニ而、小船遣ひしもの有之候得共、是ハ御地頭様御年貢米又ハ送違荷物等、一切預番ニ為損申候船ニ而ハ無御座候、海道筋より出し、少々之もの計積小渡し致し候迄ニ而、則送違方之義ニ付、入用等相掛り節ハ、右之もの共へハ一切相掛ケ不申、尤路不行限、又ハ右船之義ニ拘り候義ハ、相掛ケ申候へ共、莫余之義ハ相掛ヶ不申候、右之趣ニ而当時船数九艘ニ相成り有之候趣、御答申上候処、夫ハ畢竟濱方切之事ニ候へハ、以来ハ船数七艘ゟ持立候義ハ、決而相成リ不申候間、右之内弐艘相止メ可申趣、被仰渡し候付、暫御猶餘被成下候以、尚御村仕候ハ、組ゟ御返答申上候段、御断申上候へ共、猶餘ハ難相成候者、右之趣請書儀候ニ而、帰村可致様被仰渡候者、無是悲（ママ）ハ請書調印仕候段、有之候ニ付、以来爲今後書留置之候　船屋―百艘―14

一、矢橋渡場船賃銭御定候高札、元和弐年戌五月、右渡船場ニ御建被下置候写、左ニ奉御覧入候

御高札

右矢橋渡船之義ハ大坂御陣之節、御往来之御用多相勤申候ニ付、初而矢橋渡舟之御高札被下置候御義御座候、（後略）
船屋―百艘―15

（一綴）

一札

一、當浦之儀者、前々ゟ舩株拾弐浦所持、丸舩拾弐艘指定罷在候処、近来出荷物多数ニ而、大船指定難儀成、右拾弐艘之内、弐百五拾石積一艘、去之酉年（後略）

高嶋郡大溝浦
舟年寄　太郎兵衛
乍舟年寄舩持惣代　太 兵 衛

大津
堅田　舩御年寄中
八幡
船屋―百艘―16

口上

各様、愈無御障被成御勤、珍重ニ爲下□被存候、然者此度御苦労之儀、御憑之申入候処、御承知被下、段々御苦労之義、具ニ申聞候処、御深切之段、深大慶被存候、宜御挨拶申述候様、被申付越候、尚此上宜御取計、御憑被申入候、且御仲間一統江、亀酒一献進候様、被申付越候、御仲間御差支無之日柄、致承知度候、御指図可被下候

芦浦 西川丹次郎
船屋―百艘―17

口上

冷気之砌彌無御障被成、御勤珍重被存候、然者此度御心配之儀又憑被申入候ニ付、拙者共致出津候、何分乍御苦労宜御承知之段、御憑被申入候、随而乍軽菓子、一折被相贈之候

九月十三日　芦浦観音寺之内　西 川 丹 次 郎
松岡治左衛門

追て御仲間中江、爲御憑御会所江御出、御集合之節、宜御取合可被下候、尚又右御憑一条ニ付、寛々御面談申度義御座候ニ付、昼後御案内可申候間、乍御苦労御出會可被下、此段御憑申上候
船屋―百艘―18

覺

十一月九日 梶直し
一、十弐人 代金弐分（中略）
一、金弐歩也　三貫三百五十文
十一月三十日　大工　善五郎
市場御氏様
船屋―百艘―19

當冬中米船押手賃定

一、江頭ゟ能登川迄 九百四拾八文
但戻り斗相雇候分ハ弐百文引（中略）
右者當時米値段高値ニ付、押手共ゟ願義候ニ付、御改御座候、以上
卯十一月　百艘（印）
船屋―百艘―20

覚

一、石原庄三郎様御手代 中嶋剛之助様先触ニ而通

右之通持セ遣し申候間、御受取手形御遣し被下候

申十月二日改

矢橋濱 舟年寄（印「江州 矢橋濱舩役所」）

大津 百艘 御年寄衆中

船屋―百艘―21

酉二月 例銭預り之通 但シ下地分

下番（印「百艘 大津小舟入□（膳カ）所定番」）

三月廿四日（印「多」）五〆弐百分（印「請取」）二月分（中略）惣合（印「太」）廿貫四百八拾六文

右者拾六文残、例銭取引ニ入、無出入り相済候

船屋―百艘―22

（端裏書）「百艘」

覚

明晦日昼後早々、吾妻川浚場出来、御見分被下候、御心得有之候間、其旨相心得、例之通取計可被申候以上

戌三月廿九日

惣年寄 町代（印）

百艘 年寄中

船屋―百艘―23

享保十三年戊申九月ゟ 覚さん用出入金

一、銀 百八拾七匁 酉九月迄長面（ママ）出入餘（中略）〆弐〆（貫目）右者百艘中間（ママ）へ預置申候、則手形御座候間、何時成共遣し申候

酉九月

忠助

（後略）

船屋―百艘―24

乍恐奉願口上書

一、當所下博労町ゟ松本村へ続候田地（中略）右願候通被仰付被下候ハヽ難有可奉存候、以上

宝暦六年 子十一月十六日

百艘舩年寄

藤右衛門 印

庄 兵 衛 印

大津 御役所宛

（他十八名 印（後略））

船屋―百艘―25

一、自今縦筆頭たり共、右躰之我儘取捌ハ勿論、日々家業躰之船儲之筋ニおゐても、縦舊事たりと云者、悪敷仕之所ハ取直シ、上座ゟ末座ニ至、惣平等ニ宜筋相考可申候、畢竟物之意根（ママ）ハ嘆ゟ起ル事ニ候得者、非義之嘆出来不申様ニ仕法可有之事（中略）

右之通、誓言之上、於相背てハ、神罰天罰急度可罷蒙候、各々一紙之起請文、仍而如件、

明和五年 子十一月

太郎兵衛 書判 治兵衛 治郎右衛門 三郎兵衛

八郎兵衛 二郎右衛門 孫右衛門 藤次郎 七

兵衛 忠助 平左衛門 作兵衛 嘉助

船屋―百艘―26

（一綴、表紙に「安永壬辰十二月」問屋名前）

川口町 西川屋弥蔵 菱谷治郎兵衛 中保町 小松屋治郎吉

池田屋庄兵衛 木屋三郎兵衛 蔵橋町 枡屋甚右衛門 油屋又

兵衛（後略、二十四町六十八問屋名が記載される）

船屋―百艘―27

安永二巳年ゟ改 明和九辰年ゟ御冥加銀上納

・（赤丸）嶋関 四百五拾五坪三合 御冥加銀九拾壱匁壱分

但外ニ三百坪御改舟場餘地有

・（赤丸）右同断 下堅田町裏 三百五拾坪 御冥加銀拾七匁五分（中略）

天保三辰年ゟ改 大湊 三百九拾八坪九分 御冥加銀 百目

（後略）

船屋―百艘―28

一札

一、此度我等所持之井戸水埋極ニ而、其元用水ニ分ケ遣し申候、依之水代銀として四百三拾匁慥請取申候、然ル上者、自今以後右井戸水ニ付、親類者不及申、他ゟ違乱妨申もの毛頭無御座候、尤右井戸ゟ外々江分ケ水致間舗候、自然所持之家屋敷勝手ニ付、他江相譲り候義有之候共、右取水之儀者、差障無之様、相對仕相譲り可申候、為後日一札、依而如件

安永四年未十一月

九軒町 丹波屋長兵衛 印

百艘 年寄中 参

一、此度丹波屋長兵衛居宅ニ有之候井戸水、其御仲間江御貰被成度旨、町内へも御頼ニ付、對談之上、取水被成候、尤右我屋敷自然本人地江勝手ニ付、相譲り被申候儀有候者、（中略）為後日、町内組年寄連印、依而如件

安永四年未十一月

乍五人組舩主

丹波屋長兵衛 印

九軒町

五人組 五兵衛 印

同 六兵衛 印

年 寄 傳兵衛 印

百艘 御仲間中

船屋―百艘―29

一札

一、此度我等所持之井戸水埋極ニ而、其元用水ニ分ケ遣し申候、依之水代銀として四百三拾匁慥請取申候、然ル上者、自今以後右井戸水ニ付、親類者不及申、他ゟ違乱妨申もの毛頭無御座候、尤右井戸ゟ外々江分ケ水致間舗候、自然所持之家便利故勝手ニ付、他江相譲り候義有之候共、右取水之儀者、差障無之様、相對仕相譲り可申候、為後日一札、依而如件

安永四年未十一月

九軒町 丹波屋長兵衛（印）

百艘 年寄中 参

船屋―百艘―30

一、此度丹波屋長兵衛居宅ニ有之候井戸水、其御仲間江御貰被成度旨、町内へも御頼ニ付、對談之上、取水被成候、尤右我屋敷自然本人地江勝手ニ付、相譲り被申候儀有候者、（中略）為後日、町内組年寄連印、依而如件

安永四年未十一月

乍五人組舩主

丹波屋長兵衛 印
九軒町
五人組　五兵衛 印
同　六兵衛 印
年寄　傳兵衛 印
百艘　御仲間中

船屋—百艘—31

□往来之諸家様方御荷物、當宿馬支之節人馬御一所より
（中略）
安永七年 戌五月
百艘年寄

船屋—百艘—32

大津より矢橋迄船賃之覚
定
荷物壱駄 四拾壱文　乗掛荷人共同断（中略）
右之通七月朔日ゟ是迄之船賃ニ四割増被為　仰付候事
天明五年　巳七月朔日
百艘年寄

船屋—百艘—33

口上之覚
一、御仲ケ間有之候造船銀渡シ帳ニ、安永巳年、勘兵衛舩
造船銀三貫目渡シ方相記有之候得共、銀子者受取不申候、
尤破船之砌段々御頼申候得共、無其義、十五ヶ年之間、
船梓相止メ罷有候、勿論其比求置候材木等も、永々水中
ニ有之、大半朽損、嘆ケ敷存候御事（後略）
天明七年　未六月
小　作 印
吉兵衛 印
百艘仲ケ間　御當役中様

船屋—百艘—34

（舟株証文一括）35から40
（包のみ）銀六〆（貫目）分証文並　船株四分譲候証文壱
通
船屋太郎兵衛

船屋—百艘—35

（端裏書）「船屋太郎兵衛様 京町 長者町」
乍恐御修金被成候由候、取進之候と存候、然者先達而申遣
し候入用此ものへ御附合被成可被下願上候、以上
極月二十八日

船屋—百艘—36

賣渡申船株之叓
「大津町組之内」（五名の印あり）
一、仲間名前船株 四つ
此代銀六貫目（中略）
右者雖為仲間所持、此度要用ニ付、書面之代銀慥ニ受取、
売渡申處実正也、右舟株ニ付、外ゟ違礼申もの一切無之候、
為後日売券状、如件
寛政弐年　戌十一月
百艘仲間年寄　三郎兵衛（印）
同　忠兵衛（印）
同　与治兵衛（印）
同　治郎左衛門（印）
惣代　市兵衛（印）
船屋太郎兵衛殿

船屋—百艘—37

覚
一、銀八拾六匁也
右者舟株料銀弐拾枚之内、十年残辰年分慥ニ請取申候、為
後日請取、乃如件
文化五年辰十二月
井筒屋勘兵衛（印）
舟屋太郎兵衛殿

船屋—百艘—38

一札
一、前々ゟ貴殿方所持船株之内勘兵衛名前弐つ有之（中
略）急度埒明ケ可申候、為後證連印一札仍如件
文化五年辰十二月
井筒屋勘兵衛（印）
親類　伊丹屋伊兵衛（印）
証人　永原屋与治兵衛（印）
船屋太郎兵衛殿

船屋—百艘—39

覚
一、銀八十六匁也
右者舟株料銀弐拾枚之内、拾年残巳年分、慥ニ請取申候、
為後日之請取、仍如件
文化六年巳十二月
井筒屋勘兵衛（印）
船屋太郎兵衛殿

船屋—百艘—40

定
一、近年問屋方船賃拂方、金銭者仕懸ケ相拂、畢竟運賃之
義ハ、利徳口銭等取候品物代等とハ訳違、何程仕懸ケ被
致候方へも別段之甲乙者不被致定法之通請取候事ニ候処
（中略）
右之通此度一統相談之上治情定いたし候ニ付連判、仍而如
件
寛政四年　子正月
三郎兵衛　忠兵衛　与治兵衛
治郎左衛門　七兵衛　六兵衛
市兵衛　太郎兵衛　孫右衛門
忠助　治兵衛　八郎兵衛　七
兵衛　庄兵衛　勘三郎　左右
衛門　善左衛門　十兵衛　市
松　清次郎

船屋—百艘—41

覚
道下里 海津行
右船積之義ハ、捨積附之船有之節ハ、是迄夕方ニ御会所ゟ
聞立置致候而、差限高百目都合致候上、立可申筈之処、近
頃ハ猥ニ相成り聞立有之候（中略）
右之通、一同相談之上、治定致候上ハ、無相違相聞、取計
可致事
文化八年　未三月

船屋—百艘—42

覚

一、舟頭銭、銀百六七拾匁より弐百匁まて、新参古参之差別可有之、尤年季かさね相勤居候ものへ心付之儀者、別段之事（中略）

押手賃之定

一、海津行道下リ 四百四拾八文

一、内海 八まん のた 江頭 三百四拾八文（中略）米舩押手賃之事

一、南濱 知内 井口 壱〆（貫）弐百四十八文

一、江頭ゟ 能登川迄 八百文（中略）

文化八年 丑十月

百艘（印）

船屋―百艘―43

覚

大渕 吉田 宇和 伊豫 新谷 臼杵 杵築（中略）〆廿六 右者弐分付之分

筑前 筑後 肥前 秋月 柳川 三池（中略）〆十六 右者三分付之分

右之外調物数者、内味多少斗分ケ、弐者付 三者付

文化九年 壬申六月

船屋―百艘―44

覚

一、内海八幡海津道下里、其外下里積候分

一、白米壱斗

一、味噌代百四拾八文（中略）

右之通此度相改、一同及相談候上ハ、個々仁々揃密ニいたし、勝手之取斗ひ無之様、相守可申候、以上

文化九壬申年六月

太郎兵衛

船屋―百艘―45

奉差上済証文

一、去申九月六日、赤井村船持共より右村方船積方之儀ニ付、三ケ浦船持共ヲ相手取 御訴汰奉申上候ニ付、双方共被取出、段々御聞訊被 成下、此上熟談可仕旨、御慈悲之御利解被爲 仰聞、難有奉存、依之御役所様ゟ仲人誰へ所望之義被爲（中略）乍恐双方連印ヲ以、済証文奉差上候、此段御聞済被成下候者ゝ、御慈悲一同難有可奉存候、以上

文化十年 酉八月

赤井村 船 持

同 船年寄

同 庄 屋

三ケ浦 船年寄

大津 御役所

船屋―百艘―46

乍恐奉願口上書

一、百艘之儀者、於 御用相勤候由緒ヲ以、當浦之諸旅人同荷物共、地縁之誼ヲ不交、積請可仕旨、往古ゟ御制札御建被下置、右御蔭ヲ以、御用無恙相勤、依之諸向候而も、先規相守居候故、渡世方無差支相続仕来り、難有仕合ニ奉存候、然ル処、去ル八月廿九日、當津蔵問屋之内、蔵橋町近江屋喜兵衛方ゟ、高嶋郡舩木場半七船ニ、なた榼拾弐着、私共仲間へ相達之不申、隠積仕、浦法相背候間、右喜兵衛へ此段申聞候処、不調法之趣、挨拶人ヲ以、段々相詫候ニ付、右半七船之義ハ、外問屋方ゟ急キ荷物積合有はゝ、留置候而ハ、積合等ニ差支候段、甚以気毒存、直様出船爲致候へ共、右喜兵衛義ハ是迄度々、右躰心得違之船積方仕候ニ付、其度毎ニ精々及引合来候、急度浦法相守、船積方之儀者、正路ニ可仕旨、書付等数通差入、能承知致しなから不相用、又ハ此度右躰不埒之船積仕候程之人候而、迚も私共此上如何躰及對緩怠候共、相用申間敷、右候へハ、諸問船積方、取締難相調候、其段嘆ケ敷奉存候間、尋問屋仲間へ相達し候以来、船積之手合仕間敷旨申聞置候へ共、何分御制札表相背候義ニ付、不得止事候、此段御訴奉申上候、乍恐被為 聞、取分右喜兵衛被取出、御糺之上、御慈悲ヲ以、百艘身先規仕来り通、規矩相立、向後浦法急度相守可申様御勘考之上、御威光ヲ以、厳敷旨仰出之様、乍恐御願奉申上候、願之通、被為仰出被下候ハゝ、無難相続可仕と、莫是難有可被存候以上

文化十年 酉十月

百艘年寄

大津 御役所

船屋―百艘―47

文化十酉十一月十六日届

尤百艘並矢橋ゟ渡船方、割増願出府仕度候得共、往還路用難渋ニ而、如先年宿方ゟ代金麁呉候様相願候処、承知有之被為、其旨書付ヲ以届出候

船屋―百艘―48

乍恐口上書

一、去申九月、赤井村船持共、右村方船積方之儀ニ付、三ケ浦船持共ヲ相手取 御訴訟奉申上候ニ付、双方被罷出御糺申、憐愍を以此寅年九月、松本村茂兵衛へ取曖被仰付候処、右茂兵衛ゟより段々取曖致呉候得共、何分下候而熟談（中略）諸浦一同騒動ニもおよひ、三ヶ浦前々ゟ之記録も失ひ、其段何共歎ヶ敷奉存候間、無據追訴御起奉申上候間、聞召下て、先規之通、三ケ浦記録爲意、船持チ共一同相続仕、御用向等無滞相勤、後世相続仕度奉存候間、此段御聞済被 成下候様、乍恐御願奉申上候、願之通御聞済被成下候はゝ、一同難有可奉存候、以上

文化十一年 戌九月

三ケ浦 年寄

大津 御役所

船屋―百艘―49

（一綴、表紙「文化十三丙子年三月十日ヨリ三十日之間、石山寺大黒天御開帳ニ付、上下小船持四廻り竝加子共取締帖 百艘」）

文化十三丙子年三月十日ゟ石山寺大黒天、爲許中、参詣人衆乗往還、船渡仕候節ハ、左之通相心得可被申候

一、船毎定人数ゟハ人少ニ乗之、加子弐人以上増加子いたし、少シニ而も危儀無之様、別而大切ニ可致候、勿論日和悪敷候節者、舩被差出間敷候（中略）

文化十三年 丙子三月

百艘年寄

右之趣私共一統、承知罷有候、仍之請印類差出置申候、然ル上者、万一心得違相有候者御座候ハハ如何様ニ御取計被成下□無之候、爲後日仍而如件

子三月
上組小船持五兵衛（印）
（ほか六名略）
下組小船持甚兵衛（印）
（ほか七名略）
廻り新八（印）
（ほか三名略）
三組加子伊八（印）
（ほか三十八名略）
船屋―百艘―50

覚
文化元甲子年ゟ文政元戊寅年迄十五ケ年之間、船儲高左之通
子年分
一、下里拾六艘　一、渡之もの 九百四拾□□　一、米船賃八石九斗七合四夕〆（後略）
船屋―百艘―51

覚
文化元甲子年ゟ文政元戊寅年迄十五ケ年之間、船儲高左之通但し弐艘分
一、下里弐百四拾三艘 右十五ケ年ニ割、壱ケ年ニ拾六艘余ツツ（後略）
船屋―百艘―52

覚
一、遣船祝渡貫之儀、近來下里荷物相止高候砌、見計を以差遣し有之候得共、右荷貫之前、遣之候而者、自ラ祝渡貫之切も、薄相出候義ニ付、以來者、春造之船者、其年六月ゟ盆前迄に遣し、秋造之分は翌年同断迄に遣し可申事
但シ右祝渡貫者内海壱艘、帳外ニ而遣し可申候筈
文政十亥六月 改
船屋―百艘―53

覚
一、六百四拾八文 道下里 押手貫（中略）

右者此度相定〆申候間、一同ニ我別ニ勝手取計無之様、書付之通相守可申候事
文政十一子正月
百艘（印）
船屋―百艘―54

（一綴、表紙「就御尋奉申上候」）
就御尋奉申上候
一、彦根様御領分尾上片山飯浦等之小丸舟、当津浜々江着舟仕候儀、御尋ニ御座候　此儀享保年中彦根様御領分、松原米原長浜右三湊舟之もの共ニ而、百艘及出入ニ御裁許之砌、向後三湊之舟は彦根他屋江着舟可致旨被仰渡候に付、風波着り候節は格別、其余は着舟不仕候、右御同領尾上片山飯浦等之儀ハ、享保年中出入ニ不抱舟ニ御座候ニ付、往古より大津湊々へ着舟仕、当御支配之諸浦同様ニ荷物旅人共積揚ケ仕候儀御座候、右就 御尋奉申上候、相違無御座候、以上
嘉永元年　申五月　百艘年寄　太郎兵衛
大津　御役所
船屋―百艘―55

（一綴、55の草稿か）
乍恐奉申上候口上書
一、彦根様御領分、尾上片山飯浦右三ヶ村船持共之内、不速成取斗方仕候もの有之、隣村之外船持共迷惑仕候段申出候もの茂御座候に而 右御領分三ヶ村之船、向後当津浜之船着へ着ケ不申候様被為仰付候而も、当所船方其外之もの共差障りニ相成候儀無之哉、可申上旨仰渡候此儀尾上片山飯浦塩津辺江運漕仕候諸荷物等之儀は多分北国行ニ御座候処、以前右荷物彦根他屋へ引取船積いたし候儀有之、当所船方并荷物問屋船宿等迄差障ニ相成、示談仕候趣、左ニ奉申上候
乍恐御内願奉申上候（消し）
一、去ル文化八未年彦根様御領分之内、尾上片山之小丸舟折々彦根他屋へ着船いたし、少分之登り荷物等舟揚ケ致し候（中略、貼付訂正数か所あり）

恐多クハ奉存候得共何卒御憐愍を以前顕奉申上候始末、乍恐被為聞召候分、三湊船之外、前々之通りニ被為成置候様奉願上候、以上
嘉永元年申五月　百艘年寄　與次兵衛
太郎兵衛
小野儀八郎様
船屋―百艘―56

（上納一括）57から64

覺
一、金拾五両也　平蔵町　船屋太郎兵衛上組
右者、内海御臺場其外、御侮筋御入用金之内江上ゲ金相預、江戸表江伺之書面之通上納、仍如件（上部に割印）
嘉永七寅年閏七月　大津御役所　名和伴六（印）
柴山順右衛門（印）
秦園介（印）
中嶋剛（印）
船屋―百艘―57

覚
未ゟ酉迄三ヶ年ヲ　上金願高金拾五両之内　當未年分
一、金五両　大津平蔵町　舟屋太郎兵衛
右者海岸御侮筋御用途之内江、上金相預候付、江戸表江伺之上、書面之通上納、仍如件（上部に割印）
安政六未年五月　大津御役所　柴山順右衛門（印）
秦園輔（印）
中嶋剛一（印）
船屋―百艘―58

覚
未ゟ酉迄三ヶ年ヲ　上金願高金拾五両之内　當申年分
一、金五両　大津平蔵町　舟屋太郎兵衛
右者海岸御侮筋御用途之内江、上金相預候付、江戸表江伺之上、書面之通上納、仍如件
万延元申年五月　大津御役所　柴山順右衛門（印）

秦　園　輔（印）
中　嶋　剛　一（印）

船屋—百艘—59

（上紙のみ、「万延元年　庚申七月改　平蔵町上組」）

船屋—百艘—60

覚

未ゟ酉迄三ヶ年ヲ　上金拾五両之内　當酉年分
一、金五両　大津平蔵町　船屋太郎兵衛
右者　御海岸御備筋御用途之内江、上金相預候付、江戸表
江伺之上、書面之通、上納仍如件
文久元酉年六月　大津御役所　柴山順右衛門（印）
八戸厚十郎（印）
中　嶋　剛　一（印）

船屋—百艘—61

覚

一、金五両　大津平蔵町　船屋太郎兵衛
右者　御本丸御普請御用途之内江、上金相預候付、江戸表
江伺之上、書面之通上納、仍如件
文久元酉年十一月
大津御役所　出役　柴山順右衛門（無印）
八　戸　港　十　郎（印）
中　島　剛　一（印）

船屋—百艘—62

覚

一、金拾五両　大津　船屋太郎兵衛
但三朱御手當相添、追而御下候
右者、今般差出金被　仰付、　御國恩冥加相弁、書面之通出
金請取候処、仍如件
元治二丑年二月　大津御役所　柴山順右衛門（印）
不談合　中　嶋　剛（無印）
古川右八郎（印）

船屋—百艘—63

覚

一、金七両　大津平蔵町　船屋　太郎兵衛
右者今般　御進發御用之内江献金相預候付、伺之上書面之
通上納、仍如件
慶應元丑年七月　大津御役所　柴山順右衛門（印）
古川右八郎（印）

船屋—百艘—64

Ⅱ　町内（船屋—町内）

天罰起請之事

一、近年筆頭年寄庄兵衛・与治兵衛・忠兵衛三人者、仲間
不相應之奢ヲ極、夥敷金銀ヲ費、其上私欲之以沙汰、勘
定合等不埒ニ付、今後右三人、仲間役儀ヲ廢シ、是迄不
埒之金銀、元利共急度取立可申候、右相談各々、一宥之
上、為無異変、乍恐日本之祖神奉天照大神宮初、其外氏
神ハ不及申、諸神祇奉誓、互ニ心之変化無之様、起請文
相示候

船屋—町内—1

此坪数百拾六坪余之場所、爲御冥加壱ケ分年壱坪ニ付一厘
ツツ（後略）

船屋—町内—2

此坪数八拾七坪余之場所、爲御冥加壱ケ年壱坪ニ付壱分五
厘ツツ（後略）

船屋—町内—3

此坪数百九拾壱坪余之場所、爲御冥加壱ケ年ニ壱坪ニ付壱
分五厘ツツ（後略）

船屋—町内—4

（絵図、小舟入ほり、浜通町などの地名がみえる）

船屋—町内—5

新金銀引替之法

乾字金元禄金と新金引替之儀、只今迄之通相違無之、慶長
之古銀並新銀拾貫目ニ付
元禄銀ハ弐判半増（中略）右之通堅可相守、此外之儀ハ書
面之趣ニ可准之、且又割合改リ候ハ、宝永以来之銀計之事
に候得ハ、新金銀銭両替、或ハ売買之直段等ニ付、紛敷手
たて仕におゐてハ、急度御詮儀之上、可被處厳科者也
戌閏十月
右御書付之趣可奉承知、無違背可相守候以上
戌閏十月十九日　古部文右衛門　印

船屋—町内—6

御金銀ヲ以當戌十一月ゟ通用可仕覚

一、金順（吹カ）直被　仰付、段々出来ニよつて、最前相
觸候通、来亥年を限り、乾字金通用停止ニ候、依之向後
諸色相対ヲ以直段相極候事ハ各別、献上被下金又ハ請銀
借銀払残金等すへて前々ゟ定来候員数にて通用之儀、左
之通被　仰出候事（中略）
一、乾字金引替ハ當戌年ょ里来ル寅年まて五ケ年ニ限へし、
元禄金引替ハ來亥年ニ可限事（後欠）

船屋—町内—7

乍恐口上書

此度　殿様御諸司代、被爲　仰蒙御吉例、奉恐悦奉申上度、
先例ニ御座候間、宿外迄御出向奉申上候
一、殿様當宿へ被爲遊御着候者、御機嫌爲窺、恐悦奉申上
度、御本陣迄扇子壱箱、奉献上度奉存候、以上
御門前　平蔵町

船屋—町内—8

（端裏書「平蔵町 役人中　従京都 寺岡滄右衛門」）
極内々なから、先日承置候間、申進之候、此のおもむきニ
て御認御本陣へ御持参可被成候、以上
六月廿日

船屋—町内—9

二両　来冬通り、若も八月十日迄之金子留越無之候ハヽ、
無沙汰ニテ上納ハ行可申候間、此都合事御承引希上候、尚々

至急之御答ヲ被下度、等閑ニ相成候而者、跡ニ而惜情も障
可申候也
船屋─町内─10

（一綴）
十月二十六日　御老中　一□□（牧野カ）様御下　太郎へ
□□□（重兵衛カ）勘三郎
一、御所司代 土井大炊頭様 十月十七日　御登
石場江御出迎 太郎兵衛 孫右衛門
翌朝見送り　上関寺町に而 源右衛門 久兵衛
右御登り被遊候ニ付、十月四日年寄一両人、町代朝屋へ参
候様申来り、太郎兵衛罷出候処、惣年寄矢嶋氏被申候ハ、
前々ゟ御所司代様御登之節（後略）
船屋─町内─11

定
一、先達而御一統様へ申参候年々御年回御座候方者、別町
内別箱へ、金一朱ツヽ御入金可被下候、尤町内配物取止
メ申候事、但し別箱帳面ニ名前御印可被下候（中略）
丑正月
船屋─町内─12

口上
一先比各々方御三人御寄合之上、仲間仕法宜敷筋御考、
永ク規矩とも可相成程之掟、御定可被成趣ニ而（中略）
丑八月　肝煎中
年寄御衆中
船屋─町内─13

口上代
一、日用儲方之義ハ、仲間一統惣平等之儲ニ致度候、且又
役所ニ限り候、儲方之義ハ、惣役人一諸ニいたし度候、
尤先比年内迫り、積之儀被仰聞候へ共、此義者、他江抱
り差支も可有之哉ニ存候、夫共差支も不相成、年内可勤
仕法御座候はヽ、其趣具ニ御仕法書ニ而被仰聞可被下候、
何分我者共存念者、諸儲方正路ニいたし、諸事倹約之上、
役人役料之儀者相應ニ、夫々役前々相當ル程之義、是ヲ
相定度存候、畢竟儲方平舟持迄も、平等之儲ニ致させ、
其上役所致出精、諸事儲方宜敷セ話其切ヲ以、役料相増
候義ハ、自他之遠慮無之義と存候、以上
丑九月　肝煎中
御年寄衆中
船屋─町内─14

若州様壱月廿三日江戸御召被遊、御登城候処、御懇ヲ以
上意　右大将様江被為附　御手自御刀拝領、松平能登守様
御上席ニ被蒙仰候段、江戸表ゟ申来候ニ付、此旨及御通達
候、以上
寅八月
右之趣、御披露有之候ニ付、為御心得、申上置候
船屋─町内─15

覚
一、平蔵町下組字小舟入与申船入
東西 南ニて弐間五尺四寸、北之方四間
南北 東五間半
右場所東之方ニ有来堀筋幅三尺五寸通湖水迄対面之方、有
来候石垣を東之方横溝筋へ積直シ、湖水之方四間新規ニ石
垣ヲ積、右舟入町（中略）右之場所之内、舟番所並ニ右番
所、守居宅者建家弐ケ所相除ケ、其余り北之方前払ニ指図
し、表之通、建家出来候積り
辰二月廿六日うつし
船屋─町内─16

乍恐御口上書
一、平蔵町之内字小舟入と申船入
東西 南ヨリ弐弐間五尺四寸　北ヨリ四間
南北 弐拾五間半
右場所、東ヨリ有来之溝筋幅三尺五寸通湖水迄付、西之方
有来候石垣を、東之方右溝筋へ積直シ、湖水之方四間新規
ニ石垣を積（中略）此坪数百拾六坪余之場所、當時ニ而建
家、または畑地などに届け候もノム御座候、右これ通りニ
御座候
辰二月廿九日　大津平蔵町上組
年寄 五兵衛
五人組 傳兵衛
同町下組年寄
年寄 十兵衛
五人組 勘兵衛
御奉行様
船屋─町内─17

一札之事
一、去未十二月三十日、甚七町肥前町間ニ有之候常川筋ニ、
男非人相呆居候ニ付、其段當両町ゟ御役所江御訴奉上候
節、罷出候もの共ゟ、右川筋ニ御建有之候塵芥御高札裏
ニ、其御町分共三町連名書載有之候段申立候処、左之儀
者、平蔵町ニ而御届書ニ連印可有之義之旨ニ付（中略）
然ル上者、安永年中訴文之趣遺失不仕、橋ニ限り三町ニ
懸り、其餘何事ニ不寄、両川ニ而引請候諸入用等一切相
遣申間敷候、尤此度之儀者、諸入用等一紙も其御所分へ
相遣ケ不申候、依之爲後證一札差出候処、如件
船屋─町内─18

口演
以手紙致啓上候、時分柄寒気ニ趣候得共、彌御安康被成御
座、奉賀壽候、然者此度濃州伊尾野村出忠右衛門、其舟中
ニ而病気ニ取結ビ、舟方御衆中之預御介抱ニ候段、以文御
申越し被下、千万忝存候、然処右忠右衛門儀者、千年同国
青野村取養子に遣し申候節、村送り願出候ニ付、任其意、
差遣申候間、只今ハ外帳ニ御座候、然処此度御実意を以夫
を被差遣被下候ニ付而者、忠右衛門親並組合親類之者呼出
し、段々掛合ニ及候處、元来忠右衛門儀者、親不孝不宣事
も御座候ニ付、取合不申、勿論外帳之者ニ御座候ニ付、是
悲（ママ）ニ不及事ニ候、右ニ付而者、其御衆中之方、孝クト御世
話被下候世話がひも無御座候得共、実親勘当之上ニ、組合
親類ハ取合不申、掛合之致方も無御座、何共御気之毒ニ存
候得共、何分此方ニおいて掛ケ合之儀無御座候間、御苦労
ニハ存候得共、其方御衆中、宜敷様御取計ヒ可被下候、右

者御礼等方々以愚札、如此御座候、早々頓首
酉ノ十月廿七日　　伊尾野　村役人中
江州大津　舟方　御衆中

船屋─町内─19

右者吾妻川浚爲御見分、先御紙被成候間、例之通相心得場所江罷出可被申候事
戌二月十一日　　惣年寄　町代（印）
百艘年寄江
（端裏書き「百艘」）
覚

船屋─町内─20

乍恐奉拝口上書
一、大津往還筋吾妻川之儀者、下堅田町・平蔵町・伊勢や町・九軒町・境川町・和泉町・材木町・猟師町・八町町へ相懸り候川筋ニ而、往古其川幅狭ク十砂多流込御往来之妨ニ相成候ニ付（中略）夫々其町々へ割合持分小訳之間数、絵圖ニ記有之候而、川浚之義ハ前々ゟ三歩一通り直堀仕候処、大津表京都御支配ニ成候而、享保拾四年、川浚入札被仰付（中略）申之右三町之儀者、宿役者無数、川間数多ク懸り御座候処、右之通申私共町々難義仕候間、御慈悲□平蔵町下堅田いせや町年寄五人組、被為召出、川浚之義前々仕来候通、三歩一通り境目割合ニ而浚候様ニ被仰付被下候ハヽ、難有可奉存候、且又境川町・泉町此両町も此度ハ割合之義ニ相繫拘り不申候ニ付、私共両町ゟ御頼奉申上候、以上
宝暦九年　卯ノ三月十六日　　両町年寄五人組ハ
猟師町　材木町
奉書之通リ目安上候致返答書、来ル廿一日急度可罷出候、於不來者可為越度者也
卯三月十六日
御役所御下

船屋─町内─21

乍恐返答書
一、大津吾妻川之儀ニ付、川掛リ八町之内、材木町・猟師町両町ゟ御願被申上、今日御目當之御裏判頂戴仕奉驚候、御間数之義被仰上、此義往古者、川幅寸尺ハ不図在之候様、伝承仕候（中略）往古ゟ大津町定リ候先格之通、川浚人足賃銭夫高割ニ被爲仰付被下候は丶、難有可奉存候、以上
宝暦九年　卯三月廿一日上
大津　いせや町年寄　利兵衛
五人組　仁兵衛
同　五郎兵衛
同　下堅田町年寄　与兵衛
五人組　六　助
同　久兵衛
同　平蔵町年寄　藤左衛門
五人組　傳兵衛
同　傳五郎
西御役所へ
元文三年六月、吾妻川土砂依入札賃銭並同四月五日大雨之節、土砂流出候節（後略、後欠）

船屋─町内─22

覚
一、金弐両也（印）（印）
右之金子、此度無拠就要用、御町内江御頼申上候処、來未年分役馬代銀之内々御貸被下、慥ニ受取申候処実証也、然ル上ハ御役馬無滞、急度相勤可申候、為後日請取之手形、仍而如件
寛政十年　午十一月　　横木村　馬持半右衛門（印）
同村請人同　勘　六（印）
平蔵町上組　年寄太郎兵衛殿
同町　下組　年寄才助殿

船屋─町内─23

覚
一、金弐両也（印）（印）
右之金子、此度無拠就要用、御町内江御頼申上候処、來申年分役馬代銀之内々御貸被下、慥ニ受取申候処実証也、然ル上ハ御役馬無滞、急度相勤可申候、為後日請取之手形、仍而如件
寛政十一年　未八月七日　横木村 馬餅半右衛門（印）
同村請人同　勘　六（印）
平蔵町上組　年寄太郎兵衛殿
同町　下組　年寄才助殿

船屋─町内─24

覚
寛政元酉八月兄弥吉ゟ譲り候
一、家屋敷 五ヶ所　泉屋　利助
右死後譲り、寛政元寅十一月兄弥助へ致し有之候処、右弥吉病死致候ニ付、相改享和三閏年正月、倅松次郎へ致候事（中略、訂正の付箋二か所）右之通町内銘々、譲り候義聞届仕候、別帋帳面ニ而記之、差上申候、宜敷御取計可被成下、奉御頼上候、以上
文化六年　巳正月　　平蔵町上組　年寄六兵衛
惣年寄　町代 御衆中

船屋─町内─25

一札
一、私所持家屋敷三ヶ所譲り之義、寛政九年巳二月、倅忠兵衛ゟ私へ死後譲り渡し有之候処、享和三亥年倅忠兵衛義相呆候ニ付、其後私より翌寅年二月親類菱屋七左衛門へ死後譲り差出度、則右七左衛門義、私方へ同居仕、相続いたし罷在候処、右七左衛門義も文化弐丑年相呆候ニ付、翌寅年十月相改、忠兵衛存命之内貰置候、孫ふさの死後譲り差出置候処、右ふさ義はなはだ不出□（座カ）ものニ御座候ニ付、無據此度不縁仕候處、此後私安心仕…（中略）…尤金子五両借り請証文ハ別帋ニ相認メ、差出し可申候、爲後證連印一札差出し置候処、仍而如件
文化六年　巳三月　　塩屋妙信
従弟流菱
平蔵町上組　御町衆中

船屋─町内─26

（別表紙）「平蔵地蔵尊世話方ゟ當仲間へさし入候一札」

船屋—町内—27—1

一札之事

一、平蔵町其御仲間、御地之内東隣り土井大炊頭様御蔵屋敷地境溝石垣際ニ、辻地蔵尊堂西向ニ建有之候処、此度溝石垣際ゟ壱間半計西之方へ右堂寄、南向ニ建直申度候ニ付、則是迄…（中略）…平日随分気ヲ付（右等之義無候様）急度別度可仕候、然ル上ハ此地面御入用之節ハ何時ニ不限、以前之場所へ取除ケ可申候、爲後日一札差出至候処、如件

文化十四年　丑七月　地蔵尊　セ話方惣代
平蔵町上組
油屋作兵衛
いせ屋六兵衛
百艘御仲間中

船屋—町内—27—2

示合之事

一、御法度之趣、堅相守可申事
一、火用慎弥無油断、念入可申事
一、男女衣類之儀、新調不致可、成丈ケ有合ニ而相湊可申、尤目立候いろ物者、可無用たる並女さし物之たくひ、可准之事（中略）

右之條々町内申合堅倹約相守可申事

文政二卯年
年寄　五人組（印）

船屋—町内—28

（袋）「文政三辰年二月　□禮一件　市庭（「大極上紫蕨」の袋）」

船屋—町内—28—2

大津町々ゟ大江之ものへ祝義並不支之節差遣し候定

一、百文ヨリ　弐百文迄　元服之節 但し惣領斗（中略）

右ケ條之外、少しも猥ケ間敷義無之様、急度爲相守可被下候、他町も示合之趣承知、連印如件

文政三辰年七月
惣組町々　年寄連印

船屋—町内—29

爲取替一札之事

一、當州隋心妙信殿、家屋敷弐ケ所共、此度譲リ之義ハ、先年町内へ致被置候ニ付、則沽券状弐通共ニ町内へ預り置、右之内、壱ケ所ハ其節託シ、家ニ而迚も難持直之趣ニ而町内へ引取呉候様、残り壱ヶ所ニ而末々随心（中略）然ル上ハ御互ニ申分無御座候間、爲後日爲取替一札、仍而如件

文政九年　戌十月
平蔵町上組
年　寄　作兵衛
五人組　六兵衛
隋心妙信殿親類
北路村源右衛門殿

船屋—町内—30

一、正月初寄例年之通、御神酒在之候、右近年町内も仕法中故、倹約仕候事

献立 本皿 牛蒡くし 山いも 椎たけ 釣貝 薄くは 汁 精進 飯 膳皿 ふり 大こん くし かき お□せ 炙物 鰤切ミ □引見計 前酒 組重 吸物 蛤 鉢肴 ふかあら 大こん 平皿 ふか刺ミ からしみそ 中酒 したし

右文政十二子年正月ゟ、御一統相談之上相究、此度家並へ書付差出置候間、心得違無之様、堅相守可申候事

年寄　五人組

船屋—町内—31

建屋坪数九拾五坪　坪数覚

一、小舩入堀 北之面者東西四間弐尺五寸、南北弐拾五間此坪数八拾七坪余（中略）

辰二月

船屋—町内—32

二月廿九日入札

小舩入堀 壱坪ニ付、壱分五厘以上　嶋□堀 壱坪ニ付壱歩五厘以上、番所ゟ北 壱坪ニ付 壱歩五厘以上　右通差上仕候

船屋—町内—33

（一綴、表紙「嘉永二酉年十二月　吾妻川々下字嶋関川先キ堀浚仕様帳 川懸八町」）

吾妻川々下百艘立會場拾九番ゟ下東側ニ而、拾弐間目ゟ下江、図之間弐拾三間、夫ゟ湖水中八間　松杭 末口三寸但一間ニ付表杭弐拾本　裏杭十八本 岡之間弐拾三間分

（後略）

船屋—町内—34

（絵図、端裏書「扣 平蔵町地継（之内抹消）字小船入堀埋請地並寄洲請地建家絵図 天保十四年改」）

Ⅲ　公事宿関係（船屋—公事）

船屋—公事—1

飛脚先の義ハ御断いたし、金三朱ハ飛脚へ納付候、村方□□□（御取かへカ）相□（渡カ）し候

十月拾七日

船屋—公事—2

覚

一、此度熊野深山里ゟ三十里奥山ニ、抜木有之、三山御用ニ付、材木出し申候節、見出し申候　一 抜木 大キサ百弐拾抱 但元ゟ末へ三百廿四間 南之方枝 大キサ拾九抱 尤三本ニワカレ有之（中略）〆八十四本 此外小間成木沢山候、右之通とり求有之候

寛政十一年　五月廿一日　紀州御用達
三井御店様

一札

一、此度私引請小佐治屋調達銀之内、銀高拾四〆（貫）九百四十目、連名拾人江年賦割戻候銀として、当時銀五〆分相済、残銀九〆（貫）九百四十目ハ、來戌年より毎年十一月ニ甲賀米百表宛相渡し、其節之相遊ヲ以賣拂候代銀ニ而、右銀高皆済致候迄、無相違相渡し可申趣對談相調候、則右之趣書付差入置申候ニ付、各々方ニも世話方御名前有之故、右書付ニ御調印被成下候得共、右銀子之

義ハ、私勘定元之義故、何角引請取計仕罷上候ニ付、右
銀子皆済ニ相成候年銀中ニ如何躰故障等出来候共（中
略）七ヶ月之間九朱之利足ニ而、借り請証文差入置申候
間、是文各々方御調印被成下候義故、右為引宛御預ケ置
申候、然ル上ハ右銀子皆済仕候迄ハ、各々方ニハ不抱、
私方ゟ無滞銀子相渡し可申候、万一私方ニ如何躰難渋等
有之候共、此義ニ不為之ハ各々方へ、少し茂御難義等相
掛ケ申間敷候、爲後日一札差入置候処、仍而如件

文化十年酉五月　　塩屋九兵衛

御セ話方三人

船屋―公事―3

覚

一、當正月勝堂村六郎兵衛殿行、木綿一頓、但し三十三疋
入、御給被致候後、船ニ而紛失被致、不調法候事、右代
金として金子四百弐分弐朱、八日市木綿屋小兵衛殿御世
話候ヲ以、慥ニ受取、右荷物紛失申分無御座候、爲念、
請取如此ニ御座候

文化十年酉八月四日　　八尾　木勝屋庄兵衛　印

手代　利　助

大津　随心佐太衛門殿

船屋―公事―4

乍恐書附ヲ（以脱）御届奉申上候

一、長野村五兵衛義、村方徳兵衛・藤助ヲ相手取、罷出御
願候一件、追々及應對、双方熟談之上、當十二月十五日
ニ金子六両差入、済切可致旨、則書付差入、去三日ニ事
済仕候間、此段乍恐書付ヲ以御届奉申上候、以上

文政元年　寅十一月　　甲賀郡牧村　徳兵衛

組頭　政　七

年寄　文次郎

庄屋　三郎兵衛

同郡長野村

願方　又兵衛（印）

小柿蔵　御役所

船屋―公事―5

Ⅳ　生活・家計（船屋―家計）

廿一日御献立

御口祝 長のし 結のし昆布　上段ニ錺リ八寸　舟盛り　組
重　三種肴 八寸 切盛り　楽焼徳利 徳利 渫花瓶 壱對（後
略）

船屋―家計―1

一、川下名裂　三重檜垣経蔵　壱組十九円　但し惣高サ六
尺三寸（後略）

船屋―家計―2

十八日　廿文 うばがもち二包　廿四文 茶代　二百八拾文
守山泊　茶代廿二文共　〆三百廿八文
十九日　五十文 武佐昼飯　百十二文 同所酒肴　百文 頭巾
十二文 清水ケ菊酒　四文 くわし（中略）
惣引〆上下廿日分　六〆八百五十四文
此金凡 壱両ト三百廿二分　外五十文 大津ニ而髪

道中御宿方　八木沢俵次郎

北川菊太郎様

御役人中様

船屋―家計―3

御祝儀

一、金弐拾五疋　新七殿　同一 金五拾疋 佐助殿（後略）

船屋―家計―4

一、茶碗へ水をさし、釜へ同断、柄杓引、茶せん入、水を
しめた（中略）
右者長盆迄也

船屋―家計―5

利休居士茶杓 六両弐分　けたすき水さし 金拾両（後略）

船屋―家計―6

高サ弐尺三寸五分 かうし高サ六寸 但内のり（後略）

船屋―家計―7

（端裏書「市場太郎兵衛様 楳之安兵衛 御書改」）

過日ハ長閑等ニ相成候處、御平安奉寿候歟、以昨日上京い
たし、六角中村氏へ参候處、右一件色々相談有之、夫ニ付
（中略）
一、来九月迄京都ゟ白歯壱人付添有之
一、舊三月ゟ貴人家御申ニて忠歯壱人御召抱置可然候、
右之外者公事書面にて申上候、只今ハ心得迄一寸申上置候

弥生八日

船屋―家計―8

五月八日 家御下ケ願ニ付
三好様 三匁 矢崎 壱朱　中崎様 同 小野 同　七里様 一
朱 堀 同　清水様 弐朱 遠藤 壱朱（後略）　**船屋―家計―9**

覚

一、三朱五歩 牡丹花一対 諸々手間共
右之通慥ニ入申候

六月三日　　表具屋栄太郎

舟屋太郎兵衛様

（中略、以下請求書覚が続く、「大津材木町 井上平右エ門」などの印あり）

〆 弐拾五匁七分　正し　廿三匁弐歩三文　弐百九拾三文
右受取申候

六月二日　　か斐（甲斐）屋善兵衛

船屋太郎兵衛様

船屋―家計―10

（端裏書「辻氏宿料勘定書」）

覚

亥六月ゟ子五月迄 宿料相済申候
子六月ゟ同十二月迄七ケ月分
一、百六拾一分 宿料
内々　子九月十一日 五十文 受取　代 四拾七分五朱 九五
也　同十一月七日　金三歩 受取　代四拾八匁三分七厘 六
四五也（中略）引〆 九拾壱匁不足し候　二日合ケ 百八分
五厘 不足し候

丑七月晦日　　船屋　太郎兵衛

辻真十郎様　船屋—家計—11

（一綴、表紙「辰正月　御肴通　にし䒑　舟屋太郎兵衛様」）
二月十一日　一、十八分 こいこく、とこふし（後略）　船屋—家計—12

〈結納一括　一庭啓二の養子婚礼か〉13から23

（表書「上」）
覚
一、為結納御祝儀、御目録之通、幾久敷受納仕候、以上
北川茂兵衛
市場太郎兵衛様　船屋—家計—13

目録
一、箪笥 三棹　一、長持 三棹　一、櫛箪笥 壱棹　一、木地長持 棹　一、釣臺 壱荷
右之通御祝儀幾久敷受納被下度候、以上
辰二月吉日
北川茂兵衛
市場太郎兵衛様　船屋—家計—14

家内
茂兵衛　法庵　常三郎　卯之助　菊太郎　手代佐兵衛　同久兵衛　小者亀次郎　同虎吉　同惣吉 下女まつ　同とめ
北河茂兵衛
市場太郎兵衛様　船屋—家計—15

目録
御饅頭代　一、金子 弐百疋　船屋—家計—16

目録
一、御扇子 壱箱　掘猪三郎様　一、御扇子 壱箱　中村嘉兵衛様　一、御扇子 壱箱　吉住與二兵衛様　一、御扇子 壱箱　本庄陸助様　一、御扇子 壱箱　中村浄智様、以上
北河茂兵衛　船屋—家計—17

目録
一、御扇子 壱箱　一、上下 壱具、以上
北河茂兵衛
市場太郎兵衛様　船屋—家計—18

目録
一、饅頭 弐箱、以上
北川茂兵衛
市場太郎兵衛様　船屋—家計—19

御上下料　一、金子 三百疋　船屋—家計—20

（表書「上」）
御上下料　金 三百疋　船屋—家計—20—2

目録
一、御樽さかな 壱荷、以上
北河茂兵衛
市場太郎兵衛様　船屋—家計—21

御樽さかな料　一、金子 五百疋　船屋—家計—22

目録
一、御扇子 壱箱　一、まわた 壱抱、以上　北川茂兵衛
お寿賀様　船屋—家計—23

〈結納一括　一庭の妻直との婚礼か〉24から33

御まわた料　一、金子 百疋　船屋—家計—24

（裏書「午　四月吉日 中村嘉兵衛」）
目録
一、御扇子 一箱　一、御真綿　おちう様
一、博田（ママ）男帯 一筋　五三郎様、以上　船屋—家計—25

（表書「市場太郎兵衛様」、裏書「午　四月吉日 中村嘉兵衛」）
目録
一、御扇子一箱　一、御上下 一具、以上　船屋—家計—26

（表書「市場太郎兵衛様」、裏書「午　四月吉日 中村嘉兵衛」）
目録
一、御樽　一御さかな、以上　船屋—家計—27

（表書「市場太郎兵衛様」、裏書「午　四月吉日 中村嘉兵衛」）
目録
一、南鐐 一片　寅次郎殿　一、南鐐 一片　弥蔵殿
一、金 百疋　おきぬとの　一、南鐐 一片 おとよどの、已上　船屋—家計—28

（裏書「午　四月吉日 中村嘉兵衛」）
目録
一、御扇子 一箱　市兵衛様
一、御和紙　おかの殿、已上　船屋—家計—29

（表書「中村五兵衛様」、裏書「午　四月吉日 中村嘉兵衛」）
目録
一、御扇子 一箱
一、御反物　以上　船屋—家計—30

（表書「市場太郎兵衛様」、裏書「午　四月吉日　中村嘉兵衛」）
目録
一、箪笥 三棹　一、長持 二棹　一、櫛箪笥 一棹　一、木地長持 一棹　一、釣屋 一荷
右之通幾久敷御祝納可被下候、以上　船屋—家計—31

覚
一、為結納御祝儀御目録之通幾久敷受納仕候、以上
中村嘉兵衛
市場太郎兵衛様　船屋—家計—32

(表紙「上」)
目録
一、御扇子 壱箱　市場太郎兵衛様　一、御真綿料 金子 百
疋　御す加殿、以上
玉城嘉兵衛
船屋―家計―33

(一綴、表紙「午春 蛍屋順七　御肴通　船屋太良兵衛様」)
四月巳上　一、十九匁六歩 ㊎ (印) 三種肴 蜆子肴 吸物 単
半誂物 開 體かけやき (後略)
船屋―家計―34

聟舅入之覚
一、御樽　一、御肴 金三百疋
目録
一、御扇子 弐本入 もん付　おいし様 (後略)
船屋―家計―35

預り申銀子事
含銀六拾 (割印) 目也
右者銀子要用ニ付、慥預り (割印) 申處実正也、何時成共
御入用次第 (中略)
明和七年　寅正月
植木屋源七 (印)
舟屋太郎兵衛殿
来ル三月廿九日御返済可仕候、以上
船屋―家計―36

(一綴)
享和元年(一八〇一)辛酉年迄　代々年回忌年数之覺　但名跡
次(ママ)候分　左之通也
壱
釋賢了　貞享三年丙寅十二月十七日 百拾六年
釋妙意　元禄十二年己卯九月三日 百三年
釋賢俊　宝永五年戊子七月十一日 九拾四年
釋妙俊　享保七年壬寅十月七日 八拾年
釋賢證　享保十三年戊申九月八日 七拾四年
釋妙甫　宝暦七年丁丑十二月四日 四拾五年
釋賢忍　明和七年庚寅六月三日 三拾二年
釋妙壽　安永六年丁酉三月四日 廿五年
釋
釋妙和　享和元年辛酉五月二日 當年
弐
是ヨリ代々枝佛之年回忌年数之覺
釋了意　寛文二年壬寅十二月廿八日 百四拾年
釋宗心　延宝二年庚寅七月八日 百二拾八年
釋妙智　正徳元年辛卯九月十七日 九拾一年
是レハ賢俊之子也
釋妙珎　元禄十一年戊寅七月七日百四年
右同断
釋貞俊　正徳五年丁(ママ)未八月十七日 八拾七年
右同断
平昶淵深観素勘　宝暦三年癸酉十月廿一日 四拾九年
是レハ賢俊嫡子也 俗名京都井筒屋勘兵衛事先祖也
光輝観珠林清玉　宝暦十二年壬午八月廿三日 四拾一年
是ハ右勘兵衛妻也 俗名於石事
釋賢隆　寛保二年壬戌七月十六日 六十年
是レハ賢證嫡子ニ而中年ニ而相果 俗名新助事
是ヨリ賢忍子也
釋妙利　天明四癸(ママ)卯九月廿日十九年
是ハ塩屋九兵衛方ヘ縁付致候仁 俗名於利喜事
釋賢誓　天明四癸(ママ)卯七月十六日
是レハ俗名半兵衛事
釋賢智　明和七年庚寅十月三日三拾年
是レハ俗名枩蔵事
釋智心　寛政十一年己未九月十三日 三年
是ハ平津百姓五郎兵衛方ヘ養子ニ参候仁 俗名於彌
宗事
船屋―家計―37

(茶道一括) 38から44まで

千家出傳授 初傳
茶道箱之式 禁他門相傳論談
茶會催しぬるとき、客かたより濃茶贈り来たる歟、又をの
れ故ありて茶二品進メたしとおもひぬるときの作法なり、
尤客かたの心得挨拶大切なり
右此式者、當流初傳授不容易候得共、累年茶道之数奇御伝
仰之上御誓約神文御差出之上ハ、不及兎角、今般相傳候条、
幾久敷無御隔意、茶會御執行可被為候以上
庚辰春三月
澤宗直 (花押)
市場太郎兵衛様
船屋―家計―38

(包み「市場太郎兵衛様　宗直」)
千家系譜 利休宗易 (中略) 宗守　文政庚辰(一八二〇)春三月
無得庵澤宗直書之
船屋―家計―39

(一綴)
傳授前十教
茶入長緒扱
としのはじめ、大ふくの茶会又寿賀の宴、惣してめてたき
(中略、茶筌飾など十項目) 右此十ヶ条者、當流傳授前之
習事ニ候条、任御懇望、今般致傳授候、他門非門不相漏候
様、御心得可為専要候以上
庚辰春三月
澤宗直 (花押)
市場太郎兵衛様
船屋―家計―40

(端裏書「神文一通」)
誓約神文之事
一、茶道箱之式　本傳授　初傳
右者千家傳授之一条也、私共ハ茶道累年懇望之由。今般格
別ニ相願候上、御相傳被下候上者、努々疎畧存間敷候、然
ル上者他人者不及申、雖爲子孫兄弟。猥傳授仕間敷候、猶
非門他門竝傳授不相済候方江者、此式論談等之義、及申間
鋪候、若於違背候者、可奉蒙。日本大小之神祇別而茶道高
祖　利休大居士之冥罰候条、不可有疑候處、仍神文如件
文政三庚辰年三月　　市場太郎兵衛　直治 (花押)

児玉右一郎　與行（花押）
假楽齋老師

船屋―家計―41

丸燭之節　柄杓 ふた臺 なつめ 茶碗 柄杓 ふた臺（後略）

船屋―家計―42

三重極もん〔上なつめ、ふた臺、柄杓、〕〔下茶碗、〕〔上柄杓、ふた臺、〕〔下なつめ、茶碗、〕〔上柄杓、てはば〕〔下なつめ〕菓子ハ引

船屋―家計―43

大江竝下北家へ遣わし候志之義不祝義もの之扣
一、服之節 八百文ゟ弐百文迄 但し惣領斗（中略）
一、節季候並姥□之義ハ是迄通遣し候事
文政四年　巳八月

船屋―家計―44

〈葬儀一括〉（嘉永七年(一八五四)五月廿七日）45から50

（封筒表書「釋賢真　葬式諸入用書　嘉永七年寅五月廿七日暁丑下刻往生」）、裏書「市庭」、なお「借用申銀子之事右之銀子、無拠就要用（後略）」とある裏紙を使用）

船屋―家計―45

（一綴、表紙「釋賢眞病中　見舞至來扣」、表紙裏「嘉永六丑年九月、太郎兵衛發病ニ付、見舞至來荒増共　市庭」）
（略）

船屋―家計―46

（一綴、表紙「嘉永七甲寅歳五月廿七日暁丑下剋(ママ)往生　葬式行烈導師諷経並ニ香奠到来　諸買物雑費記　市場太郎兵衛　行年四拾九歳　法名釋号　賢眞　六月朔日山八ッ時　松本山江送火葬営」）
嘉永六丑歳九月中旬ゟ發病、當所一文字屋意六ニ相懸罷在候処、墓々敷無之候ニ付、京都田中俊造と申候醫師相頼候得共、左而已快方ノ姿も不相見故、病気之儀者、気労御事疫と申候儀ニ而、當寅三月廿九日、梅安殿世話ニ而、同家抱屋敷四ノ宮巽屋裏隠居江出養生いたし（中略）六月朔日葬式行烈 尤廿八日友引、廿九日悪之日ニ付、無拠六月朔日相當候事 宿坊泉福寺 伴僧壱人 陸尺三人 共三人（後略）

船屋―家計―47

（一綴、表紙「釋賢眞　御悔帳　嘉永七寅歳五月廿七日寅上刻往生」）
山香 下町 大工重兵衛様（後略、「舟屋市三郎」「舟屋八郎兵衛」の名前もみえる）

船屋―家計―48

（包紙のみ、「遺言書　五月十四日認」）

船屋―家計―49

（一綴、表紙「野送り行烈」）
（表紙から書き出し）先拂〔竹杖麻上下／経觸／但上下損料／此方ゟ可賄遣事〕松明〔花果物花詰め／町内用人〕香爐〔雇僧壱人／雨天之節ハ手傘／指掛人足壱人添／但銀紙張古香爐壱臺載／途中沈香タキ〳〵相越候様〕〕（中略）一、導師 導師付 諷経之本方先代振合之通 但常圓寺ハ塩入忌坊故、招待有之候とも、當時ハ塩入絶家ニ相成有之、此分ハ止メ（後略）

船屋―家計―50

（一綴、表紙「着用物品書」）
安政三年　辰二月　市場しな　着用もの覺（後略）

船屋―家計―51

證
一、金弐拾両（割印）　平蔵町上組　舟屋　太郎兵衛
右者報恩社積立金上納ニ付請取候、規之通、追而割戻可申候事
庚午十一月　大津縣　市事掛
村上権大属（印）
曽根権大属（印）
武内権大属（印）

船屋―家計―52

（一綴、表書「慶應元丑五月吉日 伊勢参宮（割書）道中記」、裏「市庭直昭」）
慶應紀元丑五月九日發足　○印右側　△印左側
九日昼△目川 泊△田川釜屋
十日昼△松野庭屋上　泊△関鶴屋
十一日昼△津井筒屋　泊△櫛田もみじ屋上（後略）

船屋―家計―53

土産指配
藤喜 一、御祓壱 しら梅壱 ぬり箸壱膳 万金丹壱包 櫛一枚 五色カキ飾壱 〆
イセ甚 一、御祓壱 箸箱壱つ 観音御札壱 万金丹一包 ぬり箸壱せん かいいろ〳〵 錬羊羹壱本（中略）
右者伊勢参り候ニ付、留守見舞到来候覚、竝ニ土産ものとして控書ニ記

船屋―家計―54

（端裏書「市太郎兵衛様　足下　㊥拝」）
昨日者、別して忝存上候、然者明後日より婿入御座候ものは（後略）

船屋―家計―55

（端裏書「市太郎兵衛様　上答　㊥」）
道具焼もの預之分　清水殿　弟聟人　御召つれと女中壱人〆四人分（後略）

船屋―家計―56

（一箱に、金箔 包紙に「多川金左衛門 毎川清茂七 扇屋三郎右衛門 惣治 などの名前」

船屋―家計―57

（同じ箱に、銀箔粉 包紙に「上より五貫目壱分也」）

船屋―家計―58

（包み「金箔入」、実際に金箔が入っている、包み紙「平安西村遠里先生随筆 閑窻筆記 全部五冊」とある）

船屋―家計―59

V　本願寺寄付・寄進（船屋—寄進）

〈御印書類一括〉（包と御印書がばらばらになっており、それぞれに記号を振った）

（包み）「御印　江州大津　船持　同行中」　船屋—寄進—1

（包み）「御印書　大津泉福寺門徒　舟屋太郎兵衛」　船屋—寄進—2

（袋）「御印書　大津　泉福寺門徒　船屋太郎兵衛」（「三季役所」の印）　船屋—寄進—3

（包み）「御印書　大津泉福寺門徒　舟屋太郎兵衛」　船屋—寄進—4

（包み）「御印書　大津 舟屋太郎兵衛 妻すか」　船屋—寄進—5

（黒印）金弐朱
御門跡様江、右之通進上志之段、神妙ニ思召候、弥法之義ニ無御断、相談事肝要候之旨仰出也
　酉二月九日
　　百艘　船屋—寄進—6

（包み）「御印書　大津 泉福寺門徒 船屋太郎兵衛」　船屋—寄進—7

（包み）「御印書　大津 泉福寺門徒 船屋太郎兵衛」　船屋—寄進—8

（黒印）御香銭　銀三匁
御門跡様右之通進上志之段、神妙ニ思召候、弥法之義ニ無御断、相談事肝要候之旨仰出也
　午八月廿七日
　　舟屋太郎兵衛　船屋—寄進—9

（包み）「御印書　大津 泉福寺門徒 太郎兵衛」　船屋—寄進—10

（包み）「御印書　大津泉福寺門徒 船ヤ太郎平」　船屋—寄進—11

（包み）「御印書　大津泉福寺門徒 船や太郎兵衛」　船屋—寄進—12

（包み）「御印書　大津泉福寺門徒 船や太郎兵衛」　船屋—寄進—13

（袋）「三季御印書　江州 大津 百艘中」　船屋—寄進—14

（包み）「御印書　大津 船屋太郎兵衛」　船屋—寄進—15

（包み）「御印書　大津 舟屋太郎兵衛」　船屋—寄進—16

（包み）「御印書　大津 船屋太郎兵衛」　船屋—寄進—17

（包み）「御印書　大津十講内 船屋太郎兵衛」　船屋—寄進—18

　大谷御本廟納骨之志
（黒印）銀三匁　太郎兵衛　二月十八日　船屋—寄進—19

　志
　金弐朱
右令披露候所、聲為思召候、御印被成下候也
　子六月廿一日　宇野相馬（印）
　下間大蔵卿（印）
大津 百艘　同行中　船屋—寄進—20

　大谷新道志
（黒印）金弐朱
御門跡様右之通進上志之段、神妙ニ思、弥法之義無油断、相談事肝要候之旨仰出也
　子十二月十六日
　すか　船屋—寄進—21

仏□志 大津寺内　（黒印）代百疋　子十二月廿二日
船屋太郎兵衛　（裏に「大阪勘定所廣岡久右衛門」の印）　船屋—寄進—22

（一綴）（黒印）丑年預　金壱朱
御門跡様江、右之通進上志之段、神妙ニ思召候、弥法之義ニ無御断、相談事肝要候之旨仰出也、
　丑正月二日
　大津 船屋太郎平　（以下、戌年預まで23件記載、略）　船屋—寄進—23

（一綴）（黒印）丑年預 金弐朱　御門跡様右之通進上志之段（同主意、中略）　丑正月二日　江州大津 百艘中（後略）　船屋—寄進—24

仏飯米料　（黒印）代百文　丑六月十日　大津 船屋太郎兵衛（裏に「大阪勘定所廣岡久右衛門」の印）　船屋—寄進—25

浄仕法（黒印）銀百弐拾目　御門跡様江（同主意、中略）丑七月十日　太郎兵衛（裏に「大阪御勘定方船越市兵衛」の印）　船屋—寄進—26

仏飯（黒印）弐百疋　丑十一月廿二日　大津 舟屋太郎兵衛　船屋—寄進—27

（割印）一、金五拾銭也　右之通、志被差上、難有致出納候以上　山科御坊　役所（黒印）丑十二月十一日　舟屋太郎兵衛様　船屋—寄進—28

（黒印）代百文　寅六月二日　大津 船屋太郎兵衛　船屋—寄進—29

御勧進（黒印）南鐐 壱片　御門跡様右之通進上（同主意、中略）寅六月十三日　大津泉福寺門徒 太郎兵衛　船屋—寄進—30

　志
（黒印）金弐朱　寅年分　同弐朱
右令披露候処、被為思召候（同主意、中略）
　卯二月廿四日　粟津左兵衛尉（印）
　下間式部（印）
　江州 大津 百艘 同行中　船屋—寄進—31

　志
（黒印）金弐朱
右令披露候所、被為思召候（同主意、中略）
　辰弐月五日　粟津左兵衛尉（印）
　下間大蔵卿（印）
　江州 大津 船持 同行中　船屋—寄進—32

（包み）「御印書　大津 舟屋太郎兵衛」
御下向志　代弐百文　御門跡様右之通進上志之段（同主意、中略）午十一月七日　太郎兵衛　船屋—寄進—33

御改革義（黒印）米 弐俵　弓 三張（中略）御門跡様右之通、進上志之段（同主意、中略）辰二月廿日　舟屋太郎兵衛　船屋—寄進—34

（黒印）代弐百文　御門跡様右之通進上（同主意、中略）

戌六月十五日　船屋　太郎兵衛　船屋―寄進―35

毎年祥月
一、三部経読誦　詞堂金拾五両
右者毎月金百疋宛、五ケ年御出金之事、但シ十座一ト組之御積り、春秋両度振鬮を以相定候間、鬮當り之より御執行被為在候、尤御入経渡、従 御連枝様御可五人江被下候、諸参詣者亀菓被遣候事（以下同主意のもの二件あり）　船屋―寄進―36

御遠忌御用　（黒印）代壱貫文　御門跡様江右之通進上志之段（同主意、中略）未三月十四日　船屋太郎兵衛　船屋―寄進―37

出陳志　（同主意、中略）銀弐匁　御門跡様へ右之通進上（同主意、中略）未三月九日舟や　寿賀　船屋―寄進―38

出陳志　（黒印）金壱朱　米三升　御門跡様へ右之通進上志之段（同主意、中略）　未三月九日　船や太郎兵衛　船屋―寄進―39

進忠猪飼　（黒印）代百文　未十一月廿八日　大津　舟屋太郎兵衛　船屋―寄進―40

御祝義　（黒印）銀廿四匁　御門跡様へ右之通進上志之段（同主意、略）申一月三日　船屋太郎兵衛　船屋―寄進―41

御印書　（黒印）代三百文　御門跡様へ右之通進上志之段（同主意、略）申五月六日太郎兵衛　船屋―寄進―42

年頭志　（黒印）金弐朱
右令披露候処、被為思召候、御印被成下候也
戌　正月二日
宇野相馬（印）
下間大蔵卿（印）
江州大津　百艘仲間　同行中　船屋―寄進―43

代百文（黒印）戌十二月二日　大津 船屋太郎兵衛　船屋―寄進―44

（一綴）戌中元　（黒印）代三百分　御門跡様右之通進上（同主意、中略）　戌七月二十七日　江州 泉福寺 舟屋太郎兵衛（後略、他に十三件）　船屋―寄進―45

（黒印）代百文　亥十一月廿六日　大津 船屋　太郎兵衛　船屋―寄進―46

（黒印）仏飯　代百文　寅十一月廿一日　大津 船屋太郎兵衛　船屋―寄進―47

（包み）「御印　天保十一戌とし　江州大津 百艘仲間 同行中」　船屋―寄進―48

（黒印）金弐朱　御門跡様へ右之通進上志之段（同主意、中略）巳正月九日　大津 百艘　船屋―寄進―49

年頭　（黒印）金弐朱　御門跡様へ右之通進上志之段（同主意、中略）未二月九日　大津百艘中　船屋―寄進―50

（包み）「御印書　大津 百艘中」　船屋―寄進―51

（包み）「御印書　大津 船屋太郎兵衛」　船屋―寄進―52

大谷新道上　（黒印）金弐歩　御門跡様右之通進上、志之段（同主意、中略）子正月十三日　太郎兵衛　船屋―寄進―53

（包み）「御印　江州大津　百艘　同行　嘉永二酉とし」
年頭志　金二朱
右令披露候処、被為思召候、御印被成下候也
酉正月廿四日
飼田大膳（印）
下間式部卿（印）
江州大津 百艘 同行　船屋―寄進―54

（包み）「御印書　嘉永二酉とし　大津 百艘」　船屋―寄進―55

（異筆）「端書無之」
今般　思召を以、九字十字尊號 両幅御染筆被成下候間、連座表具等之儀、如御作法 御本山於絵表所被相調、難有御安置可有之候也
安政三丙辰年　十月廿七日　嶋田左兵衛権大尉
正辰（花押）
永順寺□門徒近江国滋賀郡大津平蔵町　中村准智殿　船屋―寄進―56

八卦 干支の散華　船屋―寄進―57

明治期（一庭啓二関係）

Ⅰ　汽船（一庭―汽船）

（包み）「百艘一巻　湖上瀛船沿革書其他古書類（青書き）」、（包みの裏）「蒸気船二番丸 塩津出船昼九ツ時 大津出船夜六ツ時 右正月十日ゟ毎日往来仕候間、御乗船可被下候、巳上 毎月四九休日 出船所 塩津湊 大津川口」　一庭―汽船―1

（包み）「勧業掛　湖中汽艦一巻　御用　諸願伺届等御下紙在中（朱書）汽船社執事」、（包みの裏）「蒸気船二番丸 塩津出船昼九ツ時 大津出船夜六ツ時 右正月十日ゟ毎日往来仕候間、御乗船可被下候、巳上 毎月四九休日 出船所 塩津湊 大津川口」
注（この包の中身と文書に齟齬がありそれぞれを目録化した）　一庭―汽船―2

（袋）「大津縣應接件々」　一庭―汽船―3

（二番丸の仕法に関するもので明治二年か）
飯の浦ゟ來状之写
一筆啓上仕候、時分柄追々寒気相増候処　貴殿御歳ニ被遊御座、珍重不斜奉賀候、次ニ拙寺も無事ニ送光罷在候間、乍憚貴意易思召被下候、當夏ハ御遠路之処御入来被下、何分風情も無御座候、此段御容赦被下候、陳者二番丸義、作事七月中ニモ出来之積り、代金も三百円位ニテ仕上之筈ニ候得共、大ニ延引ニ相成、猶貴殿正ニ困入り候節、九月廿九日作事出来ニ而、初航湖仕、御約条之通り、五拾円金十月分九月廿九日堀口（江カ）義蔵方迄、慥ニ上納仕置、定メ而御請取ニ相成申候さつし入申候、何分二番丸作事、凡四百六拾両程之算出ニ相成、実ニ困入申候、此外ニ弐拾五円船中九月八日ゟ二番丸取掛り、手間賃ニ而、此分ハ申上候も、憚入り候得共、相成事ニ候得ハ、御容赦ニ預度、右之趣、萬事悪からす御取計之程、頼入り候、猶又先般ゟ大

聖寺掛り衆中、二番丸に、今貴殿へ引渡ニ相成不申趣、拙驚入候間、此間態一札ヲ以御尋申上候、何分内々之事ニ而、慥成事も存不申候得共、大聖寺衆中申居候義等、當夏貴殿御尊來之御引金と相違ニ御座候間、此段御尋申上候、萬事飛脚之者江申含置候間、御尋向可被下候、拙寺ゟ直参可仕筈ニ候得共、當節繁多ニテ御断リ申上候、月々借用貨五拾圓金丈ケ廿五日ニ送金仕候間、左ニ御承知可被下候、早々
已上

十月廿六日　　伊香郡飯の浦港 旭洞大隆

河内屋善兵衛様台下

一庭—汽船—4

（明治四年か）

日々御多忙奉遥察候、然者只今秋山氏名代御舎弟等君御帰津ニ候間、貴君御附添御出廰可被成候、付而追々遅日置可被成候義等者、貴君ゟ御弁別可被成候、委曲者書面ニ御記置候間、御聞取可被成候、尤此事件者、宇津木氏ニ御依頼可故障抔候間、宜敷御賢裁奉願候、下記義、只今ゟ下呉致候、是非廿日頃までニ者帰津致し、萬事宜敷奉願候、過日二番船少々損候由ニ而、愚案事申候、定御勉強にて宜相成候哉与奉願候、帆木綿者、近々御送申候間、左様御承知被下候、乍近々前田大参事等御上津ニ候者、左様御承知可被成候、

一、中保御屋敷地代其者、まづ者取替候、御指出候量多書候、帰津萬々御認申上候、毎々不論

嘉月十二日

一庭—汽船—5

去五日、御書取ニ而湖上蒸気船發端願出之主意等、取調理出候様本藩表江御掛合相成候之處、右蒸気船願面手続等東西京ニ留記御座候ニ付、至急夫々取調理申遣置候之間、雙方ゟ指越次第可提出候得共、少々延日ニ相成候間、一應御掛合可申上様本藩ゟ申越候、
因而此段御掛合申上候也

（明治四年）辛未五月十八日　　大聖寺藩 大津出張用場（朱印）
［大津、出張所抹消］

大津縣御中

一庭—汽船—6

書付ヲ以御願奉申上候

一、今般蒸気船御鑑札支配等、暫外方江御指向之趣承知仕、不取敢御願ニ罷出候義ニ御座候、右福永殿ゟ海津之内東町之濱江御入舟ニ相成、旅籠屋其外諸商人迄も潤色に相成、一統大悦仕居、且御弁利方も宜敷様奉存候所、右外方江御差向被遊候てハ、旅人等ニ至迄不都合ニ相成候様愚察仕候、就而者御局之社中ニも御加入仕居候義ニ付、何卒御鑑札御支配被　仰付候はゝ、東町之続場所ニ御座候故、近々迄之通、御弁利方も宜敷、所方も穏ニ相成候得者、格別之思召を以、程能御取計被爲 成下候ハゝ、一統難有仕合奉存候、此段偏奉願上候、以上

（明治四年）辛未九月十七日　金澤縣管下　江州高嶋郡海津中村町
願人　根木吉兵衛（印）
同　岡本次郎八（印）

大聖寺様　大津御用所

一庭—汽船—7

（包紙、「上　海津中村町　根木吉兵衛　岡本次郎八　松本忠右衛門」）

條約書之事

一、百五拾文 鑑札壱枚ニ付　世話料
此内訳　七拾弐文 鑑札取扱 世話料（付箋）（上部ニ根本・岡本・松本印アリ）「此分宿屋中へ可相渡処、是迄舟方助成ニ同然ニ参候付、宿屋中へ相談之上、舟方中へ相渡可申候事」（訂正前 弐拾四文 宿屋中江配分 弐拾四文 舟方中江配分）弐拾四文 宿屋舟方之外海津驛中へ配分
〆

右半季毎ニ勘定相立、夫々取締人江相渡請印帳差上ケ可申候、且鑑札代料前納仕、上中並座等之内、壱枚ニ而も仮札指出候はゝ、即日惣数割合を以、弐百枚限里受取可申候、若違約仕候はゝ、先々ゟ請取申候世話料、全金爲罰金、指上可申候、爲後日條約書如件

明治四年　辛未十月　　海津中村町
御鑑札支配人　根木吉兵衛（印）
同　岡本次郎八（印）
同　松本忠右衛門（印）

大聖寺様氣船社　御役人中

一庭—汽船—8

（参考：一庭文書になし、やぶ椿「湖上に汽船を浮べて七十年亡き父を憶ふ」の元原稿あり（陸—手記—5）。『郷土史蹟』第六号に翻刻。この『郷土史蹟』掲載にあたっては、編集部が陸の原稿の仮名の箇所をカタカナに直したり、「一庭太郎兵衛」を原資料の「市場多良兵衛」に書き換えたりしていることから、編集部が文書を見て手を入れ、文書自体は返却されなかったと思われる）。

乍恐以口上書奉願上候

一、去ル巳年三月御地蒸気船出来初航湖海津着岸ニ付当方船方ニおゐてハ誠ニ珍敷面白拝見仕候　然ル處蒸気船製造之儀ハ軍務ニ付御製作と而已心得居候処おもひ不寄初運転より諸荷物旅人ニ不寄御急キ之御方ハ積込追日ゟ毎日航湖之趣承り驚入御付候ニ付　則堀江八右衛門様吉野殿御両人御越ニ付八木吉兵衛殿宅におゐて委細承り候へバ（中略）右様御客外急き御荷物等追日御積込ニ相成御渡湖ニ相成候得ハ当方船方之者共立行かたく候間何卒右旅人一人ニ付何程荷物一結ニ付何程として御ゑしやく銭を申請度段申入候得ハ此度之御一新天朝ゟ御免を蒙り蒸気造り上けの上ハ湖辺浦々へ参るも浦　（陸原稿二字分空白）しく抔等ハ一厘も不遣候との御事左候得共客壱人或ハ荷物一結ニ付鑑札世話料として一枚ニ付百五十文宛差遣候趣御申聞ニ付鑑札方宿屋方ニハ精々御世話茂被致候得とも当方船方之者共ニおゐて誠ニ近来北国兵乱之砌等も六つ敷御役船斗相勤メ船賃等も請取方消うせ実ニ難渋ニ落入湊相続も出来兼ね御公御役儀とも相勤兼候折柄ニ追々蒸気出来候ニ付尚々以極ひへいニおち入（下略）

明治四年未十月　　海津浦　船方役人中 印

大聖寺御目附
尾崎様

市場多良兵衛様
堀江八右衛門様

一庭—汽船—参考—い

（石川専輔から藩用　尾崎爲右衛門宛封書を包みに転用）

一庭—汽船—9

（朱書き、「兵庫ニおゐて出来分之写也」）

乍恐書付ヲ以奉申上候

旧大聖寺藩ニ於テ取開相成候琵湖蒸気船之義者、庚午（明治三年）六月汽船商社江御渡ニ相成候處、汽船機関運轉方等商人ニ而者手慣不申付、右取締方トシテ庚午七月、（石川同道カ）大津表江出張、且旧大聖寺（大聖寺を〇囲み）藩ニ於テ造船仕入金取立方等モ遠隔之地不行届（都合、二重線で消し）之都合モ有之旁、取立方盡力罷在候、尤創業之頃旧藩ヨリ指出（相渡、消し）候仕入金高者、千四百七十六両一歩（壱万弐千五百円、消しなれど壱万はイキか）ニ御座候筈茂、入金右仕入金之内江、弐千九百七拾六円壱歩、辛未（明治四年）年中迄ニ取立有之候、其他利足金税金三千百廿四圓円弐歩壱朱、前同様都合六千百円三歩壱朱 取立有之候

一庭—汽船—10

差引當今残高
五千三百七十六両壱分三朱（何千何百円也、消し）
外ニ九百九円三朱 於崎陽表（ニテ汽船附属品等）
諸買物竝船工等雇入諸費

右仕入金返納振者、社中航湖利益ヲ以相納候約定ニ付、利益算等當之處、時々検査仕候得共、辛未（明治四年）之頃ヨリ、於湖上追々類船出来ニ相成、乗船人相減、且年々修覆等相廻り、社中利益（現場）無之、漸々不算當相成候様子（漸々から〇囲み）ニ付、一向金子取立方出来不仕、甚心痛罷在候、然處、昨年來旧大聖寺（大聖寺を丸囲み）藩ニ於テハ、造船仕入金残元（残金、消し）汽船商社江相渡候ニ付、借用證書爲相認候様、度々催促御座候ニ付、精々説諭仕候處、両艦共商社ニテ取扱罷在候得共、元来旧大聖寺藩（国許、消し）ヨリノ御仕入金ハ一番丸江支拂ニ相成、二番丸製造之入費ハ、社中之取扱（負債、消し）ト相成居候事故、二番丸（〇囲み）借財済方（之、〇）御引請被成下候者、両艦共返上、解社（退身、消し）可仕哉、亦は一番丸ニテ商社江御渡ニ相成候事故（一番丸から〇囲み）、一番丸ヲ以御仕入残金之方江返上、（且二番丸ヲ以貴社借財所置種々）可仕哉之旨、種々苦情申立（證書認方）承諾不仕候ニ付、其都度ニ旧縣（藩、ミセケチ）参事中迄、申達置候次第ニ御座候、以上

一庭—汽船—11

（一綴、兵庫出張製作寮の用箋）

當五日内田参事通行、其節河村氏モ同道也、然處大津蒸気船並神戸製鉄所一條、公私混淆之次第有之、委曲承知之者、石川縣マテ出頭、大蔵省エ御届方等之處、内談可致様内々申聞御座候得共、御承知之通、商社エ御渡相成候邊者、始末得ト承知之者無之、貴兄不日御帰省ノ御見込モ御座候由、必此比ハ御上途哉ト申事ニ候得共、何分火急之事候間、河村氏七八日計滞留ニ候間、右日間ニ申立、御帰郷可被下候、尤御縣エ御掛合ニ及筈ニ心得共、御帰省之処故、貴兄迄申上候、匆々頓首

壬申（明治五年）三月

青地弥門
飛鳥井清

石川慎作殿

再伴貴兄御用繁、火急御帰郷難相成候者、倉谷早々帰郷候様、御談可被下候、尤尾崎爲蔵モ申遣置候間、爲念申上候也

一庭—汽船—12

記

琵湖火船義去ル己巳（明治二年）六月商社エ御渡ニ相成（是迄、ミセケチ）、被扱罷在候、先年ハ口達ヲ以御約條申上置候、然處今般廃縣ニ付（ニ付、消し）、爲後証更申上置處、如件

明治五年三月

大津火船商社（印）

元大聖寺縣参事御中（石川縣御出張所、ミセケチ）

一庭—汽船—13

覚

一、船号湖龍丸
長サ四拾八尺　巾拾尺　馬力八馬力　トン数六トン　バクテツキ作形

右明治五申四月ゟ運転相違無御座候以上

五月廿八日

坂田郡長濱
持主 尾板六郎（印）
辻　市平（印）

御船會社

一庭—汽船—14

（やぶ椿「湖上に汽船を浮べて七十年亡き父を憶ふ（二）」にも翻刻あり）

御請書之事

一、船賃三銭　大津ゟ鹽津迄運送賃

右者今般北國筋郵便御取開ニ付、大津鹽津隔日信書御差立ニ付、上リ下リ共蒸気船ニ而運送可致様被仰付、承知奉畏候、精々大切相心得、右之賃銭を以渋滞不致様、迅速御届方取計申候、萬一風波機械等之都合ニ寄、途中ニ而碇泊致候義茂有之候ハヽ、其處ゟ上陸、信書聊延滞不致様御届申候、尤賃銭義者其時々至當之處取調可申上候而、御請書差上申處、如件

明治五年壬申五月

大津 蒸気船宿
大聖寺屋喜平
代 一庭啓二

驛逓御寮

一庭—汽船—15

（明治四年の「汽船—6」と関連か）

（端裏書）「前田飛騨守殿　家来中　大津縣」

及尋儀有之候間、唯今當縣江出頭有之度候也

五月廿二日

大津縣

前田飛騨守殿　家来中

一庭—汽船—16

（明治四年か）

（端裏書）「前田飛騨守殿　家来中　大津縣」

達之儀有之候間、唯今出頭有之度候也
五月廿八日

一庭―汽船―17

一番丸　大津汽船社　此頓数 五噸　此税永七百五拾文
二番丸　同断　此噸数 八トン　此税永壱貫目弐百文
金亀丸　坂田郡米原湊　此噸数 十八トン　此税永弐貫目
七百文
湖上丸　高嶋郡海津浦　此噸数 七トン　此税永弐貫五拾
文
右辛未(明治四年)船税、一両日中可相納候也
壬申(明治五年)六月三日
滋賀県　勧業事務
（黒丸印「勧業事務」）

一庭―汽船―18

証
一、永 五貫七百文
内永 七百五十文 一番丸
永 壱貫弐百文 二番丸
永 弐貫七百文 金亀丸
永 壱貫五十文 湖上丸
（〆五貫七百文、消し）
右辛未(明治四年)（年、消し）船税奉上納候、以上
申(明治五年)六月五日
大津川口　汽船社
代一庭啓二印
滋賀御縣　勧業御掛

一庭―汽船―19

（明治五年後半か）
琵湖火船商社之義、湖上便利之為始末、前帋規則ヲ以、取扱来リ候共、仍之（附而を抹消）今般（何卒を抹消）更社号、御免許被成下候様伏奉歎願候
先年御届申上置候社中総代大聖寺ヤ喜平（助を抹消）ノ義、退社仕候ニ付、今般當社中石川縣管下石川祐太郎（社中惣代を抹消）、喜平代リ惣代相立候ニ付此段御願申上候
火船社中

滋賀県　御廰（消し）
堀江八右衛門

一庭―汽船―20

（明治四年の「汽船―16・17」と関連か）
（端裏書）「前田飛騨守殿　家来中　大津縣」
達之儀有之候間、唯今早々當縣江出頭有之度候也
六月七日
大津縣
前田飛騨守殿　家来中

一庭―汽船―21

記
一、壱万千四百七拾六両壱歩　蒸氣舩 御仕入金
内 貳千九百七拾六両壱歩 未年迄 返上高
引残 八千五百両
外ニ 三千百廿四両貳歩壱朱 為税金利金上納
右之通御座候以上
壬申(明治五年)九月十三日
琵湖 第一滊舩會社（印）
元大聖寺縣　御参事様
（欄外但書き）右書面壬申九月十三日郵便ヲ以指送ル

一庭―汽船―22

（朱書「写」）
記
一、壱万千四百七拾六両壱歩　蒸氣舩 御仕入金
内 弐千九百七拾六両壱歩 未年迄 返上高
引残 八千五百両
外ニ 三千百廿四両弐歩壱朱 為税金利金上納
右之通御座候以上
江州大津 滊船社
元大聖寺縣　御参事様

一庭―汽船―23

（明治五年か）
（包紙）「石浦町高畠　八郎兵衛方ニ而　堀江八右衛門等
石川縣 出納課」
石浦町高畠八郎平方止宿　堀江八右衛門等
右可申傳候義有之候ニ付、両人之内壱人、即刻出頭可有之候也
九月十五日
石川縣 出納課

一庭―汽船―24

（やぶ椿「湖上に汽船を浮べて七十年亡き父を憶ふ（二）」にも一部翻刻あり）
湖上　蒸氣舩社　一番丸　大津川口
堀江八右衛門
堀江八郎兵衛
堀江八三郎
一庭太郎平
一庭啓二
其社之義ハ、人民営業之上ニ於テ専ら便利自由を得せしむるニ大関係之職業ニ候得共、御一新草創之間ニ當而は、未だ不開化之者多を以、其社之事業を悪ミ、種々妨碍を為すの徒不少処、其艱難を凌て遂ニ今日の盛業を成し、此ニ続て同業之輩追々増加、則数艘の蒸烟湖上ニ陸続往来するニ至るハ、元其社之憤發ニ基く、即チ湖上蒸氣之発明社と謂へし、然ル處今般近江國一圓、当縣管轄ニ相成候ニ付而者、別帋告諭書相示し候条、得其意尚一層励精を加へ、有志之者申合、湖上廻漕会社取結候、猶尽力可致事
明治五年壬申十月十三日
滋賀縣廰
湖上……　二番丸……
……
……
其社之義者、人民営業之上ニ於テ専ら便利自由を得せしむるニに大関係之職業ニ候處、追々盛業之勢ニ至り候段、宜勉励故之義ニ候、然ル處今般近江國一圓當縣管轄相成候付而者、前紙告諭書相示候条、得其意尚一層励精を加へ、有志之者申合、湖上廻漕会社取結候、猶尽力可致事
……　…………

一庭―汽船―25

（参考：架蔵文書になし、『府県史料 滋賀県史』政治部三勧業之四、『大津市史 中』）

（同年（明治五年）十月十二日）
一、今般 近江國一円當縣管轄ニ相成候ニ付テハ、別紙告諭書相示候條、得其意有志ノ者ハ精々盡力シ、湖上廻漕会社取結候様可心掛事、
右管内ヘ無洩至急布達スルモノ也
（別紙）
近江湖上ニ廻漕會社ヲ結ハン事ヲ告論ス
土地ノ繁榮ヲ起スハ、水利ヲ通シ道路ヲ修築シ、人民營業ノ便利ヲ開クニ在リ、此故ニ土地ニ天然ノ川河ナキ、道路ナキ、山開僻邑ト雖も務テ水理ノ縁ヲ探リ、道程ノ便ヲ求メ、利通修築ノ工夫ヲ凝シテ、遂ニ其地勢ヲ變シ、前日不便不自由ノ僻邑モ、今日忽チ便利自由ノ地勢ト爲スハ、國ノ爲メ利用厚生ヲ謀ル者ノ本意ナリ、況ヤ天然ノ川河道路ヲ有スル地境ニ於テヲヤ、抑モ此江州ノ地勢ヲ視ルニ、周囲艱難ノ地少ク、國ノ中央ニ一大湖ヲ抱キ、實ニ天授ノ地ナリ、然ルニ道路水理ヲ開ヒテ以テ物産運漕ノ便ヲ謀ラズ、只従来迂遠ノ牛車、不便ノ丸木舩等ニ安ンジ、天授タル土地、又此ノ一大湖ヲ贅物ニ属セシムルハ箕ニ愚ト謂フベキ乎、人事ヲ尽さゞルモ亦甚シ、加之近時漸ク數艘ノ蒸気船ヲ浮ムルに至ルト雖モ、他ノ不開化ノ徒ハ囂々之ヲ誹謗シ、或ハ妨碍ヲ爲ス徒モ亦不少、就中元百艘ト唱フル者等ノ如キ、亦湖邊ノ一害物ナリ、曽テ既ニ廢止ノ時ニ會フハ、固ヨリ其分ト知ルベシ、之ヲ以テ考フルニ、嚮ニ蒸氣舩ヲ創業スルヤ、其初ノ艱難思ベシ、此艱難ヲ凌テ遂ニ今日ニ至リ、良數艘ノ蒸烟ヲ揚ゲ、一大湖上ノ風景ヲ添ユルハ、蒸気社中ノ功大ナリトス、中ニモ一番丸ノ盡力半ニ過グ、彼ノ迂遠不便ニ安ンズル徒ノ比ニ非ルナリ、嗚呼感ズベシ、今ヤ犬上縣被廢、當縣廳ニ合併セリ、管下人民ノ縣廳ニ往来スル前日ニ幾陪スルヲ知ラズ、然レバ江州一圓ノ人民、則大津ニ輻湊スルノ理ニシテ、大津ハ則近江國中ノ一都會ト謂フベキ乎、於是益憤發シ、土地ノ繁榮ヲ起シ、人民ノ便利自由ヲ開クハ正ニ此時ニ在リ、而シテ其事業ハ居多擧テ筭フベカラズ、追々示スベシト雖モ、先ズ差當リ不可闕ノ急務ハ、湖上ニ廻漕社ヲ結ビ、諸濱ニ蒸氣舩ヲ増加シ、人民ノ縣廳ニ往来スル者ハ、皆途ヲ湖上ニ取ラシムルノ便ヲ起シ、且兼テ諸物産ヲ運輸スル等、大ニ便利自由ヲ開キテ、以テ江州ノ形勢ヲ一變スルニ在リ、管下人民宜ク此旨ヲ體シ、國利ヲ起サン事ヲ期望ス、
但蒸氣舩往來ノ濱凡其目的別紙ニ示ス、猶参考スベシ
（別紙の諸浜略）

一庭―汽船―参考―ろ

（参考：『府県史料 滋賀県史』政治部三 勧業之四（明治五年十一月）。なお架蔵文書「一庭―汽船―25」と前段は同じで一庭文書の方が詳しいが、参考のために掲げた）

湖上蒸気船社 一番丸 大津川口
堀江八右衛門 外四名

其社ノ儀ハ、人民營業ノ上ニ於テ、専ラ便利自由ヲ得セシムルニ大關係ノ職業ニ候處、追々盛業ノ勢ニ至リ候段、全勉勵故ノ儀ニ候、然ル處今般近江國一圓當縣管轄相成候、付テハ別紙告諭相示シ候條、得其意、尚一層勵精ヲ加ヘ有志ノ者申合、湖上廻漕社取結候様、盡力可致事
別紙告諭在上（以下二番丸、金亀丸など八社分）

一庭―汽船―参考―は

（明治六年か、包みに転用したもの、「前田幹 □□青地弥門 弐紙入□□□ 堀江八右衛門 一庭太郎兵衛」）

一庭―汽船―26

（明治六年か、やぶ椿「湖上に汽船を浮べて七十年亡き父を憶ふ（二）」にも翻刻あり）

貴墨拝読、近来諭厳寒之天候、御歴渉旬祥奉遙賀候、然者湖上火船之儀ニ付、滋賀縣廳よ里、御前紙御褒詞御座候由、年来之御功労相顕奉万賀候、然處石炭高直且乗船人相減し、追々不会計ニ付、無據閉社之場合江相運候段、実ニ残懐奉存候、何分自今縣廳より被仰之儀も有之、有志輩江相さとし、今一際盛大為御國民便利、乍不及御協力仕度候得とも、指當り良策も無御座候間、御社中御詮議通、御所置可被成候、尤早々貴報可被致處、有志之輩江、示談等々取掛罷在、意外延引不悪御含置可被下候以上

二月五日
前田幹
青地弥門

第一琶湖 汽船會社 御中

一庭―汽船―27

（明治六年か、一庭―汽船―27の写し）

写

貴墨拝読、近来諭厳寒之天候、御歴渉旬祥奉遙賀候、然者湖上火船之儀ニ付、滋賀縣廳よ里、御前紙御褒詞御座候由、年来之御功労相顕奉万賀候、然處石炭高直且乗船人相減し、追々不会計ニ付、無據閉社之場合江相運候段、実ニ残懐奉存候、何分自今縣廳より被仰之儀も有之、有志之輩江相さとし、今一際盛大為御國民便利、乍不及御協力仕度候得とも、指當り良策も無御座候間、御社中御詮議通、御所置可被成候、尤早々貴報可被致處、有志之輩江、示談等々取掛罷在、意外延引不悪御含置可被下候以上

二月五日
前田幹
青地弥門

第一琶湖汽船會社御中

右之通ニ而、上ノ巴 堀江八右衛門殿 市庭大朔殿（二人割書）二名ニ御座候也

一庭―汽船―28

本月七日、於松任町、御認之御書面、同八日午前九時相達、致拝見候、彌御多祥御旅行慶賀云々、然ハ九百九両余、諸ニ来る案文、行違之訳如何之旨、御尋承諾以官当之御文定ニ而、彼是勘考致候得共、確ト了解相成氣候、併諮審書中局用ニ而借用、大津用場ト相認有之候事故、造船之砌、長崎等ニ而、仕拂之義ハ、則局用と申もの也、大津用場と有之處、商社江渡候後に而、其節商社取扱中ナルニ、用場ト相認候義ハ、則戊辰年（明治元年）、京摂商会ゟ仕入金として、貸渡候儀ニ付、追而用場ト辛未年（明治四年）書改候訳ニ御座候、乍併此諸書之儀ハ、極内々ニ而預ケ有之都合ニ候間、如何様共取抱ハ出来可申存候、貴兄御書末ニ、壬申（明治五年）五月、眼氣ニ付、又々出津等御調之義ハ、貴兄之見込次第、異存無之候、御前袖

之剋、大体御決志御迷ヒハ無之筈、唯今ニ至り、彼是御動キ有之時ハ、却而御国難之筋ト相成候而ハ、不都合と案思申候、得ト御熟考被下、萬一望敷事故ニ、相運候時ハ、豫而御内應之通、可然御取斗可被成候旨ハ、必御尋も可有之、至急貴披可致筈之処、郵便之都合留止、其爲不斗時朝ニ返送相成候、柳沢も不快ニ而出張遅延、不都合御察申候、御咄申置候通、御挨拶次第、至急御申越可被成下候、要用迄、早々已上

六年九月九日　　飛鳥井清

前田幹

尾崎爲蔵様

再申、堀江一庭之両名へも、可然御風聞已下、堀江子ハ御腰痛如何、相用御保護専一候也　　一庭―汽船―29

（明治六年か）

昨十日午後十時、御認之御書面、十一日午前二時相達、致披見候、陳ハ御尋問方追々御困難相来候付、至急書翰之義委曲御意承知候、貴兄者創業より右の始末委曲御承前も在之、全く石川殿之担擔（ママ）ニ有之候間、不都合被申出候而者実ニ石川殿にも簡係可致候間、萬々御熟考有之、御進退可有之事と、愚考申候、いつれ明夜歟、明十二日朝迄ニ差翰万障可申達候已上

九月十一日　午前二時　　飛清

前幹

尾崎爲蔵殿

再拝　御書事疎ニ更々了解難致候、重大之義ニ過てハ、石川殿書翰取計候より致方無之候事　　一庭―汽船―30

（参考：架蔵文書になし、滋賀県文書『官省江伺書指令』明治う七、『大津市史 中』に一部翻刻）

旧大聖寺藩ゟ被有之湖上汽船仕

入金始末物御尋ニ付御答之事

去ル戊辰（明治元年）年爲運送便利、於江州琵琶湖、旧大聖寺藩ゟ蒸氣郵船製造之刻、諸事爲御打合石川専輔殿当時嶂・古橋重七殿等大津表江御出張ニ相成候処、私共湖水蒸氣船目論見罷在候折柄ニ付、萬端御示談ニ與リ、終ニ右藩汽船掛用達被申付、大津川口町ニ大聖寺藩用場被取設、右製造方爲仕入金、追々ニ都合壱万千四百七拾六円壱分ト九百九円三朱ト御廻金ニ相成、翌己巳（明治二年）二月壱番丸落成仕候、其後二番丸製造之刻、右様仕入金御廻金相成兼候趣を以、私共江調達方周旋可仕旨被仰渡候ニ付、則大津並其他より調達奉差上候処、右を以漸々成功候、其後壱弐両艦ニ而湖上運轉ニ相成居候処、庚午（明治三年）六月、各藩ニおゐて商法等取設不相成旨御布告御座候趣ニ而、右両艦不取敢私共ェ引受、汽船商社ト相唱候様示談之上、當分取扱罷在候処、同閏（明治三年）十月石川嶂殿出津有之示談、航運之利益ヲ以仕入金等消却之目途無之哉之旨御頼談ニ付、細算仕候処、當時之形勢ニ而、非常之損破無之候ハヽ、可也消却之見込有之候ニ付、篤ト御熟談之上、壱ニ両艦之區別を立、二番丸製造之節、調達金ハ全是迄御用場名前証書ニ候得共、改而私共証書ニ引替、右船金請取申候壱番丸之儀ハ、御仕入金當分引受、追々両艦航運之利益を以、社中返済金等十分打延シ、可成丈大聖寺藩江相納、且夫迄仕来通之資本金江相當之利足ニ當ル金辻ト冥加金ニ當ル三拾円、資本金全納済ニ相成候迄相納候ハヽ、其節右船茂御下渡可相成、併右船大破非常損失等之節者、臨時御談判可申上義ニ御約定申上候、右之節、約定方口約ヲ以申上置、別段書面為取替置不申儀ハ、今更不都合ニ御座候得共、最前當分引受之頃より右両艦運轉方私共而已にてハ手慣不申候ニ付、右傳習方之ため、旁双方示談之上、同藩士尾崎爲蔵殿石川嶂殿更ニ出津ニ相成、尤右両名出津中、旅料ハ壱弐両艦航湖上り高之内を以出費ニ相定、倶ニ談合取扱罷在、辛未（明治四年）七月中迄ニ別紙之通返償仕候、然ル処湖上各津追々数船出来、乗客相減、加之両艦年々損破修覆等打積リ、月々損失相加り、所詮得失不相償、藩用借財ニ差迫、日用雑費茂出来兼候場合ニ立至候ニ付、前段大聖寺藩江納金之出道茂無之、困却罷在候処、辛未（明治四年）十一月舊大聖寺縣より、今般廢縣ニ付、仕入金残元社中借入之確証ニ相改候様、度々御懸合有之候得共、右仕入金之義ハ、前段約定之通、素々金子請取候儀ニ茂無之、航湖利益得入次第、追々返償之約定ニ御座候ニ付、當時之形勢損失多ニ而利益無之、今後償却之目途不相立ニ付、右証書難差上段申上置候、其後滋賀御縣廳ゟ茂証書可差出旨被仰渡候得共、何分前陳之次第ニ付、幾重ニモ証書難差上旨、言上仕置候、且是迄両艦之利分過半壱番丸之方江相納、現今甚以難渋之次第ニ御座候得共、時勢之変華（ママ）無是非次第ニ付、御仕入金残之方江壱番丸返上仕度、且ニ番丸之儀ハ、御約定通私共引請、借財處置可仕候哉、又者官物江立戻、両艦共返上借財ノ向、夫ニ藩方御引受之儀可相願哉ト、社中一同談判罷在候間、今般當御廳より御呼寄ニ付、不取敢出参仕候之御尋問ニ付、始末柄御答申上候、然而ハ右両艦之儀、前條社中示談之通、如何様ニ御處置相成候共、聊申分無御座候間、何卒始終之情実御洞察被成下、此上可然御執成被成下候様奉願上候、已上

明治六年九月三十日　滋賀縣管下　第一琶湖汽船会社

総代一庭啓二（印）

堀江八右衛門（印）

石川県参事桐山純孝殿　　一庭―汽船―参考―に

（参考：架蔵文書になし、滋賀県文書『官省江伺書指令』明治う七全文、『大津市史 中』に一部翻刻）

（別紙）壱番丸御仕入金商社江引受已後納金計算書

一、壱萬五百両也　旧大聖寺藩造船之節、御仕入金壱萬千四百七十六両壱分之処、庚午（明治三年）閏十月改而私共へ引受之節、従来利益納金差引残高

但此納方航運利益得入次第、精々相納可申ニ付、税金並利足等年末勘定仕訳之事ニ相願置候事、

此処江 千両、未（明治四年）四月元金之内江納、

千両 同五月右同断、

差引　八千五百両也、

外ニ　五百両 未七月納

但此分元金償却高ニ應シ利息之算度有之ニ付、税金並利息金之中、初ニ相定候事

一、九百九両三朱　崎陽表ニ而汽船附属品買入、船工雇入
雑用等之由
　但此分追而元金償済之上、可相納分ニ御座候、
右之通相納候処、其後航運利益無之、修覆雑費相嵩、納方
出来不申候、已上
　明治六年九月三十日
　　第一琶湖汽舩会社　総代一　庭　啓　二
　　　　堀江八右衛門
石川県参事桐山純孝殿

　記
一　蒸氣舩號　壱番丸　木製
　長　五拾四尺
　幅　九尺
　馬力　拾弐　ノミナール
　噸数　五トン積
　形　スク子ール　但外車
　檣　無之
一　同舩號　二番丸　同
　長　七拾尺
　幅　拾尺
　馬力　拾四　ノミナール
　噸数　八トン積
　形　スク子ール　但外車
　檣　壱本

　壱番丸附属品調理書
一、碇二梃　三分径ケッチン三十度　西洋張壱筋二十度
一、方針　壱組
一、八角時計　壱ツ　損シ処有之
一、若緑色ランプ　一對　白色ランプ　二ツ
一、フラフ　二ツ　同ストック　二本
一、テンツー　二張　同ストック　六本
一、機械場附具
　スルイトル（大小）五丁　ヤスリ二丁　タカ子壱丁　鋲槌壱丁
ヤットコハシ壱梃　油樽壱ツ　油サシ二ツ　ヒールストック二
梃　シコップ壱梃　ランプ二ツ
一、モヤヒ綱　二筋　棹竹　二本
一、大鏡　壱面
一、ビロドセン　壱枚
一、畳　弐帖　薄縁（小）十枚
一、電球　四ツ　土瓶　二ツ
一、茶盆　二組

　二番丸附属品調理書
一、碇　二梃　三分径ケッチン三十五度　西洋綱壱筋三十度
一、方針　壱組　帆　スタクセール壱組　ブレーホックセール
壱組
一、西洋時計　壱ツ
一、若緑色ランプ　壱對　白色ランプ　二ツ
一、フラフ　二ツ　同ストック　一本
一、テンツー　壱張　同ストック　六本
一、機械場附具
　スルイトル（大小）七梃　ヤスリ二梃　タカ子壱梃　鋲槌
壱梃　ヤットコハシ壱梃　油樽壱ツ　油サシ二ツ　ヒールス
トック二梃　シコップ壱梃　ランプ三ツ　コロック壱ツ
一、モヤヒ綱　二筋　棹竹二本
一、ビロドセン　二枚
一、畳　六帖　薄縁（小）八枚
一、電球　五ツ　土瓶　二ツ
一　茶盆　二組
右者當時壱番丸、ケイトル損シ所出来休航、大津川口町瀛
舩會社裏ニ繫有之候、且二番丸之儀ハ、湖北飯浦江貸渡置
申候処、損シ所出来、修覆入費重、右船借主より借請当時
之修理中之処、右入費金消却済迄ハ、是迄通貸渡可申約定
ニ御座候、以上
　明治六年九月三十日　滋賀県管下　第一琶湖汽舩会社
　　　総代一　庭　啓　二（印）
　　　　堀江八右衛門（印）
石川県参事桐山純孝殿

　一庭―汽船―参考―ほ

（包み）「高見善兵衛様 山脇した通」
　毎月入金請取証
明治六年十月　兵庫神明町 高見善兵衛（朱印）
大津 第一琶湖汽船社中
（一銭印紙、朱割印）
　初
一、金弐拾圓也 十月分 請取（朱印）
一、金弐拾圓也 十一月分 請取（朱印）
一、金弐拾圓 十二月分 請取（朱印）

　一庭―汽船―31

（参考：架蔵資料になし、滋賀県文書『官省江伺書指令』
明治う七）
　旧大聖寺藩ニ而取開キ候琵湖汽船仕入
　金差引残高等御處分方見込之義ニ付伺
旧大聖寺県より元同藩貸下根帳ヲ以テ及御届置候内、同藩
ニ於而開業ニ相成候江州琵湖蒸氣郵船仕入金後引残高、商
船江貸附証書取立方、最前譲渡之際、公私之區域不明瞭ニ
付、旧官員・賃商人共對決談判ニ可及云々、本年八月及具
状置候通ニ御座候、扨前月初旬より商人共等追々出縣致
候ニ付、其始終ヲ逐條ニ及取計候処、右汽船一番丸ノ義
ハ、素々藩有之儘ニ而、庚午歳（明治三年）夏以来私社へ假托シ、其利
益ヲ以而、最初藩費之仕入金消却方ヲ委任シ、二番丸ノ義
ハ、其節藩償共悉皆私社江引渡ニ相成居候趣等、前書趣冊
之通申出候得共、一番丸仕入金之義ハ、既ニ右舊品ニ於テ、
貸下根帳へ組込、御届済之次第等、甚タ不都合之至ニ付、
尚又旧参事等、精々及詰問候処、右ハ全ク旧藩中ノ適宜ヲ
以テ取扱来候末、廢藩後新置県ノ際、諸務取調方一時ニ取
纏メ候節、旧来ノ所置彼是繁雑ニ渉リ候ヨリ、計ラス右様
調達尚結局ニモ至ラス、其儘ニ而今日ニ立至リ、何共恐縮
仕候旨申開、其他一同申立之趣事項相違も無之哉ニ奉存候、
就而ハ右壱番丸ノ義ハ、今日確然官物ニ届候筋ニ付、別紙

品物ノ通、附属器械共、悉皆御取揚ニ相成、仕入金残高等二口合金九千四百九円拾七銭七厘五毛ハ、同藩公費払切之趣ヲ以テ、棄捐御見消ニて相成哉、弐番丸ノ義ハ前条之通ニ付、勿論私社之所有物ト可相成趣と奉存候、右見込之趣申上候間、尚始終ノ事情御参酌、至当之御処分被下度、此段奉伺候、以上

明治六年十月七日　　石川県参事桐山純孝

大蔵省事務総裁　参議大隈重信殿

追テ本文ノ通ニ付、石川嶂・堀江八右衛門等、一旦用済申付候、此段共申上置候、以上

一庭―汽船―参考―へ

（参考：架蔵資料になし、滋賀県文書『官省江伺書指令』明治う七、『大津市史 中』）

旧大聖寺藩ニ於テ江州琵琶湖ニ蒸気郵船取開、其縣管下氣船商社總代堀江八右衛門外壱人江相託シ有之処、石川縣ヨリ申立之趣モ有之候ニ付、別紙書目之内、壱番丸船竝附属品トモ悉皆商社ヨリ請取、入札拂ニ取計、代金上納方可申出、其餘弐番丸船之儀者、右ニ属シ候負債トモ、都テ八右衛門外壱人江引渡、商社適宜ニ可任旨可申渡候、此段相達候事

明治六年十一月十四日　　大蔵卿 大隈重信（印）

滋賀県廳（御廳抹消）

（滋賀県文書では、これに石川県参事桐山純孝から「旧大聖寺藩ニ而取開キ候琵琶湖汽船仕入金、差引残高御処分方見込之義ニ付伺」「一庭―汽船―参考―へ」が添付される）

一庭―汽船―参考―と

（包み、「滋賀縣御廳より 御指令書　船号壱番丸官物ニ属シ候事件」、一綴）

大津第一琵湖瀛船会社
惣代一 庭 啓 二
堀江八右衛門

（「金穀専務」の割印二箇所）舊大聖寺藩於テ、湖上蒸氣郵船取開候一番丸船之儀、其方共両人江相託シ有之處、右ハ藩有之儘政府江差出相成、則官ノ有物ニ属シ候ニ付、此度別紙書目之通、船号一番丸船竝附属品共、悉皆當縣廳江可相納、且弐番丸船ハ右ニ属シ候負債共都テ、八右衛門・啓二江引渡候条、商社適宜ニ可任旨、今般大蔵卿指令ニ依り候旨、相達候事

但シ本文一番丸附属品共、御拂下ケ相成候ニ付、右書之者点検トシテ罷越候ハヽ、其商社於テ無差支可取斗事

明治六年十一月廿九日　　滋賀縣令松田道之（公印）

一庭―汽船―32

（包みのみ表書）

瀛船壱番丸官ノ有物ニ属候事件ニ付大（御消し）蔵卿ヨリ御指令ノ旨

従當縣御廳御達書 壱通

明治六年十一月廿九日　　近江國第一瀛船会社

一庭―汽船―33

（明治六年か）

定（「仮約」二字抹消）約爲取替一札

今般御社二番丸、一ヶ月金九十五両宛、来明治六年中諸道具修復、其外日用費向万端相賄候而、私共引受道示致度段、御熟談之上、御約定申候処実証也、自然不都合之義出来候節ハ、如何様共御差図次第違背申間鋪候、爲後日連印

一庭―汽船―34

（明治六年か）

別帋　覚

一、千百四拾両　明治六年中 二番丸貸賃 舟付 船将 □□兼月給共

内四百五拾六両 右炭五表分□

六百八拾四両

右十二ヶ月割　一ヶ月分 五拾七両也

右者前月廿七日入金之事

一庭―汽船―35

（明治六年か、汽船―35と同趣旨）

覚

一、千百両　明治六年中 二番丸貸切　船附 船将春掛市兵衛 月給とも

内四百五拾八両 石炭五表

〆六百四拾弐両

右十二ヶ月割　壱ヶ月分　五拾三両弐歩也

右前月廿七日入金之事

一庭―汽船―36

（端書）「船頭町 堀江八右衛門殿　勧業専務」

汽船一番丸當時持主無之、大破廃物ニ属候ニ付、今度海軍省へ之届ニ者相除キ候方、可然再便以進之候、此段御心得可有之者也

七年三月八日　　滋賀県 勧業専務

汽船会社

一庭―汽船―37

（一綴、表紙「明治七年三月廿七日　舊大聖寺藩製造汽船仕入金之事件御答書（朱印）」　第一琵湖汽船会社」）

旧大聖寺藩ニ於テ取設有之候湖上汽船仕入金之内、元金澤藩商会ゟ出金之分、大蔵省ヨリ當御縣江取立方、被仰越候趣ヲ以御尋ニ付、左ニ御答申上候

去ル戊辰年（明治元年）迺送爲便利、於江州琵湖旧大聖寺藩ヨリ蒸気郵船製造之刻、私共ニ於テモ湖水蒸気船目論見中ニ付、萬端御示談與リ、用達被申付、己巳（明治二年）二月壱番丸落成之処、小船壱艘ニテハ不便ニ付、今壱艘取立度旨ヲ以、其筋へ上申御聞済相成候処、仕入金御當廻シ相成リ兼候ニ付、調達方周旋可致旨御頼談ニ付、種々奔走、大津並其他ヨリ借リ入調進致、右ヲ以漸々二番丸成功、其後壱二両艦相混シ運轉之利益ヲ以、夫是活斗相立居候処ヲ、庚午（明治三年）六月ニ至リ、於右藩商法不相成旨御布告御座候趣ニ付、不取敢両艦とも私共へ引受、汽船商社と唱、京都商會長之指揮ヲ受、取扱罷在候処、同年閏十月舊大聖寺藩石川専輔殿当時嶂出津有之、壱二両艦資金区分被相立、二番丸製造ニ付而之調達金ハ、社中之証書被改、壱番丸ハ更ニ社中へ可貸渡ニ付、両艦航

運之利益ヲ以、成丈大聖寺藩江納置可致旨示談有之、尤夫迄之書記類ハ、不残商會長江可相渡旨ニ付、當出切申候、依而藩時私共奥印証書之分ハ、全ニ番丸ニ属シ、其余者壱番丸附属之資金と相心得申候、就御尋有始末御答奉申上候、已上

明治七年三月廿七日

第一琵湖汽船會社　総代堀江八右衛門（印）

一庭啓二（印）

滋賀縣令松田道之殿

（以下朱書き）書面之趣者、了解難相成廉有之条、二番丸附属之負債逸々記載明細書、明廿八日午前第九時可差出事

明治七年三月廿七日　滋賀県（朱印）

一庭―汽船―38

（一綴、表紙の右上に「金」の朱印、「明治七年四月二十五日　大蔵省江返納置事件ニ付御伺書（「本」の朱印　第一琵湖滊船会社」

以書付御伺奉申上候

舊大聖寺藩滊舩局江、舊金澤藩より貸金三百圓也、今般私共へ引受返納可仕ニ付、明治六年より同十三年迄八ケ年賦ニ上納可仕、尤兼而御布告ニ照準可仕旨、被仰渡奉畏候、然ルニ右年賦瀉一時上納仕候節者、壱割利引被成下候趣、拝承仕候、右利引計算方法愚昧ニハ難相分、都合ニ寄一時上納相願度旨とも奉存候ニ付、當今一時上納仕候節者、量高何程迄相成可申候哉、此段御伺申上候、右御指令之程、奉願上候、已上

明治七年四月二十五日

第一琵湖滊舩会社　惣代一庭啓二（印）

堀江八三郎（印）

一庭―汽船―39

丸船弐百石積壱艘貸借差引書

一、金廿七圓五拾銭也　戌年五月ゟ亥三月中　〆十壱ケ月分貸借金高

一、金壱圓　戌の半季分ゟ船税金上納　取出ス

〆金廿八圓五十銭

右之内へ　入　金十九圓九拾六銭　戌年七月ゟ亥四月迄、四ケ度ニ而受取

差引残り　金八圓五十四銭也　不足貸

右者、知内村中川半兵衛殿へ船貸賃金續滞相成居、是迄度々郵便を以掛合ニおよひ候へ共、更々相渡不呉候ニ付、御多忙中恐入候共、何卒残金高一時ニ御取立成被下度候、此義御頼入申候

滋賀郡第三区上平蔵町

一庭啓二

知内村正副戸長御中

一庭―汽船―40

（一綴、明治七年一〇月ごろか）

一、湖上ニ於而行旅之便利ヲ謀リ候ハ、汽舩ニ限リ候儀ニ奉存候、然ルニ當今各汽舩之体裁ヲ熟考仕候ニ、総而諸則不相立、或ハ出船時刻ヲ不極、又は臨時休舩仕等、甚不規則候事柄多ク、是カ爲メ湖上便利第一之汽舩、却テ旅客之便宜ヲ失シ候儀も不尠、実ニ遺憾之義ニ御座候、其原因愚考仕候ニ、右旨汽船之湖上便利タル儀ヲ辨之、最初目論見候者ハ勿論、追々両三艘造船之中ハ、出船時剋モ不違、互ニ糧食等之弊習無之、依而各會計も相立、追々得益相出候付、追々ニ見込相付ク、既ニ当今十五艘之多キおり候處、素々湖上ニ於而ハ汽舩ヲ以テ概湖スルノ様之数極り有ル処へ、如斯多数之汽舩ヲ造リ、各皆舩行ヲ同フスルヨクシテ、互ニ會計も不相立様ニ成行候、然者日々運転セザレバ資本之利子ヲ不御償、或ハ不羅ト雖も運転セザレバ、却而申訳無キ抔等之同情ヨリシテ、不得已同業相争ひ、互ニふる法ヲ壊し存候レハ、所謂惣斃しても不相成哉ト苦慮罷在候、就而ハ尚此上新造汽舩多有之候而ハ、追々弊害ヲ増候外有之間敷ト奉存候、仍而一會社扶確乎法則相立候迄之間、於湖上汽船新造之儀ハ当分御禁止相成候て、当時汽船社者共安堵之上、良法ヲ不設ヲ不為之儀ニモ哉ト奉愚考候、

右ハ無謂儀ニ可有之ハ奉申上候、管見之儘奉申上候、以上

一庭―汽船―41

（文書に貼付）別帋之通被達候也

明治八年二月十八日　滋賀縣　租税課

蒸氣會社　矢島新之郎

市場啓二

（勧業専務の印）

蒸気舩　湖上丸　安心丸　浪花丸　成程丸　三光丸　琵琶湖丸　陽春丸　滿芽丸

右社中江

蒸氣船明細書之義、年々二八月海軍省エ進達之筈ニ付、當春之義も従前差出来リ候振合之通り取調、正副二冊、正ハ美濃帋　副ハ半帋、末廿五日限り無遅延可差出候、此段相達候事

但以来ハ都度々々不及沙汰候条、定例トシテ毎年二八月廿日限り取調、可差出候儀ト可心得事

明治八年二月十八日　滋賀縣令松田道之代理

滋賀縣参事籠手田安定（朱印）

一庭―汽船―42

認

一　右者是迄通り、船宿一同力合、屹度尽力可仕候、以後御入舩之程、偏ニ希申上候、爲後証一札、如件

明治八亥二月十二日

白井源三郎（印）　林一郎（印）

林長九郎（印）　中原枩治郎（印）

中原弥十郎（印）　林伝次郎（印）

林半兵衛（印）　熊谷又右衛門（印）

熊谷伴志郎（印）

内湖組汽船御中

一庭―汽船―43

（明治八年か）

差引勘定書

一、弐拾両 戌年五月ゟ十二月中　〆いちは分 損料
一、壱両 戌半去年分 船税百文
一、七両弐歩 亥一月ゟ三月中 損料
〆弐八両弐歩也
内 五両弐歩 米弐石受取
亥一月十二日　五両 受取
四両 三□□　楫 壱丁 弐百十五文 大工
手間受取
〆十四両壱歩三朱　弐百□五文
差引　拾三両弐朱ト四百文 不足
（朱書き）「処ヘ五圓受取候 四月三十日　差引 八圓五十四
銭ふそく、かし」
一庭―汽船―44

（明治八年か）
借船賃貸金淹滞之分、無相違今月中ニ拙宅江御持参可被成
候條、此段御催促申入候、可否御答待候也
（明治八年）亥 五月三十一日（朱印「一庭」）
よし伊様方御中
一庭啓二
知内中川半兵衛様　御書翰
一庭―汽船―45

（明治九年か）
中川半兵衛殿への書状写
（明治九年）子 七月廿九日發
廿六日出之候書翰、翌日到着、忝拝読仕候、如常強暑之時下、愈優盛奉萬賀、借船貸賃、残金八圓五十四銭、此方ヘ来月三十日ニ金三円留入、残り金之義ハ面談可被下候旨、御申越被次成候へとも、是迄度々御掛合ニおよひ候とも、頓ト埒明不申次第、依之右様ニテハ迚も勘弁難出来、来月十日迄ニ皆金御持参被下度、左なく候ハヽ、愈勧□（解カ）所上訴可仕候間、此如御承引可成下候、兎も角此書状着次第御上津被下候歟、又ハ御書面ニテなりとも、回答被成下度、奉待入候、先ハ右貴報迄ニ、早々已上
七月廿九日認
一庭啓二

中川半兵衛様
一庭―汽船―46

（包紙、「高嶋郡第一區知内村 中川半兵衛淹滞金件書 戸長 鳥居市才蔵　一庭」）
一庭―汽船―47

（明治十年ごろか、一綴）
一、伊丹樽壱挺　縣令公 斎藤奥 中西奥 武内奥 高屋奥 瀬戸奥
一、金拾円 三汀社
一、金拾五円 江州丸社
一、金四円 航安組 上木長次郎 谷口嘉助 杉江善右衛門 竹川孫兵衛
一、金三円　常盤丸 盛大丸 湖龍丸 船主　（中略）
一、金五円　江州丸社 船中
一、金三円　三汀社 船中
一庭―汽船―48

十三年辰六月　船中江携帯之書籍目
一、日本航海規則 全
一、航海實地教授問答 全
一、船乗獨案内 初編一 仝二 二冊
一、現今支那事情 上下 二冊
一、自由之理 六冊
一、窮理問答 二冊
一、物理階梯 上中下 三冊
一、初學人身窮理 上下 二冊
一、近江地誌畧冊　上下 二冊
一、輿地誌畧 巻ノ四 巻ノ五 巻ノ十 三冊
一、機械書　一二三四 附属画図一冊 五冊
一、物理階梯字引 全
一、算法通書 上中下 三冊
一、近江國全圖 一冊
一庭―汽船―49

「試験願書草稿」（明治二年二月七日壱番丸船長から明治十一年三月一日の第三太湖丸乗船までの履歴）

明治九（ママ）年十二月廿二日
近江国滋賀郡第三區大津上平蔵町六番屋敷住
願人　一庭 啓 二　印
大阪第二大區九小區難波新地五間町廿六番地
保証人一庭太郎兵衛　印
一庭―汽船―50

（試験願書の下書きか、明治二年二月七日壱番丸船長から明治七年四月中までの履歴）
近江国滋賀郡第三區大津上平蔵町六番屋敷住
願人　一 庭　啓　二
阪府第二大區九小區難波新地五番町廿六番地
保証人一庭太郎兵衛
一庭―汽船―51

太湖滊船株式會社第二庚辰丸
船長 一庭啓二
金七圓
明治二十九年九月、水害ノ際、郵便物航送上格別勉勵ニ付給與
明治廿九年十二月廿八日
逓信省
一庭―汽船―52

（参考：石川嶂の漢詩（西川太治郎「琵琶湖汽船の恩人 石川嶂の遺勲」『ながらのさくら』に所収、明治四五年五月の太湖汽船創業三十年記念祝賀会に寄せられた）
志業要曾賭一生　白頭堪咲轉間情　茫々追想當年事　岳影湖光來懐明
七十四翁淩雲髯史 石川嶂
（志業の要、曾て一生を賭したり　白頭堪えて、轉間の情をわらひ　茫々として、當年の事に追想す　岳影湖光来りて、懐かしみを明かにす）
一庭―汽船―参考―ち

（辞令など一括）
（包のみ）「諸辞令書類」
一庭―汽船―53

一庭啓二
所管瀛舩壱番丸船長申付、弐人扶持ニ月俸金三拾円之建遣候事
明治二年二月　大聖寺藩　大津汽船用場（公印）
一庭—汽船—54

一庭啓二
所管瀛舩弐番丸船長申付、弐人扶持ニ月俸金三拾円之建遣候事
明治二年十月　大聖寺藩　大津汽船用場（公印）
一庭—汽船—55

滋賀県大津上平蔵町 平民 一庭啓二
上平蔵町聯合町會議員撰挙投票多数ニ付当撰人タルヘシ
明治十二年十二月十五日　戸長役場（公印）
一庭—汽船—56

松寶丸船長 兼各船取締　一庭啓二
記
右願望ニ仍テ雇止候也
明治十三年八月三十一日
滋賀縣 大津橋本町　三汀社（公印）
一庭—汽船—57

一庭啓二
海員取締兼諸船作事監督申付候事
明治十四年四月一日　瀛舩會社（公印）
一庭—汽船—58

一庭啓二
近江丸船長申附候事
明治十四年四月十五日　瀛舩會社（公印）
一庭—汽船—59

一庭啓二
游龍丸船長ニ雇入候事　但月給弐拾圓ヲ給與ス
明治十五年五月一日　太湖瀛舩會社（公印）
一庭—汽船—60

游龍丸船長一庭啓二
月給金弐圓更増與候事
明治十五年七月十二日　太湖瀛舩會社（公印）
一庭—汽船—61

游龍丸船長一庭啓二
（割印）依願職務差免候事　但慰労トシテ半ケ月俸給金拾壱圓ヲ附與ス
明治十七年三月廿八日　太湖瀛舩會社（公印）
一庭—汽船—62

一庭啓二
（割印）游龍丸船長申附候事　但月給金拾七円給與候事
明治十八年三月一日　太湖瀛船會社（公印）
一庭—汽船—63

一庭啓二
（割印）第弐庚辰丸船長申付候事
明治十八年八月廿五日　太湖瀛舩會社（公印）
一庭—汽船—64

一庭啓二
（割印）瀛船第三太湖丸造船係リ申附候事
明治二十一年二月五日　太湖瀛船會社（公印）
一庭—汽船—65

一庭啓二
（割印）第三太湖丸船長申付候事
明治二十一年二月廿四日　太湖瀛舩會社（公印）
一庭—汽船—66

第三太湖丸船長一庭啓二
（割印）自今月給拾八圓給與候事
明治二十一年三月一日　太湖瀛船會社（公印）
一庭—汽船—67

第三太湖丸船長一庭啓二
自今月給金拾四圓給與候事
明治廿二年八月三十一日　太湖瀛舩會社（公印）
一庭—汽船—68

（封書宛名、「第三太湖丸船長一庭啓二殿」、（差出人）「廿二年九月廿五日 吉田滋賀縣兵事課長」）
過日來軍隊湖上乗船往復ニ付而者、不一方御尽力御注意周到、無滞渡航相済、軍隊ニ於而も満足ニ有之候、御懇切之段奉深謝候、不取敢此如(ママ)御挨拶迄、早々頓首
廿二年九月廿五日　吉田滋賀縣兵事課長
一庭船長殿
一庭—汽船—69

（包み、「第一太湖丸改造事務掛辞令書 明治二十三年五月三十日」）
錬舩改造事務掛申附候事
明治廿三年五月三十日　太湖瀛船會社（公印）
一庭—汽船—70

一庭啓二
（割印）游龍丸船長申附候事
明治二十三年八月二十四日　太湖瀛舩會社（公印）
一庭—汽船—71

一庭啓二
（割印）第弐庚辰丸舩長申附候事

明治廿五年二月廿九日　　太湖滊舩會社（公印）　一庭―汽船―72

（公印）自今長濱丸舩長勤務為ル可ク候事　一庭啓二
明治三十三年八月一日（公印）　太湖滊舩株式会社　一庭―汽船―73

長濱丸船長一庭啓二
自今月俸金拾八圓給ス
明治三十三年九月十日（公印）　太湖滊舩株式會社　一庭―汽船―74

（袋の表、「一庭啓二殿　辞令書」（袋の裏）「四月七日　太湖汽船株式會社」）　一庭―汽船―75

豫備船長一庭啓二
（公印）休職中月俸参分ノ弐ヲ減ス
明治三十五年四月七日（公印）　太湖滊舩株式會社　一庭―汽船―75

船長一庭啓二
（公印）依請解傭候事　但慰勞金八拾圓付與ス
明治参拾五年七月二十五日（公印）
太湖滊舩株式會社　一庭―汽船―76

Ⅱ　覚書・手帳（太郎兵衛のものもあり。一庭の事績に関連する日誌など一部抜き書きして示した）（一庭―覚書）

（一綴、表紙「他見不赦サ　萬留帳」、裏表紙「位智波啓治郎所持」）
萬聞書
文久二壬戌八月ヨリ
一、戌七月七月廿日夜、嶋田左兵衛権大尉、木屋町メカケ宅ニ而ころされ候（略、高札の写しあり）
一、七月酒井若狭守様、江戸表ゟ御下リ、草津泊リ、町内□手桶箒不出
一、八月三日松平長門守様江戸表江御下リ大津御泊リ
（後略、文久二年から三年初めの時期の見聞書き留め帖）　一庭―覚書―1

はなの香の色かよふ、山城大和路にきよきなかれを河内なる、和泉摂津のなにしおふ、こと浦〳〵の（後略）　一庭―覚書―2

（折本、書写、蓮如上人御文、裏見返し「釋宜必（花押）」）
そも〳〵、たうりうのたりき志んしんのおもむきをよくちゃうもんして、けつちやうせしむる人これあらハ（後略）　一庭―覚書―3

（一綴、琵琶歌から抜粋）
児島高徳
月は朧に影暗く、夜嵐さゆる院の庄（後略、ほかに「武蔵野」「菅公」「城山の露」）　一庭―覚書―4

（一綴、符号書入れ）
城山の露
夫達人は大観す 抜山蓋世の勇あるも 栄枯は夢か幻か 大隈山の狩倉に（後略）　一庭―覚書―5

（一綴、符号書入れ、表紙「羽衣 太鼓手附 市庭啓次郎」）
げに雪をめぐらす白雲の 袖を妙なる南無帰命月天子 本地大勢至（後略）　一庭―覚書―6

（前欠カ）青葉の笛を取り添へて、八島の陣へと送りしは（後略）　一庭―覚書―7

客を待侘て　湯の得義ハ 水になるそよ 入れや客 風呂屋のせきて いすく講座　一庭―覚書―8

國盡
秋津洲の浪静なるとき、津のせ枝をならさぬ御代のさかへ弘き、恵の日のもとや、六十餘州を筆の旅、おもひたちぬる五畿内や、まつさく（後欠）　一庭―覚書―9

〈明治二十五年など印刷図版 一括三点〉
明治廿五年六月 夾竹桃（「専正」の朱印）　一庭―覚書―10
明治廿八年秋挿（「専正の朱印」）　一庭―覚書―11
明治三十年一月一日（生花、「専正」の朱印）　一庭―覚書―12

（冬史の朱印）黄な花を 門路に摘みぬ 西行忌
菜のはなの京は 七日七野哉
戊申三月（「冬史庵」の朱印）　一庭―覚書―13

（明治三十八年か、長女文の名の候補一覧）
廣（ヒロ）弘（ヒロ）文（フミ）取究 保（ヤス）　愛　君　房　花　玉（など名前候補）　一庭―覚書―14

（和装一冊、一丁オモテに「一庭氏蔵書之印」、明治七年九月二十五日から明治十二年一月十五日まで）

（朱書き）明和年間改正在来 所有沽券状之寫　五番六番壱ケ所 壱軒□ 上平蔵町南側 東隣所持家（後略）、代々舟屋太郎兵衛時代の地券の写し、「出稼証之事（明治八年六月）」などあり。また「一庭啓二」「一庭」「近江國大津平蔵町一庭啓二」「一庭直昭」「啓二」の印影も載る。　一庭―覚書―15

（洋装ノート一冊、巻頭に明治十四年十月十日井上鉄道局長から太湖汽船会社頭取らに出された許可書の「別紙指令書」が掲げられる。「其社義今般琵琶湖ニ於テ旅客竝物貨運輸ノ業ヲ開キ以テ我鉄道ト其連絡ヲ通シ就中大津長浜ノ

間ニ在テハ汽車ニ代リテ…」、鉛筆書きで「緑竹年久 いく千年色もかはらしくれ竹の すくなる御世や心よけなる 克亮」。なお最終は、明治三十七年十月二十九日付のメモで、上平蔵町の自宅を抵当にして西岡竹次郎から三百五十円を借りた借用証書。ほかに明治十九年正月二十二日付の笠川平助宛借地書、明治三十年十月十四日太郎兵衛死去による相続願、明治三十二年一月の幹婚姻届けなどが載る）。

一庭—覚書—16

（和装一冊、義父太郎兵衛のもの。慶應三年三月六日から二ヶ月におよぶ「あしのかりね さらく日記」、「浪華人名録」、俳句、「慶応新選詩鈔抜粋」、能の本地・片地トリ・オクリなどのメモ、スケッチ画、壬申六月二十八日の源久光（島津久光）の十四ヶ条の建白書など。このうち「あしのかりね さらく日記」と「浪華人名録」を翻刻して掲出。

（別掲）「あしのかりね さらく日記」

ことし慶應三年丁卯弥生のはしめの六日留克山房を出、小野越より洛の清水の林下北河　山下不歳宅松鶴ニ立より見せ候事を記にふ候、一昨四日立ニて、東都香城きたり同行、よしの遊覧のよし也、夫より長楽寺御内蕉風舎を尋ね候ハヽ、重孤霜臘公川なと花見の宴を催す所にて、やゝ申刻下りまて語らひ、祇園のうしろより智恩院山門の前ニ、ひるあたりハ花ならぬ處も在之、新門前を縄手へ出、面（白脱カ）敷を尋きぬ、三条通りを柳馬場、卍舎藪青方入、程なく皆定覧桜九餘、ちと来り伏可首座・竹進・楽之三交迄、奥又

七日朝、蕉庵東桜を尋るニ、明八日立ニて若州へ発足のよし、暫時暇可申計歟、荒滝の人来り、一面会、夫より二條御陣西南の三軒御屋敷ニ、細倉蕉寄子役館を尋、面会、爾後藪青同伴、東山又々遊覧、蕉風舎庭上ニ弁當ヲ開く、帰洛、祇園梅の尾ニ前橋藩某云々、娼妓藝妓振盤、狼藉中更ニ一点を慎、日暮卍舎帰り、二泊す、

八日 卍を出、縄手両替ニ立寄、東高瀬堀川文隣を尋、又熊池へ立寄、松原より渋谷越ニて帰路、松の茶屋松好ニより、走井萬歳堂もち見ニ連り、大谷大熊へ立寄、未刻半帰庵、境甘方来、

九日 芳竹ハ金津ニ行、日野八日市便、〇夜前四ッ過石場より出洲藩士岩松要人本腹、島田耕作事来ル、

十日 米場の事申来ル、今日同人又草庵へ立寄、一訳ありて去、

十一日 未時発足、大熊へ立寄、直ニ伏水寺田屋へ入、半時乗船晩六ツ、随ひ心斎橋備後町北小野様へ尋、高麗橋三丁目北側虎屋本旧宅へ泊る、

十二日 今橋なにわ橋筋東へ入北側〔則堺筋西〕、五木庵へ尋、風談、夫より堂島儿正へ尋、同渡辺筋一丁目半面播権廬白ニ江戸桐林滞留面会、同人大西芝居ニ行、

十三日 朝五木庵同道南農人町谷町西入、惣会所東岸田素屋ヲ尋、同所岸田稲處ヲ尋、夫より鈴木町永田眉年ヲ尋、桐林来ル、南齢来ル、一座五人酒飯テ、爾後五木桐林去、眉南両□始、暮過より亭元へ帰ル、

十四日 雨五木へ行、鴻池宇尺御座候、鉄屋儿堂御座候、爾後平三禿山鳳羽弓休密ニ会、

十五日 道修町四丁目田中彦五郎杜鴻を訪、五木ヘヨリ、堂島寄場西ノ辻油藤碧中儿石ヲ訪、酒飯出、夕公成・香城ヲ尋、筑亀瓢游亭帯屋源三郎へ尋、不逢、

十六日 五木へ行、宇尺儿杢三吟、香城三吟候、爾後播亭眉年南齢鳳羽杜鴻香城桐林　各両吟、

十七日 五木へ行、宇尺香城三吟、長崎暁□来両吟、吐連外菊也中甫保楽等来り、各両吟、

十八日

十九日

廿日 宇尺三吟、香城三吟、請言、爾後香城五木同庵同行、イナリノ□居ニ帰り、丼池阿波儀ニて夕飯、高三ニテ香城ト同宿、

廿一日 播州一見、阿波鳴門見物、約極りて難波橋生洲ニて香城五木三人夕食、夫より西国橋西詰より兵庫へ便船、

廿二日 朝五つ前兵庫へ三人着船、朝飯後湊川楠公碑へ参、兵庫其隣一の谷、途中越智仙心子ニ逢、醒花ヲ訪、不逢、可究西柳町迄送ル、二里西須磨可大御宅へ入、市女周旋シテ酒飯夫より月カ月見臺へ登り、須磨寺月照寺寶殿若さねり等一見、内裡跡関屋あと、松風陵墓跡等一見、敦盛墓ヲ過一里、垂水宿十二濱、亀屋休息、酒肴風當ニ成り、大蔵谷木やニ一泊、

廿三日 木屋立、人丸社参詣、船形桜有美景、明石樽屋町日吉徳女、爾飯、柿本利足□□訪、爾後淡路机浦へ便船申刻、机浦島内喜兵衛介居同佐兵衛三外子出会、應萬一泊、尤酒飯大愈有之

廿四日 朝机ヨリ船ニて鳴門見物ニ出ル、三里、井浦一泊、柳沢廣田五兵衛藤池へ訪、

廿五日 井浦出帆、松帆浦沖ヲ過、阿奈賀抔過、山道ヲ求、鳴門一見、美景いはんなし、尤小汐、申刻過より帰路、津志ニ船かゝらす、

廿六日 小雨、松帆湊ニ至舟カヽリ、舟紋三星事也、

廿七日 快晴払暁湊発船、追風舟路八里計に机浦島田介居ニ着、三外子應萬直ニ明石へ、至大蔵谷垂水塩谷一ノ谷ヲ過、西須磨ニ松風古跡関屋跡等一見、東スマ市女一泊、本日舟路十里余、陸三里余、五十丁一里也、

廿八日 美晴、東スマより濱スマ下り、駒ヶ林ニカヽリ忠度塚一見、兵庫平相国公突出築シマ経島山ニ松王丸墓より波戸ニテ中飯、無程出帆、申下大坂湊橋ニ着、薄暮三人帰宿、香城子高三寓居へ来一泊、

廿九日 朝旅寓へ潮水庵米兵□秀京洛臘仙文通来、夫より五木へ行、俳諧中雨ニ成、于尺案内、五木同道、北濱浪華橋西昇庵ニテ馳走成、夕前帰、

四月朔日 曇漸雨、五木香城三吟成、杜鴻鳳羽尋、

二日 快晴朝杜鴻へ行、五朗両吟ヲ始、五木同道爾後鋏屋儿堂三吟、五朗二蝶、

三日

四日爾後東堀二蝶役所へ行、

（各氏の俳諧略）

五日

六日 曇四ッ頃雨、今朝香城大坂出立、陸洛京へ出、
五木八幡迄送り一泊、小子一里程送、夫より二蝶へ行、
七日
八日 五木行、宇尺満南、
九日 五木へ、廬白へ同道、桐林独四吟、暮過高三へ帰ル、
十日 素屋稲所（處）眉年へ行、南齢満取、中甫一泊、
十一日 曇爾後雨、杜鴻同行、江戸屋松本五朗へ行、
萬吟、暮過高三へ帰、
十二日 晴、鳳羽へ行、又五木へ行、爾後杜鴻へ行、
又五朗へ行、眉年へ行、中甫一泊、
十三日 晴、中甫同道、雅六へ行、保六菊也桐林眉年
等来会、夕刻各退、雅六へ一泊、
十四日晴、雅六萬吟、
十五日 杜鴻五木行、爾時五朗へ行、杜鴻同行、
十六日 堂島碧中行、両吟、儿石ト三吟、一泊、
十七日 両吟、満能三吟、決ニ至一泊、
十八日 堂島ヲ出、江戸堀へ行、杜鴻五木鳳羽等それ
〲暇乞、八ツ半過八軒屋堺源舟ニて上ル、尤小野屋留守
中なから立寄、彦二郎舟迄送、
十九日 未明伏見寺田屋へ舟着、松好大熊へ立寄、暮
前帰宅、爾後□竹一□飲児へ、東山公成、東都香城同道、
白川越唐崎一見、夫より来ル、久々面会、各草庵ニ一泊、
廿日義仲寺へ各同行、舟ニて石山寺ニ参詣、則幻住庵
跡一見、香城勢多ニて別、公成義仲寺ニて別、帰京

（別掲）「浪華人名録」

宇尺 桂九 今橋二丁目鴻池 庄兵衛
儿堂 吟枩亭（八百屋を消し）笠屋町瓦町角 鉄屋庄右衛門
碧中 馬田殿 堂島濱ヨリ場西ノ辻北へ入西側 油屋藤兵衛
儿石 同 丹波屋楢之助
廬白 同中町 播磨屋権之助
素屋 南農人町谷町西 岸田禮介
稲處 同町 岸田
杜鴻 道修町四丁目 田中彦五郎
鳳羽 平野町三丁目 森山
五朗 松木氏 江戸堀福井町 加茂屋善兵衛
眉年 上町鈴木町 長田屋佐七 隠居
南齢 黄花庵 小長谷町 宗圓寺
中甫 福寿邨 上本町一丁目 藁屋忠介
保樂
稚六 安堂寺町お秡筋南へ入 京屋治兵衛
二蝶 天満 黒田平兵衛
潮水 今橋堺筋西へ入 五木庵
桃兮 舩町橋西詰 二畳庵
艾園 八百屋町
索探 西横堀南詰金屋橋西 熊野屋彦太郎
雀歩 心斎橋北詰東へ入 高林三木屋与七郎
梅英
梅薪 炭屋与三郎

一庭―覚書―17

（和装一冊）

曲尺 古史ニ天（アメ）ノ御量（ミハカリ）ト称スル者ヨリ起ル（略）右中外貨
幣度量考ヨリ抜翠（ママ）
一、地球ノ周囲ヲ一万零百九十三里餘トス又之レニ因テ
（中略）、
（他に、世界人口大略、日本國などメモ。寄留証、借家証書、郵便切手賣下所願書（別掲）、御請書、誕生年月日記（別掲）、宿處姓名億記（一部別掲）、明治八年第一月ヨリ記與部書籍表題目（別掲）、書籍表記（別掲）、など）

（別掲）郵便切手賣下所願書

滋賀縣下滋賀郡大津上平蔵町
第六番屋敷 一庭啓二

右者、今回郵便集信函当町へ新規御設置相成候如、承知仕候ニ付而ハ、私義郵便切手賣下御用相勤申度、何卒賣下所被仰付候様、奉願候、御許可之上ハ、御規則屹度遵守可仕候義ハ勿論、諸節ニ不都合之義無之様、精々注意保護可仕候間、右願之通御聞届被下、御鑑札ニ付賣下所掛札御下渡被下候様、証人連署ヲ以、此段奉願上候、以上

明治十三年五月 当 一庭啓二
滋賀縣下近江国滋賀郡大津坂本町
岩崎喜助
前島逓信総官殿

（別掲、娘出生年月日）

明治十季丁丑二月十日午后十時出生 二女 幹
明治十五年午三月三日午後一時出生 三女 陸（ロク）

（別掲）「誕生年月日記 甲亥（ママ）三月調理（ママ）」

（頭注）明治第八年甲亥三月中算之
天保六年乙未八月廿三日出生 一庭太郎平 三十九歳八ヶ月
天保十年己亥四月廿一日出生 妻 品 三十六歳二ヶ月
弘化二年乙巳十二月三日出生 一庭啓二 二十九歳四ヶ月
嘉永元年戊申八月十六日出生 妻 直 二十六歳八ヶ月
文化十三年丙子八月十四日出生 法名釋智眞ト號ス 養母
菅壽（スガ） 五十八年三ヶ月 明治七年甲戌十月十九日午後十一時歿ス 下京第三區 六角通室町西入玉蔵町 近江屋嘉兵衛ノ妹ナリ
明治八季乙亥七月十六日午前第二時誕生 啓二長女 文（フミ）ナリ 同季八月十六日午前十時歿 法名釋文眞

（別掲）「宿處姓名億記」（一部）

（貼付）東京表神保町三番地市川
西京上京十一區 寺町今出川上ル 北川茂兵衛
同 下京第三區 六角室町西入 中村左右吉 篤次郎
（中略）
大阪亥五月改正第二大區十四小區（「亥五月」から貼付）難波新地五番町廿六番地 一庭太郎平
同 北大組第廿區 冨嶋二町目十九番地 石川嶂
同 南本町通三丁メ丼池筋東江入同 妾宅
（中略）
江州高嶋郡第十一區 大溝江戸屋町 駒井権次郎
石川縣下加賀國江沼郡第二十一區小四區大聖寺大新道町七
十一番邸 石川嶂 三十六年五ヶ月 亥三月届ケ
（中略）、
賀州江沼郡 區山岸町大聖寺在 山田次右衛門

東京第四區二ノ小區中猿楽町一番地 市川亮明 （以上消し）
同 第四區小壱區表神保町三番地 大岡忠英（後略）
（別掲）「明治八年第一月ヨリ記與部　書籍表題目」
新十二月帖 上下二巻 河村祐吉著
掌中集書便覧 初篇
新増字林玉篇 全 薄葉摺
近江風土誌 全 河村祐吉著
測地新法 全 米国ジルレスピー氏原著 東京岡本則録抄譯
今日鈔 三巻 自第四至第九
書翰大全 全 上下 萩原乙彦著
初學人身窮理 上下 二巻
新約聖書 路加傳 全 子三月求之
海上衝突豫防規則問答 全 子十一月於阪府求之
滋賀縣管轄細見画圖 一枚摺 丑五月 於五車堂
輿地誌畧 四編上 亜米利加洲 上 丑六月十日 仝
輿地誌略字引 壱冊 子とし十月上旬
阿非利加洲 上下 二巻 八九 丑八月購求
北亜米利加洲 上ノ一 上ノ二 二巻 同月 仝
懐中東京案内 一冊 巳十一月市川氏来訪ノ際至来
近江地誌畧 上下 二巻 丑六月購求 五車堂蔵版
○百科全書 蒸気編 一巻 寅六月購求 價二十五セン
西南征討史略 前三後三 六巻 寅七月購求價壱円四十五銭
　仝 後編 三巻 寅十月購求 價七十五銭
大日本國郡精圖 一 寅十月求價八十銭
皇国沿海燈臺位地一覧 一折 岡田氏ヨリ貰
書家自在 三冊 寅十二月價廿四銭
○訴訟手引 全 卯二月價三十五銭
日本航海規則 全 卯三月價六十銭
皇國萬民必携 西洋綴 全 卯九月下旬購求價七十銭
航海實地教授問答 全 卯十月上旬購求價五十五銭
輿地誌畧 四編中 十一ノ下 卯十一月二日價六十銭
○氣海観瀾廣義 五 古本 辰四月上浣價七十五銭
○具氏博物学 五 但古本 辰四月二十五日 於彦根 價十五銭
船乗獨案内 二冊 辰五月二十一日 價五十銭

大日本籌海全圖 一巻 西洋綴 辰七月二日代五十銭
船乗心得 一冊 神戸塚本ニテ 辰七月廿日 三十六銭
大全明治新百人一首 全 辰十一月一日 西京 價一圓
（別掲）「書籍蔵記」
輿地誌畧 前編三 二篇三 六冊
運用全書 五冊
西洋事情 上中下
　仝 附録 壱冊
　仝 外編 三冊
西洋旅案内 上下 二冊
○萬國公法 四冊
窮理問答 二冊
窮理發蒙 三冊
會社辨講釋 上下 二冊
博物新編譯解 五冊
　仝 補遺 上中下 三冊
世界風俗往来 一冊
世界國名盡 一冊
萬國往来 一冊
英字訓蒙圖解 一冊
和英通語 一天地 三冊
天變地異 一冊
地球萬國暦史 初編 一冊
西洋衣食住 一冊
萬國輿地全圖 辛未年刻成 一
スペークリング 初篇 一冊
　仝 和譯 一冊
英語通辨階梯 初編 一冊
洋算 一冊
新撰字解 一冊
算法通書 上中下 三冊
慶弘紀聞 四冊
今日鈔 一冊
唐詩選 小本 三冊

名乗字引 一冊
近江國全圖 壬申十月改正 一
西洋事情 ウスヤウスリ 上中下 石川氏ヨリ借 壬申冬十一月
　一冊
窮理和解 上中下 三冊
改定律例 一冊
日本府縣畧圖 一
金澤畧圖 一
奥羽越合國畧圖 一
改正千字文 一冊
天然地理學 三冊
諸宗説教要義 一冊
時計便覧 一冊
博覧古言 五冊
伊蘇普物語 此品大阪ニオイテ焼失ス 三冊
皇朝千字文 完
内外一覧 全
真政大意 上下
○自由之理 一二上 二下 三 四 五 六巻
雨窗紀聞 上下
西哲叢談 三巻
物理階梯 三巻
確證文例 一
新律綱領字引 一
新答文例同附録 一
輿地誌略 二篇四 一 七
民権大意 上下
大東宝鑑 一
大阪市中細圖 一
訓蒙日本外史 初篇 五巻
大日本國全圖 兵學寮蔵版 一
訓蒙日本外史 二編三編 十巻
開化文章 全
四體世話千字文 折手本 四巻

町役心得條目 全
市中制法 全
十八史略譯解 五巻
書式便覧 全
○近世事情 十冊 社蔵本ナリ
和漢年契 全 正風竜所有物譲リ受ル
近世畸人傳 五巻 川邊未知彦居士遺書
續 近世畸人傳 五巻 〃
風俗文選犬註解 五巻 〃（このあと五行あき）
田舎げむじ 一ヨリ 三十八冊
以呂波文庫 十五冊（このあと一行あき）
輿地誌略 四編下 十二 辰十二月十四日 代価六十銭
商船海員必携 西洋綴 壱部 巳三月二十日 代価壱圓廿銭
機関字類 〃 六部 巳四月二日代五十銭
小笠原賢蔵 改正海上衝突豫防規則問答 壱冊 巳四月十一日代四十銭
機関手試験問答 明治十五年上下弐冊 巳四月十一日代五十銭
　仝 増補 全〃 弐冊 代七十銭
航海術獨案内 上下 弐冊 巳四月十七日 代七十五銭
航海術試験問答 上下 〃 七十銭
　仝 例題 上下 〃 六十銭
海陸必携 晴雨考 折本壱部 十弐銭

一庭―覚書―18

（手帳一冊、奥付が明治三十五年十二月発行の三井銀行の手帳）

伊豫國三ツ濱 和泉回漕店ニ而（中略）四月廿日誌 など

一庭―覚書―19

（手帳一冊、奥付が明治三十八年十二月発行の三井銀行の手帳、裏の見返し「長天堂霞艇 しか縣おふつかみ（大津上）平蔵町 一庭啓二」）。親族命日（別掲）、馬場発・京都発時刻表、明治四十年八月二十五日からの日誌（別掲、部分）など。

（別掲、親族命日）

卌九年十一月九日夜歿 ○貞徳院慈観妙琴大姉 木村信太郎兄 亡妻 五十八才 俗名 琴
卌九年十一月十日夜十二時前往生 ○覺譽了月明心禅定尼 啓二實姉 俗名山田徳 七拾六年歿
卌九年一二月二五日歿 ○釋尼智秀 俗名 し那 姉 年六十八才
四十年三月廿六午後四時歿 ○釋了賢与改 享年七十四才 兄茂兵衛事

台北書院街五丁目二種十六号 山田寅之助宅

（別掲）「明治四十年八月廿五日夜」（部分）

四十年八月廿五日 夜函館市大火災之節、京都花の本聴秋翁滞函中、類焼ニ出会發句二三ヲ始、朝空や莚の上乃握り飯　捨衣焼けてかり着の夜空哉
八月廿三日 午前七時疎水舟にて入洛、九時訪問ス、對龍山荘
　廿三日 夫より本居へ行ク、南禅寺町市田彌一郎、午後一時より市川北川両家ヲ訪問、市川方にて武井多賀女と面會、小児四人ヲ披露せり、午後四時南禅寺本宅へ権寓、一泊
　廿四日 終日降雨、滞在、電話番号壱千五百八十七番、屋敷地弐千坪餘と申ことなれ共、客際ふる分、南禅寺本宅、大津番号四拾五番、小林呼出し、店八百六番、九月五日記
　廿六日　午前退禅、後三時過帰津
　○
九月五日　晴、午後雨天雷、午前八時疎水ニ而入洛、十時前着禅
　六日 曇天、午後晴、夜雨降
　七日 終日降雨、夜強雨
　八日 降雨 ○朝かたの水の葉末や厄日前　前九時より晴天、夜二時頃より又々降雨、夕景宅ゟ書状着、端書を以、卅日之義断之返事出ス
　九日 残雨、午后四時より少雨ニ変ズ、無風、両日、本店夘助氏と面談ス
　十日 快晴、端書二枚、宅と小林と両家へ、正午時投函、夜も青天
　十一日 曇天、折々少雨降、無風、午后降雨、夜晴
　「二百廿日」十二日 極快晴、無風
　十三日 晴 無風、朝寺町へ出ス、主人奥方御両名東上、夜八時急行乗車之事
　十四日 快晴、無風
　十五日 日曜、駒ケ瀧行
　十六日 寺町行、屛風片之賣却、北間竹蔵殿、宅へ状出ス、后二時
　十七日 凪 みゐ寺かね、夜八時過より降雨
　十八日 朝雨天、午後八時半過ゟ雨歇ム、来状九時着、宅へ状出ス、后三時
　十九日 快晴
　廿日　曇天、凪、午后八時比より降雨
　廿一日 雨天終日、彼岸入
　廿二日 曇天 前十時ヨリ晴、名月清光、小林へ端書出、十時
　廿三日 快晴、十六夜、両日清光、宅ヨリ荷著、大黒や着類託ス、
　廿四日 朝曇天、終日、ヒガン中日、南禅寺山門上ニ而法事、参拝ス、画工探幽、彩色土佐徳悦
　廿五日 曇天、前十時ヨリ晴、夜散髪刈、大岡鉄蔵方へ行
　廿六日 晴 ○二十二日より、御主人、夕暮御帰宅相成ル
　廿七日 晴天 正午宅へ状出ス、田嶋他行
　廿八日 曇天 夜七時寺町北川方ヲ訪、十時帰禅ス
　廿九日 晴天 前九時主人公御東上、寺町へ端書出ス、大たゟ来状、后一時着、後五時北川ゟ金五圓ニ状添、到来、五時卅五分ニ付大たへ寺町ゟ之書面ニ菓子料添印付ス
　卅日　晴天 夕暮ゟ更ニ端書着
十月一日　青天 仏光寺・興正寺両門主・教音院、奥氏付添御来荘、二時四十分着車、十時過ぎ御退席
　二日 青天 建具類敷物建替スル、家一泊一外二人

三日 青天 夜鶴東ニ宿ス、松も同行
四日 青天 鶴留直、南禅寺麓ニ仮り居して きゝ馴れた鐘の音憂き秋の雲 老生
五日 晴 后四時より降雨、十四日間晴天続キ
六日 雨天 正午より少雨、夜雨歇、曇天、夕七時御両トモ東京ゟ御帰荘
七日 快晴 宅より色さしつ、大黒や便爾後四時過着、○為土産反物壱反到来
八日 青天后曇り 福羽佐々布両家書状出ス、后五時前投函
九日 雨天、午後七時より快晴、足袋一足戴ク

一庭―覚書―20

(手帳一冊、奥付が明治三十九年十二月発行の三井銀行の手帳)。佐々布幹の出産、四十一年歌御會始 社頭松、「對龍山荘在勤中ノ日誌 明治四十年十月十日ヨリ」(別掲)など

(別掲)「對龍山荘在勤中ノ日誌 長天堂酔仙老生」

明治四十年十月十日ヨリ爰ニ留 此日迄ノ宛ハ別冊ニアリ
(十月)十日 青天 大津神祭 巡査部長 豊永某 便所下水道検分ニ来ル
十一日 巳ノ日 午前四時前地震アリ 青天 午後一時前南禅寺町字谷川 廿二番地 市田弥一郎 卅九才 元籍近江神崎郡 字北町屋
黒谷市川家墓を展 夫ヨリ真如堂詣弁財天ニ献供ス 二時半帰荘、仙氏帰村ス
十二日 曇天 后二時前ヨリ小雨降
十三日 午后二時ゟ雨歇 五時ゟ快晴 渋谷氏入来
十四日 晴天 午后曇 主人珍両君共留守中 前十時山縣元帥望月老付添尊来
十五日 快晴 粟田祭 来客 山田南安田三氏野宴ヿアリ主人火鉢の災害ヿあり
十六日 青天 前九時宅ゟ来状 返端書出 前十時 夜御三方他出、子十二時過御帰宅 山口矢島方返書出ス、午后六時投函
十七日 曇 白川茶山江尊報と御越大勢 車十二輌 留主居 僕正平小桜竹吉已上五人 小川治外二人庭園観来、后四時退荘、住友主供一名也 山ゟ后八時帰館、大ツ北村老婆一泊
十八日 青天
十九日 青天 北村老母於寅病気ノ報接、俄ニ帰津被致、前十時過 ○南禅寺町氏祭禮、大豊大明神
二十日 雨天 夕暮より雨歇、夜晴 千嶋氏帰荘ス
廿一日 雨降 三月ヨリ借リ入の店丁稚卯吉帰店
廿二日 晴 時代祭リ 雨降瑞町四名、午前十時ヨリ俥ニテ大津石山地方へ遊歩ナサルゝ、後八時過帰宅相成ル
○山縣氏へホーロク蒸付進呈使ス、英吉利人三名入来、夜四時迄馬場、福次郎氏ノ證キコトアリ
廿三日 巳ノ日、雨降、鉄平方へ徳り湯沸シ等直し物抔集ル
吉々(丸で囲む)夕暮ゟ雨歇、更ニ雇入相成ル辞令拝承給拾圓分也
廿四日 快晴 ○後二時、宅・寺町・北村三家へ通報書面遣し出屋、夜八時頃大事有リ、畑所事件ニ付、妹政子信□セリ、アヤメ待
廿五日 青天
廿六日 晴 夜散髪刈、此留守中ニ□政子入来、地所件決着、示談調、十時過退出セラル
廿七日 晴天、自転車競走事、向福次郎子等同行、午前六時半出發、向玲子、青山すが子外四人、同車叡山行、此日高帰徳氏、岩倉行、手代達三来ル
廿八日 前十時五十四分列車ニ而大坂へ下ル、帰路橋本方へ寄ル、夜八時過帰宅
大井川かへらぬ水に影見へて ことしも咲ける山桜かな
景樹翁
廿九日 晴天 返津、村利氏訪問、夜井上新玄関払
三十日 晴 後一時五十分馬場駅ゟ乗車ノ中ニ帽忘れ致し、三時半南禅寺へ帰宅ス
卅一日 晴天 ○夜会計部引渡済
十一月一日 甲寅日 極晴天 旧九月廿六日
二日 晴天 夜店へ夘助氏へ手紙相達ス、出使歟等―尋行、春泉堂開店、不二木氏ヲ訪問ス、十時前帰宅
三日 天長節 朝大雨、前十時より雨歇、午後曇天、玄米壱夕白五斗小林ゟ入
四日 曇り 大事へ返書出ス、催枕本のヿ
五日 曇 本日ゟ枕本類者、大黒や便、柳香利三、宅戻ス
六日 晴 御道具類出店ゟ取出ス、店ゟ孫氏外一名来ル
十一月七日 晴 午后一時過市川老人来訪、夕景福太郎来訪、柳塘先生御養生出養金密総□□之事ヲ聞
八日 晴天 夕景宅ゟ柳芳利壱行着
九日 〃 六拾名斗紳士方宿へ□(写カ)、招待の事あり、午前九時過より、夜八時前終席
十日 〃 午前十時過より来客、惣百人、百拾名斗、但し料理前日は八新亭、翌日ハ錦山亭、午後六時過終席
十一日 〃 午前端書到着、宅ゟ来ル、廿四日御急候様客件、来賓拾四名、甲子ノ日高岡氏ニ相談ノ件、浅山真吉獅子舞、五時頃着書状云々、午後七時前ゟ五條新町東入高岡方へ行、十時卅分帰宅、久々にて新太郎児と面談
十二日 晴天 午後三時過ゟ御三方共久原氏へ被行、在大坂松村音次郎子病没之報告、新聞紙上ニテ承知至、取敢悔弔状當之町へ□
十三日 晴天 前十時、大坂松村氏方へ、爲香儀四切手五十銭送ル、山口へ出ス、後三時
十四日 〃 前十時□町へ案内端書出ス
十五日 〃 大原氏御聟入主公、午後三時より御出席、○二軒分之内之目録宅へ翌日送ル、翌午前五時十分、主人帰宅相成ル、
十六日 曇 巳ノ日 早朝京詣ス、午前九時小井仁人へ書状ス、宅使ニ壱封託ス、宅届ケ、午後二時過ゟ興正寺門主外五名同行入来、四時頃退館、後三時頃より高岡福三郎、

兄息同伴入来、品組取極、夕五時前俥にて帰宅サル、夜一時三十分田鶴・幹之御両人大原氏より帰ル

十七日 朝雨天、正午ゟ快晴

十八日 晴天 早朝宅ヨリ端書来ル

十九日 午前高岡へ返智ニ行、中飯ニ預ル、東京大場氏入来○柳塘先生病ヲ見舞

廿日　晴 主人大場氏同行、高雄嵐山行、夜高岡行、十時過帰宅

廿一日 晴 主人外四人金臺院方へ遊歩、午後一時、高岡方へ謝尉（慰）金廿圓ニて封持参ス、出立ニ付急行、主人公達、夜十一時前帰宅相成ル

廿二日 曇天

廿三日 晴 大場氏一行、前九時頃御出立、主人惣圖同伴大坂行、夜強雨降

廿四日 晴 大原氏来賓御着殿の饗應事アル、餘興包丁組鯉八新亭主、仕舞 金剛巌、高砂、高岡将次郎 羽衣、其他三番、祇妓舞、廿五日午前三時過終了

廿五日 晴 夜高岡方へ謝禮封金持参ス、大坂ゟ惣圖庵夜帰荘ス

廿六日 晴天 近野岩次氏入来、一泊

廿七日 雨天 午前九時岩次郎氏退荘 ○西崎惣圖庵、前十時出立、東京へ帰ル、午後二時より柳塘先生方へ悔ニ行、茶養壱円霊前へ備ル

法名竹林院白山柳塘居士 六十六才、二十三日午前四時瞑歿、葬式廿四日夜七時十分、待車ニテ帰津ス、なお病卒タル報ニ接ス、

廿八、廿九、卅日 十二月一日 午前六時過ニ瞑歿ス、二日午後二時松本山へ埋葬

十二月三日 午前十時より灰葬、年賀不来、生なく、供西村由之助

仝 十日 午後三時過帰荘ス、此日雪少し降、寒気強クふく

仝 十八日 夜十一時待車ニテ帰津ス

廿日、廿一日両日忌明、馳て廻ル・

廿二日 忌明情念相照ル共参詣人、宿坊住持、尾崎、佐岡、みき、その、□し、くに、手伝人しづ、巳上

廿三日 午後三時過帰荘、此朝雪降、寒気強

毎夜郭公のかましき程来啼きけるを
　別荘や鳴き入ながらホトトギス
　　對龍山荘にて酔仙即吟

（別掲）明治四十二年八月十七日京都發途十時四十五分出車

（八月）十七日 正午時分帰宅、佐田奥科木村ヲ訪問ス、夜十時五分馬場駅より三等急行ニ乗車

十八日 午前十時五十一分品川驛へ着車、夫より巣鴨駅へ乗り替、正午時巣鴨駅へ着車、夫より人力車、佐々布方へ十二時過着ス

十九日 散髪刈、巣鴨ヨリ乗車、新宿福羽氏へ行、夕五時分帰宅、土産端煎餅購ふ

廿日 原町鈴木方ニテ家族一統と撮影ス、夫ゟ指ケ谷町ゟ電車ニテ吾妻橋迄、此処ゟ汽船ニテ言問迄渡ル、向嶋百花園ニテ休息ス、帰際、言問たん子ニテ休憩、名物團子ヲ食ス、此處より汽船ニテ吾妻橋迄乗ル、夫より浅草公園花やしきへ這入、動物餘興あやつり人形活動写真山から藝等ヲ一見シ、不偲池畔松田楼ニテ夕食ヲ喫ス、此時夕立強降ル、午后七時四十分上の駅より巣鴨迄待車、九時前帰宅、本日之一行 啓二 佐々布主 みき子 以津子・弘一・志津子・下女せん巳上、○不圖不忍池中の蓮盛りヲ見タリ

廿一日 午前九時より俥に而指ケ谷町迄、夫より電車ニ而築地武井方ヲ訪問、中飯ヲ馳走ニ成、午后二時過、堀道氏を訪問ス、夫より田所町店行、五時なり人形町ニ而電車ニ乗り、上野迄勧工場一見シ、同駅ゟ巣鴨迄待車、此駅より徒歩ニ而帰宅、六時過也

廿二日 佐々布主と同伴、指ケ谷町ヨリ日本橋迄電車、三□越井ニ白木屋等ヲ一見シ、夫ゟ新富町竹葉亭に而鰻の馳走ニナル、午后二時頃より日比谷公園ヲ夫是観覧後チ、新宿駅迄電車、福羽方へ訪問、夕飯ニ丁寧成馳走ニ受ケ、夕七時過退館、夫ゟ新宿より指ケ谷町迄電車ニ而又俥ニ而帰宅ス、時九時前

廿三日 午前、以津子案内ニテ家中廻りス、増野 高山植木 仕丁方三軒、巡査斎藤 川久家 今一軒 午后二時前御殿へ相伺、後室様ニ相謁ス、但し御前御二方、大磯新別荘ニ御滞在中ニ付、拝謁セズ、御後室ゟ羽織壱掛頂戴ス、御殿より金五百疋仝

廿四日 午前十時頃より佐々布主・以津子・弘一・志津子・増野連以同伴に而、上野公園行、帝国博物館内表慶館等ヲ観覧シ後、不忍池畔ニ而志るこの馳走ニナル、夫ヨリ上の勧工場ヲ見ル、同駅より巣鴨迄待車、夕飯ニ別杯シタル後、午后六時退出、皆々玄関前迄見送ル、佐々布主新橋駅迄見送リ被呉、此処ニテ乍遺蔵離袂、素待車、七時半三等急行列車ニ而發京、帰路ニ就キ、翌廿五日午前八時半、無事馬場駅へ安着、夫より帰津休憩、夕七時過南禅寺へ帰宅ス

一庭―覚書―21

（明治五年五月か）宴會での友人の俳句・短歌、一四枚）

一庭氏の宴會に於て
　呼びかわす聲にいろある蛙かな　　ふねの狂
旭洞雅兄新拵の瀛船を賀す
　長閑さや旭に昇る鶴の聲　　（一庭カ）
など一四点

一庭―覚書―22

Ⅲ 書簡（一庭―書簡）

〈福羽美静書翰一括〉書簡―1から14

漸凌候相成申候、貴家御安全欣賀之至候、先般ハ御懇情奉謝候、当方よりハいつも御無沙汰恥入候、乍軽々皺のり一包小包候か、送り出申候、入手被下度候、逸人留守よりも宜申上給候由、先ハ右迄如此候、恐々謹言

九月十一日　　美静

一庭啓二君

乍筆末、皆々様へもよろしく御伝申候

一庭―書簡―1

及月追、御安全欣賀之至候、毎々御懇情、先日は松茸奉謝候、小生足病于今相苦候、併氣分宜く、筆を執りましく、笑ハせて大字認見申候、御笑覧可申候、皆々様もよろしく御頼申候申上候へし、謹言

十一月廿日　美静

一庭啓二君　一庭―書簡―2

(封筒、「滋賀縣近江國大津上平蔵町 一庭啓二君」「東京府豊多摩郡淀橋町大字角筈新町百八十五番地 福羽美静」、「廿五年一月五日の消印」中に四点あり)　一庭―書簡―3

・(名刺)「賀新年」　正三位勲二等子爵福羽美静　一庭―書簡―4

・(包) 歳旦作 歳旦作 元々居　一庭―書簡―5

・過日ハ御慈情送り品々預便候、罹病中略義なから御禮申度、如此ニ御座候、謹言

一月四日　美静

一庭啓二君　一庭―書簡―6

・わが前業なる元々居にとしをむかへて

梅椿匂ふに老をなくさめて 田舎うれしきとしのいわい　美静

明治廿五年一月　一庭―書簡―7

時事に感することありて、おのれおもへらく、西郷隆盛のいでしも、大村益次郎のありしも、制度外の叢渕ありしによれり、中古の政體に弾正臺ありしは、豪傑達待つのありさまにあらず、今日の学海に博士を揃ふるからは、英雄大物を出すのかまへまたあらまほし、衆豪に口を開かしめんとしては、大方針乃厳明なるあらざればかなわず、国家のかまへは実に大事なるものになん、

あらうみの浪おしわけてゆくふねは

人とかまへとかなへれハこそ　美静

(「野村傳四郎書」の用箋)　一庭―書簡―8

年頭の吟

青柳のいとめでたしとくりかへし　美静

のふるやとしのけふのはつ雪

明治廿七年　一庭―書簡―9

(封筒、消印「明治三十三年九月十一日」、表書「滋賀縣近江國大津上平蔵町 一庭啓二様」、(朱印)「東京府豊多摩郡淀橋町大字角筈新町百八十五番地 福羽美静」、封書裏「九月十一日」)　一庭―書簡―10

(封書、表書「滋賀縣大津市上平蔵町 一庭啓二殿 親展」、朱印「東京府豊多摩郡淀橋町大字角筈新町百八十五番地」「福羽美静」、裏消印「明治三十三年十二月二十一日」)　一庭―書簡―11

(封筒、表書「滋賀縣大津上平蔵町 一庭啓二君」、朱印「東京府豊多摩郡淀橋町大字角筈新町百八十五番地 福羽美静」、消印「明治三十六年一月五日」)　一庭―書簡―12

・(名刺)「賀新年」正三位勲二等子爵福羽美静　一庭―書簡―13

・歳旦 梅花を見て　七十三翁 美静 (朱印)

君か代の かさしとさきや まさるらん

としたつけさの 梅のはつ花

明治三十六年一月　一庭―書簡―14

(葉書「大津市上平蔵町 一庭啓二様」「志賀町 徳永」、消印「明治四十年三月二日」)

過日態々御光来結構なる御志に預り、誠右御礼申上候、又御只今はGloves 御恵与被下、大悦び仕御座候、先は一寸御礼迄　一庭―書簡―15

(前欠か) 頼心もわれとおこらしと申候御哥、有難之御座候也と思ひ候へく候、かやふに、あみた仏のおかこより遊しくたされ (…中略…) あすありとおもふ心のあた桜、よるハあらしのふかぬものかは、御開山様ハ九歳の御年被仰候、御得心なされ候か、何〻ありかたき御事御安心のうへニ、御添附称名念佛長わすれなきやふ、いのり〳〵あなかしこあなかしこ

二月廿日　多門〻 (宛名欠)　一庭―書簡―16

(表宛先「京都市南禅寺町市田出内 一庭啓二殿」、消印「明治四十三年一月一日」)

シン子ンメデトー　サソーコーイチ　爺の元旦の口癖、一寸□□ (遅振子カ) に申上候

数の子の彌々めでたき年賀かな　一庭―書簡―17

Ⅳ　一庭家家計、土地家屋貸借・売買（一庭―家事）

一、畳十八帖　一、間中戸襖 弐本（…後略…）　一庭―家事―1

一、御秡 壱　白梅 壱本　万金丹 壱包　焼キハス 弐ッ

北河

一、御祓 壱　観音御札 壱　濱萩筆 壱枚　箸箱 壱ッ　萬金丹 壱包　かます弐枚　小川 隠居 (後略、以下市川、本家、岡田屋、堀と続く)

買入之品□□竝　ハス弐ッ カマス弐枚　一庭―家事―2

(包、「しらべずみ 一庭」)　一庭―家事―3

(上平蔵町一庭家の地積測量図一枚。境界に「下堅田町境」「材木町境」、地割りには太郎兵衛・町中持・平助・なを・六兵衛・伊三郎らの名前がみえる)　一庭―家事―4

(川普請の測量図か、「川筋」「川幅」「九尺」「南屋敷」など)　一庭―家事―5

(薄く乱れてほぼ読めないが、「一代銭 三十九金 于他一切御代ニ而下候、為代銭に遣し申候 一庭啓二」か)　一庭―家事―6

市場様　　　　　　　　　　　つた
一、十七ノ弐　南京皿五つ
一、廿二か外 應山書掛もの（中略）
此金三分五朱也　四百十口入り出し
（異筆）右之通九百文差申候也 六の九
午五月晦日切　　一庭―家事―7

市場様　　　　　　津た
一壱歩也 十月朔日 釣へ花生（中略）
右之通状差上申候
午十月晦日　　一庭―家事―8

（袋、10から18まで九図入り）「未八月調 諸建屋圖入　市庭」　一庭―家事―9
・「八帖」「壱帖押入」など間取り図　一庭―家事―10
・「庭」「座敷八畳」「旧湯殿」、南に「庭」　一庭―家事―11
・「土蔵」「貸家 小家」「旧ノ小家」　一庭―家事―12
・「隣 小家」「明地」「ツレ」　一庭―家事―13
・「中庭」「カコイ三帖」「二階上り口」　一庭―家事―14
・「土蔵」「庭」「湯」「上り場」　一庭―家事―15
・「中門」「此間五間」「床」「袋棚」「押入」　一庭―家事―16
・「中」「五」「六」　一庭―家事―17
・「平蔵町南側船屋忠助所持抱家屋敷　表口弐間五尺弐寸
五分」　一庭―家事―18

〈廣漢堂請取など一括、19から23〉
・市場様　戊三月分（「廣漢堂」印）　一庭―家事―19
・市場様　戊五月分（「廣漢堂」印）　一庭―家事―20
・市庭様（「廣漢堂」印）
一、百壱両弐拾疋 五月〆
　内金壱両二分弐朱 五月口入
さん用　六匁九歩御出し候

戊七月
・舟太郎様（「廣漢堂」印、「津た」と上書き）　一庭―家事―21
御買
一、（朱印）五匁 十二月十九日 菓子鉢一ッ
一、（朱印）壱匁イシベ手鉢（中略）
此合壱両壱朱也　三百卅弐分入 御出候
右之通慥ニ受取申候　一庭―家事―22
・船太郎様（「廣漢堂」印）
一、弐拾六匁 七月四日 キヤマン徳利 道八茶碗
一、六分 入用
一、六分 正月八日 入用（略）
右之通慥ニ受取申候
申九月二十日　一庭―家事―23

應需考之　直温（ナホアツ）　歸納字乇（花押）
書曰命汝典樂教冑子直而温（略）
嘉永五年壬子八月既望（一八五二）　藤田順寧撰（朱印ふたつ）　一庭―家事―24

〈實名並花押など一括、市場太良兵衛、25から28〉
・（包み）「（朱印）、實名並花押 附リ 字・號・俳名　市場
氏 白雲堂（朱印）ふたつ」　一庭―家事―25
・（包みに貼付）應需謹考　経史子集之文ニ取り而、后ニ
韻鏡反説皈納連続文字ノ美ヲ視テ以テ之ヲ命（原文漢文、
訓点付）
實名　尚書ニ曰ク、出テハ直言之禮ヲ治メ（原文漢文、訓
点付、中略）直興（中略）
文久三癸亥歳初冬吉日（一八六三）
　白雲堂山口其覺 周珉（朱印ふたつ）
市場太良兵衛殿 寄　一庭―家事―26
・（包みに貼付）天保六乙未歳生　納音 金性　本命 三碧木
星　名直興（ナヲオキ）　字子政　號先禮堂　俳名 一止（後略）　一庭―家事―27
・（朱印）命名小引　夫韻鏡者音韻之譜也（中略）

萬延元年庚辰夏四月（一八六〇）　皇都 山口其覺識（朱印二つ）　一庭―家事―28

〈實名並花押など一括、市場啓次郎、29から36〉
・（包み）「（朱印）實名並花押 附リ 字・號・俳名 市場氏
（青字）啓二　白雲堂（朱印）」　一庭―家事―29
・應需謹考　経史子集之文ニ取り而、后ニ韻鏡反説皈納連
続文字ノ美ヲ視テ以テ之ヲ命ク」（原文漢文、訓点付）
實名　尚書ニ曰ク、汝ノ止マルトコロヲ安ンジ、惟レ康ニ
シテ甚ダ弼ケ直クナレバ惟れ動て歪応じて志を俟て以てて
昭くに上を受く（原文漢文、訓点付）直昭（中略）
文久三癸亥歳十一月吉日（一八六三）
　白雲堂山口其覺 周珉（朱印ふたつ）
市場啓次郎殿 寄　一庭―家事―30
・弘化二乙巳歳生　納音 火性　本命 二黒土星　名 直昭（ナオアキ）
字 子應（シオウ）　號後志堂（ケイシタウ）　俳名 安止（アンシ）（後略）
・（朱印）實名 表印 直昭（ナヲアキラ）（中略）　一庭―家事―31
京都間之町夷川上 白雲堂　山口其覺（朱印）　一庭―家事―32
・直昭 四声連續之撰（…後略…）　一庭―家事―33
・（31の続きか）
是ヨリ以下　反切門法ノ大事（後略）　一庭―家事―34
・（朱印）命名小引　夫韻鏡ハ音韻之譜也、学者ハ必ズ此
ニテ（中略）
萬延元年庚申夏四月（一八六〇）　皇都 山口其覺識（朱印ふたつ）
・韻鏡學講習 人名乃講釈（中略）　一庭―家事―35
夫高貴の方より庶人に至る迄大切なるものハ名乗なり（後
略）　一庭―家事―36
（文書なし：参考　やぶ椿「湖上に汽船を浮べて七十年亡
き父を憶ふ（一二）」所収

畑地売渡し証券　字東河原新建家場所
一、下畑壱段拾壱歩此高壱石一斗四升
右之畑地我等所持ニ罷在候処、今般相対ヲ以テ貴殿江売渡、則代金百八拾五円正に請取売渡申候処実正也、然ル上ハ右畑地御勝手ニ御支配可被成候、尤右地券ニ付諸親類ハ不及申、脇外ゟ違乱故章申者一切無御座候、為後日畑地売渡証券、依而如件
明治六年八月　西成郡第一区難波村
売主 法西 幸 印
証人 倭 伊兵衛 印
滋賀県下第三区　大津平造（ママ）町一庭太郎兵衛殿
一庭―家事―参考―り

借家請證券
一、今度貴殿御所持之御貸家借用仕候ニ付而者　御政府ゟ時々布告之旨趣屹度相守、隠賣女人寄セ其他猥ケ間敷義一切仕間敷候、家賃之義者御約定之通月々相納メ可申、尤御貸家御入用之節者至急立退明渡シ、毫も御難儀相懸申間敷候、若本人不都合有之候ハヽ請人之者出頭万事引請地明ケ可申候、依而為後證借家御證券、如件
明治七年　第十二月十八日
借家主 船越金次（印）
同町内
南大組第壱區内安堂寺町弐丁目第廿六番地
証人 佐竹治三郎
南大組第拾四区 難波新地五番町
一庭太郎平殿
一庭―家事―37

下京區第六組東側町　一庭太郎平
爲水害者救助金五拾銭差出候段奇特ニ候事
明治十八年十月十日
京都府（公印）
一庭―家事―38

〈種痘 一括、39から41〉
・證
滋賀縣近江國滋賀郡第三區四番地
一庭啓次 二女 幹 四ヶ月
左ニ顆 右ニ顆（朱印）右種痘濟
明治十年四月　滋賀縣下近江國滋賀郡第四号医區
種痘組合出張所（公印）
一庭―家事―39

・証（貼付「式山田久先寄留」）滋賀郡下平蔵町 市場
慶次 三女実記 五年三ヶ月
左顆 右顆（朱印）右種痘濟
明治十五年四月十七日　滋賀縣滋賀郡大津上京町
種痘醫柴田榮齋（公印）
一庭―家事―40

・種痘證
下京区第五組弐部町 山田久先寄留（朱印）
滋賀縣近江國滋賀郡大津上平蔵町
一庭啓二 次女 ミき 七年四ヶ月
初種 左顆 右顆
明治十七年五月四日
再種
明治十七年五月四日　京都府下下京区第三組烏帽子町
種痘医 森周三（朱印）
一庭―家事―41

（印刷）久野家秘安産膏 價百銅
此膏薬、産にのぞむ時、額鼻すじのへり髪のはゑぎハへ半分かけて（中略）
京堺町三条下ル町西側　久野幽蘭堂 執事
一庭―家事―42

安産竝乳出る伝
一、産婦其気つきたる時、其夫の朝夕用ゆるてゝの椀に井の水を一はいくみて、人乃さわらさる所ニ揚置、既に平産あらは、直ニ其椀の水は又、もとの井ニ入へし、此方は清水氏の老婦人、数十人ニ教て、婦人さん中乳出て、赤子の幸を得る事功験いちしるしとて、此法をよしまたこころみるニ、みなこと〳〵く其しるし侍るまゝに世には弘むるものなり、
一、此法をしらすして、産の後、ちゝなきをうれふる人あらは、産後の七十五日を経てうる米三合小豆五夕、牛房たね廿粒、右三種いりて、ざらびきに粉になして、さゆうにて、日三度ツゝ用ゆへし、是又きわめてちゝ出るきめうなり
辰四月十五日
一庭―家事―43

祝入費控之文分
・三拾銭　結納之節祝儀
・六円 呉服二品 松屋拂（中略）
合計卅弐圓八拾七銭相拂
三十一年十二月十五日（略）
（貼付）内譯・七円五十銭　聟引手禮料
・七十五銭　逸人氏へ扇子紐（略）
一庭―家事―44

（一綴）廿一年十一月 吉辰　一庭家
幹女佐々布家へ縁組ニ付　祝品到来之扣並に祝入費諸調度買物之留
一、紋付小袖壱重 針箱一個 市川ヨリ
一、夜具一組 北川ヨリ 代金拾三円
一、筆笥長持壱棹ツゝ　品女ヨリ 代金拾円五十銭
一、品物料金拾円 亮功ヨリ
一、金五円 市川両人ヨリ 別段　右者帯地買上ケ、亮功ヨリ之拾円ニ補足之事
一、同 五拾五銭 品女ヨリ 右者筆笥長持小たんす代金惣計補足ノ分 但北川ヨリ之残金一円七十五銭ヲ加ヘ猶不足分
一、同 弐拾銭 同上出付之分
一、鏡臺 市川ヨリ
一、紙落葉傘 理くヨリ別段
一、更紗刺繍ぐるり下着 武井たかヨリ
一、縞弥帯片かわ 友仙縮緬帯上ケ いち川光ヨリ

一、水おしろい 箱入 玉子 一箱 羽倉ヨリ
一、友仙縮緬帯上ケ一筋 福羽ヨリ □（鯉カ）之助 切手
五十銭 一箱 （後略）

一庭—家事—45

（端書、「三係りなりケル」）
指入物御願

滋賀縣少属
滋賀郡第三區――――
――――

一、何之品
一、――――

右之者御吟味之筋有之、御拘引出来恐入候、依而ハ前願之品々指入申度旨、何とそ御聞届ケ之程奉願上候也
――――　――――丸印

滋賀縣監獄署御中
前書之通相違無之ニ付奥印仕候也
右町戸長 ――――丸印

一庭—家事—46

V 写真・絵葉書（一庭—写真）（ガラス乾板・鶏卵紙を含む）

一庭本人や家族・友人などの写真を通し番号とした。台紙に印刷された写真館名も記した。

1 一庭啓二および家族・親戚

一庭啓二写真（大判、右手に蝙蝠傘、やや左向き、裏書「明治三歳午正月廿六日写 一庭啓次郎 源直昭 廿六歳 姿」） **一庭—写真—1**

一庭啓二写真（小判、写真—1と同じ、裏書「明治三歳午正月廿六日写一庭啓次郎 源直昭 廿六歳 姿」） **一庭—写真—2**

一庭啓二写真（ガラス乾板、右手に蝙蝠傘、やや左向き、箱書「明治三歳午正月廿六日写 一庭啓次郎 源直昭 廿六才姿」、紙焼きの1および2の原版） **一庭—写真—3**

一庭啓二写真（ガラス乾板、箱書「明治第四年未春 写於神戸港 一庭啓二」） **一庭—写真—4**

一庭啓二写真（ガラス乾板、立像左手に帽子、箱書朱書「明治五年壬申十一月 於阪府南地写之 一庭啓二 二十八年像」） **一庭—写真—5**

一庭啓二写真か（ガラス乾板、髷を結って三味線を弾く） **一庭—写真—6**

一庭啓二写真か、（ガラス乾板、扇子を持ち髷を結う） **一庭—写真—7**

少年期の一庭啓二と姉品（ガラス乾板） **一庭—写真—8**

箱のみ（箱朱書「于時明治第四辛未臘月中日写真 於摂陽神戸港 一庭直昭 二十七歳像」） **一庭—写真—9**

箱のみ 箱朱書（割れ一部）「（欠）日登見」 **一庭—写真—10**

箱の割れ 数点 **一庭—写真—11**

矢島勉 君子（裏書「矢島勉 仝 君子 大正七年十一月十三日」、大阪道修町佐貫明） **一庭—写真—12**

佐々布家子ども（裏書「叔母上呈上 大正七年八月三十一日天長節の日うつす 佐々布以津子十九才 弘一十四才 志津子十二才 美津子九才 嘉津子六才 俊平四才」） **一庭—写真—13**

佐々布以津子（裏書「明治三十三年八月八日以津子宮参り記念のタメ」、東京九段坂 鈴木真一） **一庭—写真—14**

佐々布家集合写真（充重・幹夫妻 以津子 弘一 志津子 美津子 恵津子 俊平 赤子か、東京小石川西九町山口写真館） **一庭—写真—15**

佐々布夫妻の写真（裏書「昭和十三年十二月四日の結婚記念日を迎へて　其白髪四十年かたる炬燵かな」、銀座有賀写真館 独逸写真士有賀帋五郎） **一庭—写真—16**

佐々布幹と子ども三人（裏書「明治三十九年四月撮影 幹30 以津7 卯女4 弘一2」） **一庭—写真—17**

一庭啓二直 幹（ガラス乾板） **一庭—写真—18**

一庭直 幹 陸（ガラス乾板） **一庭—写真—19**

着物姿の少女（ガラス乾板） **一庭—写真—20**

和装夫婦（ガラス乾板） **一庭—写真—21**

一庭幹ら（箱裏書「一庭幹四年六ヶ月 下婢豊十六年 十四年巳七月下浣 写 於西京新京極 木村氏」、ガラス乾板） **一庭—写真—22**

一庭啓二 長友喜三 筒井郁（箱書「長友喜三 筒井郁 一庭啓二 于時明治十有六稔春四月中浣写於長等山麓佃氏」、ガラス乾板） **一庭—写真—23**

一庭啓二・久田作兵衛・原田義一・村田幸吉（箱書表「四友撮影」、箱裏「一庭啓二・久田作兵衛・原田義一・村田幸吉 十三年庚辰一月 朋友四名撮影」、朱印「彦根袋町 高木精□堂 中町土手下」、ガラス乾板） **一庭—写真—24**

結婚写真 人物不明 **一庭—写真—25**

軍服肖像、東京九段 野々宮 **一庭—写真—26**

一庭太郎兵衛（裏書「一庭太郎平」） **一庭—写真—27**

一庭啓二立像写真（裏書「明治十有六年夏六月上澣写之 一庭啓二 卅七年七ヶ月撮影」） **一庭—写真—28**

一庭啓二胸像写真（裏書「明治十有六年六月上澣写之 一庭啓二 卅七年七ヶ月像」） **一庭—写真—29**

一庭啓二 手賀勘吉 堀部義三郎（裏書「手賀勘吉 一庭啓二 堀部義三郎 明治七年六月観念寺境内ニ於テ写之 西京猪飼」） **一庭—写真—30**

一庭・久田・手賀（裏書「一庭 久田 手賀 廿二年十月二日手賀安吉子送別宴会ノ日 於佃舎方写之」） **一庭—写真—31**

同 （裏書なし） **一庭—写真—32**

男性二人、帽子の男性が一庭啓二か **一庭—写真—33**

一庭啓二か、口ひげ、胸像写真 **一庭—写真—34**

一庭啓二か 全身写真 **一庭—写真—35**

一庭啓二かテーブルで酒宴五人 **一庭—写真—36**

北川妙（裏書「實母北川妙了八十八年撮影 明治廿一年三月 一庭啓二誌」、京都府新京極通三条下ル桜之町写真師岡崎） **一庭—写真—37**

北川妙了（裏書「齢七十有八年 實母寫眞 明治十一年寅十二月 於写大阪南地 卯ノ日 餅内」） **一庭—写真—38**

北川妙了 **一庭—写真—39**

徳永萱子（裏書「徳永萱子 明治卅六年一月三十日写」、京都寺町三條南 三一軒） **一庭—写真—40**

佐々布充重（裏書「明治廿八年三月十二日撮影 佐々布充重 廿五年三か月」、神田淡路町写真師江木松四郎） 一庭―写真―41

佐々布充重（裏書「四十一年三月九日於京都柊屋旅館 佐々布氏ゟ得之」、小石川区原町 鈴木） 一庭―写真―42

矢島勉 西田二郎（裏書「明治二十八年五月十六日於東京 矢島勉 西田二郎 一庭御伯父様」） 一庭―写真―43

一庭陸 矢島勉 同二郎（裏書「明治廿五年五月 一庭六 矢島勉 同二郎 於大津写」） 一庭―写真―44

佐々布弘一（裏書「明治四十一年一月三日撮影 佐々布弘一 四ツ」「四十一年三月九日京都柊屋旅館において 佐々布氏より得之」、小石川区原町鈴木） 一庭―写真―45

矢島勉と父（裏書「矢島勉第二誕生日之を写す 明治十九年十一月廿日」） 一庭―写真―46

矢島菊之助写真（裏書「明治十年七月於長等山下写」） 一庭―写真―47

北川妙（裏書「實母 齢七十有五 撮影 于時明治八年乙亥五月上浣 一庭啓二謹書」） 一庭―写真―48

矢島勉と父（裏書「第三回誕生日 矢島勉 明治廿年十一月廿日」） 一庭―写真―49

矢島つぎ 一庭みき写真（裏書「明治廿九年八月写 藤村ニ於テ 矢島つぎ 一庭みき」） 一庭―写真―50

佐々布以津子（裏書「明治三十六年九月十七日写 以津子三年三ケ月」） 一庭―写真―51

佐々布卯女（裏書「明治三十六年九月十七日撮影 卯女 生後三月二十八日」、東京本郷区中黒實謹製 弓町二丁目） 一庭―写真―52

佐々布以津子（裏書「明治三十三年九月三日撮影 以津子 生後五十九日目」、東京九段坂 鈴木真一） 一庭―写真―53

佐々布以津子（裏書「明治三十四年七月撮影 佐々布以津子満一年」、本郷区弓町 中黒實） 一庭―写真―54

佐々布以津子（裏書「三十五年七月七日撮影 以津子満二歳」、東京本郷区中黒實謹製 弓町二丁目） 一庭―写真―55

佐々布（裏書「明治四十一年九月十四日撮影 幹子」、東京市小石川区林町氷川神社下 小島写真館） 一庭―写真―56

佐々布志津子（裏書「明治四十一年八月十四日撮影 志津子 明治四十年十月二日生 二才」、東京市小石川区林町氷川神社下小島写真館） 一庭―写真―57

佐々布以津子（裏書「明治三十三年十二月十七日 佐々布以津子 丑季 試筆 他人たる綴りてめで重し福寿艸 淡海老人 いちば」） 一庭―写真―58

佐々布弘一（裏書「明治三十八年十二月九日撮影 佐々布弘一 生後二百八十二日目」、東京本郷区中黒實謹製 弓町二丁目 中黒實謹寫） 一庭―写真―59

佐々布以津子 卯女子（裏書「以津子と卯女子 五ツト二ツ明治三十七年十二月十一日撮影」、本郷区弓町 中黒實謹寫） 一庭―写真―60

北川妙了尼（裏書「北川妙了尼 齢七十有八歳 明治十一年十二月於写 大阪難波新地」 38と同じ） 一庭―写真―61

矢島勉 西田二郎（裏書「明治三十九年六月十七日写之 矢島勉 明治十七年十一月廿日生 西田二郎 明治廿年二月十七日生」、東京芝区芝明神社内 写真士田中武） 一庭―写真―62

岩本嘉雄、三輪車に乗る（裏書「岩本嘉雄 明治参四年三月七日満三歳之写真」、東京一番町 武林） 一庭―写真―63

原田春野（裏書「明治三十一年八月写之 原田春野 齢二歳」、大阪京町堀 独立軒） 一庭―写真―64

夫婦（妻腕組み、大阪京町堀 若林耕） 一庭―写真―65

幼児（大津市市川写真館） 一庭―写真―66

和服女性（大津 浜松 市川） 一庭―写真―67

佐々布以津子 弘一 志津子 ミ津子（裏書「大正元年十一月十七日撮影 以津子十三 弘一八 志津子六 ミ津子三」、小石川区原町鈴木） 一庭―写真―68

矢島新之助（裏書「明治三十四年十月十七日写之 矢島新之助 嘉永二年十一月十一日生」、大阪 独立軒 若林） 一庭―写真―69

佐々布以津子 増野れい子（裏書「増野れい子九才 佐々布以津子八才 明治四十年十一月三日写之」、小石川原町 鈴木製） 一庭―写真―70

男児と女児（博多 古川） 一庭―写真―71

小児裸男児 一庭―写真―72

幼児着物姿 一庭―写真―73

羽子板を持つ少女（大津 市川） 一庭―写真―74

少女着物（大津市上北国町 近江写真館） 一庭―写真―75

幼児（裏書「明治四十一年九月三日贈□ 杉本節子嬢」、京都四高西井上独立軒） 一庭―写真―76

一庭幹 陸（裏書「明治十七年七月下澣写 十年丑二月十日産二女幹 七年六ヶ月　十五年午三月三日産 三女妹六 二年五ケ月」） 一庭―写真―77

一庭幹 陸（裏書「一庭幹 七年六ヶ月　妹六 二年五ケ月 明治十七年七月撮影 呈矢嶋伯父様」） 一庭―写真―78

着物正装右手にハンチングを持つ幼児（裏書「明治三十年五月廿三日撮影」、京都蛸薬師新京極東エ入 高木舗 小谷） 一庭―写真―79

ソファの赤子（京都蛸薬師新京極東エ入 高木舗 小谷） 一庭―写真―80

矢島勉 二郎 一庭陸（裏書「明治二十五年辰五月 大津佃舎ニ於テ写之 矢島勉 同二郎 一庭陸拾壱才 此写真一葉ヲ在札幌芃圃兄に贈」） 一庭―写真―81

市川亮明 孫モト（裏書「孫モト（明）十有八年十月写」、京都新京極三条写真師岡嵜一直） 一庭―写真―82

市川亮明 亮功（裏書「十四年巳十月七日□□□□亮功氏ゟ得ル 市川亮明 五十三年 息 亮次十九年」、東京小石川鈴木擁雲） 一庭―写真―83

和装少女と正装男児（京都蛸薬師新京極東入 高木舗 小谷） 一庭―写真―84

紋付和装女性（東京富士見町一丁目塚本楊東製） 一庭―写真―85

男子幼児法被椅子にもたれて 一庭―写真―86

和装婦人（小石川区原町 鈴木） 一庭―写真―87

和装老人男性 手に扇子（大津市遊樂園前梶寫眞舘） 一庭―写真―88

幼女と赤子（滋賀県大津石橋町遊樂園前梶寫眞館） 一庭—写真—89
幼女を抱く男性 一庭—写真—90
少年学帽（東京一番町写真師武林盛一） 一庭—写真—91
女性（神戸 市田） 一庭—写真—92
カーテン横に立つ袴の女性 一庭—写真—93
はちまきの役者風男性 一庭—写真—94
女性三人（京都八阪（ママ）社内 成井頼佐） 一庭—写真—95
和装女性（滋賀県大津石橋町遊樂園前梶寫眞館） 一庭—写真—96
少女と男幼児（京都新京極蛸薬師東 小谷） 一庭—写真—97
洋服幼女（市川亮功の子どもか、PHOTOGRAPHIE DES VIGNES LYON） 一庭—写真—98
髷和装女性（東京富士見町一丁目 塚本暢東製） 一庭—写真—99
着物姿の少女（大津遊樂園前 梶寫眞館） 一庭—写真—１００
制帽の男性と和装女性（大津遊樂園前 梶寫眞館） 一庭—写真—１０１
頭巾の婦人 一庭—写真—１０２
石柱にもたれる帽子の男性 一庭—写真—１０３
和装女性、幹か（大阪京町堀若林耕） 一庭—写真—１０４
和装女性（「近江大津石川町藤村写」の角印） 一庭—写真—１０５
庭園に立つ和装の女性 一庭—写真—１０６
幼児庭で 一庭—写真—１０６—２
髷の女性（滋賀県大津石川町 藤村正彰写） 一庭—写真—１０７
扇・脇差姿で舞う男性 一庭—写真—１０８
役者姿男性三人 一庭—写真—１０９
礼装女性（大日本大阪京町堀 独立軒 若林） 一庭—写真—１１０
薙刀を持ち舞う男性 一庭—写真—１１１
二刀流で舞う男性 一庭—写真—１１２

八人集合写真 男性右手に蝙蝠傘 一庭—写真—１１３
母と子二人（大阪京町堀 若林耕） 一庭—写真—１１４
女性二人子ども三人（滋賀県大津石橋町遊樂園前梶寫眞館） 一庭—写真—１１５
朝倉喜八（裏書「第一太湖丸機関長朝倉喜八」、長崎 H.UYENO） 一庭—写真—１１６

注：第一太湖丸は明治一六年九月、太湖汽船藤田傳三郎が建造した五一六トンの鉄製大型蒸気船である。

高田甚吉（裏書「明治廿二年一月一日写之 高田甚吉 三十二年十一ヶ月」） 一庭—写真—１１７
吉原岩吉（裏書「第一江州丸船長吉原岩吉 行年 明治二十一年三月廿一日於滋賀県病院死没」） 一庭—写真—１１８
Y.Horeye（堀江、裏書「呈一庭船長閣下 Y.Horeye」） 一庭—写真—１１９
佐々布充重・幹夫妻と母か（裏書「明治三十三年二月十二日撮影」、東京本郷弓町 写真師中黒實） 一庭—写真—１２０

2 一庭の友人・知人など

増永安次郎（裏書「明治十六年七月 呈一庭雅兄 増永安次郎 明治十三年十一ヶ月」） 一庭—写真—１２１
浅野勘七（裏書「明治十六年四月中浣写之 浅野勘七肖像」） 一庭—写真—１２２
福田昇之助（裏書「高場 福田昇之助 贈一庭啓二君」） 一庭—写真—１２２—２
市川亮功か、左手に山高帽を持つ男性（PHOTOGRAPHIE CAVAROC LYON） 一庭—写真—１２３
口ひげ男性（阪府京町堀三丁目 若林） 一庭—写真—１２４
青年二人一人は学帽（近江長浜 林金玉堂） 一庭—写真—１２５
紋付正座の青年（新京極錦下ル 撮影師堂前岳陽） 一庭—写真—１２６
男性（横浜真砂町 東京九段坂 鈴木真一） 一庭—写真—１２７

原田義一（裏書「風走舩穂崎丸船長原田義一 右者志摩鳥羽港碇泊所ヨリ投贈スル所ノ写眞ナリ 明治十六年一月廿六日到着」） 一庭—写真—１２８
小杉雅三（裏書「小杉雅三先生 四十一年ノ肖影 明治十六稔春四月下澣 写於三井麓佃舎」） 一庭—写真—１２９
小杉雅三（裏書「明治十五稔三月写 東京下谷竹町廿番地小杉雅三 四十年ノ肖影」、東京浅草公園地濱嵜） 一庭—写真—１３０

注：小杉は天保一四年生まれ。開陽丸に乗船し榎本武揚らと函館五稜郭へ。戦役後士分剥奪・幽閉、明治五年三月減刑措置が取られ、新政府への仕官を請われるも拒絶。明治七年八月ついに仕官し内務省駅逓寮に出仕、大阪船舶司検所長などを歴任。航海や造船関連の法令策定に尽力した。

男性（裏書「贈 一庭君 一居」、横浜本町通 東京九段坂 鈴木真一） 一庭—写真—１３１
矢島芃圃（裏書「一庭酔仙明兄貴下 呈 明治廿八年五月十六日東都ニ於テ 矢島芃圃」、東京麹町三番町鈴木製） 一庭—写真—１３２
西川文三郎（裏書「呈一庭様 西川文三郎 明治三十一年四月廿一日」） 一庭—写真—１３３
安藤嘉左衛門（裏書「明治卅一年七月写之 神戸市海岸通内 安藤嘉左衛門 五十四年三ヶ月」、神戸宇治川中村謹製） 一庭—写真—１３４
長友喜三 裏書（「一庭啓二君ヱ呈 明治十六年十一月 長友喜三」） 一庭—写真—１３５
長友喜三（裏書「明治十有六年春四月中澣 於長等山麓写之 一庭氏に贈致スルナリ 長友喜三」） 一庭—写真—１３６
橋木庄七（裏書「明治廿七年十月 橋木庄七 一庭大仁兄」） 一庭—写真—１３７
佐山芳太郎（裏書「呈上 一庭君 明治廿四年三月十七日 佐山芳太郎」） 一庭—写真—１３８
邨田六之助（裏書「明治十年一月於写 湖南長等山下 邨田六之助愚像 廿三年五ケ月」） 一庭—写真—１３９
左脇に山高帽の男性 一庭—写真—１４０
熊谷市之助（裏書「明治廿二年十一月七日 熊谷市之助 呈

一庭君」）　一庭―写真―１４１
帽子の青年二人（近江大津市仲通 梶寫眞舘本舗）　一庭―写真―１４２
椅子に座り膝に山高帽（京都八阪（ママ）社内 写真師成井頼佐）　一庭―写真―１４３
胸に勲章男性（裏書「明治三十二年一月二十六日大坂西区九條番外弐千六百八十三間邸ゟ送附せり」）　一庭―写真―１４４
市川亮功夫人か洋装女性（PHOTOGRAPHIE DESVIGNES LYON）　一庭―写真―１４５
筒井郁（裏書「明治十六稔四月写 筒井郁」）　一庭―写真―１４６
松尾駿造（裏書「明治十六年七月写 松尾駿造 呈 一庭啓二君」）　一庭―写真―１４７
太嶋寅太郎（裏書「明治十五年春四月上浣 太嶋寅太郎 撮影」）　一庭―写真―１４８
市川亮功（裏書「呈 一庭伯父君 聊表芹意　不肖 市川亮功」、東京浅草公園地江嵜琴）　一庭―写真―１４９
神入次郎吉（「裏書「明治十六年五月下浣 神入次郎吉 呈 一庭君」）　一庭―写真―１５０
市川亮功か蝶ネクタイ男性（PHOTOGRAPHIE CAVAROC LYON）　一庭―写真―１５１
胸に勲章口ひげ男性（大阪京町堀 若林耕）　一庭―写真―１５２
山中新兵衛（裏書「明治十五年七月於東京写 山中新兵衛 呈一庭啓二君」）　一庭―写真―１５３
加藤亀吉（「裏書「明治二十年六月上幹写之 加藤亀吉 廿七年二ヶ月 呈 一庭君足下」、東京銀座 二見朝隈）　一庭―写真―１５４
ダブルの背広男性（京都市新京極三条下ル写真師岡嵜一直）　一庭―写真―１５５
原田花子（裏書「廿三稔一月廿三日 原田花子 二十五年」、大阪京町堀 若林耕）　一庭―写真―１５６
芳野寛（裏書「明治廿八年四月撮影 雪巖芳野寛拝 呈酔僊一庭詞兄」）　一庭―写真―１５７
注：芳野は太湖汽船専務、『滋賀県ガイドブック』に序文あり
男性（裏書「明治三十年五月 呈一庭老兄」 滋賀県大津石橋町遊楽園前梶寫眞舘）　一庭―写真―１５８
矢島勉（裏書「明治三十六季五月十二日寫之 矢島勉 十八才□ヶ月」、大阪新町橋西詰西 河野松濤）　一庭―写真―１５９
和服白足袋の男性　一庭―写真―１６０
和服胸像男性（東京市赤坂見附下柴田常吉謹写）　一庭―写真―１６１
洋服男性　一庭―写真―１６２
片山儀助（裏書「片山儀助 明治二十二年十月写之」）　一庭―写真―１６３
和装の青年二人　一庭―写真―１６４
正装男性勲章（表書「June 24th 2548（明治二一年）」、裏に横浜真砂町東京九段坂 鈴木真）　一庭―写真―１６５
コート姿の男性（K. Yamamoto）　一庭―写真―１６６
男性（裏書「明治二十九年八月 呈一庭啓二君」、麻布区芝森元町荒川謹写）　一庭―写真―１６７
和装口ひげの男性　一庭―写真―１６８
市川亮功か（PHOTOGRAPHIE DESVIGNES LYON）　一庭―写真―１６９
松田道之（台紙下部に「東京府知事従五位松田道之君」）　一庭―写真―１７０
和装男性（大阪心さい橋通りばくろう町東入 吉川寫之）　一庭―写真―１７１
胸に勲章男性（裏書「一庭君ニ進呈ス 岡本茂　廿八年八月三十日夜」、大津石橋町梶寫真舘寫）　一庭―写真―１７２
浅野勘七（裏書「明治二十八年十一月十一日寫 勘七 年三十七才 一庭大君」）　一庭―写真―１７３
和装男性（滋賀縣近江國長浜 寫眞師金玉堂）　一庭―写真―１７４
洋装男性　一庭―写真―１７５
鈴木齋（裏書「鈴木齋 明治廿八年一月 一庭君へ呈す」）　一庭―写真―１７６
洋装男性（裏書「呈 一庭君 下江」、大日本明治十年内国勧業博覧会 大阪高麗橋中邨写）　一庭―写真―１７７
原田義一（裏書「大阪ヨリ長崎港江移転之際写之 原田義一 明治廿三稔中浣撮影」、日本大阪京町堀若林耕）　一庭―写真―１７８
手賀安吉（裏書「廿二年十月二日写 手賀安吉」）　一庭―写真―１７９
手賀安吉（裏書「明治十六稔六月上澣」）　一庭―写真―１８０
石川嶂（裏書「明治十七年七月十五日謹呈 一庭君足下 石川嶂」、大阪高麗橋東中邨写）　一庭―写真―１８１
石川嶂（写真―１８１と同じ）　一庭―写真―１８２
一庭啓二（裏書「廿八年一月十一日撮影 父けい（啓）二 在東京美乭子へ送ル」）　一庭―写真―１８３
一庭啓二（裏書「于時明治十六稔夏六月上浣写 一庭啓二肖像」写真―28と同じ写真）　一庭―写真―１８４
七人家族集合写真　一庭―写真―１８５
市川亮功（PHOTOGRAPHIE DESVIGNES LYON）　一庭―写真―１８６
手賀啓一郎（表紙に「手賀啓一郎 1908.1.2」、裏に「明治四十一年一月二日写之」、大津市石川町本田寫眞舘）　一庭―写真―１８７
和装女性　一庭―写真―１８８
胸に勲章の男性（大阪京町堀若林耕）　一庭―写真―１８９
左手を後ろに回す男性（東京湯島Iwabuchi）　一庭―写真―１９０
市川亮功と同僚か（PHOTOGRAPHIE CAVAROC LYON）　一庭―写真―１９１
第二庚辰丸（裏書「竹生島ニ於ケル第二庚辰丸 登簿頓数九拾八頓。九八 公称馬力四拾馬力 明治三十三年四月十六日撮影」）　一庭―写真―１９２

3 歴史上の人物、風景写真など

男性正装口ひげ胸に勲章（CH.BERGAMASCO） 一庭―写真―193

公爵四九人一覧写真 一庭―写真―194

口ひげ西洋人正装 一庭―写真―195

楽々園（表に「楽々園乃景」、裏に「御宴席 御休泊 彦根城内 楽々園主」の案内文） 一庭―写真―196

楽々園（表に「楽々園庭前乃景」、裏に「THE RAKURA KUYEN HIKONE NOTICE!!!」の英語案内文） 一庭―写真―197

北海道製麻会社全体之図 一庭―写真―198

祇園祭山鉾巡行（裏書「明治二十九年七月十七日 京師四条通り 祇園會鉾巡行」） 一庭―写真―199

明治三六年第五回内国勧業博覧会の学術人類館写真（写真面に「禁複寫」の朱印） 一庭―写真―200

神戸発大阪まで「汽車発着時刻表」（「一庭」の朱印） 一庭―写真―200―2

大阪発神戸まで「汽車発着時刻表」（「一庭」の朱印） 一庭―写真―200―3

女性二人、右の女性は左手にキセル（ガラス乾板） 一庭―写真―201

女性二人、左の女性は手にうちわ（ガラス乾板） 一庭―写真―202

懐手の着物女性（ガラス乾板） 一庭―写真―203

植木鉢を前にした和装の女性（ガラス乾板） 一庭―写真―204

写真不明の箱数点あり

箱蓋のみ（表書「写真 山本さい」） 一庭―写真―205

箱蓋のみ（表書「八重 奈賀 此婦幼ヨリ娼妓ヲ務、客ヲ透（ママ）（誘カ）スル巧ニ偽情オ以テス、客一夜腹乗スル時ハ五大洲中一致スルノ思ヲ成ス（略）」、裏書「客どのを腹に乗せねば無心出ス」） 一庭―写真―206

上箱のみ下半分欠（箱裏書「加藤よ（後欠）一庭み（後欠）十丑年春四月（後欠）於京極（後欠）」一庭―写真―207

上箱のみ（裏朱書「近 小義勇 十七歳正影 明治辛未仲夏於湖東長浜 写之」左端欠） 一庭―写真―208

能面で舞う 一庭―写真―209

正装の男性（裏書「明治十九年六月九日撮影」、京都八阪（ママ）社内 写真師成井頼佐」） 一庭―写真―210

正装女性（東京本店淡路町二丁目 写真師江木松四郎） 一庭―写真―211

芸妓か 一庭―写真―212

芸妓か、手に鉢 一庭―写真―213

記念写真、玄関とバルコニー 一庭―写真―214

和装女性、右手に傘 一庭―写真―215

川北御門（裏書「川北御門」、朱印「観音町 金澤 写真 吉田好二」）

（注：吉田好二は加賀藩御軍艦方留書、明治三年二月写真係御用のち観音町で開業（『石川県写真史』） 一庭―写真―216

浅野川雪景色（裏書「加陽金澤浅野川北堤ヨリ雪景」、朱印「観音町 金澤 写真 吉田好二」） 一庭―写真―217

「清水奥院」 一庭―写真―218

「宇治平等院」 一庭―写真―219

「陸軍中将 勲一等正五位 谷干城君」 一庭―写真―220

烏帽子に扇姿で舞う 一庭―写真―221

水辺に橋 一庭―写真―222

短冊二葉 一庭―写真―223

芸妓か 一庭―写真―224

男性、正装 一庭―写真―225

男性、左手にハット（大阪心斎橋 ばくろう町東入 吉川写之） 一庭―写真―226

社殿が並ぶ、手彩色（裏書「□□宮社」） 一庭―写真―227

水面からの風景 一庭―写真―228

鉄橋、手彩色（裏書「東京鉄橋」） 一庭―写真―229

湖面か、島に橋二本 一庭―写真―230

島の風景（裏に鉛筆で「屏風島」） 一庭―写真―231

榎本武揚（表に「勲二等従四位 榎本武揚君」） 一庭―写真―232

女性と花 一庭―写真―233

役者姿、籠を持つ女性 一庭―写真―234

籠手田安定（裏書「滋賀縣令籠手田安定」） 一庭―写真―235

役者姿 一庭―写真―236

日本髪和装女性（赤坂見附下 柴田常吉謹写） 一庭―写真―237

日本髪和装女性、横に盆栽（滋賀縣大津石橋町遊樂園前 梶寫眞舘） 一庭―写真―238

日本髪和装女性（滋賀縣大津石橋町遊樂園前 梶寫眞舘） 一庭―写真―239

日本髪和装女性（滋賀縣大津石橋町遊樂園前 梶寫眞舘） 一庭―写真―240

北海道庁（表に「北海道々廳ノ図」、札幌南三條 東京一番町 写真師武林盛一） 一庭―写真―241

明治天皇 一庭―写真―242

湊川神社 楠木正行墓碑「嗚呼忠臣楠子之墓」 一庭―写真―243

修学院離宮（表に印「修学院上御茶屋」） 一庭―写真―244

橋（裏に朱印「大坂南地 守田日新軒」） 一庭―写真―245

川、手彩色（裏に朱印「大坂南地 守田日新軒」） 一庭―写真―246

テーブル横に座る和装女性 一庭―写真―247

二条城か 一庭―写真―248

神社拝殿（裏書「廿八未年五月廿三日 速写 三葉ノ内」朱印あり） 一庭―写真―249

竹生島都久夫須麻神社カ（裏書「廿八年五月廿三日 速写 三葉ノ内」、朱印あり） 一庭―写真―250

写真機を操作する男性 一庭―写真―251

「養老温泉、華清軒」 一庭―写真―252

野津鎮雄「陸軍中将□□□ 野津鎮雄君」

役者姿、二本差しの男性　一庭―写真―253
木戸孝允（裏書「旧参議 木戸公」）　一庭―写真―254
建物風景（裏に朱印「寫師土岐」）　一庭―写真―255
役者、手彩色　一庭―写真―256
口ひげ男性　一庭―写真―257
「奥州松嶋風景」　一庭―写真―258
「明治十三年略暦 明治十二年十二月廿六日」　一庭―写真―259
芸妓か、右手に団扇　一庭―写真―260
和服女性二人　一庭―写真―261
ユリシーズ・シンプソン・グラント（表書「グラント氏」）　一庭―写真―262
　一庭―写真―263
明石博高（裏書「京都府舎密局長官 明石氏」）　一庭―写真―264
楠木正成「贈正三位右近衛中将正成」　一庭―写真―265
初代ナポレオンと子ども（裏書「初代ナポレヲン」、印「大坂本町橋西詰 中郵雅朝寫」）　一庭―写真―266
ナポレオン二世（裏書「仏二代ナポレヲン」、大坂本町橋西詰中郵雅朝写の印）　一庭―写真―267
ナポレオン三世（裏書「三代ナポレヲン」一庭直昭の朱印）　一庭―写真―268
胡坐をかく役者　一庭―写真―269
日本髪女性（京都祇園社内長谷川栄太郎）　一庭―写真―270
和装女性（大阪天満表門東 内本町松屋町東 写真師内田）　一庭―写真―271
水墨画軸「明人詹景鳳先生」　一庭―写真―272
水墨画軸「明人蔡道憲先生」　一庭―写真―272―2
水墨画軸「明人黄百家先生」　一庭―写真―272―3
水墨画軸「明人王憲章先生」　一庭―写真―272―4
妃姿か　一庭―写真―273
俳句短冊四種　一庭―写真―274
女形か、役者姿　一庭―写真―275

島（裏書「廿八年五月廿三日 速写 三葉ノ内」、朱印あり、249・250の三葉で一組　一庭―写真―276
小松宮彰仁親王（表に「二品議定官陸軍中将勲一等東伏見嘉彰親王」）　一庭―写真―277
水墨画 表に五岳先生　一庭―写真―278
福原 梶山（裏書「福原公 かじ山公」）　一庭―写真―279
アイヌ二人（裏書「明治廿四年四月北海道札幌市ニ於テ購求 数葉之一 一庭酔仙誌」）　一庭―写真―280
武家姿八名と公家　一庭―写真―281
大洪水・坂本（裏書「明治廿九年申九月中浣 琵琶湖上大洪水 大津町字坂本米穀取引所近傍浸水之写真」、滋賀県大津石橋町遊樂園前梶寫眞館）　一庭―写真―282
大洪水 疎水閘門（裏書「明治廿九年申九月十二日 大洪水疎水閘門溢水之写真」、滋賀県大津石橋町遊樂園前梶寫眞館）　一庭―写真―283
大洪水 瀬田橋下（裏書「明治廿九年九月中浣大洪水 勢多橋下溢水之図」、滋賀県大津石橋町遊樂園前梶寫眞館）　一庭―写真―284
橋（浪花北堀江市場南入 佐武治兵衛謹写）　一庭―写真―285
松宝丸 金亀丸（裏書「三汀社汽船 松宝丸 金亀丸 明治十二年冬十一月撮影」）　一庭―写真―286
松宝丸 金亀丸（裏書「三汀社汽船 松宝丸 金亀丸 明治十二年冬十一月撮影 一庭所持」）　一庭―写真―286―2
四人写真（大阪道頓堀 九良右ヱ門町 伊藤廣治写）　一庭―写真―287
市川たか 小光（裏書「東京表神保町 市川たか 妹小光 治十六年六月贈到」）　一庭―写真―288
ソファに裸幼児（京都新京極三條南 岡崎一直）　一庭―写真―289
椅子に裸幼児（阪府京町堀三丁目若林）　一庭―写真―290
武者姿の少年と兜を持つ父（裏書「明治十八年五月十四日大佛日吉社神祭ニ付、出ル 三田和太郎九才 写」、西京新京極 高木舗小谷製）　一庭―写真―291
正装の眼鏡の男性、（内山 141 POWELL ST.S.F.）　一庭―写真―292
「杉浦重剛先生映像」（東條卯作撮影 東京麹町半蔵門前 酒井整版印刷所印行 東京・芝）　一庭―写真―293

4　對龍山荘時代、小川白楊撮影のもの

一庭啓二和服姿、對龍山荘にて、台紙に「小川白楊」の朱印　一庭―写真―294
一庭啓二和服姿、對龍山荘にて、写真―294 と同一　一庭―写真―295
對龍山荘の写真八枚、いずれも台紙に小川白楊の印　一庭―写真―296から303
集合写真（裏書「明治四十一年五月八日佛事相営たる日、於庭園撮影、此日三都出店之別家衆外ニ支配人等、其他家族一統写之　宿坊教音院主 腰をカガメタル夫人幹子 未亡人田鶴子　船中ヨリ右之方 主弥一郎 中 舎弟弥五郎 棹ヲ持タルハ 分家弥三郎　左之方修業 酔仙老 右トナリ 丁稚敏三 次栗田 其次 青山スガ子ノ養子秀吉　後ノ方老媼本家入の隠居 其次 大ツ北村隠居　此他之婦女ハ皆下婢也　但し男子ハ別家及ヒ支配人等也 六月二日送ル」、台紙に小川白楊の印）　一庭―写真―304
集合写真（「明治四十一年五月六日對龍山荘於庭園で撮影写之　侍女まつ 分家子息弥四郎 乳小梅 老人 丁稚敏三」、台紙に小川白楊の印）　一庭―写真―305
對龍山荘写真（裏書「對龍山荘表側之写真　明治四十一年五月写之 寫真師 小川白楊氏」）　一庭―写真―306

〈小川白楊からの写真、名刺など一括〉

・包み、「呈 聴松院猪繪はがき廿枚 市庭様 小川白楊」　一庭―写真―307
・名刺「一庭啓二　洛東南禅寺畔對龍山荘内」　一庭―写真―308
・郵便はがき五枚「謹賀新年 戊元旦」　一庭―写真―309から312、312の2

・絵葉書「瑞龍山南禪寺塔頭南陽院（佛殿）明治四十三年九月二十五日新築竣工入佛紀念」 一庭―写真―313
・絵葉書「瑞龍山南禪寺塔頭南陽院（總門）明治四十三年九月二十五日新築竣工入佛紀念」 一庭―写真―314
・写真―314絵葉書の元写真 一庭―写真―315
・絵葉書「東山南陽禪院落成慶讃　明治四十三年九月二十五日新築竣工入佛紀念」 一庭―写真―316
・写真―316絵葉書の元写真 一庭―写真―317
・絵葉書「瑞龍山南禪寺塔頭南陽院（總門）明治四十三年九月二十五日新築竣工入佛紀念」 一庭―写真―318
・右記 写真―318絵葉書の元写真 一庭―写真―319

明治・大正期（一庭陸関係）

Ⅰ　手記（草稿・活字とも）（陸―手記）

「修学旅行記念」（スタンプ帳、明治三十五年五月一日の印）朱印「天照す神にぬかづく民の春」、内宮・御塩殿・二見ヶ浦・五十鈴川などのスタンプ 陸―手記―1

原稿「旅の思ひ出」（「一庭陸（消し二重線）河はら梅子」、明治四五年か大正二年かの二泊三日修学旅行引率、「滋賀縣愛知郡日枝尋常高等小学校」の用箋）、「四月二十四日六年生以上ハいよ〳〵伊勢旅行と決定した、學生時代ニハ旅行といへば嬉しくて其日近くを待ち、天気のよかれとのみ祈りしを（後略）」 陸―手記―2

上北国町住居付近の図か、宅地百五十三坪九合とあり、明治四十四年に長等に移転してきた赤十字社滋賀支部病院も描かれる。 陸―手記―3

（小説草稿、「人生観二つ」牧野この道）「妹に与へて俺の人生観をのぶ。（十年四月終り頃）ユリちゃん、すぐに手をあげて、おつかれさんの頭をなでてごらん、（後略、文末に「大正十年十二月二十日」）」 陸―手記―4

原稿「湖上に汽船を浮べて七十年　亡き父を憶ふ」膳所茶臼山山麓　藪椿（『郷土史蹟』第六号に掲載の元原稿、一庭文書の何点かがここに翻刻される） 陸―手記―5

Ⅱ　写真（陸―写真）

一庭陸ら少女六名、男児二名、男性二名（裏書「辻井さだ・一庭ろく・村田しづ・小寺ゆう・三浦とめ・伊原ちか　明治廿□年五月廿一日　□藤村於テ」） 陸―写真―1

陸ら九名集合写真（裏書「明治三三年五月一〇日」、滋賀縣大津石橋町遊樂園前　梶寫眞館） 陸―写真―2

男性二人と陸（裏書「大正二年七月三〇日　愛知郡日枝村字下枝　於仮の住居の庭　写」） 陸―写真―3

少女一七名の集合写真（滋賀縣大津石橋町遊樂園前　梶寫眞館） 陸―写真―4

一庭陸ら三名（裏書「一庭ろく十五歳　恩本さい十六年　西村きみ十六歳　明治廿九年四月二十七日」、大津石川町写真師藤村正彰） 陸―写真―5

一庭陸（裏書「明治三十年二月廿七日　一庭ろく　十六歳」、滋賀縣大津遊樂園前　梶寫眞館） 陸―写真―6

一庭陸ら三人（裏書「卅二年十二月三日　水野しげ　一庭ろく　辻井さだ」、滋賀県大津遊樂園前　梶寫眞館） 陸―写真―7

一庭陸（裏書「明治三十三年九月拾二日寫　一庭陸子」、滋賀縣大津遊樂園前　梶寫眞館） 陸―写真―8

一庭陸か（裏書「なつかしき村上ます子様に呈す　一庭ろく」、台紙印刷　大津遊樂園前　梶寫眞館） 陸―写真―9

一庭陸ら六人（裏書「明治廿九年十一月三日　一庭ろく　松木みよ　中川せい　山本栄　加納よし江　山本てる」、滋賀縣大津遊樂園前） 陸―写真―10

一庭陸ら二人（滋賀縣大津遊樂園前　梶寫眞館） 陸―写真―11

一三人と女性の先生（裏書「円光寺於針子」、滋賀縣大津石川町　藤村正彰寫） 陸―写真―12

今庄ふで（裏書「妾の親しき一庭ろく子の君に呈す　今庄ふで」、大津遊樂園前　梶寫眞館） 陸―写真―13

今井しづか（裏書「一庭ろく子様に呈す　今井しづか」、大津遊樂園前　梶寫眞館） 陸―写真―14

岩田壽（裏書「一庭ろく様に呈す　岩田壽」、大津遊樂園前　梶寫眞館） 陸―写真―15

鵜飼てる（裏書「親友なる一庭ろく子様に 呈す　鵜飼てる」、大津遊樂園前　梶寫眞館） 陸―写真―16

伊良子一枝（裏書「最愛なる一庭ろく子様に呈す　いらこ一枝」、大津遊樂園前　梶寫眞館） 陸―写真―17

伊良子一枝と赤子（裏書「いとも親しき一庭ろく子様に呈す　伊良子一枝　明治三十三年五月写　壽栄」、滋賀縣大津遊樂園前　梶寫眞館） 陸―写真―18

岡本對（裏書「親愛なる一庭ろく子様に呈す　岡本對」、大津石川町　藤村正彰写） 陸―写真―19

笠川もと（裏書「明治三十年三月十八日　一庭ろく子殿　笹川もとゟ　十三歳」、大津遊樂園前　梶寫眞館） 陸―写真―20

加納よし江（裏書「親友なる一庭ろく子様に呈す　加納よし江」、大津遊樂園前　梶寫眞館） 陸―写真―21

笠川憲平（裏書「明治廿年四月四日　一庭路久子の君ニ進呈ス　笠川憲平」、京都寺町御池北　旭館） 陸―写真―22

西山ふく（裏書「親しき一庭ろく子様ニ呈ス　西山ふく」、大津遊樂園前　梶寫眞館） 陸―写真―23

西村きみ（裏書「親愛なる一庭ろく子様に呈す　西村きみ」、大津遊樂園前　梶寫眞館） 陸―写真―24

西村きみ（裏書「したしき一庭ろく子様に呈す　西村きみ」、大津遊樂園前　梶寫眞館） 陸―写真―25

新田とし江（裏書「明治三十年四月　妾の友なる新田とし江の君より送らる　一庭路久子」、大津遊樂園前　梶寫眞館） 陸―写真―26

萬木ゆい子（裏書「明治の三十年さつき　妾のいとも〳〵したしき　萬木ゆい子の君よりおくらる　いちばろく」、大津遊樂園前　梶寫眞館） 陸―写真―27

旧友写真（大津遊樂園前　梶寫眞館） 陸―写真―28

旧友写真（近江国彦根町大字土橋　写真師兼時計商　加藤天

照堂）　陸―写真―29
旧友写真（京都市寺町御池旭館）　陸―写真―30
旧友写真（滋賀縣大津遊樂園前 梶寫眞舘）　陸―写真―31
旧友写真（滋賀縣大津遊樂園前 梶寫眞舘）　陸―写真―32
旧友写真（滋賀縣大津遊樂園前 梶寫眞舘）　陸―写真―33
旧友写真（滋賀縣大津遊樂園前 梶寫眞舘）　陸―写真―34
旧友写真（滋賀縣大津遊樂園前 梶寫眞舘）　陸―写真―35
市川亮功（裏書「拝呈 明治廿六年二月二十七日 東京市川亮功 市庭叔母上様」「13.Gde Côte13 Angle de la rue J.BSay, LYON）　陸―写真―36
西岡スガ 西岡敦子（裏書「明治四十年紀元佳節 於山口縣山口写之 西岡スガ 明治三十一年二月五日生 西岡敦子 明治三十六年六月廿日生」、山口麻生）　陸―写真―37
西岡スガ 西岡敦子（裏書「明治四十年紀元佳節 於山口縣山口写之 西岡スガ 明治三十一年二月五日生 西岡敦子 明治三十六年六月廿日生」、山口麻生）　陸―写真―38
高谷先生（裏書「高谷先生」、滋賀縣大津遊樂園前 梶寫眞舘）　陸―写真―39
旧友写真（裏に「ふじ村」の朱印）　陸―写真―40
旧友写真（滋賀縣大津遊樂園前 梶寫眞舘）　陸―写真―41
旧友写真（滋賀縣大津遊樂園前 梶寫眞舘）　陸―写真―42
旧友写真　陸―写真―43
一庭陸写真（滋賀縣大津遊樂園前 梶寫眞舘、明治三十年二月廿七日撮影の陸 十六歳（写真―6）と同じ写真）　陸―写真―44
婦人写真（滋賀縣大津遊樂園前 梶寫眞舘）　陸―写真―45
一庭陸卒業時集合写真（裏書「明治三十四年三月二十日写」）　陸―写真―46
今橋清一 菅子 結婚写真（裏書「今橋清一 菅子 大正十二年五月二十九日 於大阪靭大神宮 結婚式 爲紀念写之 三井寺 徳永生　お陸様」）　陸―写真―47
手袋帽子の少女（大津市川）　陸―写真―48
高木信親（裏書「大正四年一月 於東京三越撮影 高木信親呈一庭嬢」、Mitsukoshi Shibata）　陸―写真―49
国松騰一（添書「（志賀ノ里清右衛門）国松騰一君 十五年四ヶ月 大正七年四月十七日 横綱太刀山峰右衛門へ入門セラル」）　陸―写真―50
女学生（滋賀県大津石川町藤村正彰写）　陸―写真―51
女学生（滋賀県大津石川町藤村正彰写）　陸―写真―52
封筒（「大津市馬場青年会館 一庭陸子様『写真在中』 大阪朝日新聞社 佐々布弘一 出」）
（注：佐々布弘一は『新聞要覧 昭和二一年版（戦時末期敗戦直後 新聞人名事典 第二巻）』に、写真製版部長として名前が出る）　陸―写真―53

Ⅲ　葉書、手紙（陸―葉書）

荒井きく　大正一三年八月一五日　陸―葉書―1
荒井豊 きく　大正一四年一月元旦　陸―葉書―2
磯田實　大正一四年一月一日　陸―葉書―3
市川光子 綱二　陸―葉書―4
市川綱二 光子（京都市寺町通今出川上ル表町）大正一一年一月一日　陸―葉書―5
今橋壽賀子（大連市山縣通一五一）大正一四年一月一日　陸―葉書―6
梅原染料店 さだ　大正一〇年一月一日　陸―葉書―7
梅原正太郎 さだ　大正一一年一月一日　陸―葉書―8
梅原さだ　大正一二年一月一日　陸―葉書―9
梅原さだ　大正一四年一月二日　陸―葉書―10
梅原さだ　大正一四年一月一日　陸―葉書―11
御池清三郎商店（糀製造 塩醤油 酒薪炭商）大正一四年一月一日　陸―葉書―12
長永不屈 坪内文之助　大正一四年一月元旦　陸―葉書―13
長永重五郎 治良　大正一一年一月一日　陸―葉書―14
長永重五郎 治良　大正一三年元旦　陸―葉書―15
長永重五郎 治良　大正一三年八月一日　陸―葉書―16
長永重五郎 治良　大正一四年元旦　陸―葉書―17
小田定博 年賀　大正一〇年元旦　陸―葉書―18
小田定博より欠礼通知　大正一三年一二月　陸―葉書―19
勝間いく子　大正一〇年一月一日　陸―葉書―20
勝間いく子　大正一一年一月一日　陸―葉書―21
加藤美尾　一月一日　陸―葉書―22
加藤美尾　大正一二年一月一日　陸―葉書―23
加藤勇　大正十一年一月一日　陸―葉書―24
北川米太郎（京都寺町今出川上ル）大正乙丑元旦　陸―葉書―25
北川米太郎（寺町今出川上ル）一月一日　陸―葉書―26
小山慶作 以津子　大正十年一月一日　陸―葉書―27
小山慶作 以津子　大正一二年一月一日 陸子 菊枝宛　陸―葉書―28
小山慶作より転勤通知 大正一三年八月、（大阪府東成郡田辺町、勤務先大阪地方裁判所）　陸―葉書―29
小山慶作 以津子　大正一四年一月元旦、（和歌山市車坂西之町の住所を二重線で消去）　陸―葉書―30
小山茂十郎（寺町今出川下ル東入ル）　陸―葉書―31
佐々木清七　大正一〇年一月一日　陸―葉書―32
佐々布充重　大正一〇年一月一日　陸―葉書―33
佐々布充重　一月一日　陸―葉書―34
佐々布充重　大正一二年一月一日　陸―葉書―35
佐々布弘一から陸子 喜久子（菊枝）宛　大正一二年一月一日　陸―葉書―36
佐々布充重　大正一三年一月六日　陸―葉書―37
佐々布充重　大正一四年一月一日　陸―葉書―38
桟敷新三　大正一年一月一日　陸―葉書―39
桟敷さくら 大正一三年一月一日　陸―葉書―40
清本浅吉　大正一一年一月一日　陸―葉書―41
高木又七（八幡銀行愛知川支店）大正一〇年一月一日　陸―葉書―42
高木又七（八幡銀行北里出張所）大正一〇年一月一日　陸―葉書―43
高木又七（八幡銀行愛知川支店）大正一二年一月一日　陸―葉書―44
高木又七（八幡銀行大津支店）大正一四年一月一日

陸—葉書—45
武井たか　大正一一年一月七日　陸—葉書—46
武井たか　大正一二年一月七日　陸—葉書—47
高原さと　大正一四年一月元旦　陸—葉書—48
高原さと　大正一三年一月元旦　陸—葉書—48—2
塚本貞次郎（塚本商店 塚本合資会社）大正一二年一月一日　陸—葉書—49
辻いね内　大正一〇年一月一日　陸—葉書—50
辻なつ　大正一〇年八月四日 一庭陸子先生　陸—葉書—51
辻なつ　大正一一年一月一日 一庭陸子先生　陸—葉書—52
徳永利夫（大阪工廠技術課）大正一四年一月一日　陸—葉書—53
西岡すが子　大正一〇年一月一日　陸—葉書—54
西岡竹次郎（敦賀港蓬莱町）大正一〇年一月一日　陸—葉書—55
西岡竹次郎（敦賀港蓬莱）大正一四年一月一日　陸—葉書—56
西岡平蔵商店（大阪市西区靭上通）大正一二年一月一日　陸—葉書—57
西田せん　大正一一年一月一日　陸—葉書—58
西田せん　大正一三年四月九日　陸—葉書—59
西田せん　大正一〇年一月一日　陸—葉書—59—2
西田二郎　大正一〇年一月一日　陸—葉書—60
西村吉作 キミ　大正一〇年一月一日　陸—葉書—61
西村吉作　大正一一年一月一日　陸—葉書—62
西村吉作（大垣市西田町）大正一四年一月元旦　陸—葉書—63
八田さつき　大正一〇年一月一日　陸—葉書—64
濱野憲一（福井県敦賀町大内）大正一二年一二月二一日、礼状　陸—葉書—65
濱野憲一（福井県敦賀町大内入）大正一四年一月元旦　陸—葉書—66
濱野長兵衛（薬種売薬化商品商、福井県敦賀町大内）大正一四年七月二五日、暑中見舞　陸—葉書—67
濱野長兵衛（福井県敦賀町大内）大正一四年一月一日　陸—葉書—68
原田高級絹織物店 原田孝吉（東京市京橋区桶町）大正一〇年一月一日　陸—葉書—69
原田孝吉（東京市京橋鎗屋町）大正一三年八月一六日、残暑見舞　陸—葉書—70
原田孝吉（東京市京橋区槍屋町）大正一四年一月元旦　陸—葉書—71
福田儀兵衛（高崎市鞘町）大正一〇年一月一日　陸—葉書—72
福田儀兵衛（高崎市鞘町）大正一一年一月一日　陸—葉書—73
福田儀兵衛（東京市芝公園）大正一一年一一月一九日　陸—葉書—74
福田儀兵衛 大正一二年一月一日　陸—葉書—75
福田儀兵衛（高崎市鞘町）大正一四年一月元旦　陸—葉書—76
子爵福羽眞城らより 母禎死去通知　大正一三年七月一五日、封書入り　陸—葉書—77
堀常吉　大正一〇年一月一日　陸—葉書—78
堀常吉　大正一二年一月一日　陸—葉書—79
風呂敷問屋堀常吉（東京市日本橋区長谷川町）大正一三年一月一日　陸—葉書—80
堀常吉商店（東京市日本橋区長谷川町）一月一日　陸—葉書—81
向井良子（支那天津日本租界共立病院内）一月一日　陸—葉書—82
村田義次郎よりはがき　昭和六年一二月二四日など五通　陸—葉書—83から87
室積尚（東京麹町区中六番町）大正一四年一月一日　陸—葉書—88
室積尚（東京麹町区下二番町）大正一四年七月、転居通知　陸—葉書—89
矢島勉（大阪市西区南堀江上通）大正一〇年一月一日　陸—葉書—90
矢島勉（大阪市西区南堀江上通）大正一四年一月一日　陸—葉書—91
矢島叔母　一庭ろく子 きくえ宛 一月一日　陸—葉書—92
山田寅之助（寺町今出川上ル）大正一〇年一月一日　陸—葉書—93
山田寅之助（寺町今出川上ル）大正一二年一月一日　陸—葉書—94
山田寅之助 加藤美尾（京都市寺町通今出川上ル 一丁目）大正一四年一月　陸—葉書—95
山田寅之助　一月一日　陸—葉書—96
山本季夫 矢島いつ　一月一日　陸—葉書—97
山本甚五郎（奉天 歩九ノ六）大正一〇年一月一日　陸—葉書—98
山本甚五郎（京都市八条源町）大正一四年一月一日　陸—葉書—99
山本甚五郎（京都市八条源町）一月一日元旦　陸—葉書—１００
山本村務曹長（ウラジオストック）五月一三日　陸—葉書—１０１
吉川春子（京都市川端出町橋）一月一日　陸—葉書—１０２
繁子（大津眞町）大正一二年一月一日　陸—葉書—１０３
ひさ（膳所中大手）一月一日　陸—葉書—１０４
福田儀兵衛宛、転居先不明で返送　大正一四年一月一日　陸—葉書—１０５
文面あれど宛名なし 大正一三年一月九日　陸—葉書—１０６
差出人名なし　大正一〇年一月五日　陸—葉書—１０７
御香儀 一庭陸　封筒のみ　陸—葉書—１０８
宛先不明の陸の手紙下書き（小石川丸山町の姉幹宅（佐々布充重）の住所を記したうえで折があれば寄るようにと述べる）　陸—葉書—１０９
馮祖慎から離別にあたっての手紙、竹岡先生とあり女学校

の同級生か　陸—葉書—110

Ⅳ　架蔵資料（陸—架蔵）

小野鐗之助編書『高等女子習字帖』（題簽欠）吉川半七 明治二三年一二月第一版 明治一五年一〇月再版（裏表紙「専修科第一年生 いちばろく」）　陸—架蔵—1

小野鐗之助編書『和歌習字帖 古今和歌集序』吉川半七 明治二三年一二月　陸—架蔵—2

小野鐗之助編書『高等女子習字帖 かな 第三』吉川半七 明治三二年七月（裏表紙「克遊克勉 明治三拾四年五月六日求 一庭陸」）　陸—架蔵—3

前田夕暮『陰影』岡村書店 大正元年九月初版 大正四年四月三版（蔵書印「滋賀縣甲賀郡北杣實業補修學校」）　陸—架蔵—4

西川太治郎『ながらのさくら』西川太治郎刊 昭和二年一一月（表紙に「寄贈者 西川太治郎」、蔵書印「大津商業會議所之印」）　陸—架蔵—5

中神利人『瓢百句集』幻住庵 一九三九年、附録「湖南俳人百家選」（この附録に一旨（有儘舎）一庭太郎平」の項目あり、一庭啓二の事績もでる、表紙欠）　陸—架蔵—6

『大正拾参年前半期 第七拾弐回報告書』太湖汽船株式會社　陸—架蔵—7

千代紙十八枚 型紙切絵九枚 墨の刷跡（一枚に「一庭路久女」）　陸—架蔵—8

『潤色三十六花撰』のうち「しんばし春の屋小竹 同村田屋徳松」、上部欠　陸—架蔵—9

出世大黒天御影、袋とも　陸—架蔵—10

袋（表「無訊而反古ニ不可致 書附類入 伊智波」、裏「昭和十年五月 志らべすみ」、中身は不明）　陸—架蔵—11

和紙水引　陸—架蔵—12

女子大學通信教育會々員證 第二七六五號 一庭陸子　陸—架蔵—13

『筆のしをり 色紙短冊書状懐紙扇面』小野鐗之助編 吉川半七 明治三四年一一月（裏表紙「一庭陸所持」）　陸—架蔵—14

『和漢泰西俚諺集』菫花園主人訳編 明治二九年　陸—架蔵—15

Ⅴ　各種書類（陸—書類）

〈寄付金など一括1から15〉

・金報國記念貯蓄方法案内　陸—書類—1

・金報國記念支那事變國債貯蓄債権買入申込書　陸—書類—2

・昭和一四年一一月二一日 滋賀銀行より「政府への金売却」礼状 滋賀銀行膳所支店長 井上幾太郎　陸—書類—3

・造幣局「地金試験済通知書」により一八円八七銭支払い通知書 昭和一四年一一月二一日 滋賀銀行膳所支店　陸—書類—4

・民間所在金の集中のため売却に応じた感謝状 昭和一四年一一月二一日 滋賀県知事平敏孝、封書とも、陸の住所は錦町池ノ内　陸—書類—5

・忠魂碑建設寄付金仮領収証 昭和七年二月一四日 帝國在郷軍人會膳所町分會　陸—書類—6

・**〈膳所小学校建築費寄付金 領収書一括〉** 昭和五年一一月一二日から昭和六年八月三一日までの八枚分　陸—書類—7から14

・木之下處女會会費徴収票 昭和一〇年五月から　陸—書類—15

〈徴税領収書など一括〉 大正一五年度から昭和一六年度　陸—書類—16から58

〈太陽生命保険関係一括〉　陸—書類—59から73

〈他の預金関係一括〉　陸—書類—74から81

「金弐千五百五十円 内壱千五百円渡之 内弐百五拾円渡之 内四廿八円拾銭材料分 差引金三百七十壱円拾銭」（藤井店の用箋）　陸—書類—82

「金四百二十八円拾銭 取替金（中略）右ハ登記スル事」　陸—書類—83

「金四百二十円拾銭 十二月十日 内 金壱百円也 二月廿八日入金（中略）元利合 合計六百　六円四銭」（大津市魚市場藤田彌七商店）の用箋　陸—書類—84

記
金九圓也 但シ利息弐三四（三ヶ月分）右正ニ領収仕候也
昭和二年五月二十七日　藤井（朱印）
一庭様　陸—書類—85

受領書
一、金七百五拾六円也　但内金五拾円手附金充当 但 膳所町大字錦字石上六百拾参番ノ弐山林壱畝拾八歩売渡代金
前書之金額正ニ受領候也
大正拾五年拾月拾弐日
千葉市千葉千弐百五拾九番地
売主 遠藤太郎（朱印）
大津市上平蔵町一庭陸殿　陸—書類—86

領収書　嘱託人 一庭陸殿
所有権移転登記申請（中略）計金七円二十二銭 右領収候也
大正十年（透かし印は大正十五年十月十四日）
大津市四宮町第弐番地
司法代書人 奥村雄吉
陸—書類—87

記
本年四十七歳午一白水、本年本命中官ト云へ共、明ノ方に相成ルケ所ハ差支なし、家建設ノ方位ハ現住ヨリ戌亥ノ間に相成りケ所ハ、本年中に建築始メ出しが吉哉、但始メ出し吉月左ニ記入　十一月九日十二日十五日十八日廿一日廿四日廿七日三十日　十二月三日六日八日九日十二日十五日十七日廿一日廿四日廿七日廿九日　右記入日、棟上井戸モ萬じ吉候哉
昭和二年十月四日　龍谷記入
陸—書類—88

記
本年四十八歳午一白水、移轉方位ハ現住ヨリ戌亥ノ間に行く事、吉日記　二月八日十日十三日十六日十九日廿二日廿

五日廿八日、右記入日萬じ候也　龍谷記入　陸―書類―89

見積書

金弐千六百五拾五圓四拾四銭也　但シ木造瓦葺　下家弐拾弐坪半　二階八坪七合五勺　計参拾壱坪参合五勺　（中略）

昭和二年拾壱月弐日　大工 今井辰之助

一庭氏様　陸―書類―90

記

一、金壱仟百圓也

右正ニ受取申候也

昭和二年十二月廿九日　大工 今井辰之助（朱印）

一庭様　陸―書類―91

領収書

（前略）合計 金弐仟五百四拾九円拾銭也

右正ニ受取申候也

昭和三年二月廿八日　大工 今井辰之助

一庭様　陸―書類―92

土發第三號　昭和二年十二月五日

滋賀郡膳所町長 田原末吉

関係地主殿

錦停留所附近土地関係位置ノ件（地図写とも）　陸―書類―93

發一二九七一號　滋賀郡膳所町大字中ノ庄 一庭陸

昭和二年十一月八日付届出家屋建設之件認可ス　追而落成ノ上ハ届出テ検査ヲ受クベシ

昭和二年十一月二十二日

大津警察署長 警視斎藤與平治（公印）　陸―書類―94

發二二〇號

滋賀郡膳所町大字錦小字石上六一三ノ二　一庭陸

昭和三年二月一日付届出家屋使用之件認可ス

昭和三年二月六日

大津警察署長 警視斎藤與平治（公印）　陸―書類―95

昭和四年九月廿四日　大津市上平蔵町八番地 地主一庭陸

大津税務署長殿

無届開墾成功申告（中略）

滋賀郡膳所町大字錦（図を添付）　陸―書類―96

滋賀縣師範学校訓導兼教諭 初田育造の要望書

（RITSUMEIKAN UNIVERSITYの用箋、封筒に「農工銀行御中」、裏「初田育造」との印刷あり）

冠省　小生は一匹宿人に過ぎざるも、窮余見るに忍びざるものあり、銀行は一・営利金融機関に過ぎざるべきも、その運轉者は、血あり情ある温き人なるは、小生の信じて疑わざるところなり、母は病床に呻吟して娘は学業を捨てんとす、猶又何ぞ悲なる、法文條規規定契約は厳としてあらん、しかも世人往々呑舟の大魚を逸する處にて、無告の窮迫者の上に假借なし、余心と□縁なし、今薄給を割きて、路頭の彷徨を救はんとす、賢明にして同情ある銀行当路の士よ、幸に小生が微意を諒せられば、彼等に假すに寛大を以てせられよ。　滋賀縣師範学校訓導兼教諭　初田育造

農工銀行御中

記

五拾円也　但一庭陸氏年賦辨済金ヘノ一部充当トシテ　陸―書類―97

菊枝名義シンガー裁縫機月賦購入約定書（袋）および掛金受取書 大正十五年五月八日から七枚、　陸―書類―98

大正・昭和期（一庭菊枝関係）

Ⅰ　手記（草稿・活字とも）（菊枝―手記）

一庭菊枝「父」（『わたしの文集』、草稿、昭和一五年四月二〇日、実父を題材とした小説）　菊枝―手記―1

短歌草稿（一綴）昭和一二年六月から昭和一四年四月　菊枝―手記―2

短歌草稿（一綴）昭和一四年五月から昭和一五年一〇月　菊枝―手記―3

短歌草稿（一綴）昭和一六年七月から　菊枝―手記―4

日記（見返しに「昭和一五年一二月 歳を送る記」、昭和一四年一一月『俳句手帳』交蘭社に書かれる、昭和三八年三月まで）　菊枝―手記―5

「真如堂」（草稿）原稿用紙三枚　菊枝―手記―6

「真如堂」（草稿、「真如堂」について京都新聞編集局笠井圭宛の添削依頼の手紙）　菊枝―手記―6―2

「読書随想」欄投稿について京都新聞社編集局笠井圭から回答および「初冬のお十夜」添削後の成稿　菊枝―手記―6―3

『潮音滋賀』第一号（昭和四二年一月）、第二号（一〇月）、第三号（昭和四四年一月、二部）、第四号（昭和四五年四月）、各号に菊枝の短歌が載る　菊枝―手記―7

一庭菊枝「一庭啓二のこと」『潮音滋賀』第四号（昭和四五年四月）　菊枝―手記―8

手記（「省みて私の半生に於て…」）『滋賀潮音』の草稿か、朱入れあり　菊枝―手記―9

紀久江「芽生え」と題された短歌草稿、九枚　菊枝―手記―10

「一庭菊枝追悼歌会 追悼歌」（昭和四五年一一月二一日）

朱を入れて返しやりたる歌稿さえ光とならぬ際のおもひを　土屋克夫

いく秋をなほたのみつゝ菊の香の
ことしかぎりとなりしかなしさ　峰村英薫

あはれかも法然院の鐘の音
黄路なる君にそひてゆけかし　村川益子

息せきて歌の添削乞に来し娘のころの姿そのまま　三品千鶴

祖父君の業蹟の劇を君と見し滋賀会館の夜を限りとす　三品千鶴

一庭菊枝さみしきみ名と思ひゐし
つひに君には言はず過ぎたり　三品千鶴

清らなる京の灯ひとつまた消えぬ
秋更けし夜をひとり合掌す　田辺恵美子

子らおきて女ざかりを逝きしとふ
くらぐらとわが耳朶を打つ鐘　田辺恵美子

足をやみてこもる半年けふもまた
　佳きひと訃のおびやかし来る　萱島功

わが足は癒ゆる日のあらむとこしへに
　かへることなきみ命をおもふ　萱島功

きのふけふ曇りの紅葉まぼろしに君が半世の幸をいのらむ　萱島功

娘にかくる心残して逝き給ふ君にと咲ける庭の白菊　武田好二

今日会ふは明日の別れと一日一日
　かたみにいのち守らむと思ふ　武田好二

いく年月歌作なき吾れに突然の電話なり友の悲報つたへて　塩沢縫子

鳴りひゞきしは友の電話にて此の度の
　追悼会に出よとのたまふ　塩沢縫子

華やかに花火終りしのちの闇
　みつめいませしか君がみいのち　池田敏子

安らかに眠り給へや君がため法然院の鐘なりひゞく　池田敏子

病窓に空の青さを見たまひぬ愛ひとすぢの崇き生涯　池田敏子

ひとひらの落葉なりけり木枯しの夕べとどきし君が訃報は　山本治子

朝夕に法然院の鐘鳴れば眼を病みし君いかになごみし　山本信子

これよりと云ふ人生に会はずして
　よき歌多き君おしまるゝ　宮本朝野

娘のために生きて居らねばとふみ歌
　訃報のとゞく秋の灯に顕つ　奥井はる子

はからずも遺詠となりし君がみ歌
　またとり出して胸あつくゐる　東久仁恵

生涯のひそかなる自負とうたはれし
　君が御歌の悲しきひゞき　安永悦子

この次に言葉交さむ挨拶せむと
　帰りしことがたゞに悔まる　安永悦子

たゞ一度言葉も交さず会ひしことが
　永久の別れとなるぞ悲しき　安永悦子

月見草の灯に輝くと見たまひて
　紅葉より速く散りましゝとは　原多加子

お声まだ耳にのこりて新らしき
　花火よりはかなく消えたまひしか　原多加子

君が遺詠潮音に見いでて読むまひる
　滴りやまず秋のひかりは　堀部淑子

秋ふかきひかりの中に喪ひしま玉のごとく君を偲ぶも　堀部淑子

君の訃報目を疑ひて読みかへす庭に舞ひ散る紅葉悲しき　清水章子

在りし日の君偲びつゝ秋雨の一日を曇る玻瑠窓拭へり　清水章子

菊枝—手記—11

手記（冒頭に「十六年梅雨のある日」、短歌のほか作家の文章からの抜き書き）

菊枝—手記—12

『文集　短歌 詩 随筆（彼 山と人生 鈍感 思出の数々）』、短歌の書き出し「一九三二 一 二八」

菊枝—手記—13

「生前亡母が執念のように祖父が琵琶湖にはじめて汽船をうかべ…」と始まる草稿

菊枝—手記—14

「書かねばならぬことが一杯あるのだが…」と始まる草稿

菊枝—手記—15

「昭和四十四年四月十八日は旧暦の三月三日にて、祖父一庭啓二がはじめて琵琶湖に蒸気船を進水させてから満百年目の日に当たるとかで…」と始まる草稿　菊枝—手記—15

II　写真（菊枝・親族・友人）（菊枝—写真）

一庭菊枝（裏書「昭和十八年二月十三日撮影 一庭菊枝」、写真台紙に「朝にあけゆふべにわれは雨戸くる このならはしのおろそかならぬ きくえ」、大阪市西区南堀江一番町吉井如月写真場）　菊枝—写真—1

菊枝　PHOTO SYUDIO KITO KYOTO　菊枝—写真—2

菊枝和服　菊枝—写真—3

屋内で陸と菊枝　菊枝—写真—4

菊枝と渡辺女史（裏書「九—六 渡辺」）　菊枝—写真—5

菊枝ら三人、作業姿　菊枝—写真—6

菊枝と長男啓 裏書「二四・三・六」　菊枝—写真—7

旧友と、京都円山公園　菊枝—写真—8

矢島恵美子 文吉（裏書「矢島恵美子 文吉 一五・三・三〇」）　菊枝—写真—9

赤子と両親　菊枝—写真—10

親戚か、母と娘　菊枝—写真—11

同僚と安土の山で（裏書「松の梢すきて浅黄の空の晴どよもす風のきよらなるかも　十六年四月三十日 安土にて」）　菊枝—写真—12

義母ふさと知人女性（裏書「二四・二・二六」）　菊枝—写真—13

羽織袴の夫加藤武司（裏書「昭和廿八年十月二十三日氏神祭」）　菊枝—写真—14

大津陸軍病院の同僚男性か、土木作業　菊枝—写真—15

大津陸軍病院経理室前での集合写真、後列左より六人目　菊枝—写真—16

大津陸軍病院勤務者集合写真（裏書「昭和十七年四月十日経理室主計下士官送別記念」、後より二列目右から三人目）　菊枝—写真—17

大津陸軍病院集合写真、後より三列目右から二人目　菊枝—写真—18

大津陸軍病院家屋前の集合写真　菊枝—写真—19

大津陸軍病院経理課か、同僚男性の勤務風景　菊枝—写真—20

雄魂會創立總会参加の夫加藤武司、前列右より二人目　菊枝—写真—21

吉田社親睦会の夫加藤武司、後ろから二列目中央　菊枝—写真—22

絵葉書「定山渓銚子口」　菊枝—写真—23

冬枯れの風景 裏書「HISAKO KATO」　菊枝—写真—24

Ⅲ　葉書・手紙（菊枝―葉書）

佐々布幹子　昭和一三年六月六日　菊枝―葉書―1

佐々布弘一（豊中市桜塚元町）昭和四三年一月　菊枝―葉書―2

佐々布弘一（豊中市桜塚元町）昭和四十三年六月　菊枝―葉書―3

佐々布志津子（小石川丸山町）昭和二年年賀　菊枝―葉書―4

佐々布美津子（小石川丸山町）大正十二年一月元旦　菊枝―葉書―5

小山以津子手紙（東京都世田谷区粕谷町）昭和四三年四月
文面には一庭啓二の事績を菊枝が佐々布弘一に送り、それ
を以津子が読んだ旨が示される　菊枝―葉書―6

矢島君子（東大阪市㐂田）昭和四十三年一月　菊枝―葉書―7

杉本ふさ（播磨明石東仲町）昭和一〇年一月　菊枝―葉書―8

佐藤みねよ（徳島県海部郡川東村）昭和二九年一月　菊枝―葉書―9

□□□（東京杉並区井草町）一〇月一日　菊枝―葉書―10

峯村久子（西宮市美作町）一一月二二日　菊枝―葉書―11

久保知子（大津市石山鳥居為調川町）昭和三一年一月四
日　菊枝―葉書―12

柴田正行（神戸市須磨区五位ノ池町）昭和一七年一一月
大津陸軍病院経理室宛　菊枝―葉書―13

小林太郎（大津市木下町）昭和四一年正月　菊枝―葉書―14

小林太郎（大津市木下町）昭和四三年正月　菊枝―葉書―15

山本信子（北区大将軍南一条町）昭和四二年八月　菊枝―葉書―16

山本信子（北区大将軍南一条町）昭和四三年一月　菊枝―葉書―16―1

山本信子（北区大将軍南一条町）昭和四三年八月　菊枝―葉書―16―2

山本信子（北区大将軍南一条町）昭和四四年元旦　菊枝―葉書―17

横田龍次郎（大津市松本）　昭和四四年元旦　菊枝―葉書―18

片畑京子（泉大津市松の浜）　昭和三二年一月　菊枝―葉書―19―1

片畑京子（泉大津市松の浜、手紙）、菊枝と京子の写真二枚、
昭和三十二年一月　菊枝―葉書―19の2

吉田好江（左京区永観堂西町）昭和四四年八月　菊枝―葉書―20

佐藤政一　みねよ（徳島県海部郡海南町）昭和四三年元旦　菊枝―葉書―21の1

佐藤政一　みねよ（徳島県海部郡海南町）昭和四四年元旦　菊枝―葉書―21の2

膳所高校内小波同窓会本部会長浅川輝子より総会通知、昭
和八年卆幹事三品つや子 昭和四五年四月　菊枝―葉書―22

ゆかり会（同窓会）通知　昭和四五年一〇月　菊枝―葉書―23

滋賀潮音歌會 三品千鶴　昭和四三年二月　菊枝―葉書―24

滋賀潮音歌會 三品千鶴　昭和四三年四月　菊枝―葉書―25

滋賀潮音歌會 昭和四十四年年二月　菊枝―葉書―26

三品千鶴　昭和四三年年賀　菊枝―葉書―27―1

三品千鶴（滋賀県大津市本丸町）昭和四四年年賀・転居通
知　菊枝―葉書―27―2

三品千鶴（滋賀県大津市本丸町）昭和四四年残暑見舞　菊枝―葉書―27―3

三品千鶴（滋賀県大津市本丸町）昭和四五年八月一九日病
気見舞（北白川日本バプテスト病院二階二七二宛　菊枝―葉書―28

西藤瑞喜より手紙　昭和一七年六月一〇日、大津陸軍病院
経理室内宛　菊枝―葉書―29

長原春平（群馬の山中にて）より手紙　菊枝―葉書―30

佐々布弘一（豊中市中桜塚）より加藤武司宛 昭和四五年
八月、菊枝の見舞い　菊枝―葉書―31

小山慶作（世田谷区粕谷町）より武司 菊枝宛、小山は以
津子の夫君　菊枝―葉書―32

三品千鶴子　昭和一五年五月二四日　菊枝―葉書―33

「滋賀潮音三月例会開催の開催について」昭和四三年三月
滋賀潮音歌会 三品千鶴　菊枝―葉書―34

「潮音関西新年歌会へのおさそひ」昭和四五年一月 滋賀潮
音歌会 三品千鶴　菊枝―葉書―35

「滋賀潮音例会開催のお知らせ」昭和四五年二月二八日 滋
賀潮音歌会 木村光子　菊枝―葉書―36

『潮音滋賀』第三集へ原稿依頼、昭和四四年二月四日 木村
光子　菊枝―葉書―36―2

「滋賀潮音七月例会開催のお知らせ」昭和四五年七月 滋賀
潮音歌会 三品千鶴　菊枝―葉書―36―3

「滋賀潮音九月例会開催のお知らせ」昭和四五年九月一九
日 滋賀潮音歌会 三品千鶴　菊枝―葉書―37

「第二十回滋賀文学祭作品募集について」昭和四五年九月
三〇日締切 滋賀潮音歌会 三品千鶴　菊枝―葉書―38

土屋克夫からバプテスト病院病室菊枝宛書簡、昭和四五年
八月一七日
大文字の送り火も見ずバプテストの一室に病む一庭菊枝あ
　はれ 鬼執のごときものに気押さる
あなたのうた添削しつつ薄明の大文字音なく空に消えんと
　も君よ盲ふることなかれかし 克夫　菊枝―葉書―39

土屋克夫（高槻市真上、日本テトラポット名古屋営業所）
年賀 昭和四三年一月　菊枝―葉書―40

土屋克夫（名古屋市昭和区天白町八事御幸山）手紙添削
昭和四五年三月　菊枝―葉書―41

土屋克夫（高槻市真上）手紙添削　昭和四五年二月一九日　菊枝―葉書―42

土屋克夫（高槻市真上）封筒　昭和四五年七月五日　菊枝―葉書―43

土屋克夫（高槻市真上）手紙添削　昭和四五年八月一一日　菊枝―葉書―44

土屋克夫から添削葉書八通　①昭和四一年一〇月二三日、②昭和四一年一二月三〇日、③昭和四二年三月一六日、④昭和四二年六月六日、⑤昭和四二年七月九日、⑥昭和四二年八月一三日、⑦昭和四二年八月二十一日大文字送り火御礼、⑧一〇月一五日　菊枝―葉書―45の1から8

三品千鶴から添削葉書六通　①昭和三八年五月二八日、②昭和四一年三月二二日、③昭和四一年六月二〇日、④昭和四一年九月一〇日、⑤昭和四二年二月四日、⑥昭和四二年十一月二日　菊枝―葉書―46の1から6

峯村英薫より暑中見舞い・転居通知　菊枝―葉書―47

太田青丘より礼状葉書　昭和四二年七月三日　菊枝―葉書―48

松井□子から葉書（横浜港区篠原町）昭和四一年八月三〇日　菊枝―葉書―49

徳永由紀夫より転居通知への返事、宛名は大津市蛭子町佐藤大工方 昭和一七月七日　菊枝―葉書―50

小山以津子（京都市上京区小山西元町）より菊枝（大津市膳所町錦池の内町）昭和一六年九月一六日　菊枝―葉書―51

小山慶作（同右）より　昭和一六年八月二八日　菊枝―葉書―52

滋賀潮音歌會御案内　昭和一六年一二月七日（菊枝の住所は錦町池ノ内）　菊枝―葉書―53

〈絵葉書一括〉

「（樺太豊原市の博物館）」「樺太鰊の豊漁」「日ソ国境線」「雪は楽土だ」「（女性四人）」「（母と子）」「樺太土人オロッコ人丸木舟」「樺太土人の屍」「良民復帰」「樺太の寶庫木材の山積」「樺太豊原市街豊原町大通り」「（樺太）豊原市官幣大社樺太神社」「官幣大社樺太神社（カラー）」「オロッコ土人の風俗」「樺太土人馴鹿そりにて物資運搬」「（樺太）世界に冠たる海豹島（島カ）と膃肭獣」「樺太土人風俗 アイヌ族」「結氷せる大泊港」「樺太大泊神楽岡公園に美しく立つ依仁親王武功記念碑」「繁栄を誇る豊原市」「（樺太）豊原市繁榮を極める西一條商店街」「豊原郵便局 樺太廳」「樺太名物 結氷せる大泊港驛に堂々入港の稚泊連絡船」「（樺太）文豊線の絶景」「樺太海豹島」「（樺太）養狐場」「（樺太）樺太土人使用のトナカイにて物資運搬」「白樺御殿」「冬の快味スキー」「樺太名物 海豹島ロッペン鳥と其たまご」「樺太冬期大泊港に於ける千歳丸氷上荷役」「（朝鮮風俗）農村風景」「小林萬吾筆 蘇州獅子林」「南薫造筆 崑山」「吉田博氏筆 杭州の柳」「西郭祠浜」「阿寒国立公園（検閲済 釧路警察署の印）」「眞野御陵」「（佐渡）黒木の御所 国分寺」「河原田海岸越の松原 鬼太鼓」「遊覧自動車 両津橋」「（佐渡）相川 おけさ流し」「外海府浦 相川音頭踊り」「佐渡航路の女皇おけさ丸 両津港」「順徳上皇第三皇子千歳宮御墓所 第一皇女慶子宮御墓所」「御松山實相寺 一の谷妙照寺」「塚原山根本寺三昧堂跡 本堂」「七浦海岸 夫婦岩」「阿佛坊妙宣寺 阿新丸の隠松」「十和田湖」「南部炭」「美はしの湯野濱 夏七・八月の賑はい」「国立公園黒部渓谷奥鐘の吊橋」「箱根 長尾峠の富士」「（昭和十年六月廿日舞鶴要塞司令部検閲済）成相辨天山より見たる天橋立」「天橋立袖覗き」「（天橋立）文殊海岸の景」「西芳寺庭園」「西芳寺開山堂指東庵」「西芳寺潭北亭」「宇治平等院鳳凰堂」「長命寺風景」「近江大神宮御鎮座記念 奉納舞楽」「近江大神宮御鎮座記 勅使参向」「近江八景 矢走歸帆」「近江神宮 天業恢弘武運長久祈願の丸印」「賤ケ岳風景」「近江八景 唐崎夜雨」「近江永源寺」「官幣大社枚岡神社神苑梅林」「（西能勢）鷹爪城址」「大峰山頂上に匂ふ大山蓮華草」　菊枝―葉書―54

Ⅳ　関係書類（菊枝―書類）

昭和九年八月から昭和一五年まで　近江倉庫土地株式会社・澤島藤太郎宛（池之内町）「家賃請取之通」　菊枝―書類―1から5

昭和六年七月大阪為替貯金支局通帳　菊枝―書類―6

催告状下書き　昭和一六年一一月二七日、一庭菊枝より大津市上北国町の森田末治郎宛、母陸の死去に伴い家督相続を開始したことから債権があれば昭和一七年二月末日までに請求の旨　菊枝―書類―7

西藤安兵衛から一庭菊枝宛の内容証明郵便（封筒のみ）　菊枝―書類―8

大津区裁判所調停委員会からの封書（膳所錦町宛）　菊枝―書類―9

Ⅴ　架蔵資料（菊枝―架蔵）

『實踐女子禮法』川島次郎編　中文館書店　昭和一六年　裏表紙に「二年呂組林縫子」　菊枝―架蔵―1

『裁縫学習帳』滋賀縣立大津女学校　研究科　一庭菊枝　菊枝―架蔵―2

土屋克夫『第十歌集 凝視Ⅰ』一九六九年　菊枝―架蔵―3

土屋克夫『第十歌集 凝視Ⅲ』昭和四五年　菊枝―架蔵―4

小泉苳三『維新志士勤王詩歌評釋』立命館出版部　昭和一三年初版　昭和一四年第三版　菊枝―架蔵―5

星合愛人（萩畔）『萩畔子著作集 第五編 青葉の笛』長谷川タカヨ（臺北市榮町）昭和四年　菊枝―架蔵―6

『さゝなみ集 戦傷病兵作品集』飛弾基編　尾坂政男（大津市臨時大津陸軍病院内）昭和一四年。比良雪子が菊枝、四首所載、巻頭に、土井晩翠詩　永井建子曲「臨時大津陸軍病院歌　湖畔之歌」が載る　菊枝―架蔵―7

『歌苑』第一から第七　佐後淳一郎編輯　歌苑の会（高島郡安曇町）昭和一六年一月から昭和一七年四月、各号に菊枝の歌　菊枝―架蔵―8―0から8―6

『さゝなみ』滋賀県立大津高等女学校さゝ波同窓會　第四二号（名簿に「陸明治三四年三月卒業」「菊枝昭和八年三月卒業」とでる）　菊枝―架蔵―9―1

『さゝなみ』復刊八号　昭和四二年（名簿に「陸　明治三十四年三月卒業」「菊枝　昭和八年三月卒業」）と出る）　菊枝―架蔵―9―2

『詩と美術』一〇月号　詩と美術社　昭和一四年一〇月　菊枝―架蔵―10

『多磨』第八巻第六号（昭和一四年六月）・第九巻第一号（昭

和一四年七月）・第九巻第二号（昭和一四年八月）・第三号（昭和一四年九月）北原白秋編輯 アルス、昭和一四年七月号巻末に「伸びてゆくといふことは大切なことだ、そして私はまだ双葉である、唯一筋の道を、伸びねばならぬ」と菊枝の書き入れ　**菊枝—架蔵—11、11—1から11—3**

『アララギ』第三四巻第五号（昭和一六年五月）、第三六巻第三号（昭和一八年三月、土田耕平追悼特輯）アララギ発行所　**菊枝—架蔵—12—1、12—2**

『年刊歌集』滋賀県歌人会 年刊歌集編集委員会編 滋賀県歌人会事務局 昭和三八年

墓のみの我にのこれる大津の町駅より眺む群青の湖　など一〇首　**菊枝—架蔵—13**

『黒潮 潮音第十一選集』四賀光子編 潮音社 昭和三九年

朝夕べ法然院のつく鐘を聞きゐて我が生は安泰なるべし

など八首　**菊枝—架蔵—14**

「藤樹先生三百年記念 献詠会詠草 昭和二二年九月二一日於藤樹書院 ガリ刷り六頁　兼題「藤樹先生を偲ぶ」「月」　**菊枝—架蔵—15**

『女子大学講義』八五号 女子大学通信教育会編、のうち日本女子大学教授三宅花甫（圃）述「和歌作法」、後半欠　**菊枝—架蔵—16**

「日本文學報國會短歌部會滋賀縣支部 滋賀縣藝術文化報國會短歌部 會員名簿」、三品千鶴子は大津地区の幹事、菊枝は京都府の項に出る　**菊枝—架蔵—17**

『比良』紀元二千六百年創立五十周年記念號 滋賀県立大津高等女学校校友會 昭和一五年一二月（この号に明治三四年卒一庭陸「海老茶袴の思ひ出」が載る。その内容は、高女で他の女性と識別する方法を検討した時、明治二〇年二月に明治天皇が大津湊から長浜までを太湖汽船で還幸の折、姉の幹が紫の袴に靴を履いて送迎に出ていたことを思い出し、海老茶袴を提案し採用されたというものである。この還幸にあわせて浅見又蔵が長浜港に慶雲館を建造した）。　**菊枝—架蔵—18**

『日本短歌』第一〇巻第八号 日本短歌社 昭和一六年八月　**菊枝—架蔵—19**

『文藝首都』第一巻六号 文學クオタリ社 昭和八年六月　**菊枝—架蔵—20**

『あじろ木』第三巻三号から七号　秋田君郎編輯 あじろ木短歌會（豊中市）、昭和一二年三月から七月

蒼茫と暮れゆく雨の湖さむし傘かたむけてバスを待ちゐる

（第四号に六首）

朝凪のみづうみ遠く見渡せばうす桃いろに山は霞める

（第六号、五月二日京都七条智積院での京阪歌會）　**菊枝—架蔵—21—1から21—5**

『郷土史蹟』第五巻 滋賀縣郷土史蹟調査會 昭和一四年一一月　**菊枝—架蔵—22—1**

『郷土史蹟』第六巻 滋賀縣郷土史蹟調査會 昭和一五年七月

やぶ椿（一庭陸）「湖上に汽船を浮べて七十年亡き父を憶ふ」

一庭菊枝「琵琶湖雜詠」

雨氣づく朝霧にして湖くらし定期氣船は笛ならしゆく

うみ岸の杭にならびてかもめどり

冬のあしたのしつけさにをり

みづうみの渚の杭に舟一つ霜ひからせてつながれてをり

夕凪の湖はひとゝき寂として素枯れの葦の色をあげたる

暮れてゆく湖の光りに一ところ素枯れの葦の色さえてみゆ

冬の湖の朝はしづけし渚邊の氷を張りてゐるがかなしき

雲をゝき日は何となく波あらき

湖のこゝろをかなしみにけり

みづうみのその日の色にわが幸は

秘むるおもひぞはかなけれども

ざゞと來てむなしく消えてまたよする

波のいのちを清がしみにけり

さみだれの雨の晴れ間を比叡の峰

せまるがごとくあらはれてみゆ　**菊枝—架蔵—22—2**

『郷土史蹟』第七巻（特輯版 高穴穂宮から大津京へ）滋賀縣郷土史蹟調査會 昭和一五年一二月　**菊枝—架蔵—22—3**

『郷土史蹟』第九巻（紀元二千六百年 近江神宮御創建記念特輯）滋賀縣郷土史蹟調査會 昭和一七年四月

やぶ椿「湖上に汽船を浮べて七十年亡き父を憶ふ（二）」

一庭菊枝「愛する大津のために」　**菊枝—架蔵—22—4**

『新日本短歌』第二巻第八号 新日本短歌社 昭和一六年八月　**菊枝—架蔵—23**

『短歌研究』第九巻第一号（昭和一五年一月）・第八号（八月）・第一〇巻第九號（昭和一六年九月）・第一一巻第一号（昭和一七年一月）改造社

五月闇何とはなけれ樹々の葉のなまめく息吹しみてせつなし（昭和一五年八月号）　**菊枝—架蔵—24—1から24—4**

『短歌研究』第一巻第一号 日本短歌社 昭和一九年一一月　**菊枝—架蔵—25**

『かびれ』第二六巻第二号 大竹虎雄編輯発行 かびれ発行所 昭和三一年二月　**菊枝—架蔵—26**

『中央文団』第二号 藤川晴男（長野市）一九六四年一月　**菊枝—架蔵—27**

『流鶯』太田水穂 晃文社（京都市）昭和二二年一〇月　**菊枝—架蔵—28**

『朝の港』四賀光子鑑選（潮音歌選）潮音社 一九六〇年

何もなき闇の中空に大の字の

炎だてるが涼しくもゆる　など七首　**菊枝—架蔵—29**

『子午線』太田青丘編 潮音社 昭和四三年七月

風に舞ふ銀杏葉急に静止して

射たれし鳥の如く地に落つ　など八首　**菊枝—架蔵—30**

『近江短歌』第四輯 佐藤淳一郎主宰 近江短歌の會（安曇町）ガリ版刷 昭和二二年九月　**菊枝—架蔵—31**

『潮音第十回大会詠草』昭和三九年八月二二日・二三日 於箱根大涌谷 冠峯樓 潮音社　**菊枝—架蔵—32**

『郷土に輝くひとびと』滋賀県厚生部青少年対策室 昭和四五年三月（「湖の男 一庭啓二」所収）　**菊枝—架蔵—33**

東京オリンピック生写真 四葉 ①バレーボール表彰式の河西昌枝選手ら ②マラソン表彰式のアベベ・ビキラ、ベイ

ジル・ヒートリー、円谷幸吉 ③重量挙げ三宅義信 ④国立競技場開会式遠景　**菊枝―架蔵―34―1から4**

「潮音創刊記念歌会詠草」昭和四一年七月二四日 於湯島会館 三枚　**菊枝―架蔵―35**

「滋賀潮音九月例会詠草」昭和四四年九月七日 大津追分安本氏宅　**菊枝―架蔵―35―1**

「近衛歌会」於近衛中学校 昭和四一年一月など八件　**菊枝―架蔵―36**

楽譜 ロベルト シューマン「鶴が岡」一から四　**菊枝―架蔵―37**

『短歌新聞』昭和四三年四月(一七五号)、昭和四三年七月(一七八号)、昭和四三年八月号(一七九号)、昭和四三年九月号(一八〇号)、昭和四四年四月号(一八七号)、昭和四四年五月号(一八八号)、昭和四四年六月号(一八九号)、昭和四四年九月号、昭和四四年一〇月号(一九三号)、昭和四五年四月号(一九九号)　**菊枝―架蔵―38―1から10**

『あかしびと』第二五五号 昭和四五年九月 日本バプテスト連盟出版部　**菊枝―架蔵―39**

ギイ シャルル クロス作 堀口大学訳「雨が降ってゐる」などの書き抜き(巻末に「一九三一 三 二十一 冨田かずこ様より戴く 菊枝」)　**菊枝―架蔵―40**

狩野芳崖筆「不動明王の図」『音楽之友』昭和一一年七月号附録　**菊枝―架蔵―41**

高橋義雄『茶道読本』秋豊園出版部 昭和一一年　**菊枝―架蔵―42**

牧誠太郎『牧誠太郎歌集』槇書店 一九六五年　**菊枝―架蔵―43**

三品千鶴『歌集水煙』短歌研究社 昭和四一年　**菊枝―架蔵―44**

峯村久子『歌集菊輪台』新星書房 昭和四三年　**菊枝―架蔵―45**

太田青丘『歌集花暈』短歌研究社 一九七〇年　**菊枝―架蔵―46**

「非常時心得 丸物」(「壱階柴田用」)、「火災ニ際シ店員役付」など　**菊枝―架蔵―47**

支那事變従軍記章ほか二点　**菊枝―架蔵―48**

庵原健編『佐渡歌人懇話会第一集 佐渡』佐渡歌人懇話会 昭和三三年、菊枝の歌人仲間長原春平(水島英一郎)からの寄贈　**菊枝―架蔵―49**

京都歌壇投稿(京都新聞切り抜き)一二月二一日
真如堂のお十夜まいりの昔はや出店(でみせ)少く紅葉のみ照る　**菊枝―架蔵―50**

京都歌壇投稿(京都新聞切り抜き)年月不明
馬鈴薯を植うる畑地に中学の子を手伝わせ肥入れにゆく　**菊枝―架蔵―51**

土屋克夫『娘を嫁がす父のうた』　**菊枝―架蔵―52**

＊　＊　＊　＊

〈短歌雑誌『潮音』太田貞一(水穂)編輯 潮音社、一括〉

菊枝架蔵資料の『潮音』は冊数も多いことから別記号「菊枝―潮音」を振り、番号は、昭和の年月としている。例えば、菊枝―潮音―12―(6)は、『潮音』昭和一二年六月号を示す。その中から、祖父一庭啓二や母陸に関するもの、琵琶湖や汽船を詠んだ歌をいくつか選び出して掲げた。この選定の基準は菊枝にとって本意なものではないだろうが、一庭啓二の生涯をうかがうという本書の性格から、そのようにした。

なお架蔵の雑誌は、『潮音』二三巻六号(昭和一二年六月)―五六巻一二号(昭和四五年一二月号)、うち欠号は、昭和一五年一一月、昭和一七年九月、昭和一八年二月、昭和二一年一〇年三月、昭和二一年四月、昭和三六年九月、昭和三九年一〇月、昭和四三年九月

菊枝―潮音―12―(6)から45―(12)

茶臼山の櫻は今をさかりなり
　母よゆきませ吹雪せぬまに　昭和一二年六月

秋がすむ湖のおもてをながめをり
　葦のしげみに破船ただよふ　昭和一二年一一月

兵營の病舎の窓に一つ一つ
　草花鉢の置きてありしよ　昭和一三年七月

朝がすむ秋の湖水に影ひたし
　停船白く輝きてをり　昭和一三年一二月

みづうみの汀の杭に舟一つ
　霜ひからせてつながれてをり　昭和一四年二月

雨氣づく朝霧こめて湖(うみ)くらし
　定期汽船の汽笛(ふえ)ならしゆく　昭和一四年五月

山水を筧に引きてひねもすを
　水音ひびく家居親しき　昭和一四年九月

沸くごとく泌みいるごとく三井寺の
　森にひびくなり茅蜩のこゑ　昭和一四年一〇月

暮れてゆく湖(うみ)の光に一所
　元枯れの葦の色冴えて見ゆ　昭和一四年一二月

夜更けて月夜の湖は寂しかなり
　比良嶺はとほく雪明りせる　昭和一五年三月

木の間もる大湖(うみ)の波冬さびし
　比良嶺に雪はいまだ來たらず　昭和一六年二月

もえいづる若葉さやけし山々の
　光りみなぎりて空にかがよふ(安土城址)　昭和一六年七月

母やめば心おもたきあけくれに
　木犀の香は涙のごとく　昭和一六年一一月

あす知れぬ母をおもひてい寝がての
　眞闇の空に啼く鳥のこゑ　昭和一六年一二月

白布透きて母の息吹きのきこゆると
　ひそかにまみを凝らしゐにけり　昭和一七年一月

戦捷のめでたき年を壽ぐと
　活けたる松の枝ぶりぞよき　昭和一七年二月

闇の夜の憂ひそのまゝ月見草
　なほ花の咲きてのこれる　昭和一七年一〇月

花早き櫻並木をゆく旅路
　とつぎゆく身のおもひいざなふ　昭和一八年六月

さいはひはこころにありとのらします
　夫の瞳に何答ふべき　昭和一八年六月

かなしみは夫のこころにまかせてき

いざはなれゆく宇治の青葉路　昭和一八年七月

とつぎ來て朝夜したしき東山
慈母のそひねのおもざしをする　昭和一八年一二月

きびしかるいくさの國の朝あけに
紫すがしつゆ草の花　昭和一九年一一月

流れゆく櫻花びらせきとめし
幼ごころの小河おもほゆ　昭和二一年五月

母逝きて七度菊の花咲きぬ
せめて一人の歌供養せむ　昭和二三年一・二月

如意嶽の大の字に向く我が家なり
吾子のお伽の鬼の住む山　昭和二七年三月

思出を追ふことにより若き日の
己れにかへり心はずます　昭和二九年一月

己が手でつくりし菊の花々に
埋もれてゆきし母の面影（祥月命日）　昭和三一年一月

年々に鐘（つりがね）講の人へりゆきて
お十夜まゐりの影うすれゆく（真如堂）　昭和三三年一月

桜咲く春を楽しとうべなへる
此の頃吾は幸せといはん　昭和三六年六月

目のくぼむ齢となりて亡き母に
逆らひし少女期思ふ　昭和三七年二月

墓のみの我にのこれる大津の町
駅より眺む群青の湖　昭和三七年三月

かつて母が建てたる家と思ひ門外より
長く眺めゐて子にうながさる　昭和三七年一〇月

母の墓に水をかけ終え私語きぬ
手をあはすことは何かうそめき　昭和三八年二月

百二十年前琵琶湖に汽船浮かべたる
祖父の偉業を知る人のなし　昭和三八年六月
＊正確には蒸気船建造から九四年、一庭生誕一〇八年である

颱風の時はひとたまりも無しと云ふ
魞に生きゐて漁師の微笑　昭和四一年九月

遊覧船の白き巨体を浮ばせて
海の器量をもてり琵琶湖は　昭和四一年九月

蒸気船初めて浮かべしはわが祖父と
湖上の人ら知る由もなく　昭和四二年一月

水軍の功にて名字帯刀を
許されし家門跡形もなき　昭和四二年一月

一塊の石と捨てたる一庭の姓
湖底に沈み音さへたてず　昭和四二年一月

父祖の地を去りし悲しみは永劫に
そびゆる比良の峯に刻めり　昭和四二年一月

きづもてるギヤマンの鉢がわが家に
ありて盛衰の悲劇を語る　昭和四二年一月

まげつけて洋服姿に刀さし
洋傘もてり祖父の写真は　昭和四二年一月

み祖のこと想ひてゆらぐ心沈め
藍澄む湖を深く見据えぬ　昭和四二年七月

明治百年遂に世に出し祖父の像
亡母の執念こゝに実れり　昭和四四年一月

洋服にチョン髷つけて異様なる
琵琶湖一番丸の祖父の像なり　昭和四四年一月

母を逝かしめしは二十五才の秋なりし
炉の火の白かりしことを思出づ　昭和四四年一〇月

眼をやめば白一色の風景は
陽のたゞ海にあまねきごとし　昭和四五年六月

病窓に太き赤松は枝張りて
海の青さに空がひろがる　昭和四五年一〇月

暁闇に誰が爲撞くや法然院の
梵鐘の音目をつむり聴く　昭和四五年一一月

せみしぐれききつつうつつなき刻を
われに落ちつづく血の点滴は　昭和四五年一一月

トイレにと夜中立つ時手にふるる
病室のベッドはかたくつめたし　昭和四五年一一月

朝の試歩路に摘みとりて来し月見草
灯にたけて黄にかがやけり　昭和四五年一一月

華やかに子供の花火終りしが
闇にのこりて淋しさただよふ　昭和四五年一一月

一庭（加藤）菊枝　昭和四五年一〇月七日死去、『潮音』への投稿はこれが最後となった。

琵琶湖博覧会

Ⅰ　冊子・パンフレット（琵琶博―冊子）

吉田初三郎『琵琶湖遊覧御案内』地図一舗　太湖汽船株式会社　観光社　大正一五年（地図の標題「琵琶湖名所鳥瞰図」）　**琵琶博―冊子―1**

『びわ湖めぐり　国定公園』パンフレット一枚　琵琶湖汽船船舶課　刊行年不明　**琵琶博―冊子―2**

『びわこ大博覧会記念　世界の湖』京都芸術文化研究所　昭和四三年九月　二冊あり　**琵琶博―冊子―3―1、3―2**

『びわこ大博覧会』パンフレット　会期　昭和四三年九月二〇日から一一月一〇日まで　会場大津市琵琶湖畔　**琵琶博―冊子―4**

『びわこ大博覧会　湖と文化のまつり』パンフレット　会期　昭和四三年九月二〇日から一一月一〇日まで　会場大津市琵琶湖畔　**琵琶博―冊子―5**

『近江一〇〇年資料展　観光の歩み　展示目録』昭和四四年一一月一一日から一六日　滋賀県立図書館（加藤武司出品「琵琶湖遊覧記念の絵　筆写　巻物　明治三十年　一巻」）　**琵琶博―冊子―6**

『近江百年百人展目録　文化のあゆみ』昭和四三年一一月六日から一〇日　滋賀県立図書館学習室（「科学・技術者」の項に一庭啓二、加藤武司の出品は「覚書　自筆　一冊、試験願書草稿　一枚　明治九年」）　**琵琶博―冊子―7**

『年表・観光の一〇〇年』滋賀県立図書館　昭和四四年一一月　**琵琶博―冊子―8**

「続　舟から船へ　九　びわ湖に汽船浮ぶ　明治二年」新聞記事　昭和三三年三月二九日　**琵琶博―冊子―9**

「琵琶湖に汽船航行して百年 一番丸船長の孫ら招待 祖父しのぶ加藤さんら」毎日新聞滋賀版 昭和四四年四月二〇日　琵琶博—冊子—10

Ⅱ　展覧会出品依頼書、展示目録・図録など(琵琶博—依頼)

(びわこ大博覧会関係資料借用書) 昭和四三年六月二八日、びわこ大博覧会計画委員会仲尾宏から加藤武司宛。
○一番丸船長任命書 明治二年二月
○二番丸船長任命書 明治二年十月
○大津村矢橋辺船賃定書 天明六年
レ湖竜丸覚書
レ一番丸船賃請書　明治六年
レ従当県御庁御達書 明治六年
レ汽船仕入金之事件御覚書 明治七年
レ一番丸会計経緯写書 不詳二月五日
レ一番丸会計経緯本文 不詳二月五日
レ試験願書草稿 明治九年九月（二通）
○琵琶湖風景絵巻物（一巻）
○一庭啓二写真
レ一庭啓二氏伝
レ亡き父を憶ふ
レ金亀丸写真
レ湖上蒸気船社一番丸覚書　琵琶博—依頼—1

(びわこ大博覧会出品了承への礼状) 昭和四三年七月六日 大津市長西田善一から加藤武司宛　琵琶博—依頼—2

(びわこ博覧会展示会にあたって資料調査(来訪)への礼状) 昭和四三年七月一四日 びわこ博計画委員会仲尾宏から加藤宛、文面に立命館大学文学部講師兼大津市史編纂委員森谷尅久が同道したことが記される、封書共　琵琶博—依頼—3

(びわこ大博覧会出品物預証) びわこ大博覧会協会会長西田善一から加藤武司宛
一　一番丸船長任命書
二　二番丸船長任命書
三　一庭啓二氏写真
四　天明六年船賃定書
五　琵琶湖風景絵巻物　琵琶博—依頼—4

(びわこ大博覧会出展礼状および博覧会招待) びわこ大博覧会協会西田善一から加藤武司宛 昭和四三年九月一四日、びわこ大博覧会優待入場券二枚同封、封書共　琵琶博—依頼—5

(びわこ博覧会入場チケット五枚送付の旨書簡) 地域計画研究所仲尾宏、領収書、びわこ博前売券五枚分　びわこ大博覧会計画委員会代表奈良本辰也、封書共　琵琶博—依頼—6

(びわこ大博覧会閉会式での感謝状贈呈式に出席依頼) びわこ大博覧会協会総裁野田欣一郎 会長西田善一から加藤武司宛 昭和四三年一一月三日、封書共　琵琶博—依頼—7

(びわこ大博覧会開催の礼状) びわこ大博覧会協会総裁滋賀県知事野田欣一郎 会長大津市長西田善一 昭和四三年一一月一〇日、封書共　琵琶博—依頼—8

(びわこ大博覧会出品への礼状) びわこ大博覧会協会総裁野田欣一郎 会長西田善一 昭和四三年一一月一一日 加藤武司宛、封書共　琵琶博—依頼—9

びわこ大博覧会協力への礼状はがき　びわこ大博覧会計画委員長奈良本辰也 昭和四三年一一月二〇日 加藤武司宛　琵琶博—依頼—10

「近江一〇〇年一〇〇人展 文化の歩み」開催要項 滋賀県立図書館、「近江一〇〇年一〇〇人展 文化の歩み」(開催案内) 滋賀県立図書館長清水宗暁 加藤武宛、封書共　琵琶博—依頼—11

(「近江一〇〇年一〇〇人展」関係資料調査依頼) 昭和四三年一〇月三一日 滋賀県立図書館長清谷宗暁から加藤武司宛　名刺 司書中島智恵子、(「近江一〇〇年一〇〇人展」展示資料)「借用書」。昭和四三年一〇月三一日 滋賀県立図書館長清谷宗暁　加藤武司宛、借用書の明細は、
一、試験願書
二、瓢白句集（表紙がやぶれている）
三、覚書（一部やぶれている）
四、払下許可書
五、一庭啓二伝（原稿）
六、写真　琵琶博—依頼—12

『近江百年百人展目録 文化のあゆみ』展示一覧 昭和四三年一一月六日から一〇日 滋賀県立図書館、一庭啓二関係は、覚書 試験願書草稿の二点　琵琶博—依頼—13

(「近江一〇〇年一〇〇人展 文化のあゆみ」出品礼状) 昭和四三年一一月一一日 滋賀県立図書館長清谷宗暁 加藤武司宛、封書共　琵琶博—依頼—14

「拝借資料の返却について」葉書 滋賀県立図書館 昭和四三年一一月一三日　琵琶博—依頼—15

「近江百年資料展—観光の歩み—開催要項」会期 昭和四四年一一月一一日～一一月一六日 滋賀県立図書館学習室 加藤武司宛、封書共　琵琶博—依頼—16

「近江百年資料展 観光の歩み」(展示会案内通知) 昭和四三年一〇月二八日 滋賀県立図書館長坂口正司、葉書　琵琶博—依頼—17

「近江百年資料展—観光の歩み」礼状 昭和四四年一一月一七日 滋賀県立図書館長坂口安吾正司 加藤武司宛、封書共　琵琶博—依頼—18

昭和四六年六月一〇日 NHK滋賀の放映「近江の人びと一庭啓二」関係)、「滋賀の話題演出ノート」、中島智恵子名刺裏に借用書（絵巻物 一巻、一庭啓二伝 一綴、毎日新聞社記事 一枚」)、NHK大津放送局勝山プロデューサー九月二四日、NHK大津放送局 勝山良彦から加藤武司宛の礼状一通、封書共　琵琶博—依頼—19

放送料内訳書、封書共　琵琶博—依頼—20

和田昌允より加藤武司 菊枝宛封書 昭和四四年三月三日、和田昌允から加藤菊枝宛乗船招待の手紙、「乗船証 昭和四四年四月一九日 左京区黒谷 一庭様 島めぐり 特1等 大人五名 琵琶湖汽船自動車株式会社」　琵琶博—依頼—21

第二二回大津市文化祭公演「びわこ一番丸出航」上演チラシ、劇団青い麦 昭和四四年一一月一日午後四時 滋賀会館

大ホール
中島智恵子から加藤武司宛悔やみ状　琵琶博―依頼―22
和田昌允から「一庭啓二氏伝」資料調査（来訪）の礼状はがき　昭和四三年□月、中神瓢百『瓢百句集』幻住庵　昭和一四年を送付した旨記される　琵琶博―依頼―23
京阪電気鉄道株式会社秘書課 不破泰信の名刺、「一庭啓二様に関する書類確かに預かっております。六月二二日」とある　琵琶博―依頼―24
和田昌允「琵琶湖に始めて汽船を浮べた一庭啓二氏傳」原稿、京阪電気鉄道株式会社用箋による、封筒共　琵琶博―依頼―25
第二二回大津市文化祭パンフレット　昭和四四年一一月一日　滋賀会館大ホール　教育功績者表彰　講演　演劇「びわこ一番丸出航」　琵琶博―依頼―26
琵琶博―依頼―27

付記：
昭和四三（一九六八）年九月二〇日から開催された琵琶湖博覧会などに出品された絵巻物について、展示会への出品記録はあるのだが、残念なことに、目下のところ現物の行方が不明である。陸の文章には、それまでに、海運史や社史編纂のために貸し出したりしてその後返却されなかった資料もあると書かれ、また菊枝の文章には、展示会に出品された資料はその後博物館などに寄贈されたとも記されたりしている。しかしながら、博覧会や図書館展示会への出品については借用書もあり返却はなされていて、これらの記述はいささか不安定で、詳細は不明である。いずれにしても、本書の刊行を機に、絵巻物もふくめ、それらの資料がいま一度日の目を見ることがあればと念じている。

あとがき

一庭啓二の伝記を、ようやく刊行することができた。まずは、わたしがこの伝記を書くことになった経緯を記しておきたい。

今からもう五〇年ほど前の昭和四五年夏、大学四回生の前期試験の日、法律系の科目はやめて、卒業単位として認められていた経済学部の専門科目「社会政策論」の試験を朝の一限目に受けての帰りだった。試験では、どんな問題がでても、いわゆる社会政策論争に絡ませて書こうと決めて、前日徹夜で有斐閣叢書を一冊読んでいったその朝だったからよく覚えている。

試験を終え、一一時前、下宿に戻ってすこし寝ようと吉田山を越えて神楽岡通を歩いていたところを友人の加藤啓(さとる)に呼び止められた。なんでも母親の容態が悪く輸血の必要があり、献血してくれる人を探しているのだという。それではと、しばらくその場で待って、電話で呼ばれた三人ほどといっしょにタクシーに乗せられ、東山七条の日本赤十字京都府支部で採血をした。

その後はそんなことも忘れていたのだが、一〇月になったある日の夕刻、下宿の部屋で何人かとしゃべっていたところに加藤啓がやってきて、母親が亡くなって今日がお通夜だ、寿司とビールがあるから献血のお礼に食べに来てくれと言った。その場にいた何人かの友人は、自分は血を提供したわけじゃないからその資格はないと固辞したのだが、そんなことは構わないから是非みんなで来て食べてくれと言われ、四、五人だったろうか通夜の席に出て、玄関横の部屋で学生だけで飲んだり食べたりした。加藤もその場に入って、あれこれとにぎやかに談笑をしていたのだったが、しばらくして隣室から加藤の叔父が顔をのぞかせ、「通夜の席だぞ」ときびしい声で叱られたのだった。いまから思えば当然の叱責である。

わたしたちは我に返り、早々に失礼しなければと考え、帰る前にトイレを借りようと案内してもらって辞去したのだった。そんなこんなで、わたしたち学生は、いささかきまりの悪い思いではあったが、久しぶりの寿司とビールとをたらふくいただいて帰宅した。

その後わたしは、あと二年ほど大学にいて、昭和四八年四月に大阪府立図書館の司書となり、翌年一月に結婚した。相手は、通夜にわたしたちを呼んでくれた加藤啓の妹で、辞去する前にトイレへと案内してくれた女性である。このふたりが一庭啓二の曽孫にあたり当代、通夜は、一庭啓二の孫の菊枝のものであった。

＊　＊　＊

わたしが職を得て勤務した大阪府立中之島の図書館という職場は、わたしの性分によく合っていて、そこで、満洲の図書館のことやその地に遺された蔵書のこと、江戸の蔵書家の読書環境のことなどをあれこれ考え、文章にしたり本にまとめたりしてきた。

菊枝が亡くなって六年後に夫の武司も亡くなった。そこで遺品の整理などをしたところ、一庭啓二の文書一式が出てきたのである。一庭の娘の陸、孫の菊枝により大事に引き継がれてきた一庭啓二の文書および資料である。図書館に勤めていて、資料の保存のことやその継承に思いを巡らせていたわたしは、そのとき、一庭啓二の資料はわたしが整理すると言ったか、一庭啓二の伝記はわたしが書くと言ったか、そのあたりの記憶は定かではない。ただ、もし伝記を書くとしたらわたし以外ではないだろうし、資料を整理保存するならそれは自分の仕事だろうと、おそらくその時、心に決めたのだと思う。

とはいえ、現役で仕事をしているうちは、空いた時間を自分の勉強や資料を読むこと、書くことにあてていたから手いっぱいの毎日だった。それでも一庭の伝記のことを忘れていたわけではない。脇には置いていたが、時おり思い出しては、市史・県史や社史、また一庭のことにふれた関連資料を集め、メモを作ってきた。そして時はどんどん過ぎていき、歳を重ねてわたしも定年を迎えた。少し時間のゆとりができたとはいうものの、やはり自分自身の勉強が優先の毎日だった。

そんなある日、仙台に住む息子の嫁が、一庭啓二の石碑が大津の寺の門前に建てられたことがインターネットの新聞記事に出ているがご存知かと連絡してきた。あわてて調べて読んでみると、その記事には、大津の泉福寺門前に一庭啓二の碑が建てられたこと、記念に講演会が開かれたことのほか、子孫や親戚は不明と書かれてある。一庭の墓所が月見坂にあることはいくつかの本にも出ているし、これまで当代の二人は、年に一、二度の墓参を欠かしたことがなかったから、この記事に驚きまた慌てた。そして、一刻も早く伝記を書きあげないといけないと、非常に焦ったのだった。

そこでまずは、市史や県史、社史など活字資料で、いったん一庭の生涯をざっと書いてみた。そのうえで、引き継がれてきた一庭の文書などを少しずつ読んで書き加えていこうと考えたのである。文書の読めない箇所は友人の手を借りて読んでいった。この文書を読んでいくうちに、市史・県史など通行の資料だけでは書き切れない部分がいくつも出てきて、先の原稿を大幅に書き換えることになった。

その理由のひとつは、当然のことながら、一次資料の一庭文書から新しい発見があったことである。もちろんそれが一番大きい要因なのだが、もうひとつは、資料を読み伝記を書いているのが、一庭のゆかりの者ではあるものの、直接血のつながりのない、いわば「義理」にあたる者であるということに起因している。そんな立場ゆえに気づくことができた点がいくつか存在していたかと思う。血のつながりがある子孫からすれば、書かれたくない事実もあるだろうし、また逆に歴史家ならば書かないような、何というか一庭啓二個人の襞(ひだ)の部分にも目がいく。そうした立場の者が書き手であったことが、結果的にはよかったのではないかとひそかに思っている。

それが首尾よくいっているかどうかわからないが、こうした二重の立場を強みと考え、これまでに活字となった資料や、一次資料である一庭文書などをもとにして、歴史的な事実を積み重ねて書き綴ったつもりである。

＊　＊　＊

本書は、本文と一庭啓二関係略年表、参照文献一覧のほかに、文書番号を振った一庭啓二文書目録を附載した。文書を整理して目録を作成し附載した理由のひとつは、本文の論述にあたって、一庭文書を参照したおりの注を示すには、記号を付してそれを注記した方が便利であるからである。

そしてもうひとつの理由は、図書館に長らく勤務し、蔵書の保存や継承のことをあれこれと考えてきた自分にとって、この一庭啓二の文書目録を作成するということは、研究の領域を異にするものの、そうした整理・保存という作業は、わたしにとってはひとつの責務であり、到達すべき一地点であると考えたことである。そんなことから、本書のなかで、少なからぬページ数を占めてしまったが、文書を整理し目録を作成して掲載した。

目録には、文書の書き出しのほか、文書の翻刻を載せたものもある。これも本文からの参照に便利であるということ、さらにこの一庭文書が、今後の研究の一助になることを期してのことである。

なおこの目録には、一庭の娘陸と孫の菊枝が残した資料も採録している。それは、本文のむすびに記したように、一庭啓二の生涯は、一庭の死で終わるというわけではなく、一庭の事績顕彰に腐心して生きてきた娘の陸と孫菊枝のこと、さらには一番丸就航百年を記念して開催された琵琶湖博覧会までの、いわば総過程をもって完結すると考えたことによっている。

そのように考え、一庭啓二文書目録は本書には必須と考えて作成し巻末に載せた。

＊　＊　＊

この一庭文書の解読や目録作成に当たっては、青盛透氏、平野翠氏のご教示をいただいた。青盛氏には、文書全般にわたって解読の助力をいただき、読みにくい一庭の手帳にある日誌や覚書なども、無理を言って読み解いていただいた。氏の貴重な時間をこのために費やす結果となり申し訳ない次第となった。また平野氏には目録の編成や資料の整理について貴重なご教示を得た。お二人にあつくお礼を申し上げたい。

両氏からは、このように有難くご教示をいただいたわけだが、この文書目録作成上の誤記や誤読、編成上の不都合など、これらはすべて筆者の責任であることは言うまでもない。また翻刻文として掲載した分量や内容、またその体裁や行分けなどは、本書の頁数などにも制約されて、ご教示の通りにはなっていない点もある。これらの責もすべて筆者にある。

＊　＊　＊

代々の船屋太郎兵衛などについては、市場（一庭）家の菩提寺である泉福寺のご住職竺文彦氏のご教示を得た。また一庭の三女陸の記述の一部については、西藤安彦氏、西藤成雄氏にもお教えをいただいた。ともにあつく感謝申し上げたい。

また、一庭に関連する図版の掲載については、それぞれの博物館や図書館の規定にそって掲載の手続きをし、お認めいただいている。図版のキャプションには念のため、所蔵館だけでなく出版掲載許諾の日付も入れておいた。お世話になりました。

論述にあたって参照した資料は数多くある。それらの存在や所在などは、本や論文の注・参照文献一覧などからも知ることができるわけだが、近年では、各図書館のＯＰＡＣや記事索引、総合目録が充実し、そんなところから情報を手早く入手することができるようになった。こうした書誌データの作成作業をたゆまず進めてくれている図書館関係の諸氏にも、お礼を申し上げておかなければならない。まことに地味で、縁の下の力持ちの存在だが、論述などにはなくてはならない仕事である。

資料の現物については、身近なところから言えば、地元京田辺市の図書館、京都府立図書館およびその所蔵資料の取り寄せ、国立国会図書館関西館、さらにまた、必要とする資料を所蔵する図書館や資料館に出向いて参照した。

また、デジタル化された資料については、自宅からも閲覧できる国会図書館の資料、さらに送信館のみで閲覧できるデジタル資料、そして各大学などの機関リポジトリに掲出の全文資料なども便利に参照することができた。これらも関係諸氏の日々のご努力のおかげである。

＊　＊　＊

この本を刊行した武久出版の社長は、学生時代のわたしを呼び止めて母親への献血を要請し、菊枝の通夜の晩の食事によんでくれた加藤啓氏である。いささかプライベイトに及ぶことになるが、さいごに一言書き添えておきたい。昭和二四年五月二七日、生後一〇か月の長男啓に対し、母親の菊枝は手記に次のように書いている。

「…大きくなったら母のこの空想を笑ふだろうか。涙ぐましく思ひ、そして母の空想を理想化し実現してくれるのではないだろうか。母の否、祖母の一生の念願だった一庭啓二といふ人の傳記を、文化の礎石として、名家の歴史と財産を故国近江の湖のためにささげ、しかも自己の名をば人にしられずに、孫の時代にはその家、否家名さへ絶えてしまっている悲しい物語を……母のこの念願を成しとげてくれるのではないか…」

伝記を書いたのはこの長男ではなく、長女の婿にあたるわたしだったが、出版界厳しいおりから、一庭啓二の伝記を刊行したのはこの加藤啓である。あとがきの最後に、著者は版元への謝辞を述べるのが通例のようだが、そのかわりに刊行の事情の一端として、このことも付け加えておいた。

本書の編輯にあたってくださったのは、前著『戦前期外地活動図書館職員人名辞書』と同様に、ゼロメガの木村祐一氏である。著者の面倒な要望によく応えてくださった。また本書の校正や素読みにあたってくださった武久出版の小坂知彦氏、さらにまた阿部哲氏にもたいへんお世話になった。おかげで多くの誤記などを正すことができた。ありがとうございました。

＊　＊　＊

いささか回想に過ぎる「あとがき」になってしまったが、本書刊行のいきさつを申し述べれば以上の通りである。本書について、各方面からのご批評、さらなるご教示をいただければ幸いと思っている。

二〇二一年八月一六日　著者記す

図版一覧

な行

は行

ま行

や行

ら行

さ行

た行

や行

わ行

事項索引

あ行

か行

な行

は行

ま行

さ行

た行

人名索引

あ行

か行

著者略歴

一九四七年　広島県三原市に生まれる
一九七三年　京都大学法学部を卒業
大阪府立図書館司書、同夕陽丘図書館司書、大阪府立中之島図書館大阪資料課長を経て、京都文化短期大学、京都学園大学、京都ノートルダム女子大学教授
現在　京都ノートルダム女子大学名誉教授

［主要著書］『遺された蔵書　満鉄図書館・海外日本図書館の歴史』阿吽社　一九九四年、『江戸の蔵書家たち』講談社（選書メチエ）一九九六年（二〇一七年に吉川弘文館より復刊）、『「満洲国」資料集積機関概観』不二出版　二〇〇四年、『満洲出版史』吉川弘文館　二〇一二年、『京大東洋学者小島祐馬の生涯』臨川書店　二〇一四年（第二十五回高知出版学術賞受賞）、『戦前期外地活動図書館職員人名辞書』武久出版　二〇一七年など

琵琶湖にはじめて蒸気船を浮かべた

一番丸船長　一庭啓二の生涯

二〇二一年十二月十日　初版第一刷発行

著　者　岡村敬二
発行者　加藤　啓
発行所　武久出版株式会社
〒一六九-〇〇七五
東京都新宿区高田馬場三-一三-一　ノークビル三階
電　話：〇三-五九三七-一八四三
ＦＡＸ：〇三-五九三七-三九一九
https://www.bukyu.net/

印刷・製本　中央精版印刷株式会社
装丁・ＤＴＰ　木村祐一（株式会社ゼロメガ）

ISBN978-4-89454-138-2